Guía práctica
de la salud y psicología del
adolescente

Dr. Paulino Castells y Dr. Tomás J. Silber

Guía práctica
de la salud y psicología del
adolescente

Prólogo
Dr. Josep Cornellà i Canals

PLANETA

© Paulino Castells Cuixart, 1998
© Tomás J. Silber, 1998
© Editorial Planeta, S. A., 1998
   Córcega, 273-279, 08008 Barcelona (España)
Diseño de la cubierta: Exit
Ilustración de la cubierta: foto © Neil Holden/Index
Primera edición: abril de 1998
Depósito Legal: B. 7.422-1998
ISBN 84-08-02382-9
Composición: Fotocomp/4, S. A.
Impresión: A&M Gràfic, S. L.
Encuadernación: Encuadernaciones Roma, S. L.
Printed in Spain - Impreso en España

Sumario

A Pablo, Salvador, María y Elena,
mis cuatro magníficos adolescentes.

PAULINO CASTELLS

A todos los adolescentes que he atendido
a lo largo de más de treinta años de vida profesional.

TOMÁS J. SILBER

Todos los cambios, hasta los más deseados, vienen con su melancolía, pues lo que dejamos atrás es parte de nosotros mismos. Debemos morir a una vida antes de poder entrar en otra.

ANATOLE FRANCE

PRÓLOGO

No puedo iniciar este prólogo afirmando simplemente que estamos ante una nueva aportación al complejo período de la vida que es la adolescencia, porque este libro es mucho más. Recoge, en un solo volumen, largos años de vivencias que estos dos magníficos profesionales de la medicina y de la comunicación han dedicado a comprender el complejo mundo del adolescente y a promover su salud en el sentido más amplio de la palabra. Dos profesionales que, unidos por un mismo idioma y separados por millas de océano, han dedicado horas y horas de su tiempo libre a poner en común un proyecto, desarrollar una idea y lograr que este libro sea el fruto de una auténtica pasión. Dos profesionales de la salud que, desde su sólida formación pediátrica, han sabido entender que la dedicación al mundo del adolescente obliga a ampliar horizontes en los campos de la psicología, la sociología, la ética y todo cuanto se relaciona con la vida y el comportamiento humano. Y de su reflexión, de su experiencia y, sobre todo, del esfuerzo común que ha supuesto trabajar desde dos ciudades tan distantes como Barcelona y Washington, ofrecen hoy esta práctica guía, que pretende apoyar a los padres, educadores y profesionales de la salud en la atención al adolescente.

Es un deber de quien prologa una obra presentar a sus autores... ¡Difícil tarea cuando se trata de dos entrañables amigos! Con el doctor Paulino Castells compartí largas horas en los húmedos sótanos de las consultas externas del Hospital Clínico de Barcelona, cuando aprendía las bases de la psicopediatría. Él supo contagiarme su entusiasmo por el fascinante mundo de la mente infantil y por la necesidad de comunicar nuestros conocimientos científicos de forma nítida y adecuada, pues de poco sirve el saber si luego no se sabe transmitir.

Al doctor Tomás J. Silber le conocí en una de sus visitas a Barcelona. Había leído sus artículos científicos y me había maravillado ante la manera en cómo había impulsado, desde la pediatría, la acción integral del adolescente. Lo consideraba un sabio, un aventurero, casi un profeta. Pero la breve e intensa conversación que mantuvimos fue sólo el inicio de una sólida amistad que se ha mantenido a través de otros muchos encuentros, correspondencia y llamadas telefónicas. Siempre me impre-

sionaron su grandeza de espíritu y la elocuente sencillez de su humanidad, y me honro con su amistad, que representa siempre una inyección de ánimo a seguir su ejemplo en la atención global al adolescente. Con ilusión y entusiasmo, a sabiendas de que el camino puede ser duro.

En un momento en que el mundo tiende a la superespecialización, un libro de estas características nos recuerda el concepto más amplio de salud, que alude a los aspectos biológicos, psicológicos, sociales y hasta podríamos incluir los ecológicos. Sin perder nunca esta visión de conjunto, los capítulos que siguen muestran aspectos como el crecimiento y la acción hormonal, las relaciones con el entorno social más inmediato y la evolución psicológica de esta importante etapa de la vida, sin olvidar dos características que definen al adolescente: la pasión por probarlo todo y el menosprecio por las situaciones de riesgo. De aquí que cobren especial importancia los capítulos dedicados al consumo de drogas, al embarazo no deseado y a las enfermedades de transmisión sexual, que subrayan siempre que la prevención empieza muchos años antes de que llegue la adolescencia.

Creo especialmente importante no perder de vista que los adolescentes de hoy van a ser muy pronto el motor efectivo de nuestro mundo y que, en las postrimerías del siglo XX, se hacen cada vez más acuciantes los interrogantes sobre el futuro del planeta. Por tanto, todo esfuerzo en la promoción de la salud de los adolescentes va a repercutir en una mejora de la salud de nuestro planeta. En palabras de Leonard Boff: «(...) el estado del mundo va ligado al estado de nuestra mente. Si el mundo está enfermo, esto es un síntoma de que nuestra psique está también enferma. Hay agresiones contra la naturaleza y voluntad de dominio porque dentro del ser humano funcionan visiones, arquetipos, emociones que conducen a exclusiones y a violencias» (Ecología: grito de la tierra, grito de los pobres, *Madrid, 1966*). *Por ello es importante atender y ayudar al adolescente en su compleja transición hacia el mundo de la madurez que implica una responsabilidad para uno mismo y para los demás. Y este libro aporta un buen granito de arena para conseguir este mundo mejor y más solidario al que todos aspiramos.*

DOCTOR JOSEP CORNELLÀ I CANALS,
presidente de la Sociedad Española
de Medicina del Adolescente,
Asociación Española de Pediatría

INTRODUCCIÓN DE PAULINO CASTELLS

Fue en el castillo de Santa Bárbara, imponente vigía de Alicante, preciosa ciudad de la Costa Blanca española, en una relajante cena ofrecida por el ayuntamiento a los asistentes de la V Reunión Nacional dedicada a la adolescencia, en donde, de facto, se inició esta obra.

Miren cómo fueron las cosas. El comité organizador local, con los eficientes pediatras alicantinos Antonio Redondo y José Valdés al frente, habían tenido la feliz idea de invitar a un ilustre conferenciante extranjero, el doctor Tomás J. Silber, buen amigo y admirado colega, con el cual había compartido ponencias en anteriores congresos. Terminada la cena, hicimos un aparte y el doctor Silber me preguntó si tenía en mente hacer una guía práctica sobre la adolescencia. Le dije que sí, pero requerí, de inmediato, su participación (¡obviamente, no encontraría mejor coautor!). Acordamos, pues, hacer el libro al alimón. Únicamente pactamos una condición: sería una obra asequible a todas las maneras de pensar, sin preferencias ni exclusiones, que pudiese ser leída por todos los adolescentes y sus familias, se encontrasen en las situaciones que fuesen... Sólo así el libro estaría dirigido a toda la inmensa población hispanoparlante.

Han sido un par largo de años de laborioso trabajo. La distancia geográfica que nos separaba, todo un reto. Pero nos aplicamos con ilusión juvenil (el tema así lo pedía). Tuvimos luctuosos acontecimientos vitales (el doctor Silber perdió a un gran amigo suyo y yo perdí a mi padre), amén de puntuales obligaciones profesionales (desplazamientos para conferencias incluidos) que ralentizaron en algunos momentos el ritmo de redacción. Con todo, no pueden imaginarse lo que fue el trasiego de papeles de Barcelona a Washington, ida y vuelta, corrigiéndonos capítulos, elaborados con un gran nivel artesanal (aquí el lector debe conocer un pormenor inusual en plena era de la informática: nuestra comunicación era auténticamente epistolar, con folios escritos a máquina [no eléctrica] y a mano, con sus borrones, tachaduras, añadidos y apretadas anotaciones en los márgenes... ¡como en los mejores tiempos del carteo íntimo entre amigos!). Poníamos pasión en las palabras. Volcábamos con sinceridad nuestros puntos de vista sobre la realidad de nuestros jóvenes. Luego, desapasionadamente, y a vuelta de correo, nos matizábamos.

Ha sido, sin duda, una experiencia enriquecedora, que me atrevería a recomendar a todos los colegas con afición a escribir: de vez en cuando háganlo a dúo, en respetuoso diálogo, para que sea el lector quien saque conclusiones de las diversas opiniones.

Ahora, cuando miro hacia atrás y veo cómo ha crecido aquel pequeño al que dediqué con amor la *Guía práctica de la salud y psicología del niño* (que ya está a punto de agotar su cuarta edición), y observo al jovencito que es hoy y cómo le han quedado cortas las páginas, me convenzo de la necesidad de dedicarle otras nuevas.

¡Y aquí tienen el resultado! Esbelto o enclenque, exuberante o apocado, rebelde o conformista, triunfador o fracasado, socialmente integrado o radicalmente marginado... siempre será nuestro querido adolescente.

Barcelona, septiembre de 1997.

INTRODUCCIÓN DE TOMÁS J. SILBER

Este libro nació de una conversación que sostuvimos los autores durante un congreso de la Sección de Adolescencia de la Asociación Española de Pediatría en Alicante. Recuerdo cómo, habiendo disfrutado ya de la lectura de la *Guía práctica de la salud y psicología del niño*, le comenté al doctor Castells que ahora le tocaba el turno al adolescente. Con su característica nobleza él me contestó que, siendo yo un especialista en Medicina de la Adolescencia y director de un Programa de Entrenamiento para Profesionales, debía ser yo quien se abocara a esta empresa. Cuanto más hablamos más nos entusiasmamos, pues descubrimos que nos complementábamos.

Así, mientras que yo he practicado la Medicina de la Adolescencia durante tres décadas y mis artículos y libros previos han sido destinados al público académico, el doctor Castells ha dedicado prácticamente el mismo tiempo a la Paidopsiquiatría y a la sabia divulgación de los conocimientos actuales para padres, maestros y otros profesionales. Mientras él ejerce su profesión en Barcelona, inmerso en la cultura europea, yo la ejercí primero en Buenos Aires y luego en Washington, D.C., confluyendo en mí la experiencia de las culturas hispana y norteamericana. Incluso nuestra formación espiritual se originó en vivencias y raíces diferentes, destacándose el doctor Castells por su clara raigambre católica, mientras que yo me identifico con la tradición secular humanística.

Por esta riqueza y variedad de antecedentes pasa un tema común: nuestra fascinación y cariño por los adolescentes, nuestro deseo de ayudarles sin disminuirles, de verlos sanos en cuerpo y alma. Asimismo, nos guía la simpatía, comprensión y respeto por los padres, maestros y otros profesionales que con ellos interactúan. Y, por encima de todo, lo que nos une es el privilegio, con la ayuda de nuestras esposas, de compartir y disfrutar del desarrollo de nuestros propios hijos e hijas a través de adolescencia y en sus vidas de adultos jóvenes.

Lo que sólo comenzó como una conversación es natural que confluya en un diálogo. El libro que les ofrecemos tiene como base el ideal democrático del lector informado. Es así como compartimos con nuestro público el razonamiento médico y científico, habitualmente reservado a las aulas profesionales; así como nuestras ideas y reflexiones, resultantes de nuestra experiencia profesional y vital. Nuestro deseo es, pues, el de facilitar la comunicación entre padres e hijos y entre familias y profesionales, en base a conocimientos sólidos y mediante un contenido ameno y de fácil comprensión.

En la medida en que habremos logrado nuestro intento no sólo habremos proporcionado al lector los conocimientos técnicos, sino la oportunidad de reflexión crítica de los valores que nos alientan en la hermosa tarea de guiar a los adolescentes.

Washington, D.C., septiembre de 1997.

I

Atención a la edad del cambio

> Los niños son viajeros recién llegados a un ex-
> traño país del cual no saben nada.
>
> JOHN LOCKE

¿Qué es la adolescencia?

Si a una parcela de la vida cuesta ponerle una etiqueta concreta, una definición precisa o unos límites netos, ésta es, sin lugar
a dudas, la adolescencia. Sin embargo, alguna definición tendre-
mos que dar si queremos tener una idea aproximada de esta
franja vital en que nos moveremos a lo largo de estas páginas.
Obviamente, no se puede entrar en materia desconociendo lo
que llevamos entre manos.

La realidad es que entre la inmadurez de la niñez y la deseable madurez del adulto se encuentran un puñado de años —¡y
qué años!— que hemos dado en llamar adolescencia. Por lo menos, desde los tiempos de Aristóteles se acepta que la adolescencia constituye una etapa de transición desde la «irresponsabilidad» hasta la «responsabilidad». La adolescencia, pues, no es un
problema, sino un proceso.

Bien precisas son las palabras del psicólogo británico Martin
Herbert en su recomendable libro *Vivir con adolescentes*: «Muchos
padres aguardan con lúgubres presentimientos la adolescencia
de sus hijos. Este período es considerado como una fase del
desarrollo que hay que soportar y no que disfrutar, y que es
preciso enfrentar pero no compartir... Cuando en realidad para
muchos padres puede ser también una oportunidad de renovación, una fértil y maravillosa etapa de la vida.»

El antropólogo Oriol Anguera plantea el gran interrogante: ¿cómo se entra y se sale de la adolescencia? Más de uno indicará que la adolescencia se inicia con la pubertad, es decir, con la transformación sexual del cuerpo que permite la procreación. Y acertará en fijar este comienzo, ya que los cambios corporales de la pubertad son bien visibles, pero lo que le costará es definir el punto y final de la adolescencia.

Desde una visión puramente didáctica, la transición adolescente puede ser agrupada de manera esquemática en tres fases o subetapas que duran, cada una de ellas, un promedio de tres años, aproximadamente: la adolescencia temprana, de los 10 a los 13 años; la adolescencia media, desde los 14 a los 16, y la adolescencia tardía, de los 17 a los 19.

Nosotros proponemos considerar la pubertad como un fenómeno netamente biológico, y la adolescencia como la adaptación psicosocial a dichos cambios corporales, que culmina cuando se llega a establecer la independencia, anuncio del comienzo de la etapa de adulto joven (de ahí se desprende el concepto de «adolescencia prolongada» cuando dicha etapa se demora).

Ese desconocido abandonado

Ésta es, según la acertada expresión del pediatra madrileño experto en el tema Blas Taracena del Piñal, una de las formas como se designa al adolescente. Desconocido por la mayoría de los adultos y abandonado a su suerte por una sociedad que no sabe dónde ubicarlo. Nadie está tan desprotegido como el adolescente, advierte nuestro catedrático de Pediatría de la Universidad de Barcelona Manuel Cruz Hernández.

La adolescencia es una interrupción de la tranquilidad del crecimiento, es el final de la feliz infancia. La adolescencia empieza en el momento en que se pierde la maravillosa seguridad de la infancia. La entrada en la etapa adolescente es como la vivencia de la gran soledad. Se reproduce en esta mutación la fragilidad del bebé (se ha llegado a llamar la adolescencia «segundo parto»). Se empieza por una ruptura subjetiva, por una crisis existencial, que acompaña a las manifestaciones corporales, que sorprenden tanto al que las sufre como a las personas que lo rodean. Su paisaje mental es recorrido por corrientes profundas, de las cuales en este momento no conoce el origen ni el sentido, dice un autor, Christianes. Hay una especie de ruptura con la realidad que se inicia con la pubertad y se continúa en la adolescencia. Se dice que ningún adolescente pasa la adolescencia sin haber tenido, en algún momento, ideas de suicidio...

En esta etapa de la vida tiene que realizarse un difícil y delicado proceso de individualización-separación, y el niño tiene que pasar de un estado de semiparasitismo (con su familia) a la libertad personal. La adolescencia es fundamentalmente la maduración de la personalidad y la búsqueda de la identidad. El joven quiere encontrarse a sí mismo, como sujeto integrante de la comunidad. De cómo suceda esta etapa dependerá en gran medida el futuro comportamiento social de la persona. Así, no hay que perder de vista que la adolescencia es básicamente sólo una maduración de los caracteres individuales y hábitos del pensamiento y de la acción que se ha ido desarrollando desde la niñez. Lo que ocurre en la adolescencia está determinado, en gran parte, por lo sucedido antes de dicho período. Nosotros decimos con frecuencia que la adolescencia es una canción que empezó a cantarse en la cuna. Y que hay que saber entonar en los momentos precisos.

Todo es movimiento en la etapa adolescente. Ir soltando lastre y desprenderse del equipaje de niño, para poder ascender y alcanzar la categoría de adulto. La etimología del término es bien demostrativa. Adolescente viene del latín *adulescens*, participio presente del verbo *adolescere*, que significa crecer. En latín se diferencia perfectamente entre el resultado final del proceso de crecimiento, que es el estado estable de adulto (*adultus*: formado, desarrollado), y el propio proceso de la adolescencia, como paso de un estadio a otro (*adulescentiae senectus, pueritiae adulescentia obrepit*, decía Cicerón: la vejez sucede insensiblemente a la adolescencia, la adolescencia a la infancia).

En el vocabulario latino, el término adolescente tiene gran importancia y son varios los verbos que hacen referencia a esta palabra. Así tenemos, por ejemplo, *adulescentior*: comportarse como joven, y *adulescenturi*: retener el carácter de un joven. Se consideraba, pues, que el adolescente tenía una determinada conducta, un carácter específico. Curiosamente, los romanos incluso admitían un estado intermedio entre el niño y el adolescente, llamado *adulescentulus*: jovencito, y *adulescentula*: jovencita.

Pubertad y adolescencia

Mucha gente confunde los términos pubertad y adolescencia. Hay quien, incluso, los considera sinónimos. Y se equivocan plenamente. Aunque la adolescencia esté precedida por los cambios físicos que tienen lugar durante la pubertad, es conocido que se hace más evidente alrededor de dos años después de su comienzo. La pubertad, por otro lado, es una «fiesta movible» en sus inicios, que varían de acuerdo con factores climáticos y hereditarios (característicos antecedentes familiares), y que pueden desencadenarse o retrasarse por múltiples causas.

Según palabras del pediatra barcelonés experto en adolescencia Santiago García-Tornel, «la pubertad se describe mejor como el período durante el cual el cuerpo adquiere las características adultas, y la adolescencia como el tiempo en que la persona crece y se desarrolla psicológica, emocional y socialmente». Un autor, Schonfeld, propuso el término de *pubescencia* para designar el período de transformación corporal que culmina en la pubertad.

La cuestión es que, en un momento determinado, todo el organismo en crecimiento acelera su ritmo: el niño comienza su pubertad. Hasta hace poco tiempo, niña y niño crecían a una velocidad similar, pero ahora empiezan a diferenciarse de manera notable. En la muchacha, el proceso puberal, con el llamativo estirón, se inicia entre los 9 y 10 años (apuntemos aquí que el desarrollo de las mujeres es, por lo general, dos años anterior al de los hombres), alcanzando sus máximos valores entre los 12 y 13 años. En cambio, el varón inicia su estirón entre los 11 y 12 años, llegando a sobrepasar los valores del otro sexo entre los 14 y 15 años. Por cierto, uno y otra no sólo se diferencian por las distintas formas de crecer, sino porque existe un período donde los intereses de los dos sexos se separan: en tanto que la niña observa que va llegando a ser mujer, el varón continúa con su existencia de niño prepúber. A los 14 años, el varón alcanza una estatura promedio mayor que la chica, que generalmente ya ha finalizado su empuje puberal. Al cabo de estos años, se reinicia el diálogo entre los dos sexos... que ya se encuentran en una situación de cierta igualdad. Marañón dijo acerca de la pubertad: «Aquella época de la vida en la que se produce una crisis pluriglandular que afecta a todo el organismo y marca el comienzo de la vida sexual.»

Se ha dicho que la aparición de la pubertad es un acto de la naturaleza y la adolescencia un acto del hombre. Ciertamente, la pubertad es un hecho biológico inevitable, mientras que —en cierto sentido— la adolescencia es una creación social, como veremos más adelante. En esencia, el término adolescencia se refiere al crecimiento psicológico relacionado (en sentido amplio) con los procesos de crecimiento físico definidos por el término pubertad. Dicho de otro modo: la adolescencia comienza en la biología y acaba en la cultura de una determinada sociedad (por ejemplo, cuando los hijos logran un grado razonable de independencia psicológica y/o económica de sus padres). Un punto a recordar es que la principal tarea de la etapa adolescente consiste en configurar y consolidar la propia identidad como persona única y madura.

Ya para los latinos, la distinción entre adolescencia y pubertad estaba clara. La primera significaba el paso a la edad adulta, y la segunda la transformación sexual, sobre todo la del varón. En efecto, el término pubertad viene del vocablo latino *pubes*, que significa vello (pelo corto y suave que cubre ciertas partes del cuerpo). Los romanos consideraban al vello como signo de virilidad. Así, el verbo *pubescere* significa cubrirse de vello, llegar a ser púber, entrar en la adolescencia, y *pubertas* significa la pubertad propiamente dicha, signo de la pubertad, facultad viril (no se habla de chica púber, y se dice más bien de ella que es núbil, de *nubilis*: en edad de casarse). El fenómeno de la aparición del vello es el que más llamó la atención de nuestros antecesores romanos, y les parecía una señal de la adquisición de la facultad viril (hay que advertir que la aparición del vello en el pubis es todavía un criterio médico actual para determinar la pubertad).

Variaciones individuales

En el siglo xx se observa una notable tendencia a una adolescencia más temprana, con una mayor aceleración del crecimiento. En los países desarrollados, así como en algunos en vías de desarrollo, se ha ido acrecentando el tamaño corporal, llegando a la madurez en un período más corto de tiempo. Este fenómeno recibe el nombre de tendencia secular.

Desde el punto de vista biológico, el comienzo de la pubertad es ahora más temprano que hace cien años, como lo evidencia la aparición cada vez más precoz de la menarquia, la primera menstruación (hay quien incluso ha calculado que la pubertad de las chicas ha ido bajando unos cuatro meses por década durante los últimos 100 años). Los adolescentes de hoy alcanzan sus etapas de desarrollo sexual, su ovulación y su capacidad para procrear mucho antes que los de ayer. Por ello, cuando los jóvenes «buscan el sexo temprano» no es solamente por una mayor liberalización de las costumbres, una mayor libertad sexual o una menor represión social, hay también un hecho fisiológico a tener en cuenta, según manifiestan Obedman y un grupo de expertos colaboradores.

Parece ser que en épocas anteriores las jóvenes alcanzaban la madurez sexual a la misma edad que las de hoy, e incluso antes. Luego ha habido un retroceso en la aparición de la madurez sexual para volver, ahora, en nuestros tiempos, a un nuevo adelanto madurativo. Así, después de un siglo, en Europa, la edad de la pubertad se ha visto rebajada en unos cinco años. De tal manera que, por ejemplo, desde 1840 a 1950, la edad de las primeras reglas pasó de los 17 a los 13 años, para las jóvenes de los países nórdicos. En los EE.UU. también sucedió algo similar, rebajándose la edad, entre 1905 y 1955, de los 14 a los 12 años y medio. Y en la década de los noventa se mantiene la tendencia a la baja.

La explicación exacta de este fenómeno resulta difícil de concretar por la diversidad de factores que inciden en el crecimiento físico. Los estudios realizados otorgan gran peso a los factores ambientales y a la mejora de las condiciones nutricionales de los individuos. También existen diferencias genéticas que, por ejemplo, influyen en la fecha de iniciación de la menstruación de una jovencita, que estará fuertemente relacionada con la de las mujeres de su familia (hermanas, madre, tías, etc.). Aparte, pues, de las consideraciones del entorno, existe un carácter familiar indiscutible. Hay que reseñar, para tranquilizar a los padres y a la propia jovencita, que la irregularidad en la abundancia y en la periodicidad es la tónica general durante meses o años (hasta dos años) después de la primera menstruación, con abundantes ciclos anovulatorios, es decir, sin capacidad de concepción.

Veamos a continuación otras variaciones individuales a destacar, según opinión de la profesora brasileña Anita Colli.

No existe una estrecha relación entre el desarrollo de las mamas y el del vello pubiano: algunas niñas completan su desarrollo mamario antes que aparezca el vello, mientras que, en otras, el vello es la primera indicación de que ha comenzado la pubertad.

El vello axilar generalmente no aparece hasta que las mamas se encuentran en pleno desarrollo. En otras chicas, el crecimiento de este vello puede preceder al desarrollo mamario.

No se ha demostrado una relación entre el desarrollo de las mamas y el estirón de la pubertad. De ahí que al observar el desarrollo mamario no se puede deducir cuándo ha de presentarse el empuje puberal de la estatura, pues ya puede haber ocurrido.

Hay una evidente relación entre la menarquia y el empuje de la pubertad. Así, toda niña normal que ha comenzado a menstruar ya ha alcanzado sus máximos de velocidad de crecimiento, y se le puede asegurar que su crecimiento, en estos momentos, está desacelerándose y que continuará creciendo, aunque no a la misma velocidad como lo hizo en los períodos previos.

Esta notable variabilidad en la aparición de los signos puberales depende, fundamentalmente, de la acción de las hormonas: los andrógenos sobre el crecimiento del vello púbico y los estrógenos responsables del desarrollo mamario.

La adolescencia, característica de la especie humana

Ante todo, hay que señalar que, al aislar el período de la adolescencia, se separa de forma artificial un fragmento de la vida humana que, en definitiva, es una continuidad entre lo que precede y lo que sigue, como advierte cautamente Anne-Marie Rocheblave-Spenlé en su libro *El adolescente y su mundo*.

Esta fragmentación parece absolutamente justificada para los autores que consideran la adolescencia como algo distinto del resto de la vida humana, como es el caso de los clásicos Jean-Jacques Rousseau, María Montessori o George Stanley

Hall, que consideran la adolescencia como un nuevo nacimiento, como un comienzo. Es conocida la sentencia de Rousseau según la cual nacemos, por así decirlo, dos veces: la una para existir —por la especie—, y la otra para vivir —para el sexo (en el sentido del género).

Este período de la vida resulta entonces realmente cerrado sobre sí mismo, comprensible como entidad distinta. Pero no todos los autores están plenamente de acuerdo con esta apreciación de la adolescencia y los hay, especialmente en el ámbito del psicoanálisis, que prefieren una visión del desarrollo de la persona como una total continuidad, sin delimitaciones tan precisas.

Por otro lado, tenemos que este período de la vida que se extiende entre la niñez y la edad adulta es una característica de la especie humana. En el animal podemos distinguir un período de infancia acompañado de múltiples actividades muy elaboradas y que se parecen mucho a las de la especie humana: el juego, por ejemplo. Sin embargo, el animal pasa sin transición de este estadio al estadio adulto, por lo menos en lo que se refiere a la sexualidad, porque el aprendizaje de la autonomía, con frecuencia, se hace progresivamente. No se descubren en el animal conductas específicas de la adolescencia, aunque el etólogo Konrad Lorenz habla de manifestaciones «casi adolescentes» en el joven ánsar cenizo (ganso salvaje). La adolescencia es pues un estadio propio de la especie humana; sin embargo, las manifestaciones y la duración varían, como veremos, según las épocas y los grupos sociales.

Como salta a la vista, el tema de la adolescencia está de moda. Novelistas y guionistas han encontrado un filón en la variopinta temática que plantean los adolescentes. Las series televisivas (telefilms y culebrones) que cuentan con jovencitos como protagonistas están en el candelero. La pregunta surge por sí sola: ¿a qué viene ahora tanto interés social por los adolescentes?

Entre otras razones, porque la adolescencia ha tenido que ser «inventada» para poder aparcar en ella a los jovencitos que aún no podemos incorporar a la vida adulta. Hemos tenido que aplazar el momento en el cual el niño asume una responsabilidad y un estatus adulto (por motivos obvios de penuria en el mercado de trabajo). Mientras tanto, para intentar anestesiar el pujante movimiento juvenil, la sociedad actúa, con cierto grado de hipocresía, aparentando mimar a los jóvenes, presentándoles como modelos de estilo de vida. Así, tenemos el ejemplo de la *teenage culture* (referente a los quinceañeros) que es un típico producto de la sociedad de consumo y es sublimada en los medios de comunicación. Se anima al ciudadano —no importando que peine canas— a que adquiera las cualidades propias de la juventud: vestimenta, actitudes, etcétera.

La adolescencia se prolonga (¡todo lo joven es bello!) y ahora le toca el turno a la gerontocracia (¡todo lo viejo es decrépito!) con tanto predicamento antaño, para que deje paso a una nueva forma de juvenocracia...

Ritos de paso y rituales de iniciación

No hace ni un siglo que el niño pasaba, directamente y sin intermediarios, de las faldas de las mujeres al mundo de los adultos. Quemaba las etapas de la juventud o de la adolescencia. De niño se transformaba rápidamente en pequeño hombre, vestido como los hombres o como las mujeres, mezclado entre ellos, sin otra distinción que su talla.

Las sociedades naturales, de características tribales, tienen aún en la actualidad su sistema para ahorrar al niño la adolescencia. ¿Cómo? Suprimiendo la adolescencia misma. Transformando «a voluntad» al niño en adulto mediante sus ritos de paso o de iniciación.

Aquí hay que hacer una distinción antropológica entre pubertad fisiológica y pubertad social, que son dos cosas esencialmente diferentes y que sólo en raras ocasiones convergen, como explica Arnold van Gennep en su interesante obra *Los ritos de paso*. Las ceremonias de pubertad social se corresponden a lo que conocemos como ritos de paso que marcan la ruptura de los lazos domésticos y el paso de la vida familiar a la comunitaria en la tribu. Y estos ritos de paso son prácticamente exclusivos de los niños varones que deben acceder a guerreros, para lo cual, primero tiene que «morir» el novicio (el niño púber) para «nacer» una persona nueva (el adulto), después de someterla a tremendas torturas físicas y mentales, como si de una auténtica muerte se tratara. Incluso se hace creer a las mujeres y a los niños, apartados de las ceremonias, que los novicios realmente mueren. El color de la muerte es el blanco y los novicios están pintados así. Sus madres son objeto de un trato especial, primero como personas de luto y luego como parturientas...

Si han visto ustedes la interesante película *La selva esmeralda* recordarán las vicisitudes de aquel niño blanco hijo de un ingeniero que se extravía en la selva amazónica y que es adoptado por una tribu indígena e iniciado y convertido en guerrero.

Por el contrario, las niñas no tienen estos ritos de paso o de iniciación. Ellas realizan los ritos de pubertad, consecutivos al comienzo de la menstruación (aquí sí que coinciden la pubertad fisiológica y la social), y dado que las muchachas alcanzan esta etapa de desarrollo físico en momentos diferentes, los ritos de pubertad acostumbran a celebrarse individualmente. Asimismo, la ausencia de indicativos claros de madurez en los muchachos explica por qué ellos son habitualmente iniciados y no se ejecutan para ellos rituales de pubertad. Hay autores que ven en la circuncisión y otras operaciones con efusión de sangre en los muchachos, como una imitación de la menstruación, según encontramos en el libro *Iniciación*, de Jean S. La Fontaine.

A falta de verdaderos ritos de paso, las civilizaciones de la antigüedad daban, también, un carácter público y solemne a la mayoría social, facilitando con ello el acceso al estatus adulto. En Grecia, era el momento en el cual el niño se convertía en efebo, adulto joven; en Roma, en el que abandonaba la «toga pretexta» por la «toga viril». (En la época de los romanos, la adolescencia finalizaba oficialmente hacia los 30 años.) Si tales costumbres se han perdido o degradado en el curso de los siglos, observemos, no obstante, que en las sociedades que precedieron a la nuestra el niño pasaba casi sin transición a la vida adulta, según nos informa Berthe Reymond-Rivier en *El desarrollo social del niño y del adolescente*: «Para las chicas era el matrimonio —a una edad extremadamente precoz— o el convento; para los chicos, la entrada sin demora en una carrera, la de las armas, por ejemplo, si era noble, como paje agregado a un señor; el aprendizaje de un oficio, al lado de un maestro artesano, si era villano. El individuo joven accedía, pues, a un estatus bien definido y reconocido por la sociedad.» Aquí también se le ahorraba la adolescencia —por lo menos en apariencia—, suprimiéndosela.

En tiempos más cercanos, el de nuestros abuelos, en el contexto de la familia patriarcal, el chico sólo tenía que fijarse en los modelos de conducta que manifestaban sus mayores y acomodarse a ellos. Así, sabía perfectamente cuáles eran sus deberes y qué se esperaba de él: en dónde viviría, con quién se casaría o en qué trabajaría. Esta situación se da todavía en zonas campesinas apartadas de los núcleos urbanos. Es así como el profesor Enrique Dulanto Gutiérrez, en su estudio del adolescente campesino en México, señala que no se da en él el fenómeno de la adolescencia tal como se entiende habitualmente.

Ahora, en nuestra sociedad libre y democrática, el adolescente tiene múltiples modelos de identificación... que no pasan necesariamente por la puerta de su casa. Y hay un dicho: cuanto más compleja es una sociedad, más conflictiva y larga es la adolescencia.

Viaje sin señalizar

Si consideramos la vida como un viaje que posee sus propias señales indicadoras y sus propios itinerarios, hay que admitir que esta parte de la expedición vital —la adolescencia— es la que está peor señalizada y programada.

El drama del adolescente radica en que la empresa de salir adelante por su sola capacidad de adaptación a su nuevo papel en la vida, conlleva una desproporción considerable entre la meta propuesta y los medios disponibles para alcanzarla, como comenta el pedagogo Gerardo Castillo en su aconsejable libro *Los adolescentes y sus problemas*. La situación del adolescente es comparable al viajero que tiene que nadar entre dos sitios (infancia y edad adulta), con muy escasos conocimientos de natación (falta de recursos y de experiencia), con una travesía llena de escollos y peligros (influencia negativa del ambiente) y sin saber exactamente dónde está y qué le espera al otro lado (desorientación). Y, sin embargo, llega, con más o menos dificultades, a su destino. ¡Éste es el gran triunfo del adolescente!

¿Cómo considera la sociedad a sus jóvenes? ¿Qué papel les concede? ¿Qué hace para facilitarles el paso a la vida adulta?... El malestar y la confusión de los jóvenes nace del hecho que las sociedades industriales modernas no han sabido tomar ninguna medida eficaz para facilitar al adolescente su inserción en el mundo adulto. Por el contrario, están prolongando la duración de la adolescencia mucho más allá de la madurez sexual que fisiológicamente le confiere un estatus adulto. Hace algunos años que contamos con la llamada «moratoria psicosocial» (término acuñado por Erik Erikson en 1963), que mediante la prolongación de la escolaridad obligatoria retrasa la entrada de los jóvenes en el campo de la responsabilidad propia de los adultos. Como dice Antonio Gala, para los jóvenes el paro empieza antes que el movimiento.

El desplazamiento entre la madurez biológica y la madurez social, que no está combinado con ningún estatus bien definido, alimenta la desorientación y ambigüedad en que se encuentran nuestros jóvenes. Tanto más cuanto que ningún criterio preciso determina el momento de la madurez social que variará de caso en caso según el medio, la situación económica de los padres, su carácter, sus ideas y sus prejuicios, las tradiciones familiares, etc.

No existe ningún ritual que comunique claramente a los niños que la infancia ya ha quedado atrás. La iniciación a la edad adulta está formada por una serie de pequeños acontecimientos (indumentaria de moda, puesta de largo, entrega de la llave de casa, novatada, etc.) que, de manera acumulativa, implican que la niñez ya se ha superado. Pero que nadie se llame a engaño, porque estos restos más o menos edulcorados, *light*, de las antiguas costumbres y ritos que sancionaban el paso a la condición adulta, no clarifican la situación de los jóvenes. Los indicativos son tan tenues, que padres e hijos pueden estar en desacuerdo sobre en qué etapa se está y, en consecuencia, sobre cuáles son los derechos, privilegios y responsabilidades que ahora están vigentes. Se impone la negociación entre las partes interesadas para llegar a un compromiso «de buena conformidad». Sin embargo, en donde reina la confusión es probable que más tarde surja el enfrentamiento...

Estrategias de autodefensa

A nadie se le escapa que lo que digan padres y profesores ayuda a incrementar la propia valía del adolescente. El deseo de una autoimagen aceptable, como rasgo general del desarrollo de un adolescente sano, es uno de los factores más decisivos e importantes para motivar su comportamiento. Por el contrario, a los niños les entristece que los adultos que aprecian se muestren continua e implacablemente críticos con respecto a ellos. De tal manera que cualquier amenaza a la valoración y al funcionamiento del Yo constituye una amenaza vital a la propia esencia del sujeto. Por consiguiente, los chicos adoptan muy pronto complejas estrategias de defensa para hacer frente a dichas amenazas. Como bien dice el psicólogo británico Martin Herbert en su interesante libro *Vivir con adolescentes,* las estrategias defensivas ayudan a reducir las ansiedades y los fracasos, y protegen la integridad del Yo incrementando la sensación de dignidad personal.

En gran medida somos inconscientes de la forma en que utilizamos tales estrategias. Uno de los objetivos de su adopción consiste en reducir la tensión, y la reducción de la incomodidad inmediata sirve para reforzar su utilización... Así, el joven efectúa elecciones y lleva a cabo acciones que disminuyan y —si es posible— eviten la ansiedad, el dolor o cualquier otro malestar. En realidad, todos aprendemos a utilizar estrategias de este tipo; lo que sucede es que cuando las empleamos de manera inadecuada o exagerada, con demasiada intensidad o inflexibilidad, se convierten en neuróticas (así se llaman en términos médicos). La frecuencia y el grado de utilización de las estrategias defensivas constituyen la clave de la incorrección de su empleo. El problema reside en que implican un cierto autoengaño y una distorsión de la realidad, y pueden impedir, mediante una especie de cortocircuito, una solución realista —aunque dolorosa— de los problemas cotidianos. Veamos, a continuación, algunas de estas socorridas estrategias psicológicas, que quizá nos ayudarán a comprender mejor la conducta de los adolescentes.

Mediante el *encapsulamiento o aislamiento afectivo,* el joven reduce las tensiones de necesidad y de ansiedad, apartándose bajo una capa de parálisis y pasividad. Disminuye sus propias expectativas y se mantiene no implicado y distante desde el punto de vista afectivo. La apatía y la resignación claudicante constituyen las reacciones extremas ante una frustración y un estrés prolongados. Los adolescentes a menudo optan por el cinismo («pasotismo») como medio de protegerse del dolor que les causaría el desengaño de sus esperanzas idealistas.

Con el *escapismo o negación de la realidad* podemos evadirnos de los hechos desagradables de la vida negándonos a verlos. Por ejemplo, abandonamos las situaciones competitivas si tenemos la sensación de estar en desventaja y de que vamos a fracasar. Así, un adolescente puede escapar «enfermando» en época de exámenes.

El *refugio en la fantasía* es una de las tácticas preferidas por los adolescentes. Ciertamente, las soluciones fantásticas son mucho más brillantes que la desagradable realidad. Los chicos muy soñadores intentan de esta manera compensar una realidad ambiental imposible de aceptar, creando una especie de mundo de fantasía en el que les gustaría vivir («está siempre en las nubes», dicen sus padres y maestros). Refugiándose en este mundo fantástico, el adolescente, «héroe que sufre», «víctima incomprendida de la injusticia», conserva así su autoestima.

Echando mano de la *racionalización*, intentamos justificar aquello que hacemos y aceptamos las molestias que provocan los objetivos imposibles de alcanzar. La racionalización ayuda a reducir la llamada «disonancia cognoscitiva»: cuando existe una discrepancia entre los pensamientos (conocimientos) y las conductas, apareciendo un malestar psicológico. Este malestar persistirá hasta que los conocimientos y las conductas se armonicen. Así, los alumnos que se consideran inteligentes pero rinden poco en los exámenes, pueden decirse a sí mismos que el sistema de exámenes no es fiable para chicos con un temperamento tan nervioso como el suyo. Y gracias a esta racionalización desaparece la distancia existente entre la opinión que tienen de sí mismos y su rendimiento efectivo (como Juan Palomo: «Yo me lo guiso y yo me lo como»).

Por medio de la *proyección,* atribuimos injustificadamente a otras personas (proyectamos) determinados sentimientos nuestros que nos cuesta reconocer. Nos quitamos el peso de encima buscando chivos expiatorios y nos protegemos de la ansiedad. Así, una chica que sienta celos y hostilidad hacia una compañera de clase puede negar tales sentimientos ante sí misma, diciéndose que es la otra la que está celosa de ella y por esto se muestra antipática.

Por último, nos queda el *desplazamiento*, que implica trasladar una emoción o un intento de acción desde la persona hacia la cual se dirigía originalmente hasta otra persona u objeto. Un ejemplo sería el del chico que amedranta a sus compañeros de curso y se enfrenta con el profesor, descargando la agresividad que le causa su hogar, en donde recibe las broncas de un padre déspota y maltratante.

II

La asistencia a adolescentes

> El hombre es un solo ser, el cuerpo es un solo
> órgano, la vida una sola función.
>
> JOSÉ DE LETAMENDI

Justificación de la asistencia a adolescentes

En España, por ejemplo, el colectivo adolescente calculado en 1991, entre los 10 y 19 años de edad, fue de 6 500 000 aproximadamente, de los cuales 3 300 000 eran varones y 3 200 000 mujeres. Lo que viene a decir que uno de cada seis españoles es adolescente. En otras palabras: casi el 17 % de la población española es adolescente. Y un 30 % vive en poblaciones de menos de 200 000 habitantes. A la vista de estos datos, los jovencitos tienen en España un peso específico a tener en cuenta en la planificación sanitaria, como bien advierte la pediatra Pilar Brañas.

El fenómeno del predominio de los adolescentes en la pirámide de la población hispanoamericana es más marcado, como señala la Organización Panamericana de la Salud (OPS) en su publicación científica *La Salud del Adolescente y el Joven en las Américas*.

En 1938, la Academia Americana de Pediatría declaraba que la responsabilidad del pediatra se extiende desde el nacimiento hasta la adolescencia y, en la mayoría de los casos, se acaba entre los 16 y los 18 años de vida. En 1969, la misma prestigiosa Academia modificaba este límite superior para la práctica pediátrica, elevando el tope de edad a los 21 años (cuando los procesos de crecimiento y desarrollo se han completado). Es en 1977 cuando la Organización Mundial de la Salud (OMS) manifiesta la necesidad de prestar una atención particular a estas edades, y define tres períodos diferentes: de 10 a 14 años, preadolescencia o pubertad; de 15 a 19 años, adolescencia propiamente dicha; de 20 a 24 años, postadolescencia o resolución del proceso de juventud. Siguiendo con la OMS, en 1989, ésta define la adolescencia como el grupo de edad que va desde los 10 a los 19 años, ambos incluidos, calificando como primera adolescencia de los 10 a los 14, y como segunda de los 15 a los 19, y define asimismo, como jóvenes, al grupo de los 15 a los 24 años.

Evidentemente, existen grandes diferencias individuales según el medio sociocultural al que pertenecen los adolescentes, los cuales presentan una gran variabilidad en el tiempo y el modo de progresar en el desarrollo y la maduración. Todo ello nos muestra patrones muy diversos, difíciles de interpretar y de establecer en cuanto a normalidad o anormalidad.

A medida que la sociedad se hace más compleja, con múltiples patrones válidos de comportamiento en sus individuos y con valores inseguros y cambiantes, aumenta el grado de estrés psicológico, favoreciendo la aparición de nuevas formas de enfermar y haciendo al adolescente más vulnerable. Éste tiene, además, su propia patología, que se caracteriza por un aumento muy claro de los problemas psicosomáticos y otros derivados del estilo de vida y conductas particulares, así como una propensión al desajuste emocional y psicosocial.

Se considera que un 10 % del colectivo de adolescentes están en «crisis», lo que estadísticamente significa que unos 650 000 jóvenes lo están pasando mal. Mientras que los trastornos psiquiátricos propiamente dichos —en un 5 %— son sólo un poco más frecuentes que en la etapa infantil. Hay quien dice que son los equivalentes emocionales de los «dolores de crecimiento» de los niños; es decir, aparecen y desaparecen o persisten a veces...

La frase «el adolescente enferma poco, pero muere con frecuencia», se ha convertido en un axioma médico. La mortalidad en este grupo de 10 a 19 años es más del doble de la que acontece en el grupo de 1 a 9 años de edad, según datos de 1991-1992. Entre las causas externas, los accidentes de tráfico son la primera causa de muerte. Se constata que la adolescencia es el único grupo de edad para el cual no ha disminuido la tasa de mortalidad. Respecto a que «enferma poco», aparte de ser una realidad si lo comparamos con otras épocas de la vida, lo que sucede es que el adolescente va poco al médico, entre otras razones porque no tiene un médico de referencia a quien acudir o no dispone de los medios para acceder a la consulta. De ahí el éxito de las autoridades de algunos estados de Estados Unidos, que han optado por acercar la medicina a los adolescentes, creando unidades de asistencia en los centros de enseñanza, como es el caso de las *High School Clinics* (HSC; clínicas de las escuelas secundarias), según informa el pediatra Juan Carlos Surís, quien realizó una estancia en Minnesota, becado por la Sociedad Catalana de Pediatría.

También la adolescencia es el momento crucial para la prevención. Bien llevada, evitará los daños inmediatos producidos por la adicción a drogas, embarazos no deseados, pérdidas de vidas o secuelas graves por accidentes de tráfico, violencia o delincuencia y los daños a largo plazo derivados de hábitos inadecuados como la dieta incorrecta, la actividad sexual mal orientada o el abuso del tabaco y del alcohol, que tendrán repercusión en la vida adulta.

Los inicios de la atención médica y social

Es un dato poco conocido que los primeros servicios de salud dedicados especialmente al cuidado de adolescentes se organizaron en las escuelas de internados de varones en Gran Bretaña, llegándose a fundar, en 1884, la Asociación de Médicos Escolares. Un hito de extraordinaria importancia fue la publicación en 1904, en la ciudad de Nueva York, de un extenso tratado en dos completísimos volúmenes, titulado *Adolescence: Its psychology and its relations to physiology, anthropology, sociology, sex, crime, religion and education (Adolescencia: su psicología y su relación con la fisiología, antropología, sociología, sexo, crimen, religión y educación)*, a cargo del psicólogo George Stanley Hall. Con esta obra se inicia el campo de la psicología del adolescente en los Estados Unidos de América y su proyección en todo el mundo.

Desde el punto de vista de Hall, la adolescencia está caracterizada por la turbulencia y el estrés, fundamentalmente porque los impulsos sexuales en la maduración tienen que enfrentarse con el muro de la prohibición social. En consecuencia, este autor aboga por la eliminación de las presiones sobre los adolescentes que están pasando la pubertad.

Hall se consideraba un descubridor o explorador que cartografiaba un continente hasta entonces desconocido, marcando sus características, sus límites y sus fronteras. Llegó a formular una «teoría de la recapitulación», con la idea de que en la transición de la niñez a la juventud y la edad adulta, el individuo recapitula la historia de la humanidad. Estaba convencido de la existencia de un vínculo biológico hereditario entre los niños y nuestros antepasados primitivos. Por ejemplo, así como los niños pequeños juegan con arena y maderas como el hombre primitivo, los muchachos en la pubertad se vuelven imaginativos, emocionales, idealistas, deseosos de seguir a líderes, atraídos por el valor marcial, propensos al culto de héroes, cualidades todas ellas que evocan los rasgos del hombre medieval. Según la prescripción de Hall —explica el doctor Joseph F. Kett, profesor de Historia de la Universidad de Virginia—, la mejor forma de proceder es dejar que el niño experimente plenamente estos intereses y actividades apropiados a su «nivel histórico»; de lo contrario, los instintos a los que se niegue su expresión en la etapa correspondiente, irrumpirán luego de forma amenazadora en la madurez...

Si prescindimos de las especulaciones de Hall sobre la «recapitulación», nos damos cuenta de que estaba acometiendo una empresa de gran trascendencia histórica: la acotación de un tipo de comportamiento de los jóvenes que no es ni infantil ni adulto. Los trabajos de este genial autor coincidieron en Estados Unidos con la difusión de organizaciones juveniles patrocinadas por adultos, como el departamento de trabajo para los muchachos de la Y.M.C.A. (Asociación Cristiana de Jóvenes) y los Boy Scouts (los Muchachos Exploradores de Estados Unidos, organización fundada en 1910, que tuvo como modelo la creada por el general Robert Baden-Powell en 1908 en Gran Bretaña), así como con la gradual prolongación de la educación escolar hasta entrada la adolescencia.

La primera publicación que se ocupa específicamente de la atención médica de los pacientes adolescentes se debe a Amelia Gates, quien en 1918 describe minuciosamente «El trabajo de la Clínica de Adolescentes de la Facultad de Medicina de la Universidad de Stanford». Esta pionera hace la primera referencia de cómo debe ser la filosofía de la asistencia a los adolescentes, estableciendo que es imposible atender sólo los aspectos médicos, y que los resultados del trabajo son mejores en la medida en que se atiende la parte social y educativa del paciente.

En las décadas de los años 20 y 30 se formaron los primeros equipos con la finalidad de estudiar algunos aspectos de la adolescencia, tales como su desarrollo biológico y su nutrición. A menudo, las investigaciones eran la extensión de estudios iniciados en niños. El grupo más antiguo y distinguido lo constituyó la Unidad del Estudio del Adolescente de la Universidad de Yale. Dicha unidad se formó con representantes de las cátedras de anatomía, fisiología, química biológica, pediatría y psicología, y sus investigaciones incluyeron la endocrinología de la pubertad (midiendo por primera vez las hormonas en la orina: estrógenos, andrógenos y gonadotrofinas), la edad ósea y otros cambios corporales (1938). Simultáneamente, en Viena, se estableció la secuencia de aparición de las características sexuales secundarias de los adolescentes.

En 1942, un grupo de científicos encabezado por William Greulich publicó un trabajo fundamental: *Estudios somáticos y endocrinológicos del varón púber*, en el que ofrecen un útil método para evaluar el crecimiento del adolescente a través de los estadios de la maduración sexual.

Después de la segunda guerra mundial, a partir de una mejor nutrición de la población y de la correcta utilización de vacunas y antibióticos que produjo un notable descenso de las enfermedades infecciosas y de la elevada mortalidad, un gran número de profesionales comenzaron a interesarse por problemas sanitarios hasta entonces descuidados y que incidían plenamente en la adolescencia: estilos de vida poco saludables, conductas de riesgo, embarazo de adolescentes, enfermedades crónicas, trastornos psicosomáticos, problemas de aprendizaje y traumatismos deportivos.

Buscando consolidar un espacio médico

Durante años la atención médica del adolescente constituyó un territorio de nadie, que permitía escarceos tanto por parte de los pediatras como de los médicos internistas o de medicina general. Se aventuraba a visitar adolescentes aquel profesional que creía reunir los conocimientos mínimos necesarios sobre este período de la vida, y nadie le pedía una mayor acreditación. Tampoco existía la especialización en medicina del adolescente, ni nada similar.

Podemos decir que la asistencia médica moderna empieza en 1951, con la creación a cargo del doctor J. Roswell Gallagher del primer Programa de Medicina de la Adolescencia, en el Children's Medical Center de Boston, Massachusetts (Estados Unidos). Hacia la misma época, y en forma absolutamente independiente, la doctora Nydia Gomes Ferrarotti crea el Centro Municipal de Adolescencia en Buenos Aires, y la doctora Paula Peláez, el Consultorio de Adolescentes en Santiago de Chile. Al poco tiempo, estos servicios pioneros en Iberoamérica fueron seguidos por los creados en São Paulo a cargo de la doctora Anita Colli, en Río de Janeiro a cargo de la doctora María Helena Ruzany y en México a cargo del doctor Enrique Dulanto Gutiérrez.

El modelo asistencial de Boston que creó el doctor Gallagher tuvo un gran éxito y se extendió rápidamente por los Estados Unidos. En 1960, dicho autor plasmó la experiencia en el libro, ya todo un clásico de la especialidad, *La atención médica del adolescente*. Dos años después, acontece un hito importante en esta joven especialización con la publicación de *Crecimiento del adolescente* (1962) del fisiólogo inglés James Tanner. Con él se legaba a los médicos prácticos una precisa clasificación de los estadios del desarrollo, permitiendo mesurar en qué fase puberal se encuentra cada niño. Es de resaltar que este autor defendía encarnecidamente que el crecimiento del ser humano se efectúa de manera continua y progresiva (como demostró en un congreso de psicología celebrado en Ginebra en 1955), y que sólo existe un período en la vida que supone una excepción a esta regla: el de la pubertad, que es cuando el crecimiento se acelera, entre los años que la preceden y que la siguen, produciéndose una transformación particularmente rápida del organismo.

Un año clave es 1968, cuando un colectivo importante de médicos, integrado especialmente por pediatras, pero también con una buena representación de psiquiatras, ginecólogos, internistas, endocrinólogos, etc., constituyó la Society for Adolescent Medicine (SAM), de la cual el primer presidente fue el doctor Gallagher (que ha fallecido en 1997, a la edad de 92 años, en plena actividad). De 1970 en adelante, los congresos de la SAM fueron puntos de referencia de los especialistas en adolescencia. La publicación regular de un boletín informativo de la Sociedad cristalizó en 1980 en el prestigioso *Journal of Adolescent Health*.

El 22 de octubre de 1977, la American Medical Association

reconoció oficialmente la especialidad. Previamente, la Asociación Médica Argentina ya había incorporado en su seno a la Sociedad Argentina de Hebiología y Hebiatría (ambas denominaciones provienen del término griego *hebe*, pubertad; mientras que existe otra denominación, no tan consolidada, efebiatría, también del griego *ephebus*, adulto joven). Poco después se formó una Sección de Medicina de la Adolescencia dentro de la Academia Americana de Pediatría.

En España, en donde desde hacía años era patente la preocupación por el tema, ya durante el Congreso Internacional de Pediatría celebrado en 1980 en Barcelona, organizado por la cátedra de Pediatría dirigida por el profesor Manuel Cruz Hernández, se dedicó gran parte del programa a la medicina del adolescente. Estas inquietudes culminaron en 1985 con la creación de la Asociación Española de Medicina de los Adolescentes (AEMA) bajo el impulso del doctor Obedman, y con la posterior constitución oficial de la Sección de Medicina del Adolescente de la Asociación Española de Pediatría (AEP) en 1989, contando con la eficaz presidencia de Pilar Brañas.

El interés mundial por esta especialidad se puso de manifiesto con la creación en Sydney, Australia, en 1987, de la International Association for Adolescent Health (IAAH), con la participación de asociaciones de treinta y tres países, entre ellos España (desde 1995 la Sección de Medicina del Adolescente de la AEP está admitida en la IAAH como socio corporativo). En junio de 1988, la American Medical Association creó el Departamento de Salud del Adolescente con una red de comunicación entre profesionales. En la década de los noventa la medicina de la adolescencia se ha consolidado firmemente en todo el mundo occidental. En Estados Unidos, por ejemplo, desde 1994 se puede obtener el diploma de subespecialista en Adolescent Medicine cuando ya se es especialista en pediatría o medicina interna.

¿Cómo será la entrevista del adolescente?

Es de todos conocido que el adolescente acostumbra a ser reacio a la visita médica o a cualquier tipo de entrevista sanitaria. Son excepcionales los casos en que es él mismo quien solicita ser visitado: tiene que estar muy apurado o considerarse seriamente enfermo.

Este rechazo a la visita del profesional puede tener su origen en el propio acto facultativo. Porque los adolescentes, a menudo, se sienten intimidados al compartir consultorios dedicados a adultos, e irritados al destinárseles salas de espera infantiles (en donde nadie se ha cuidado de retirar los juguetes y los cuentos para niños). También puede ser porque los adolescentes piden confidencialidad y querrán evitar, por ejemplo, usar los mismos servicios médicos que su familia, ya sea por el riesgo de divulgación de su «secreto», ya por su afán de individualización e independencia de los padres.

Dice un pediatra norteamericano, William A. Daniel: «La entrevista de un adolescente es a menudo como una selva en la que el médico busca desamparado sin saber hacia dónde proseguir»... Ciertamente, aunque la atención del adolescente incumbe a todo aquel profesional que se interese por él, no por ello todos los profesionales están en condiciones de visitar adolescentes.

El adolescente es un paciente peculiar. Para atender al adolescente, el médico, en concreto, precisa de unos conocimientos profundos de este período de la vida y una actitud especial hacia él. A este respecto, el Comité para el Cuidado del Adolescente de Estados Unidos afirma: «La personalidad del médico y su filosofía del cuidado médico son de gran importancia en la atención del adolescente. El médico debe ser maduro y abierto. Debe estar interesado genuinamente en el adolescente como persona, en sus problemas y también en sus padres. No sólo le deben interesar los adolescentes, sino sentirse a gusto con ellos. Debe ser capaz de comunicarse bien con él y con su familia...»

Atender adolescentes requiere interés, tiempo y experiencia profesional. La doctora chilena Matilde Maddaleno, actualmente directora del Programa de Adolescencia de la Organización Panamericana de la Salud (OPS) en Washington, sostiene que para lograr una buena relación es fundamental que al profesional (no sólo el médico, sino también el psicólogo, el pedagogo, el psicoterapeuta, etc.) le gusten los adolescentes, pues éstos tienen una sensibilidad exquisita para identificar el rechazo; por tanto, si al profesional no le agradan o se siente incómodo con ellos, es preferible que los encomiende a otro colega más dispuesto. Hay que advertir sobre la necesidad de contar con una actitud positiva por parte de todo el personal que complementa el equipo asistencial; ya que, por ejemplo, una recepcionista hostil puede sabotear los mejores intentos de los profesionales médicos.

Entre los principios básicos de funcionamiento de una unidad de adolescentes, el respeto a la persona del joven, a su intimidad y al carácter confidencial de sus problemas y su tratamiento, son fundamentales, manifiesta el pediatra madrileño José Casas. Aunque deben existir reglas muy claras sobre el funcionamiento interno de la unidad (visitas, horarios, uso del tabaco, etc.), es muy importante mostrar una gran flexibilidad y comprensión.

Los adolescentes habitualmente concurren a la consulta con una tercera persona (padres, amigos, novios o novias, etc.). Los menores prefieren en general que sus padres estén presentes, en cambio los mayores se decantan por ser entrevistados solos. Pero incluso con los adolescentes que les gusta estar acompañados, es una buena medida, para otorgarles el protagonismo a que aspiran, dedicarles un tiempo para ellos solos, dar una oportunidad a la confidencia.

El arte de escuchar podría definir la actitud del profesional que atiende a los adolescentes. Y para ello es necesario disponer de un despacho que reúna un mínimo de condiciones. Así, por ejemplo, la privacidad es muy importante, ya que si la conversación se ve interrumpida constantemente por llamadas telefónicas o por personas que entran en la habitación, el joven no será capaz de expresarse abiertamente. Se aconseja también que tanto el profesional como el adolescente estén sentados uno frente al otro, a la misma altura y, a ser posible, sin mesa de separación entre ambos. Esto evita el sentimiento de inferioridad del joven estableciéndose una relación equilibrada.

La importancia de la visita médica

Está demostrado que para mantenerse sanos, los adolescentes deben recibir dos tipos de servicio: medicina preventiva y promoción de la salud. El primero, la prevención, significa aprender a evitar conductas dañinas, el uso inapropiado de sustancias, trastornos alimentarios, etc. El segundo tipo de servicio sanitario, la promoción, se refiere a la higiene, nutrición adecuada, sueño suficiente, visitas regulares al médico, puesta al día de las vacunaciones e inmunizaciones, etc. (cuadro 1). En realidad, se tra-

CUADRO 1

Calendario de inmunizaciones del adolescente
(Según Fernando A. Moraga Llop. Hospital Materno-Infantil
Vall d'Hebron, Barcelona, 1966.)

- Vacuna triple vírica a los 11 años.
- Vacuna antihepatitis B a los 12 años.
- Vacuna antitetánica-antidiftérica (Td) a los 14-16 años.
- Vacunas a corto plazo, en adolescentes susceptibles:
  — Antihepatitis A.
  — Antivaricela.
- Vacunas del futuro:
  — Acelular de la tos ferina.
  — De las enfermedades de transmisión sexual.

ta de las dos caras de la misma moneda. Tanto la prevención como la promoción requieren una clara toma de posiciones. Es así como, por ejemplo, el decidir no empezar a fumar (medicina preventiva) es tan importante como el seguir un programa de ejercicio físico (promoción de la salud).

Dado que todos los adolescentes desean ser atractivos y activos (o sea, sanos), la adolescencia puede ser el momento óptimo para aprender acerca de la prevención y promoción de la salud. Para ello, los adolescentes requerirán el apoyo y estímulo de sus padres, escuelas y profesionales sanitarios. Una de las medidas básicas a promover es el examen periódico de la salud. Resulta que ante uno de estos exámenes, que han sido una experiencia común en la vida del niño, al llegar a la etapa adolescente los jóvenes (y a veces los padres) se preguntan: «¿Por qué ir al médico si no estoy enfermo?» En realidad, en la mayoría de los casos, el examen físico que precede a la asistencia a un campamento, a la práctica de un determinado deporte o a la solicitud de un empleo, es vivido por el joven como una molestia, un engorroso trámite a cumplir o una total pérdida de tiempo...

Sin embargo, esto no es así, ya que la visita a un profesional interesado en el desarrollo de los jóvenes puede ser la gran oportunidad de identificar una enfermedad o un trastorno funcional en su etapa inicial y prevenir de este modo problemas mayores. Con esta «visita de salud» se ofrece la posibilidad de ocuparse de temas que de por sí no constituirían motivo de consulta, pero que son causa de preocupación para el adolescente o sus padres, como, por ejemplo: la baja estatura, el retraso en la aparición de la primera menstruación, la iniciación sexual, etc. Tal vez el aspecto más importante de estas visitas sea el hecho de que contribuyen al establecimiento de una buena relación médico-paciente y a diminuir, por consiguiente, la ansiedad que en el futuro puedan ocasionar visitas relacionadas con enfermedades o problemas concretos. Una visita anual ofrece la posibilidad de controlar los rápidos cambios corporales y emocionales que ocurren durante la adolescencia, al mismo tiempo que se pueden abordar los temas de ejercicio, nutrición y sexualidad. El profesional dispondrá entonces del tiempo ideal para conversar con su paciente acerca de cuestiones de seguridad personal, desde la conveniencia de utilizar el cinturón de seguridad del coche hasta las medidas de prevención del embarazo y de evitación de las enfermedades de transmisión sexual.

El factor familiar resulta crucial en el desarrollo del adolescente y es por tanto importante compartir con el médico los detalles de la historia familiar (por ejemplo, el tabaquismo de uno de los padres puede agravar el asma de la hija; el alcoholismo en la línea paterna aumenta significativamente el riesgo de alcoholismo para el hijo varón, etc.) y de las dinámicas familiares (problemas matrimoniales, enfermedad crónica, depresión, etc.) que pueden interferir la función de apoyo emocional y control del adolescente. Por parte de la familia cabe notar que, a pesar de las protestas juveniles, todos los estudios científicos contemporáneos confirman que la familia constituye un factor de capital importancia para los adolescentes. Si bien los amigos y compañeros son de gran importancia cuando se trata de cuestiones de salud, la mayoría de los adolescentes piden consejo y se apoyan en sus padres.

Cuando aparece un motivo de consulta a esta edad, a veces surge la duda de a qué clase de profesional debe acudirse: ¿seguir con el pediatra? ¿Ver un médico de familia? ¿Buscar una ginecóloga? ¿O un psicólogo? ¿O un psiquiatra?... No hay una respuesta única. Y es fundamental que el adolescente participe en la decisión final. Lo importante no es la especialidad que se escoja, sino que el profesional que la ejerza tenga interés y formación en el tratamiento de los adolescentes. Conviene que los potenciales usuarios sepan que, en los últimos años, el desarrollo de cursos sobre adolescencia y la oportunidad de atender a

los jóvenes en centros especializados se ha extendido enormemente, y hoy día los profesionales sanitarios tienen acceso a
abundante material informativo sobre la atención a adolescentes. Los adolescentes, por tanto, pueden estar seguros de que
por poco que busquen estarán en buenas manos.

De la confianza a la confidencialidad

Una vez que se ha decidido quién va a ser el médico y se está
en disposición de concertar la cita, el adolescente o sus padres
pueden sentirse inseguros ante el modo de proceder. ¿Irá el chico solo? ¿Acudirán primero los padres? ¿Visitará el médico a todos juntos o por separado?... Antes, cuando el paciente era un
niño, no había dudas: la madre se hacía cargo de la entrevista y
el papel del hijo se limitaba a la contestación de alguna pregunta ocasional (a veces únicamente formulada para hacerle una
gracia) y a dejarse someter, de mejor o peor grado, al examen
físico. Ahora, por primera vez, el adolescente deberá asumir la
responsabilidad de informar al médico acerca de su salud.

Lo habitual es que la entrevista de padres e hijo se haga por
separado. Después de unos minutos de interrogatorio a los padres (¿cuál es el motivo de consulta?, ¿desde cuándo presenta
el chico el actual trastorno?, ¿cuáles son los antecedentes personales y familiares?, ¿qué es lo que más les preocupa de su hijo?),
el adolescente y el médico, a solas, hacen una «revisión de sistemas», que consiste en una serie de preguntas, aparentemente
simples, en rápida sucesión, que pueden apuntar hacia posibles
síntomas de enfermedad o cambios corporales: ¿puedes ver bien
la pizarra en clase?, ¿escuchas con claridad cuando hablas por
teléfono?, ¿te duele la cabeza al levantarte por la mañana?...
Dependiendo del estilo del médico y de cómo responde el adolescente, es común preguntar sobre aspectos que van más allá
de la entrevista médica tradicional, como son: la relación con los
padres y hermanos, el rendimiento escolar, la autoimagen, los estados de ánimo, la práctica deportiva, entretenimientos y aficiones, actividad sexual, uso de tabaco, alcohol y otras sustancias...
Todo ello empleando un lenguaje que el adolescente entienda y
con el que se sienta cómodo; evitando, no obstante, usar la jerga juvenil de moda (él no espera que lo atienda otro adolescente), los silencios prolongados y los comentarios negativos o que

impliquen un juicio de valor («eso no se hace»). Es útil usar preguntas abiertas como «cuéntame más sobre eso», «¿cómo te sentiste?», etc. Y usar respuestas en espejo, por ejemplo: «¿Cuál es la relación con tu padre?» «Lo odio», ante lo cual el médico responde en espejo: «¿Lo odias?», y el adolescente responderá: «Sí, porque...»

Las características de privacidad de la entrevista con el joven, mientras los padres permanecen en la sala de espera, junto con el clima de sinceridad y fluidez de la conversación que se haya creado, hacen que con frecuencia surjan confidencias por parte del adolescente. Lo cual nos lleva al tema del secreto médico y hasta qué punto éste debe ser respetado en el caso de menores de edad.

Nuestra opinión, basada en el respeto y en la promoción del desarrollo gradual de la autonomía adolescente, es que se puede asegurar al adolescente que se mantendrá la confidencialidad de la información que suministre, a no ser que se encuentre en una situación muy peligrosa, de alto riesgo (ideas de suicidio, abuso sexual, adicción, etc.), que requiera la inmediata intervención por parte de padres y profesionales. Esto ha de quedar muy claro, para que luego no haya malos entendidos... La gran ventaja que ofrece la garantía de confidencialidad es que los pacientes consultan por dificultades que de otra manera mantendrían en secreto y, por consiguiente, se perdería la posibilidad de intervención precoz. Por otra parte, también se estimula al adolescente a asumir responsabilidad e intentar resolver sus propios problemas.

A los padres se les debe asegurar que la confidencialidad tiene sus límites y que se contactará con ellos, a la mayor prontitud, en toda situación grave que se plantee, para así aunar esfuerzos en la ayuda del joven. Por supuesto que, llegado el caso, antes que acudir a los padres, el médico hablará con el paciente y le explicará por qué no puede respetarse en aquel momento la confidencialidad que había sido pactada anteriormente, ofreciéndole, al mismo tiempo, la oportunidad de participar en la revelación (del hecho en cuestión) y de la manera en que se podrá realizar (por ejemplo: con su presencia, con una explicación por carta, etc.).

En general no es bueno mantener secretos, así como no es bueno revelar cada detalle de la vida personal. El profesional con experiencia podrá aceptar mantener el secreto médico, en la medida en que comenzará a guiar a su paciente para que comparta los aspectos esenciales de sus problemas con sus padres.

III

Crecimiento y desarrollo

> Más bien sucede que el proceso de desarrollo
> constituye el vínculo crucial entre los determi-
> nantes genéticos y las variables ambientales,
> entre la sociología y la psicología individual,
> y entre las causas fisiológicas y psicológicas.
>
> MICHAEL RUTTER

Los espectaculares cambios de la pubertad

Con la excepción del primer empuje de crecimiento del ser humano, que se extiende desde la segunda mitad de la vida in-
trauterina hasta los tres años de edad, la velocidad de crecimiento en estatura disminuye progresivamente y antes de la
pubertad llega a su punto más bajo: en el año que precede a su
inmediato estirón, el niño crece un promedio de 5 cm.

Existen diferencias individuales en cuanto a la magnitud del
brote de crecimiento de la pubertad, según nos comentan los especialistas argentinos Marcos Cusminsky y Clementina Vojkovic.
En general las niñas crecen, durante los tres años que dura el
estirón, un promedio de 20 cm, en tanto que los muchachos
alcanzan unos 23 cm como término medio. En los dos sexos,
durante el segundo año del estirón, es cuando el incremento es
mayor: 9 cm en el varón y 8 cm en la mujer, quedando una
talla final de los varones adultos, en promedio, unos 12 cm mayor que las mujeres.

En cuanto al peso, el de la niña es al nacer algo inferior al
del varón, lo iguala a los 8 años, se hace más pesada que el varón a los 9-10 años y permanece así hasta aproximadamente los

14 años y medio. A los 19 años, los varones terminan con un peso promedio de casi 8 kg más que las mujeres.

Respecto a las proporciones corporales, podemos decir que hasta los 9 años los niños tienen mayor altura en el segmento superior del cuerpo (cabeza y tronco), y que a partir de esta edad las niñas los sobrepasan hasta alrededor de los 13 años y medio, cuando se produce el estirón más tardío de los niños, los cuales adquieren mayores dimensiones al terminar como adultos.

Dichas dimensiones se aceleran en un orden determinado. Así, por ejemplo, el aumento en longitud de las piernas se suele producir unos 6 a 9 meses antes que el incremento en la longitud del tronco. En cambio, la anchura de hombros y tórax es la última en alcanzar su pico máximo. Como sostiene Tanner, ocurre que a un muchacho le quedan cortos los pantalones un año antes de que sienta que la chaqueta le va estrecha... Las niñas presentan un crecimiento más pronunciado en el ancho de las caderas, mientras que los varones crecen más en anchura de hombros. Como el crecimiento corporal suele ser más rápido en la periferia y avanza hacia el tronco, el adolescente parece convertirse en un ser «todo manos y pies», incluso hay quien lo compara con una araña... Algunos se quejan de tener demasiado grandes los pies o las manos, sobre todo las niñas, y es conveniente tranquilizarlos, asegurándoles que una vez que haya terminado el estirón de las distintas partes corporales, adquirirán éstas una relación normal.

Ambos sexos denotan un incremento en la masa muscular, siendo éste más marcado en los varones que en las niñas (no obstante, las niñas, por experimentar un estirón muscular en la pubertad previo al de los chicos, pasan por un corto período de tiempo en que poseen mayor musculatura que los varones, ocurriendo lo mismo que con la estatura). El aumento de tamaño de los músculos va acompañado de un incremento en la fuerza (mucho más notable en el varón que en la mujer), debido a cambios bioquímicos en las células musculares producidos por la hormona sexual masculina (testosterona). En ambos sexos hay un aumento de la grasa subcutánea, especialmente en las chicas.

Los huesos se vuelven más gruesos y más anchos, y las dimensiones y formas de la cara se alteran en mayor grado en los varones que en las niñas. También el tamaño del corazón de los muchachos aumenta mucho más que el de las muchachas, lo mismo que los pulmones, contando los varones con una mayor capacidad respiratoria. Asimismo, el número de glóbulos rojos (hematíes), así como la cantidad de hemoglobina (sustancia que confiere el color rojo a los hematíes) aumentan en la pubertad de los muchachos, y este fenómeno es producido por el estímulo de la testosterona sobre la médula ósea (fábrica de los hematíes).

La sorprendente irrupción de las hormonas

La pubertad de la muchacha, que se inicia habitualmente entre los 10 años y medio y los 11 años, está marcada por la asociación mixta de dos tipos de hormonas: los estrógenos (hormonas esteroideas responsables, fundamentalmente, de los caracteres sexuales femeninos) y los andrógenos (hormonas sexuales de acción masculinizante). Algo similar sucede en los varones, aunque en cada sexo, durante la pubertad, predomina la hormona que le corresponde.

Así, bajo la influencia de los estrógenos, el primer signo de cambio corporal de la pubertad en la chica es la aparición de un nódulo sensible en el pezón, seguido del aumento del tamaño de la areola y del seno, por desarrollo del tejido glandular. Es el llamado brote mamario y es precisamente en esta época cuando comienza la aceleración del crecimiento corporal. También los estrógenos modifican la vulva: la mucosa cambia de color (de violácea se convierte en rosada) y de aspecto (de seca se convierte en húmeda), y los labios menores se desarrollan y colorean.

En el mismo año del desarrollo mamario, los andrógenos (suministrados por las glándulas suprarrenales y, sobre todo, por los ovarios) se encargan de la aparición del vello en el pubis. Acostumbra aparecer unos seis meses, de media, después del inicio del desarrollo mamario, aunque no es raro que preceda al aumento importante de los pechos. El vello se sitúa en primer lugar en el pubis (el monte de Venus), después se extiende lateralmente hacia los labios mayores, al nacimiento de los muslos, y a la parte inferior del abdomen con un límite superior de forma horizontal. La completa extensión del vello pubiano (pilosidad adulta) se consigue en dos años, mientras que el vello axilar aparece a media pubertad y se desarrolla en dos o tres años. Los labios mayores se hipertrofian, se pigmentan y se cubren de vello. Hay que hacer notar que la aparición del acné, auténtica complicación —¡pesadilla!— de la pubertad, se halla bajo la dependencia de estos mismos andrógenos (la hormona dihidrotestosterona en particular), que actúan sobre las glándulas sebáceas, transformando los folículos pilosebáceos en los populares «comedones», que se inflaman cuando son rascados o apretados por el adolescente. Afecta a ambos sexos en un 90 %, aunque los varones tienden a tener un acné más severo por tiempos más cortos que las mujeres, en quienes es menos severo pero de mayor duración. El acné se inicia uno o dos años después de la pubertad. También la testosterona es responsable del aumento de la transpiración, con el típico olor ácido y penetrante del sudor.

La pubertad de las muchachas, en el plano fisiológico, termina con la primera menstruación (menarquia), que señala efectivamente, para el sentido común, la fecha de la pubertad. La menarquia aparece como media unos dos años después de los primeros signos puberales (también, habitualmente, coincide con la fase de desaceleración del crecimiento).

En el otro sexo, la primera manifestación de la pubertad es el aumento del tamaño de los testículos, hacia los 11 años (la palabra testículo procede del término latino *testis*, testigo, ya que la presencia evidente de ellos atestiguaba a los antiguos romanos la virilidad masculina y su potencial generador). En la época prepuberal el volumen del testículo es inferior a 3 ml, mientras que en la edad adulta llega a ser de 20-25 ml y tiene un peso de unos 20 g, según informa el experto endocrinólogo pediátrico Francisco Rodríguez Hierro en el *Tratado de Endocrinología Pediátrica y de la Adolescencia*. El volumen testicular se valora mediante el orquidómetro de Prader, que consiste en un rosario de 13 ovoides de madera o de plástico engarzados en una cuerda y marcados con su volumen en ml. La aparición del vello pubiano en el varón, con crecimiento del pene y pigmentación del escroto (bolsa que contiene los testículos), acontece entre los 12 años y medio y los 13 años. Luego, la pilosidad aumenta sobre la raíz de los muslos y sobre el escroto, alcanzando el estadio adulto hacia los 16-18 años. La pilosidad de las axilas (axilar) aparece a media pubertad y se desarrolla en dos o tres años. Después viene la pilosidad en la cara (facial) y a continuación la del resto del cuerpo, también en esta franja entre los 16 y 18 años. Uno de cada dos adolescentes muestra un aumento mamario más o menos importante, que acostumbra a retroceder por sí mismo. Los cambios de voz, con ligero descenso del tono en las muchachas y mayor profundidad en los chicos (se evidencia a simple vista por el aumento de tamaño de la popular «nuez de Adán»), aunque durante un tiempo es bitonal, surgen generalmente en la fase avanzada del crecimiento genital.

La primera eyaculación o polución consciente de esperma (espermaquia) es un acontecer en general mal recordado. Constituye el signo paralelo a la primera regla del otro sexo, y da fin simbólicamente a la pubertad, aunque suele aparecer hacia los 13 años, cuando el tamaño testicular es inferior a 10 ml siendo, por tanto, a diferencia de la menarquia, un acontecer relativamente precoz dentro de la pubertad masculina, según opinión de Francisco Rodríguez Hierro.

Maduración física

El cuerpo humano se encuentra en un constante estado de transición en cualquier edad de la vida, pero la adolescencia se distingue por la rapidez y magnitud de los cambios corporales que ocurren en el lapso de muy pocos años. La pubertad, el proceso biológico de la maduración reproductiva, afecta a cada órgano del cuerpo humano (cuadro 2).

El crecimiento de las personas se debe a la interacción de la influencia genética, el estado nutricional, factores hormonales internos y factores climáticos externos, socioeconómicos, etc. Los aspectos genéticos y ambientales tienen una amplia gama de variación, pero las hormonas son muy similares en todos los adolescentes. Y un conocimiento básico de las hormonas es necesario para entender los misterios del crecimiento y desarrollo del adolescente.

Las hormonas son sustancias químicas segregadas por glándulas endocrinas que pasan a la circulación sanguínea. Como agentes en misiones especiales, cada hormona tiene su trabajo asignado y sus objetivos precisos. Dos hormonas, primordialmente, regulan el crecimiento durante la niñez: la hormona tiroidea y la hormona de crecimiento. Durante la adolescencia reciben refuerzos importantes: las hormonas sexuales, producidas por las gónadas (testículos y ovarios) y las glándulas suprarrenales. Dichas hormonas —andrógenos, estrógenos y progesterona— son producidas por ambos sexos, pero en sitios distintos y

---

CUADRO 2

Algunas características de la maduración física de la pubertad

- El 40 % del peso adulto y el 25 % de la estatura final de una persona se logran durante la adolescencia.
- En los varones, con la pubertad se duplica el tamaño del corazón, y en ambos sexos aumenta la presión arterial y disminuye la frecuencia del latido cardíaco.
- Aumenta la capacidad pulmonar y disminuye el número de respiraciones por minuto.
- El cerebro llega a su tamaño adulto y el electroencefalograma (EEG) va cambiando las ondas lentas de los niños por las ondas rápidas características de los adultos.
- El sistema linfático se agranda de manera transitoria durante la pubertad: los ganglios linfáticos tienen el doble de tamaño a los 12 que a los 20 años.
- El sistema reproductivo entra en acción y hace posible el embarazo adolescente.

---

concentraciones diferentes. Hacia el final de la niñez, el cerebro, a través de la glándula directora (la hipófisis), envía un mensaje hormonal a los ovarios, testículos y glándulas suprarrenales, anunciándoles de que es hora de despertar y producir más hormonas sexuales. Y éste es el comienzo de la pubertad.

Una vez que se inicia el proceso puberal, progresa de manera predecible; o sea que en una población de adolescentes, un estadio sigue a otro en forma de secuencia consistente. Sin embargo, si se considera un adolescente individualizado, no es inusual que su desarrollo no coincida con lo predicho. En otras palabras: el comienzo y la progresión de la pubertad varían de un adolescente a otro. La prueba más evidente se hallaba en una clase de 8.º o 9.º de la anterior Educación General Básica (EGB) en España. Algunos varones presentarán musculatura y alturas notables, otros serán delgados y canijos, unos tendrán facciones similares a las adultas, mientras que otros seguirán con caras de niños. Las chicas, en general, parecerán más maduras y «señoritas»; pero en toda la clase se notará una gran variedad de lo normal, incluyendo al ocasional adolescente prepuberal y al que habrá completado ya su desarrollo adulto.

El común denominador de todos los adolescentes tempranos (de 10 a 13 años) es su pregunta ansiosa: ¿soy normal? Todos se comparan entre sí, resultando a veces que sufren y se alarman de manera innecesaria. La realidad es que la mayoría de los adolescentes que demoran en desarrollarse lo harán más adelante. Hay que tener en cuenta el fenómeno siguiente: durante la adolescencia, la edad cronológica de un joven normal podrá no coincidir con el peso, altura o maduración sexual que le corresponde en un momento determinado.

La maduración sexual constituye el elemento central del desarrollo adolescente, y abarca el desarrollo mamario, el genital, las características sexuales secundarias (como es el cambio de la voz o el crecimiento de la barba) y la capacidad reproductiva. Una vez que se ha completado la maduración sexual, cesa el crecimiento. Para medir el estadio de maduración sexual, el doctor James Tanner y sus colegas británicos reconocieron cinco etapas fácilmente identificables mediante el examen físico y que pueden brindar importante información acerca del crecimiento y desarrollo de cada adolescente (figs. 1 y 2).

¿Crecerá, doctor?

Desde la primera visita del bebé a su pediatra, la mayoría de padres han aprendido a seguir la evolución del peso y la talla del retoño en las curvas de crecimiento que cada vez están más al alcance del público en general. A lo largo de su infancia, la mayoría de niños crecerán armónicamente sin excesivos sobresaltos, pero al irse acercando a la pubertad es cuando el profesional sanitario tendrá que afinar más en el pronóstico del crecimiento final.

En la adolescencia, la curva de crecimiento necesita ser complementada con la evaluación de la maduración sexual, pues de esta manera el especialista podrá establecer el pico de crecimiento, el desarrollo reproductivo y el final del crecimiento. Así, cuando el médico examina a su paciente adolescente, utiliza dos tipos de observaciones para estimar los estadios de maduración (sexual) de Tanner: en la niña, el desarrollo de la mama y el vello pubiano, y en el varón, el desarrollo de los testículos y también el vello pubiano (ver figs. 1 y 2).

La pubertad de las niñas comienza con la aparición del «botón» mamario, entre los 8 y 13 años de edad. El estirón, pico de crecimiento puberal, que es cuando se da el crecimiento más ve-

FIGURA 1

Evaluación del desarrollo puberal masculino (Tanner, 1962)

Desarrollo genital

Estadío 1 (G1)

Pene, escroto y testículos infantiles, es decir de aproximadamente el mismo tamaño y forma que en la infancia.

Desarrollo del vello pubiano

Estadío 1 (P1)

Ligera vellosidad infantil.

Estadío 2 (G2)

Agrandamiento del escroto y testículos. La piel escrotal se vuelve más roja, delgada y arrugada. El pene no tiene ningún agrandamiento o muy insignificante.

Estadío 2 (P2)

Vello escaso, lacio y ligeramente pigmentado, usualmente arraigado al pene (dificultad para apreciar en la figura).

Estadío 3 (G3)

Agrandamiento del pene, principalmente en longitud. Continuación del desarrollo testicular y escrotal.

Estadío 3 (P3)

Vello rizado, aún escasamente desarrollado, pero oscuro, claramente pigmentado, arraigado al pene.

Estadío 4 (G4)

Aumento de tamaño del pene, con crecimiento del diámetro y desarrollo del glande. Continuación del agrandamiento de testículos y escroto. Aumento de la pigmentación de la piel escrotal.

Estadío 4 (P4)

Vello pubiano de tipo adulto, pero no con respecto a la distribución (crecimiento del vello hacia los pliegues inguinales, pero no en la cara interna de los muslos).

Estadío 5 (G5)

Genitales de tipo y tamaño adulto.

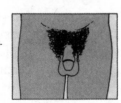

Estadío 5 (P5)

Desarrollo de la vellosidad adulta con respecto a tipo y cantidad; el vello se extiende en forma de un patrón horizontal, el llamado femenino (el vello crece también en la cara interna de los muslos). En el 80% de los casos, el crecimiento del vello continúa hacia arriba, a lo largo de la línea alba (estadío 6).

FIGURA 2

Evaluación del desarrollo puberal femenino (Tanner, 1962)

Desarrollo mamario

Estadío 1 (S1)
Mamas infantiles. Sólo el pezón está ligeramente sobreelevado.

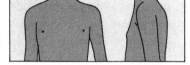

Estadío 2 (S2)
Brote mamario. Las areolas y pezones sobresalen como un cono. Esto indica la existencia de tejido glandular subyacente. Aumento del diámetro de la areola.

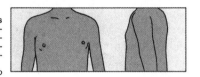

Estadío 3 (S3)
Continuación del crecimiento con elevación de mama y areola en un mismo plano.

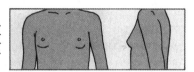

Estadío 4 (S4)
La areola y el pezón pueden distinguirse como una segunda elevación, por encima del contorno de la mama.

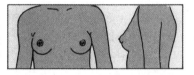

Estadío 5 (S5)
Desarrollo mamario total. La areola se encuentra a nivel de la piel, y sólo sobresale el pezón (¡Nota! en ciertos casos, la mujer adulta puede mantenerse en estadío 4).

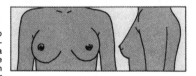

Desarrollo del vello pubiano

Estadío 1 (P1)
Ligera vellosidad infantil.

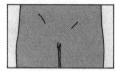

Estadío 2 (P2)
Vello escaso, lacio y ligeramente pigmentado, usualmente a lo largo de los labios (dificultad para apreciar en la figura).

Estadío 3 (P3)
Vello rizado, aún escasamente desarrollado, pero oscuro, claramente pigmentado, sobre los labios.

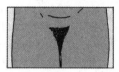

Estadío 4 (P4)
Vello pubiano de tipo adulto, pero no con respecto a la distribución (crecimiento del vello hacia los pliegues inguinales, pero no en la cara interna de los muslos).

Estadío 5 (P5)
Desarrollo de la vellosidad adulta con respecto a tipo y cantidad; el vello se extiende en forma de un patrón horizontal, el llamado femenino (el vello crece también en la cara interna de los muslos).
En el 10% se extiende por fuera del triángulo pubiano (estadío 6).

loz, habitualmente ocurre un año antes de la primera menstruación (menarquia). Luego, el crecimiento cesa dos años después de la menarquia. La edad promedio de la menarquia es de 12,6 años, pero el rango (variación) de la normalidad oscila entre los 10,8 y los 14,6 años de edad. Los cambios puberales para las chicas duran cuatro años aproximadamente, siendo a veces muy breves (año y medio) o prolongados (cinco años).

En el caso del varón, la pubertad comienza con el agrandamiento de los testículos, entre las edades de 9,5 y 13,5 años. Con la progresión de la pubertad, durante el estadio 3 de Tanner, se inicia la producción de esperma. La primera eyaculación (espermarquia) sucede entre los 12 y 14 años. Para la mayoría de los varones, el pico de crecimiento máximo se da entre los 10 y los 16 años, alcanzando la altura máxima entre los 17 y los 18 años. La duración promedio del proceso puberal es de tres años, con un rango (posibilidades de variación) de dos a cinco años (el período de estirón puberal dura de dos a tres años en ambos sexos). Si bien la pubertad comienza más tarde en los varones que en las chicas, su duración —más breve— hace que ambos sexos completen su maduración a edades similares.

Hemos visto, pues, cómo la maduración sexual se correlaciona con otros eventos puberales como son la menarquia y el estirón puberal. Sin embargo, es importante diferenciar entre la aparición de dicho estirón puberal y la altura final de una persona. Sepan que aquellos adolescentes que comienzan su pico de crecimiento antes que sus compañeros de edad, suelen completar también su crecimiento a una edad más temprana. Mientras que los adolescentes que inician su estirón a mayor edad, habitualmente crecen con mayor velocidad en un lapso menor de tiempo. Por tales razones, la estatura final de los que maduran temprano y los que maduran más tardíamente es bastante similar.

Hay muchos factores que afectan al ritmo, al «tempo» de crecimiento. Así, por ejemplo, en climas templados, los niños crecen más rápidamente en la primavera que en el invierno. Debido a la gran variedad de factores que intervienen en el crecimiento, no es infrecuente que un adolescente crezca poco durante un período de dos o tres meses y en los meses siguientes presente un progreso muy importante. Por lo tanto, es incorrecto decir que un adolescente está creciendo demasiado poco simplemente porque su estatura no cambió entre diciembre y febrero. El ritmo de crecimiento debe ser determinado durante intervalos más amplios, de por lo menos seis a doce meses. Resulta, pues, difícil predecir cuál será la altura final de un adolescente. Es útil conocer la estatura que tenía de niño, al cumplir los dos años, pues multiplicándola por dos nos dará una estimación bastante aproximada. También la estatura de ambos padres nos dará una pista sobre la estatura que alcanzará el adolescente. No obstante, el método más exacto para determinar la estatura final estará basado en cálculos que hará el médico especialista, que incluyen la edad cronológica (los años que tiene en realidad), la altura que en este momento tiene y la edad ósea (determinada por la aparición de los huesos de la muñeca, que lo hacen a diferentes edades del niño, y se ven con una radiografía). Aunque para la mayoría de adolescentes no es necesaria esta exploración, reservada únicamente para los casos en que el crecimiento se desvía de los patrones normales.

Cuando la pubertad se retrasa

Se considera que hay un retraso puberal si la pubertad se inicia muy tarde o progresa muy lentamente. En el caso de las chicas, el factor más evidente es la ausencia de desarrollo mamario a la edad de 13 años o la ausencia de menstruación a los 15 años. En los varones, la situación equivalente es la falta de crecimiento testicular a los 14 años. En líneas generales, el proceso de la pubertad no debe extenderse, en ambos sexos, más allá de cinco años. Veamos, a continuación, cuáles son las causas más habituales de demora en el inicio de la pubertad.

El *retraso constitucional* es el más común de todos ellos y se presenta en el 90-95 % de los casos. Es de origen genético y se trata de niños con talla baja que comienzan su pubertad más tarde, pero que luego progresan por los estadios de maduración de manera normal y al finalizar el proceso alcanzan (a veces pasados los 20 años) la estatura y el desarrollo normal del adulto.

Las *deficiencias en la producción de hormonas hipofisarias o pituitarias*, a menudo tienen un denominador común que es el bajo peso, como sucede en los casos de anorexia nerviosa, aunque pueden encontrarse otras causas en las enfermedades crónicas severas, en el exceso de ejercicio físico o sobreentrenamiento, las anomalías hipofisarias, etc.

Las *anomalías hipofisarias* se manifiestan con un fallo en la producción de una hormona aislada, como puede ser la hormona de crecimiento, o de un grupo de hormonas. Así, por ejemplo, cuando escaseen o estén ausentes la hormona de crecimiento y las gonadotrofinas (que estimulan las hormonas sexuales), el resultado será la baja estatura y la ausencia de desarrollo puberal. Siempre habrá que descartar causas severas como encefalitis, traumatismo craneal o tumores cerebrales.

Las *anomalías genéticas* que afectan al ovario o a los testículos se presentan en característicos síndromes. En los varones es el síndrome de Klinefelter, con altas estaturas, aspecto físico eunucoide (similar al de los eunucos, que no tienen función testicular: cara redonda y mofletuda, disposición de grasa en cintura y caderas, etc.), testículos muy pequeños, vello pubiano escaso y pene pequeño. Ocurre en uno de cada 600 varones y se confirma por estudio cromosómico (cariotipo), que muestra el exceso de un cromosoma X en el varón, resultando la fórmula cromosómica más habitual 47, XXY (en vez de la normal 46, XY). Casi todos sufrirán de infertilidad y el tratamiento consiste en inyecciones de testosterona de por vida. En las chicas se manifiesta el síndrome de Turner, que afecta a una de cada 2 000 mujeres y consiste en un fallo genético (falta de un cromosoma X, quedando la fórmula cromosómica reducida a 45, X), que impide el desarrollo de los ovarios durante el período fetal. Se diagnostica por la baja estatura, la ausencia de caracteres sexuales secundarios y ciertas características físicas, como el cuello corto y ancho, con implantación baja del cabello, «boca de pez» y orejas en situación baja, dando todo lo cual el aspecto de «facies de esfinge», porque recuerda el aspecto de las esfinges de Egipto. El tratamiento es a base de ingestión oral de hormonas sustitutorias.

Mientras se hace la evaluación médica pertinente se deben tener muy en cuenta las repercusiones psicológicas de la pubertad tardía. Es bien sabido que muchos adolescentes se apartan de sus amigos y rehúyen los contactos sociales, aislándose con punzantes sentimientos de inferioridad. Otros se vuelven ansiosos, deprimidos y dependientes de sus padres; mientras que otros se muestran enojados y agresivos, en un intento de compensar sus sentimientos de inferioridad. Cuando se determina que la pubertad tardía tiene una causa constitucional, la decisión de usar o no tratamiento hormonal se basa primordialmente en el estado psicológico del adolescente (que se determinará con la oportuna exploración psiquiátrica con tests psicológicos).

La decisión acerca de administrar hormona de crecimiento a adolescentes de baja estatura que no presentan deficiencia de hormona de crecimiento es controvertida, porque todavía se desconocen las consecuencias a largo plazo de su administración, además de los factores económicos (el coste de la hormona, producida de forma sintética, es muy elevado) y la necesidad de inyectarla periódicamente durante meses y años. Estas razones obligan a un estudio detallado de cada caso, a través de comités de expertos endocrinólogos, que determinan en última instancia a qué adolescentes debe administrarse, procurando siempre que el tratamiento se inicie antes de la pubertad.

Pubertad precoz y talla excesiva

Se define como pubertad precoz la aparición de los caracteres sexuales secundarios, antes de los 8 años en la niña y de los 9 años en el niño. Hay dos tipos de pubertad precoz: central y periférica.

La *pubertad precoz central*, también llamada verdadera, se debe a una activación de unas estructuras anatómicas (eje hipotálamo-hipófiso-gonadal) encargadas de regular la maduración corporal, pero que en este caso se han puesto en marcha antes de tiempo. Las causas que afectan a estas sensibles estructuras anatómicas van desde los traumatismos cefálicos hasta los tumores cerebrales o hidrocefalias (acumulación de líquido dentro del cerebro).

En la *pubertad precoz periférica*, también llamada seudopubertad precoz, hay una elevación en el organismo de las hormonas sexuales (esteroides) sin que el eje regulador a que antes aludíamos esté activado. El origen de esta elevación hormonal puede estar en las glándulas suprarrenales o en las propias gónadas (testículos u ovarios).

En ambos casos, central y periférica (que, además, pueden presentarse simultáneamente), hay que tratar, obviamente, la causa orgánica que las desencadena, pero también hay que ocuparse de las importantes necesidades psicosociales del paciente con pubertad precoz. Asimismo, es importante diferenciar una entidad que se denomina *pubertad adelantada*, que corresponde al inicio del proceso puberal unos meses antes de los 8 años en la niña y de los 9 años en el varón. Como explican los pediatras Fernando Cassorla y Francisco Ugarte de la Unidad de Endocrinología de la Universidad de Santiago de Chile, este cuadro clínico frecuentemente no es patológico, sino que corresponde a chicos que están comenzando su desarrollo puberal en uno de los extremos del promedio (rango) normal del inicio de este proceso. No obstante, esta entidad puede tener consecuencias negativas en algunos niños, cuando se asocia a un pronóstico de talla insuficiente, o generar problemas psicosociales debido al desarrollo sexual prematuro del paciente. La pubertad adelantada, al igual que la pubertad fisiológica, evoluciona con la secuencia normal de progresión de los signos puberales en ambos sexos.

A la vista de estos hechos, no debemos olvidar que aunque el cuerpo madure de manera precoz, no hay una correspondencia con las capacidades intelectuales y la interacción social que estos niños manifiestan. Los niños pueden parecer más grandes y de mayor edad, pero no están listos para asumir las responsabilidades de la adolescencia. Al mismo tiempo, pueden ser objeto de bromas por parte de otros niños y, a su vez, provocar confusión en los adultos que los rodean. Una buena cosa es, por ejemplo, informar adecuadamente a sus maestros sobre esta situación.

«¡Grandullón! ¡Larguirucho!»… El chico de *talla excesivamente alta* no acostumbra a pasar inadvertido y su altura le delata en cualquier colectivo, siendo fácilmente visible su cabeza descollando por encima de las de sus compañeros de clase, y puede convertirse en foco de atención —«cabeza de turco»— en donde incida continuamente la mirada del maestro.

El varón soporta su talla excesiva con mayor soltura que la chica, preocupada casi siempre por su altura; al chico, por ejemplo, le facilita la práctica del baloncesto. Generalmente se trata de una característica familiar. Rara vez es el resultado de una enfermedad de las glándulas endocrinas (gigantismo) o genética (síndrome de Marfan). Debe descartarse el síndrome de Marfan en todo adolescente alto con escoliosis (desviación de la columna vertebral), pecho hundido y dedos largos de manos y pies, dado que puede asociarse esta entidad a defectos cardíacos y de la arteria aorta que deberían identificarse precozmente para excluir a estos jóvenes de actividades deportivas peligrosas. El tratamiento de la talla excesiva depende siempre de su causa. Si se trata de una niña extremadamente alta, el médico puede detener el crecimiento tratándola con hormonas (estrógenos) que producen el cierre de la zona fértil de los huesos (epífisis). Para que el tratamiento sea efectivo es conveniente iniciarlo durante la pubertad temprana, antes del estirón puberal.

Vicisitudes del desarrollo psicológico

Vemos, pues, que la adolescencia es un período de cambios rápidos y notables, entre los que figuran los espectaculares cambios físicos que ya hemos citado, encaminados todos ellos a poner a punto la capacidad de reproducción. Además de esta metamorfosis corporal, se produce una maduración de las funciones cognitivas, adquiriendo el joven una nueva capacidad para pensar de manera lógica, conceptual y con visión de futuro, sucediendo, al mismo tiempo, un desarrollo psicosocial que permite al adolescente una mejor comprensión de uno mismo en relación a los demás. Siguiendo las consideraciones de Ramón Florenzano Urzúa, profesor de Psiquiatría de la Universidad de Carolina del Norte (Estados Unidos) y de Santiago de Chile, podemos diferenciar a continuación las situaciones que se producen según las edades a lo largo de la transición adolescente.

En la *adolescencia temprana*, de los 10 a los 13 años de edad, el pensamiento tiende aún a ser concreto, con fines muy inmediatos, y la separación de los padres apenas comienza, con una actitud rebelde, pero sin un real distanciamiento interno. Las amistades son fundamentalmente del mismo sexo; generalmente se tiende al grupo, con un tímido avance hacia el sexo opuesto. La religiosidad a veces se exacerba, otras se apaga, pero siempre está ligada a los puntos de vista familiares. Son frecuentes las demostraciones de mal genio, las populares rabietas, muchas veces abiertamente dirigidas a los padres. Estas manifestaciones pueden transformarse, en algunos casos, en conducta antisocial o delincuente, tales como robos, conducción de vehículos a velocidades excesivas, etc. Si éstas son ocasionales, no implican necesariamente posteriores trastornos psicopatológicos. En otros casos, la alteración emocional se traduce por una retirada pasiva de los intereses o actividades habituales, encerrándose el chico en sí mismo, recluyéndose en su habitación y presentando síntomas claros o enmascarados de tipo depresivo.

Cuando llega la *adolescencia media*, de los 14 a los 16 años, la separación de la familia comienza a hacerse más real. La búsqueda de amigos es más selectiva y pasa de las actividades de grupo a otras en pareja. El adolescente busca diversas alternativas en cuanto a parejas, actividades y puntos de vista. Esta variabilidad se ve acentuada por su capacidad de pensar en forma abstracta, y de jugar con ideas y pensamientos filosóficos. La preocupación casi obsesiva que tenía en la etapa previa (adolescencia temprana) por las transformaciones corporales, es reemplazada por una pujante atención en la relación interpersonal y en las ideas propias y de los demás. No obstante, en algunos casos pueden aparecer síntomas ligados al exceso de preocupación por el propio cuerpo o mente, que se traducen en regresiones hipocondríacas o narcisistas, en un centrarse constantemente en sí mismo, y en una indiferencia completa hacia las necesidades o intereses de los familiares y otras personas. En otros casos surge la sintomatología ansiosa y depresiva de manera abierta, aunque acostumbra a ser transitoria. Con menor frecuencia aparecen sentimientos de despersonalización (por ejemplo, mirarse al espejo y desconocer la propia imagen) o dudas acerca de la identidad sexual, que a veces llevan a una necesidad imperiosa (compulsiva) de demostrarse muy masculino o femenino.

Por último, en la *adolescencia tardía*, de los 17 a los 19 años, es cuando surgen relaciones interpersonales estables, con aproximación física y, a veces, contacto sexual. Tanto en el plano biológico como en el psicológico, existe en esta fase una mayor capacidad de compromiso (Erikson hablaba de la «capacidad de intimidad» como logro propio de esta etapa). Otro logro paralelo es el de la identidad, que implica una autoimagen estable. En el plano cognitivo, la capacidad de abstraer permite planificar el futuro y preocuparse por el estudio, el trabajo, su vida en pareja, etc. La relación con la familia a veces vuelve a ser importante, con una visión menos crítica y una actitud menos beligerante hacia los padres (tabla 1).

Alguna vez surge la «identidad negativa», en la que el joven actúa de forma exactamente opuesta a la sugerida por los valores familiares, o la «difusión de la identidad», en la cual el joven explora reiteradamente múltiples áreas de actividad, tipos de trabajo, o múltiples parejas... O sea, no se hace la transición de la etapa exploratoria normal de la adolescencia temprana y media a la estabilidad propia de la etapa tardía y del adulto joven. Sin embargo, en algunos casos el adolescente realiza la denominada por Erikson «moratoria de identidad», en la cual deliberada-

TABLA 1

Etapas del crecimiento y desarrollo psicológico

etapas	independencia	identidad	imagen
Adolescencia temprana (10-13 años)	Menor interés en los padres, intensa amistad con adolescentes del mismo sexo. Ponen a prueba la autoridad. Necesidad de privacidad.	Aumentan las habilidades cognitivas y el mundo de fantasía. Estado de turbulencia. Falta control de los impulsos, metas vocacionales irreales.	Preocupación por los cambios puberales. Incertidumbre acerca de su apariencia.
Adolescencia media (14-16 años)	Período de máxima interrelación con los compañeros (pares) y de conflicto con los padres. Aumento de la experimentación sexual.	Conformidad con los valores de los compañeros (pares). Sentimiento de invulnerabilidad. Conductas omnipotentes generadoras de riesgos.	Preocupación por la apariencia. Deseo de poseer un cuerpo más atractivo y fascinación por la moda.
Adolescencia tardía (17-19 años)	Emocionalmente próximo a los padres, a sus valores. Las relaciones íntimas son prioritarias. El grupo de compañeros (pares) se torna menos importante.	Desarrollo de un sistema de valores. Metas vocacionales reales. Identidad personal y social con capacidad de intimar.	Aceptación de la imagen corporal.

mente decide no optar en cuanto a elecciones vocacionales o de pareja hasta más adelante, y quiere prepararse lentamente para poder tomar esas decisiones. Éste puede ser un paso maduro y lógico en algunos, pero en muchos otros se relaciona con un temor a crecer o a tomar decisiones.

Desarrollo emocional

Los niños son cada vez más conscientes de sus emociones a medida que crecen. Van quedando atrás los miedos infantiles (aunque algunos los arrastrarán hasta la vida adulta), las crisis de irritabilidad con las rabietas y los brotes de cólera, y los llantos inmotivados.

Los cuadros depresivos y los cambios de humor también sufren una evolución a lo largo de la niñez y a la entrada de la adolescencia. La extraversión, por ejemplo, aumenta con la edad en ambos sexos, pero más en las niñas que en los niños. Asimismo, durante la adolescencia, las alteraciones del humor se vuelven más comunes entre las niñas, observándose un marcado aumento del malhumor en ellas, pero no en los varones. Y aquí empieza el interrogante del porqué, en la vida adulta, la depresión es dos veces más común entre las mujeres que entre los hombres...

Los cambios endocrinos (como en la etapa premenstrual, en el puerperio —período posterior del parto— o mediante el uso de anticonceptivos orales) pueden influir en el humor, pero las diferencias no son tales que expliquen por completo el predominio de la depresión en las mujeres. Los factores genéticos pueden desempeñar también un papel destacado en esta diferencia sexual que se observa en las distimias o cambios de humor. Hay quien apunta que las niñas muestran un aumento de «desamparo aprendido» durante los últimos años de la infancia y a lo largo de la adolescencia, que puede predisponerlas a la depresión. Quizá la explicación esté en la investigación realizada por la psicóloga norteamericana Mary Pipher, de la que resulta que las niñas enfrentadas durante la adolescencia temprana con mensajes de la sociedad que relegan a la mujer a una situación de inferioridad presentan mayor «desamparo aprendido».

Hace más de veinte años que un autor, Martin Seligman, propuso su teoría de la «indefensión (o desamparo, o desesperanza) aprendida» (*Learned Helplessness*) para explicar los síndromes depresivos. La indefensión es el estado psicológico que se produce cuando una persona piensa que los acontecimientos son incontrolables y que nada de lo que decida hacer influirá en la situación. Esta creencia puede funcionar como una profecía que se autorrealiza, de modo que si un joven aprende a sobreestimar su indefensión, buscará refugio en un estado anímico depresivo y dejará que los acontecimientos determinen su futuro. La idea crucial es que no son los traumas los que influyen en el humor, sino más bien la *falta de control* de la persona sobre los traumas.

Hay que destacar, según se desprende de la mayoría de estudios sobre el desarrollo emocional, que los problemas emocionales de la infancia y la adolescencia son mucho más persistentes que los trastornos de conducta. Pero, al mismo tiempo, los estudios de pacientes psiquiátricos han mostrado que mientras que entre la mitad y las tres cuartas partes de los niños y adolescentes con trastornos emocionales se recuperaban a los pocos años, esto sólo sucedía en una minoría de los que tenían trastornos de conducta y sociopatías.

La agresividad, ¿se hereda o se aprende?

Para empezar, entendemos como agresión la acción dirigida a causar daño a otra persona, agresión que puede ser psicológica o física (en este último caso se utiliza el término de violencia).

Se ha comprobado que la conducta agresiva del niño mostrada antes de los 3 años de edad tiene poca continuidad con la conducta agresiva que pueda mostrar posteriormente; mientras que, a partir de los 3 años, es considerable la continuidad en la agresividad hacia los demás. Así, resulta que los niños que luchan más con los otros a esta edad son también los que se pelean a los 14 años y al comienzo de la vida adulta. Son, pues, adolescentes problemáticos.

Consideremos los factores constitucionales. La mayor prevalencia de la conducta agresiva en los machos, tanto de la especie humana como de otras especies, sugiere la existencia de un determinante constitucional de la agresión. Los hombres han resultado ser más agresivos que las mujeres en manifestaciones de violencia física, juegos duros, contraagresión en respuesta a la agresión de otros, etc. Clínicamente, los niños muestran aproximadamente cuatro veces más conductas antisociales que las niñas; conductas que suelen presentar un elemento agresivo, y entre las cuales podemos incluir los suicidios consumados y los delitos violentos. Estas diferencias sexuales se aprecian ya en las conductas agresivas de los niños pequeños y se mantienen a lo largo de la infancia y la adolescencia en todas las culturas.

En su momento se pensó que el predominio masculino en la conducta agresiva debía radicar en el material genético del cromosoma Y, y que las personas con exceso de material Y deberían mostrar una mayor agresividad. Se intentaron buscar responsabilidades violentas en los portadores de una fórmula genética XYY, sin llegar a conclusiones categóricas. Algunos estudios han hallado que la mayor longitud del cromosoma Y se encuentra con mayor frecuencia en las poblaciones criminales o psiquiátricas adultas. Otros estudios no han confirmado estos hallazgos.

En otro orden de cosas, está bien demostrado que las hormonas sexuales masculinas constituyen un importante factor en la agresividad animal y se han implicado también en la agresividad humana. Por ejemplo, se han encontrado mayores niveles de testosterona en el organismo de delincuentes violentos que en no violentos.

Hay teorías «instintivas», derivadas en gran parte de la concepción psicoanalítica de Sigmund Freud, que interpretaban la agresividad como una expresión hacia fuera de un instinto de muerte, es decir, un instinto al daño o perjuicio hacia uno mismo. Konrad Lorenz ha sido el etólogo que más ha sugerido que la agresión instintiva está presente en todos los seres.

La teoría «impulsiva» de la agresión postula que la conducta agresiva deriva de la obstrucción de actividades dirigidas a fines, como por ejemplo sucede con la frustración.

Tanto las teorías instintivas como la del impulso afirman que las conductas agresivas están determinadas por factores o fuerzas que derivan del individuo, pero son insuficientes para explicar la gran variabilidad de la mayoría de las conductas agresivas.

Una última teoría, la del «aprendizaje social», preconizada por Bandura y colaboradores, adopta la tesis de que «... el hombre no está ni impulsado por fuerzas internas ni guiado desamparadamente por las influencias ambientales». Más bien la conducta se entiende en términos de una «interacción recíproca continua entre la conducta y sus condiciones de control... la conducta crea parcialmente el entorno y el entorno resultante a su vez influye en la conducta».

Como conclusiones, diversos autores exponen: 1) que es posible suscitar respuestas agresivas en niños imponiendo frustraciones, es decir, interfiriendo en actividades orientadas a un fin; 2) que la agresión puede ser aprendida mediante la imitación de modelos y con refuerzo social; 3) que los niños y adolescentes agresivos suelen haber sido criados por padres fríos o distantes, por padres que utilizan excesivos castigos físicos y por padres que discrepan entre sí, y 4) que los niños agresivos suelen haberse criado en condiciones socialmente desfavorables (véase el capítulo XVI).

Conciencia moral y formación espiritual

Desde el comienzo de la vida, la persona va construyendo —al principio inconscientemente— un código moral, compuesto por reglas (explícitas o implícitas), prohibiciones, costumbres, aprendizajes..., a los que ha de amoldarse y debe respetar si quiere ser aceptado dentro de su ambiente. La dignidad del ser humano tiene una relación muy directa con eso que llamamos «conciencia» y que constituye una contribución sustancial al desarrollo de la personalidad del joven. Y la conciencia —conocimiento mental interiorizado del bien y del mal— se habrá ido formando desde la más tierna infancia a través del modelado (*modelling*) o imitación, absorbiendo creencias y valores morales, que han ido destilando la familia y el entorno social.

Si echamos una mirada hacia atrás en la historia de la medicina, encontramos que el término «moral» se ha utilizado en psiquiatría en un sentido mucho más amplio en el pasado que en la actualidad. Así, en 1835, un autor, Prichard, empleó la denominación «insania moral» para describir las condiciones mentales de lo que hoy son todas las neurosis y la mayoría de las psicosis afectivas. También a comienzos del siglo XIX otro autor, Tuke, desarrolló la terapia o «tratamiento moral» caracterizada por una amable persuasión y el fomento de una ocupación sana para los enfermos psíquicos, para evitar la agresividad y la contundencia física de la terapéutica imperante en la época... Puede decirse que el verdadero estudio científico del desarrollo moral empezó con la publicación en 1932 del trabajo de Jean Piaget, *El juicio moral en el niño*.

Este genial investigador suizo, después de observar el juego de los niños, llega a la conclusión de que el concepto de reglas compartidas no aparece antes de los 7 u 8 años (antes de esta edad el juego del niño es egocéntrico, imita a los demás, pero juega él solo). Posteriormente, hacia los 11 o 12 años, las reglas del juego adquieren otra dimensión y derivan del consentimiento mutuo de los jugadores, que pueden alterarlas a voluntad. Piaget describió que a los 7-8 años el niño cree en la existencia de normas basadas en fuerzas heterónomas (poderes que están por encima de él). A esta edad, pues, el niño está en una etapa de realismo moral: las reglas morales tienen una existencia independiente de él. A medida que el niño crece, el juego cooperativo con los compañeros sustituye la actividad egocéntrica. En consecuencia, las reglas dejan de depender de la presión de los adultos y el niño crea sus propias reglas como parte de la relación recíproca con los demás. El subjetivismo moral sustituye al realismo moral; la heteronomía del niño es sustituida por la autonomía del adolescente...

Las áreas del pensamiento y de la conducta en las que se plantean cuestiones relativas al bien y al mal se caracterizan en el joven por cuatro elementos. En primer lugar, significan la conformidad a normas sociales de conducta. En segundo lugar, se relacionan con principios personales, que acostumbran a estar en consonancia con las normas sociales (pero no siempre). En tercer lugar, el área moral cubre aquellas emociones (en particular la rectitud, la culpa y la vergüenza) específicas al hecho de sentirse bien o mal. Por último, tenemos la conducta moral que se refiere a las actividades prosociales, tales como la actitud de ayuda (*helpfulness*), la generosidad y el altruismo, que habitualmente se consideran como reflejo de motivaciones buenas, es decir, motivaciones dignas de elogio y desinteresadas. Hay que resaltar aquí, como sorprendente hecho social, el impetuoso surgimiento del voluntariado juvenil, con las significativas y esperanzadoras virtudes de altruismo y solidaridad.

A nivel de las teorías psicoanalíticas, Freud llamó «Superyó» a la instancia superior del inconsciente en lucha constante contra los intintos biológicos, las apetencias asociales, las inclinaciones desordenadas y egoístas. Según explica admirablemente el psiquiatra madrileño Carlos Cobo Medina en su libro *Paidopsiquiatría Dinámica I*, al principio, el Superyó del niño se halla completamente externalizado, es decir, que sólo el temor al castigo de fuera le frena en la realización de actos y de deseos prohibidos, impulsivos, egocéntricos; luego, poco a poco, va disciplinándose, por temor y por amor hacia las personas importantes de su vida (padres, hermanos, parientes, profesores, etc.) y, así, el Superyó se va interiorizando, sin que deje de tener, en la mayoría de las personas, componentes externos (de obediencia por miedo a los representantes exteriores de la ley, de la justicia, de la policía, etc.). Sólo los jóvenes de mayor madurez psíquica llegan a poseer una conciencia moral en la que predomina la ética sobre el temor, siendo, en gran parte, esa ética una elaboración moral personal y no sólo social.

Y en el otro extremo del desarrollo moral tenemos la *anomia*, término acuñado por E. Durkheim a principios de siglo para definir la ausencia o la pérdida de las reglas sociales que guían las conductas y legitimizan las aspiraciones, como factor social generador de psicopatología.

Una expresión muy socorrida en nuestros días es la que se refiere a la «moral colectiva», poniendo énfasis en el deterioro protagonizado por los actos corruptos de personajes públicos representativos de las jerarquías sociales (políticos, banqueros, etc.). «¿Dónde han quedado las incitaciones al trabajo bien hecho, al espíritu de economía, a la observación a la religión o al respeto a los mayores?», se lamentaba recientemente un periodista.

La construcción de escalas de valores acordes con la espiritualidad se dificulta por la incongruencia entre los enunciados y los comportamientos de los padres, maestros, líderes políticos, legisladores, religiosos y otros protagonistas clave que a menudo dejan mucho que desear —comenta el experto en adolescencia Carlos V. Serrano en *La salud del adolescente y del joven*, de la Organización Panamericana de la Salud—. Una de las mayores carencias que afectan al ser humano en los últimos años es la falta de oportunidades para cultivarse espiritualmente. En ese sentido, un ambiente clave es la familia pero, lamentablemente, esa función ha perdido prioridad en la programación de las actividades familiares. La ausencia de los padres en la mayor parte del tiempo de vigilia, y la delegación del proceso de sociabilización de los niños a instancias ajenas al hogar, son ejemplos de circunstancias que disminuyen las oportunidades de contacto entre los adultos y los adolescentes que posibiliten la transmisión de principios, valores y modelos de conducta deseables. Con todo, los padres tienen la responsabilidad de conocer la institución docente a la que confían la educación de los hijos y velar para que se respeten los principios éticos y morales en las enseñanzas que impartan.

Se impone, pues, un auténtico rearme moral de las conductas personales y sociales, y dar oportunidades a nuestra juventud para que pueda enriquecerse espiritualmente.

IV

La familia del adolescente

> Cuando yo tenía catorce años mi padre era tan
> tonto que apenas me era soportable el tenerle
> cerca. A los veintiún años me quedé asombrado
> de lo mucho que él había aprendido durante los
> siete años anteriores.
>
> MARK TWAIN

Ser padres de adolescente

No le den más vueltas: ustedes se preocuparán más acerca de sus hijos en la adolescencia que en cualquier otra etapa de su vida. Los problemas de la adolescencia parecen tener una escala mayor que los de la infancia, con un mayor peligro y con un potencial de desastre mucho más grande.

Sus hijos y ustedes no coincidirán en los mismos intereses. Los padres pueden estar preocupados por el futuro laboral de los hijos (¿si va bien en el colegio tendrá un buen trabajo?), mientras que al adolescente lo que más le preocupa es lo que concierne al aquí y ahora (¿dónde ir el sábado?).

La mayoría de padres están mentalizados sobre el hecho de que la adolescencia de sus hijos será un tiempo de tormenta y estrés, y esto se ha dicho tan a menudo que ya es como un artículo de fe. Es decir: se da por hecho que será así y que nada ni nadie podrá cambiarlo.

Ciertamente, los años desde la más tierna infancia hasta el inicio de la pubertad suelen ser bien tranquilos. La familia ha sido el centro del mundo del niño y su principal fuente de soporte emocional. El padre creía que conocía bien a su hijo, porque cuando éste era pequeño era como un espejo en el cual se reflejaba él mismo, y además se transparentaban todos sus pensamientos y emociones. Estaba plenamente convencido de que el niño era parte de sí mismo, íntimamente unido... Y, después, de golpe, se da cuenta de que no está preparado para la súbita metamorfosis que ha transformado a su preciosa criatura en un extraño en su vida, en un ser incordiante que monopoliza el teléfono, el baño, la conversación...

Nuestro lindo hijo o hija, dócil y cariñoso hasta el momento, se transforma en una persona desgarbada, insolente, rebelde y contestona, que pone a prueba la paciencia de cualquiera. Los padres muchas veces no advierten que su hijo se está convirtiendo en un adolescente. Su cuerpo y su personalidad han ido cambiando, en algunos casos solapadamente, y en otros, de un modo casi brutal. El carácter de los cambios es tal, que difícilmente los padres comprenden lo que está sucediendo en su hijo.

Cuesta entender que el hijo ya no es un niño pequeño. Y que si antes aceptaba sin ninguna crítica lo que se le decía, ahora quiere manifestar sus opiniones (y a veces las dice mirándonos por encima del hombro, por una simple cuestión de estatura). Aunque nos pese, la idea de infalibilidad y autoridad del padre está en entredicho. El adolescente está revisando todo lo que antes aceptaba como un dogma de fe. Y es necesario que lo haga, y que se le permita emitir sus juicios a veces disparatados, y en otras ocasiones muy razonables, especialmente si tenemos en cuenta su experiencia, evidentemente limitada. En política, por ejemplo, puede que adopte las posturas más radicales y contrapuestas a las de sus padres, intentando demostrar así sus propios criterios (y observará el desasosiego y la exasperación que producen en aquéllos). En otros casos, en hogares con cultura política, por lo contrario, pueden adoptar una actitud pasiva e indiferente, provocando la consabida indignación parental. Como dice André Maurois: «Es necesario que los jóvenes sean injustos con los mayores; si fueran justos los imitarían y el mundo no progresaría.»

No obstante, ha de quedar muy claro que el rechazo a los padres, la violencia con que se reviste a menudo la conquista de la autonomía, tiene un carácter netamente defensivo: de lo que huye el adolescente es del peligro de un padre y de una madre que puedan atraparle en una situación infantilizada (en Iberoamérica existe la acertada expresión «abebarlo», tratarlo como a un bebé), con el consiguiente miedo a la dependencia, que encubre un deseo, escapando así de las emociones que se manifiestan en el complejo de Edipo (véase más adelante), de las propias pulsiones e impulsos sexuales inconscientes frente a los padres (se dice que el adolescente huye de ellos porque les quiere). La tendencia a la regresión que amenaza al jovencito corre peligro, en este momento, de hacerse una regresión definitiva (vuelta a los comportamientos infantiles), puesto que los padres representan el pasado, la unión estrecha, la vinculación próxima a la simbiosis. Y este miedo del adolescente tiene un fundamento real, pues, con frecuencia, los padres tratan de que siga siendo un niño, y no quieren que crezca. Así, nuestro adolescente puede convertirse en otro Peter Pan: el niño que no quería crecer.

Los conflictos, ¿evitables o inevitables?

Una de las particularidades del adolescente es ser una persona que reclama con vigor su autonomía e individualidad, pero que es todavía profundamente dependiente de su cuadro familiar, de la estructura de la familia y de la personalidad de los padres, según dicen Daniel Marcelli y colaboradores en su completísimo *Manual de Psicopatología del Adolescente*. Y quizá en estas premisas estén las claves de la conflictividad entre padres e hijos adolescentes.

El joven adolescente básicamente tiende a actuar, a pasar con facilidad a la acción, con un sentimiento de omnipotencia y ansias de exteriorizar sus propios conflictos. Los resultados negativos son los brotes de cólera, violencia, repentinas fugas, conductas de riesgo, drogadicción... El adolescente es por principio contestatario, y manifiesta su oposición a todo lo que implique autoridad.

Existen unos típicos «puntos de fricción» en la relación padres-hijos adolescentes, que son: 1) el sistema de valores (ideológicos, sociales, etc.), es decir, basta que el padre tenga tal inclinación política para que el hijo manifieste otra de signo contrario (ya se sabe: si los padres dicen «blanco», el hijo, inexorablemente, dirá «negro»); 2) el porvenir profesional, cuando el padre se empeña en que haya continuidad laboral en la empresa familiar y el hijo decide una futura actividad diametralmente opuesta; 3) las amistades del hijo, que a menudo desagradan extraordinariamente a los padres y casi nunca las ven adecuadas. Sin embargo, es interesante hacer notar que los estudios del comportamiento electoral de las poblaciones demuestran que los adultos jóvenes en su mayoría votan de acuerdo a las ideas políticas que imperan en el hogar, y que el proceso culmina con la similitud en la vida espiritual e ideológica de padres e hijos.

Otros conocidos motivos de discusión y de constante preocupación para los progenitores son el horario de regreso a casa (en especial el nocturno o el de madrugada); las labores que deben realizar en casa (desde hacerse la cama a poner la mesa); el tiempo que dedican al estudio (que «siempre es escaso»); el dinero que han de tener (paga semanal fija e inalterable)... y en este orden, según las estadísticas.

Desgraciadamente, en el período en que los jóvenes han de ganar una mayor independencia, muchos padres imponen una mayor disciplina. Y disciplina indiscriminada, sobre cosas sin importancia, descuidando imponerse en situaciones que de verdad lo requieren. Multitud de padres no tienen en ninguna consideración a su hijo adolescente, porque no saben respetar su intimidad, ni sus juicios, ni su correspondencia, ni sus llamadas telefónicas... Estos padres olvidan que sus hijos adolescentes estarán orgullosos de ellos en la medida en que ellos se comporten con sus hijos.

En nuestras consultas paidopsiquiátricas vemos padres que están tensos, en perpetuo estado de crispación, en guardia, atacando despiadadamente el más mínimo intento de independencia y autonomía del chico o de la chica. Encaran la adolescencia como un período de lucha y de enfrentamientos, de los cuales han de salir, a toda costa, vencedores; no les importan las vejaciones y sufrimientos a infligir al supuesto «adversario»...

Es preciso reconocer que los adolescentes que atraviesan dificultades establecen relaciones demasiado conflictivas con sus padres. También se puede decir que esta conflictividad forma parte de la propia psicoafectividad del adolescente. Una genial autora, Anna Freud, resume perfectamente este punto de vista: «Admito que es normal para un adolescente tener durante largo tiempo un comportamiento incoherente e imprevisible (...) de amar a sus padres y de odiarles, de rebelarse contra ellos y depender de los mismos. Estar profundamente avergonzado de su madre o de su padre delante de los otros y de forma inesperada desear hablarle con toda la franqueza. Pienso que debe dejársele tiempo y libertad para encontrarse a sí mismo y su camino. A menudo son los padres los que tienen necesidad de ayuda y consejos para soportarlo.»

Bien precisas son las palabras de nuestro buen amigo, padre con gran criterio, Eugenio Comerma Prat, en relación a la búsqueda de autonomía que debe fomentarse en los hijos adolescentes, ya que para ellos «es más fácil depender de la decisión de los padres que de su propio criterio para tomar decisiones».

Un artista español de prestigio internacional, el pintor Modest Cuixart, nos comentó un día que «los jóvenes, en la actualidad, se parecen más a la época que les ha tocado vivir que a sus propios padres».

¿Quién tiene la culpa?

Nadie o todos, según como se mire. Pero no se trata de buscar culpables, ni de culpabilizar a determinados miembros de la familia. ¡Bastante culpabilizados se sienten por cada lado padres e hijos! Mejor no añadir leña al fuego...

Sin embargo, vamos a contemplar distintos puntos de vista según se carguen las tintas hacia uno de los bloques en conflicto: padres o hijos. Por una parte, hay quien comprende los conflictos relacionales entre padres y adolescentes como consecuencia del propio proceso de la adolescencia (lo que vendría a ser la llamada «crisis de la adolescencia»), ya que de alguna forma es el jovencito el que entra en conflicto y se opone a sus padres. Otros autores, más ecuánimes, tienden a considerar que los conflictos adolescentes-padres indican, cuando presentan una cierta intensidad, tanto dificultades en el jovencito para asumir su crecimiento y autonomía como dificultades en los padres para superar lo que se ha llamado «crisis de la mitad de la vida» o «crisis parental» (véase más adelante). Y nos queda un tercer grupo de expertos que estiman que las conductas desviadas del adolescente resultan en gran medida de actitudes patológicas de los padres. Obviamente, estos tres puntos de vista no son incompatibles y según cada caso podremos decantarnos por un determinado grupo de opinión.

Es un tópico, no obstante, decir que necesariamente tienen que estar enfrentadas las generaciones de padres e hijos. La mayoría de los adolescentes comparten las actitudes de sus padres con respecto a las cuestiones morales y políticas —aunque, a veces, para hacerles «rabiar» les contradigan—, y están preparados para aceptar la orientación de sus progenitores en temas escolares, profesionales y personales —aunque aparenten «pasar» de las paternales recomendaciones—. Ha de quedar claro que las generaciones se aproximan, en lugar de apartarse. No existe el cacareado «abismo generacional» (probablemente lo hubo antaño) y nunca han estado tan próximos padres e hijos como ahora.

Dice el pediatra gerundense Josep Cornellà, actual presidente de la Sociedad Española de Medicina del Adolescente de la Asociación Española de Pediatría, en su acertado librillo *Cartas a un adolescente*: «Personalmente, creo que la adolescencia no debe deshacer la convivencia en el seno de la familia. Debe significar su "transformación". Padres e hijos tenemos que aprender a tratarnos como personas adultas. Con comprensión y respeto hacia las peculiaridades de cada uno.»

Es bien cierto que sólo se puede educar a los adolescentes si uno se reeduca a sí mismo. Los adultos, por desgracia, hemos olvidado nuestra propia juventud. Cuando queremos acordarnos sólo surgen trozos sueltos de ella, como islas de un continente sumergido. Así están escondidos los recuerdos en nuestro inconsciente. Y en el momento que entendemos a nuestro hijo adolescente, resurge exultante este material que teníamos reprimido.

También es un tópico decir que los jóvenes de hoy son peores que los de antaño. Muchos padres creen —olvidándose de su propia juventud— que ellos eran mejores. Y no es cierto. Las épocas cambian, pero los adolescentes siempre son los mismos. Es sorprendente lo que nos dice una tablilla babilónica fechada en más de 3 000 años: «La juventud de hoy está corrompida hasta el corazón, es mala, atea y perezosa. Jamás será lo que la juventud ha de ser, ni será capaz de preservar nuestra cultura...» Y otro ejemplo similar, atribuido a Sócrates, siglo IV a. J.C.: «Nuestros jóvenes de ahora aman el lujo, tienen pésimos modales y desdeñan la autoridad, muestran poco respeto por sus superiores y pierden el tiempo yendo de un lado para otro, y están siempre dispuestos a contradecir a sus padres y tiranizar a sus maestros...»

Vuelve el complejo de Edipo

No hace falta tener una profunda formación psicoanalítica para detectar que al joven adolescente le vuelve a suceder algo similar a lo que le aconteció en su tierna infancia, cuando se enfrentó con el complejo de Edipo.

Recordemos aquí, de manera esquemática, en qué consiste este complejo que anunció el genial descubridor del inconsciente, Sigmund Freud. Hacia los tres o cuatro años, el niño siente por su madre, y la niña por su padre, una atracción particular. Sentimiento que, sin que los pequeños sean conscientes, comporta un cierto grado de sensualidad. El progenitor del mismo sexo aparece como un rival molesto que se trata de apartar, de ahí el comportamiento agresivo del niño respecto a su padre y de la niña respecto a su madre. La agresividad hacia ellos no tarda en provocar intensos sentimientos de culpabilidad, agravados por toda clase de fantasías de castigo. La actitud comprensiva de los padres ayuda a solucionar este conflicto y el hijo puede salir de este complejo de Edipo (véase la *Guía práctica de la salud y psicología del niño*). En caso de solución feliz, el niño trata, en su deseo de superarle, de parecerse a su rival; acaba entonces por identificarse con él, en una especie de solidaria convivencia, en la que el padre se vuelve un modelo para el niño. Lo mismo ocurre con la niña y su madre. Lo peor que le puede pasar a un niño es «ganar la batalla de Edipo». Por ejemplo, por divorcio y desaparición del hogar del padre del mismo sexo. Así, vemos que el hijo que de alguna manera «se sale con la suya», luego resulta ser el perdedor en el desarrollo de su vida.

Ahora bien, este conflicto, que parecía apagarse durante la denominada fase de latencia (de los 6 a los 12 años, aproximadamente), se vuelve a encender con la eclosión de la pubertad. La maduración genital y el despertar de las pulsiones sexuales vuelven a sumergir al adolescente en pleno drama edípico. El complejo de Edipo vuelve a estar servido, pues que el adolescente acepte su virilidad o su feminidad significa —en el lenguaje del inconsciente— entrar otra vez en rivalidad con el progenitor del mismo sexo por el amor del otro.

Los sentimientos de culpabilidad y de angustia que había suscitado el conflicto inicial son reactivados. Para escapar de ellos el adolescente empieza, habitualmente, por rechazar violentamente las imágenes parentales. Se opone, de alguna manera, a dejarse colocar de nuevo en el penoso engranaje del complejo de Edipo, e intenta romper con el mundo de los adultos. Pero estos modelos adultos no serán definitivamente rechazados, sino que una vez haya conseguido ser autónomo, volverá a ellos. Asimismo, la fase de ambivalencia (amor y odio al mismo tiempo, por ejemplo) por la cual pasan los sentimientos del adolescente respecto a sus padres, no suprime totalmente el apego que siente por ellos: únicamente transforma la naturaleza de los vínculos.

Sin embargo, el abandono de las antiguas identificaciones parentales priva al adolescente del sentimiento de su propia identidad, creando en él un vacío tanto más angustioso cuanto que el joven es presa de deseos y pulsiones desconocidos hasta ahora y contra los cuales tiene que luchar. Tal vacío debe ser rellenado con nuevas identificaciones que, en los casos favorables, restaurarán el sentimiento de identidad y la estima de sí mismo, devolviendo al adolescente la tranquilidad. Hay un auténtico proceso de duelo por la «muerte» del modo de vivir y relacionarse de la niñez, como señala la psicoanalista argentina Arminda Aberastury.

Al principio se asiste con frecuencia a una especie de compromiso entre las antiguas y las nuevas identificaciones. Compromiso que demuestra la dependencia inconsciente con los padres y hasta qué punto se mezcla la necesidad de rechazarlos con la de conservarlos: el deseo de ser considerado como adulto, en el afán de ser tratado y protegido como un niño.

Todos conocemos estas llamaradas de amores apasionados que consagra tan frecuentemente la chica adolescente a una mujer de más edad —maestra, monitora, hermana mayor de una amiga—, que desempeña entonces el papel de sustituto maternal. Algo similar sucede con el chico que, en plena rebelión contra el adulto, puede dedicar también una admiración, aunque tal vez menos apasionada y exaltada, a un maestro, entrenador deportivo, amigo de sus padres u otro pariente mayor, que considera entonces como un ser aparte y al que se esfuerza en imitar. Tales identificaciones son útiles —aunque sea a nivel inconsciente— porque, siendo del mismo sexo, apartan al adolescente del peligro de recaer en el complejo de Edipo.

Vamos a renegociar

La reorganización sobre una nueva base de las relaciones con los progenitores constituye uno de los acontecimientos que marcan la adolescencia. Ha llegado el momento de que padres e hijos se sienten a dialogar, con talante amable y con voluntad de mejorar la convivencia familiar.

El propio adolescente cuestiona la personalidad de sus padres y tiene que remodelar las imágenes parentales. Es normal y natural que el adolescente y su familia estén en conflicto. La violencia de la rebelión es a menudo una medida de presión necesaria para vencer los lazos que unen al adolescente a los padres, más que el inicio de su hostilidad frente a ellos...

El adolescente debe convencer no sólo a sus padres, sino también a sí mismo, de que no tiene necesidad de ellos, de que él mismo y sus padres son diferentes, de que ya no existe el lazo que les unía en la infancia. En la evolución de este cambio en las relaciones paterno-filiales intervienen los distintos aspectos del proceso de la adolescencia: transformación corporal puberal; acceso a la madurez sexual; despertar del conflicto edípico y exacerbación del deseo/temor de las relaciones incestuosas; rechazo a aceptar la imagen del niño que proponían antes sus padres; búsqueda identificatoria a través del grupo de amigos, o conseguir la admiración de un extraño.

De todas formas, como apunta el autor Theodor Linz, el adolescente puede tener necesidad de despreciar a sus padres, pero no desea destruirlos como modelos. La estima que tiene de sí mismo está estrechamente ligada a la que tiene de ellos. Debe superar la imagen de los padres omnipotentes y perfectos que tenía en su infancia; pero siempre tiene necesidad de un padre con el que pueda identificarse y que le servirá de modelo para su vida de adulto, y de una madre en la que busca afecto y admiración.

La mayoría de los padres observan estas reivindicaciones de los hijos adolescentes y modifican sus actitudes y exigencias en función de la evolución de éstos, según aprecian Marcelli y colaboradores. De cualquier forma, los padres acompañan al adolescente a través de su proceso evolutivo. Estos conflictos triviales entre padres y adolescentes se caracterizan, como declara

Anna Freud, por el hecho de estar centrados, a menudo, sobre uno de los padres y no en ambos, por el mantenimiento de una relación satisfactoria en un sector particular (por ejemplo, un interés común en el plano cultural, deportivo, político, etc.), por la localización del conflicto en los padres, dejando al margen a los abuelos y a los hermanos.

En efecto, el adolescente debe afrontar una alternativa paradójica: por un lado, debe romper con sus padres para descubrir su identificación de adulto; pero, por otro, no puede encontrar los fundamentos de su identidad más que a través de su inscripción en la biografía familiar.

Algunos autores han apuntado el lugar privilegiado que ocupan los padres en la vida mental del adolescente, cuando las cosas transcurren por las vías del entendimiento mutuo. Mientras que en los casos en que la oposición entre los dos padres y su hijo adolescente es masiva, total y duradera, la reacción de éste es de enfrentamiento global hacia todos los adultos y la sociedad en pleno. Y ya se está precipitando al adolescente a conductas cada vez más patológicas.

Aquí es donde pueden cumplir un importante papel las redes de apoyo social con las que cuente la familia. De tal manera que la carencia o escasa disponibilidad de estas redes de apoyo puede afectar, de manera sobreañadida, las relaciones entre padres y adolescentes. Así, por ejemplo, los conflictos intergeneracionales, habitualmente, pueden ser modulados o amortiguados por la intervención de un pariente o amigo adulto con ascendencia en la familia, que puede llegar a neutralizar o facilitar la resolución de los conflictos.

Concepto del ciclo familiar

La adolescencia debe ser vista como un momento en la etapa evolutiva de la familia; una etapa de crisis y crecimiento tanto para el adolescente como para los padres y la familia al completo como una unidad, explica la psicóloga brasileña afincada en Nueva York, Eliana Catao de Korin.

Tradicionalmente, el estudio de la adolescencia ha considerado únicamente el desarrollo del joven como individuo y su impacto en los padres. Mientras que, desde el punto de vista de la teoría sistémica, que entiende a la familia como un sistema vivo en constante evolución, es necesario incluir la experiencia de los padres como individuos y como pareja, también en desarrollo.

La adolescencia es un período de transición especialmente crítico e intenso en el ciclo vital familiar, marcado por la inestabilidad y el desequilibrio, tanto en cada uno de sus miembros como en toda la familia, ya que todos están sometidos a impactos de crecimiento y desarrollo. El psiquiatra psicoanalista argentino que reside en Brasil, Mauricio Knobel, uno de los grandes pioneros de la psiquiatría del adolescente, se refiere a los intensos cambios emocionales de muchos jóvenes con la acertada denominación «síndrome de adolescencia normal-anormal».

El adolescente, en su tarea de descubrir nuevas direcciones y formas de vida, desafía y cuestiona el orden familiar preestablecido. En su íntima contradicción independencia/dependencia, el joven puede crear una inestabilidad y tensión en las relaciones familiares, lo que a menudo resulta en conflictos intensos que pueden volverse crónicos. Sin embargo, hay que estar advertidos de que cierto grado de conflicto entre las generaciones es frecuente y necesario para permitir el cambio y promover el crecimiento individual y familiar. También es comprensible que el proceso familiar se desarrolle a través de la renegociación de las relaciones entre padres e hijos, con las consiguientes modificaciones de los papeles y las reglas de funcionamiento de la estructura familiar.

En el ciclo vital familiar, la mayoría de las personas y sus familias experimentan cambios (crisis normativas) cuando pasan de una etapa evolutiva a la siguiente. Las crisis normativas son aquellas precipitadas por transiciones evolutivas esperadas, como son: nacimiento del primer hijo, adolescencia, matrimonio del hijo, jubilación, y otras. Mientras que las denominadas crisis no normativas son las causadas por sucesos inesperados: catástrofes, desempleo, ruptura matrimonial, enfermedades terminales, etc. Según esta perspectiva —sistémica—, los síntomas o problemas que manifiesta una estructura familiar son vistos como un signo de que la familia experimenta dificultades en el paso de una etapa a la otra. La tarea terapéutica —que se encomienda habitualmente a la terapia familiar— consiste en ayudar, en la transición, a que el individuo/familia se preparen para asumir las funciones y tareas típicas de la etapa siguiente. Por ejemplo, una conducta de riesgo en un adolescente puede representar una forma de mantener la conexión con los padres, a la vez que el adolescente se distancia (con la conducta de riesgo) para separarse de ellos, y también todo esto puede estar relacionado con el temor que sienten los padres a no estar preparados para abdicar de su papel excesivamente proteccionista. En algunas situaciones, un joven puede seguir conductas de riesgo para provocar o incitar a un progenitor deprimido o con tendencias suicidas, quien de esta manera es estimulado a «hacer algo» y de este modo salir del cuadro depresivo. En términos sistémicos, de terapia familiar, diríamos que de manera paradójica, el adolescente perturbador o sintomático se sacrifica para rescatar a un padre en peligro.

La familia, y en especial los padres, constituyen el principal apoyo para el adolescente. Esta dimensión no debe ser olvidada a pesar de los conflictos intergeneracionales y de la necesidad del adolescente de separarse y diferenciarse de la familia. Tampoco olvidemos que la familia es el grupo original en que las personas aprenden las normas básicas de comportamiento humano y las expectativas sociales. En dicho contexto, los valores y las actitudes son transmitidos a las generaciones futuras, dando a los individuos un sentido de historia y continuidad. El grupo familiar proporciona apoyo emocional y protección a sus miembros y les permite su crecimiento y desarrollo, una función especialmente importante durante la adolescencia. Así resulta que, a pesar de sus intentos de distanciamiento y a veces actitudes agresivas, el joven necesita de la cercanía y disponibilidad afectiva de los padres.

El adolescente adoptado

La llegada de la adolescencia puede desencadenar la turbulencia en una familia que había permanecido en calma durante la niñez. La adolescencia de un niño adoptado representa, a menudo (pero no siempre), un período difícil en el que los conflictos naturales de esta edad se incrementan por la situación de adopción (se dice que la adopción funciona como un «amplificador fantasmático»). Y ya que en un apartado anterior hablábamos del complejo de Edipo, apuntemos aquí que Edipo fue un niño adoptado, lo que, aun siendo hijo de rey, no dejó de crearle algunos problemas...

Se conoce estadísticamente que los hijos adoptados, tanto si son niños como adolescentes, consultan por dificultades psicoafectivas de dos a cinco veces más que sus congéneres no adoptados. En la adolescencia propiamente dicha, ciertas dificultades aparecen incluso en los adoptados que conocen su situación desde hace tiempo, que han sido adoptados a temprana edad, y que hasta ese momento no habían presentado trastornos importantes. Las dificultades se generan a tres niveles: en la propia situación del adolescente, en sus relaciones con los padres adoptivos y en los temores de éstos frente al adolescente adoptado. Veamos cuáles son las principales características en cada uno de estos niveles.

El joven adoptado tiene que integrar en su identidad un doble árbol genealógico: por un lado, el de los padres adoptivos y, por otro, el de sus progenitores. En la etapa adolescente es cuando el chico se plantea más cuestiones sobre sus padres biológicos: desea recoger información, conocer su estado actual, sus edades, sus oficios... No es raro que el adolescente adoptado manifieste su deseo de ver a sus progenitores, pero sin darse a conocer a ellos, como a través de una «cámara oculta». De todas maneras, estos deseos acostumbran a no pasar a la práctica, quedándose en el plano de las fantasías y de las simples elucubraciones. En algunos casos en que el adolescente llega a encontrar a sus progenitores, manifiesta habitualmente un sentimiento confuso de enfrentarse a extraños. Algunos jóvenes adoptados cuando tienen dificultades con sus padres adoptivos manifiestan la idea de que sus progenitores los habrían comprendido mejor.

En esta búsqueda de la identificación, la ausencia total de información sobre los progenitores puede generar gran ansiedad. De alguna manera, el adolescente tiene que autoconvencerse de que no fue rechazado por sus progenitores por falta de amor, sino únicamente por dificultades materiales. Ya que, de lo contrario, de creer haber sido un «mal bebé», un «producto indeseable», puede desarrollar una «identidad negativa», identificándose con esta supuesta mala parte de él mismo, comportándose como una persona mala, reproduciendo así el supuesto abandono inicial y poniendo al mismo tiempo a prueba los lazos afectivos con los padres adoptivos.

El saberse elegido por sus padres adoptivos, de haber sido seleccionado entre otros niños, compensa en parte la herida en la personalidad (narcisista) del adolescente que se cree rechazado por sus progenitores. No obstante, esta dualidad contrastada de imágenes parentales, de unos padres que acogen y otros que rechazan, hace que los hijos adoptivos puedan pasar de actitudes de devoción extrema y gran solicitud hacia los padres adoptivos, a otras situaciones de vivo reproche y abierta agresividad. Sin embargo, con frecuencia la conducta del adolescente adoptado no difiere de la de sus coetáneos no adoptados; lo que sucede es que puede haber cierta inseguridad en los padres adoptivos que les hace percibir los conflictos propios de la adolescencia como un rechazo a ellos.

Desde la óptica de los padres adoptivos, las expectativas respecto al adolescente adoptado son diversas. Por un lado, la propia crisis parental (véase más adelante) está amplificada en los padres adoptivos. Aquí, también, la falta de información sobre los progenitores o algunas informaciones negativas pueden alimentar en los padres adoptivos temores fantasmagóricos sobre una eventual herencia patológica del adolescente. La sexualidad del joven acostumbra a ser el catalizador de tales fantasías. Así, por ejemplo, ciertos padres adoptivos temen que el adolescente tenga una actividad sexual tan desenfrenada como la que conocen o suponen que tuvo su progenitora, poniéndose en guardia ante las demandas de autonomía y escarceos amorosos del joven. También, algunos padres adoptivos que habían superado la frustración de no poder ser progenitores, a causa de la esterilidad de la pareja, ven resurgir sus antiguos e íntimos conflictos a la vista de la floreciente y vigorosa sexualidad de sus hijos adoptados, y pueden vivirla como una provocación.

No obstante, todo lo dicho anteriormente no puede ser motivo de generalización, ya que un gran número de adolescentes adoptados no plantearán ningún problema específico de su condición y, si plantean problemas, serán los propios de la edad, al igual que cualquier chico o chica en la etapa adolescente.

¿Qué pasa cuando se separan los padres?

Se dice que todo lo que fue vivido como importante desde la infancia se reactualiza, consciente o inconscientemente, en las conductas o en las sensaciones del joven adolescente. Así, si al propio sentimiento de pérdida (por la infancia perdida) y al consiguiente proceso de duelo que deben soportar todos los adolescentes unimos otro sentimiento de pérdida, más real si cabe, con la ruptura familiar, se comprenderá lo delicado que es este período en la vida del hijo de padres separados, tal como exponemos en el libro *Separación y divorcio. Efectos psicológicos en los hijos.*

En algunos casos, podemos asistir a un curioso fenómeno: retirada estratégica o aplazamiento de la entrada en la adolescencia. Aunque la etapa adolescente implica una mayor maduración de la personalidad y del crecimiento moral, algunos chicos optan por efectuar una «retirada estratégica», mientras que otros sufren una «interferencia temporal» en la entrada plena de la adolescencia (algunos pueden presentar una «prolongada interferencia»). Es una especie de *impasse*, en el cual el joven se acomoda en espera de mejores circunstancias. A veces puede tratarse de una auténtica regresión a etapas anteriores, más infantiles. En general, es frecuente en los adolescentes una sensación de malestar y de ansiedad con respecto a las cuestiones relacionadas con el sexo y una profunda preocupación por el futuro matrimonio.

Con todo, la visión más realista de la situación familiar agudiza los sentimientos del adolescente hacia sus padres, produciéndose cambios en relación con ellos. El sentimiento de enfado, por ejemplo, es una respuesta común en la mayoría de los adolescentes. Sin embargo, hay un reconocimiento de la infelicidad de los padres (al menos de uno de ellos) y de que necesitan ayuda; todo lo cual cataliza el incremento de maduración, evidente en la mayoría de estos jóvenes, mostrando algunos una aparente mayoría de edad. Empiezan, también, a preocuparse por las necesidades económicas de la familia e intentan, en muchos casos, asumir en casa el papel del padre ausente, lo cual conlleva un potencial peligro, como, por ejemplo, impedir al progenitor que se ha quedado solo que acceda a una nueva situación de vida en pareja, o controlar excesivamente al padre custodio, fiscalizando sus mínimos actos cotidianos: con quién sale, horarios de regreso a casa, ropa que lleva, etc.

Por su parte, hay algunos progenitores que empujan al adolescente a que asuma funciones parentales que en otras circunstancias estarían totalmente vedadas para él, como, por ejemplo, a que tenga plena autoridad sobre sus hermanos menores. En otros casos, la trampa de la complicidad con un progenitor, al cual se ha idealizado, atrae al joven a consagrarse a él/ella para toda la vida. «No me casaré, porque mamá se sacrificó por nosotros. Todo lo que gane cuando trabaje se lo daré a mamá.» Las soluciones son diferentes según se trate de chicos o chicas, aunque los problemas aparecen inexorablemente con la adolescencia.

El momento en que se produce la separación de los padres también influye en la reacción del hijo adolescente. Así, cuando la ruptura matrimonial es antigua, acontecida cuando el actual adolescente era un niño pequeño, quizá ha dado tiempo a una desvinculación de la situación conflictiva inicial y a un proceso de desidealización parental, permitiéndole al adolescente un relativo distanciamiento de la situación parental. Las circunstancias conflictivas pueden surgir cuando aparecen figuras de padres sustitutos, padrastros o madrastras, y los adolescentes los rechazan (aunque también damos fe de otras situaciones en que el joven agradece encarecidamente la presencia del recién llegado). Cuando las relaciones parentales después de la separación han sido mediocres o, sobre todo, cuando uno de los padres ha desaparecido de la vida del adolescente, éste puede encontrar dificultades de identificación por faltarle una de sus líneas parentales, o realizar una «identificación negativa» con la información a retazos que recibe del progenitor ausente, habitualmente sobre los elementos más negativos de su personalidad («tienes el mismo mal carácter que tu padre», «serás tan golfa como tu madre»...).

Ya hemos citado las eventualidades más frecuentes en que puede encontrarse el adolescente cuando se separan los padres. La denominada «injerencia en el desarrollo» del chico dependerá de la fortaleza de su personalidad, de la calidad de las relaciones con sus padres, etc. Con todo, hay que destacar la habitual capacidad del adolescente para saber distanciarse del conflicto parental.

La temible crisis de la mitad de la vida

La capacidad de los padres de ser consistentes, definiendo sus expectativas de forma clara pero con flexibilidad y afecto, resulta esencial para crear un clima de seguridad y estabilidad para la experiencia vital del adolescente. Sin embargo, dicha tarea no resulta fácil para los padres, especialmente cuando son juzgados y criticados por sus hijos.

Los progenitores son más vulnerables en este período, lo que se intensifica aún más cuando sufren conflictos personales. Esto puede llevarles a ser intolerantes, inconscientes o negligentes con sus hijos. Muchas veces, por inseguridad, se vuelven rígidos e intransigentes, cerrados a cambios de posición y negociación con el adolescente. Y desaprovechan la oportunidad que ofrece la adolescencia: posibilidad de cambio y renovación. No hay que olvidar que los jóvenes, en cierta medida, también educan a sus padres...

Luego vienen las consecuencias de estas fricciones. Porque estos conflictos con los hijos despiertan en los padres unas lamentables reacciones. Por ejemplo, es clásico el sentimiento de incapacidad para educar y comprender a los jóvenes, o el sentimiento angustioso e hiriente de notarse rechazado por el hijo, o la aparición de una meteórica escalada de actitudes autoritarias y agresivas... Y todo esto coincide con una temible crisis de los padres: la crisis de la mitad de la vida (*midlife crisis*) o crisis de la madurez, de los 45 a 55 años de edad. Ésta sobreviene al mismo tiempo que la crisis de los adolescentes, lo que puede provocar profundas perturbaciones familiares o incluso rupturas en la matriz familiar. Estas rupturas podrán considerarse normales y esperadas (crisis normativas) cuando se trata, por ejemplo, del inicio de la salida del adolescente del «techo familiar»; o disfuncionales (crisis no normativas), en el caso de una ruptura en la pareja parental.

Esta crisis de la mitad de la vida se caracteriza por la súbita percepción de lo limitado del tiempo, con un sentimiento subjetivo de la brevedad de la vida y un replanteamiento de las ambiciones personales. Se intenta reorganizar la vida en función del tiempo que queda, más que en función del tiempo ya desarrollado. Es el momento del balance y la reflexión sobre lo que se ha hecho y lo que aún queda por hacer... Y hay quien sale fortalecido de este autoexamen; pero hay otras personas que se acongojan. Les asalta la angustia por el tiempo que pasa tan rápido, el temor de un descenso de la actividad sexual, el menor interés sexual despertado por la pareja —que también está envejeciendo—, contrastando con la explosiva sexualidad de los adolescentes. Todo ello conlleva a menudo a conductas desinhibidas, que en el hombre se manifiestan por la aparición súbita e imprevisible de conductas sexuales tumultuosas, de búsqueda de aventuras, amoríos y devaneos extraconyugales. En la mujer se suma el problema de la desaparición de las reglas (menopausia), que puede suscitar un sentimiento de sexualidad disminuida o desvalorizada, con una identidad femenina limitada, o, por el contrario, un sentimiento de libertad mostrando abiertamente una renovación de la sexualidad, a menudo con un tinte vigorosamente adolescente...

A estas crisis de los padres cuarentones y cincuentones que se centran fundamentalmente en la reelaboración de la sexualidad, hay que añadir los conflictos no resueltos con los propios padres (los abuelos), ya que dichos problemas tienden a reavivarse en esta etapa. Así, por ejemplo, un padre puede vivir la desobediencia de un hijo como la reproducción de su rebeldía adolescente frente a sus propios padres.

A todo ello se une con frecuencia un movimiento depresivo debido a las múltiples pérdidas, reales o simbólicas, que los progenitores sufren en este período. Entre ellas, dos pérdidas son particularmente importantes: por un lado, la de los propios padres (los abuelos del adolescente), a menudo ancianos, enfermos o próximos a la muerte (no es raro que sus fallecimientos se produzcan cuando sus nietos son adolescentes); y, por otro, la de los hijos (los propios adolescentes), que se escapan del ala protectora parental. Padres y adolescentes se encuentran así enfrentados a una crisis en la que se ponen en cuestión los fundamentos de la identidad de cada uno.

Llega la crisis parental

Bruscamente los padres se deben enfrentar a una serie de tareas que se les presentan. Por ejemplo, pasar de una relación padre-hijo a una relación adulto-adulto, aunque, obviamente, esta relación permanezca siempre como un lazo de filiación. Es preciso, por tanto, efectuar un reajuste relacional considerable. Y en el meollo de la cuestión resulta que la crisis parental se desarrolla en espejo a la del adolescente. Veamos en qué aspectos amenazantes se traduce la crisis parental.

Por una parte acechan las reprimidas fantasías del incesto, cuando los padres toman conciencia —a veces muy brutalmente— de la madurez sexual de su hijo/hija. Durante la infancia, mientras la inmadurez fisiológica se mantiene en el niño, los deseos incestuosos pueden fácilmente desplazarse, y todo queda en un juego de caricias y coqueteos, no angustiantes. Con la llegada de la adolescencia todo es distinto. La madre, por ejemplo, que tiene una gran proximidad corporal con su hijo sexualmente inmaduro, suele sentir angustia cuando él alcanza la pubertad y la maduración sexual. El padre, por su parte, ya no sienta con la espontaneidad de antes a la hija sobre sus rodillas (y más de uno ha sufrido un desplante de la hija adolescente que ha reaccionado pudorosamente a una caricia que ha considerado fuera de lugar).

Por otro lado surge el deseo de dominio, cuando «el poder parental» es cuestionado o abiertamente negado. Es entonces cuando se reaviva esta atribución parental por la ruptura del equilibrio establecido. Así, si la prohibición de salida del adolescente más allá de determinada hora está justificada por un temor consciente, a menudo está sostenida por un deseo de dominio inconsciente, que puede ser la fuente de reacciones aberrantes, como el encerrar a un joven en la habitación para impedirle salir de casa.

Con el pasar del tiempo, los padres se ven obligados a renunciar, al menos en parte, al ideal proyectado sobre su hijo, y del que éste busca separarse. Los proyectos familiares de antaño —que muchas veces han elaborado en común padres e hijos— son ahora cuestionados por el hijo adolescente, y los padres deben —¡mal que les pese!— adecuarlos a las nuevas exigencias. La pérdida de estos ideales que habían proyectado en la prole obliga a los padres a elaborar un trabajo de duelo. Un proceso de luto por lo que se ha ido y ya no volverá...

Por último, debemos considerar la rememoración por los padres de su propia adolescencia. Por ejemplo, es habitual decir que el adulto olvida fácilmente su adolescencia, lo cual se confirma en el psicoanálisis de adultos, que muestran el olvido de las escenas más cargadas de afecto o de conflicto. Es así como algunos padres tendrán dificultades para afrontar la vivencia de ciertas fuerzas pulsionales sexuales o agresivas que, de una forma u otra, han rechazado, controlado o sublimado a lo largo de sus vidas. En ciertos casos, una semejanza física o temperamental del adolescente con uno de sus abuelos, tíos o tías, puede favorecer la reaparición de un rechazo parental. En otras palabras, reaparecen de forma irracional los sentimientos que el padre había podido sentir hacia sus propios padres, hermanos o hermanas.

La familia que necesita ayuda

Si bien todas las familias pasan algún momento difícil durante la transición adolescente, algunas pueden quedar ancladas en un determinado nivel evolutivo y no moverse, ni hacia delante ni hacia atrás. Están atascadas. La estructura familiar ha quedado congelada: ¡pobre del que se mueva!

Pero algo habrá que hacer para ayudar a la familia a salir del atolladero en que se encuentra. Y aquí contaremos con los sabios consejos de la terapia familiar (véase más adelante), que nos permitirán maniobrar adecuadamente, sin demasiadas colisiones ni traumatismos innecesarios, para que los miembros más jóvenes de la estructura familiar, ahora convertidos en adolescentes, puedan cumplir sus aspiraciones.

Habitualmente se trata de familias frágiles que no soportan los esfuerzos de separación-individualización del adolescente. Estas familias están organizadas alrededor de creencias fundamentales o presupuestos de base, que preservan la coherencia y la unidad del grupo, pero dificultan frecuentemente los límites entre los miembros familiares y las relaciones entre generaciones.

Cuando esta unidad familiar se siente «amenazada», se observa cómo cada uno de los miembros del grupo actúa a la defensiva, reforzando la adhesión a las creencias y presupuestos que alimentan el mito familiar y configuran las reglas —a menudo tremendamente estrictas— que rigen el funcionamiento de estas familias. Obviamente, en un grupo familiar que se maneja sobre este modelo, el adolescente es una amenaza a causa de sus deseos de vida autónoma, que cuestiona los ideales parentales y selecciona nuevos objetivos.

Los movimientos normales hacia la emancipación que ejecuta el adolescente son percibidos por el grupo familiar como un peligro y cada miembro reacciona echando mano de mecanismos de defensa arcaicos. Estos mecanismos tienen por finalidad dificultar los límites entre las personas que constituyen la familia, dejando confusa la individualidad y, por consiguiente, la identidad de cada uno. En estas familias, por ejemplo, los padres reaccionan ante toda tentativa de independencia del adolescente tildando a éste de excesivamente dependiente, incapaz e incompetente... Pero los propios padres se delatan porque emiten juicios estereotipados y sin ningún fundamento real, influidos a menudo por el entorno (por ejemplo, los abuelos).

Pero no hay necesidad de llegar a estos prototipos de familias anquilosadas, potencialmente dañinas porque pueden hacer fracasar el desarrollo de la autonomía del hijo adolescente; existen otras, más normales y naturales, en las que los padres —inconscientemente en la mayoría de los casos— dificultan la maduración espontánea del hijo adolescente.

Es sabido que cada período de la vida requiere que se abandone algo anterior. En el caso del adolescente, se necesita prescindir de los privilegios de la niñez, situación que conduce al desespero a muchas madres que ven cómo su hijo se les escapa de las manos. El genial pediatra-psicoanalista británico Donald Winnicott decía poéticamente al respecto: «Crecer no es siempre un panal de miel para el niño, y para la madre es a menudo un amargo acíbar.»

Cuando el experto terapeuta familiar Salvador Minuchin habla de familias con estructura aglutinada de sus miembros (familia fusionada) y estrecha alianza de la madre con los hijos, da estos precisos consejos: «Los niños mayores no pueden transformarse en adolescentes hasta que la madre se transforma en una esposa. La madre no puede funcionar como una esposa hasta que el marido la separe de los niños. Y la madre no dejará ir a los niños hasta que el padre le ofrezca apoyo y ternura como esposo.»

Bueno sería que los padres tuvieran siempre en mente unas palabras de Kahil Gibran —el escritor hindú autor de *El profeta*—: «Tus hijos no son tuyos, son hijos de la vida; puedes darles tu amor, pero no tus pensamientos, puedes abrigar sus cuerpos, pero no sus almas, porque ellos viven en la casa del mañana. Tú eres el arco del cual tus hijos son lanzados como saetas vivas...»

¿Qué es la terapia familiar?

La psicoterapia, técnica que consiste en curar mediante el uso fundamental de la palabra, ha presentado notables evoluciones a lo largo del tiempo. Freud fue el primero en dar un instrumento científico a los médicos —basado en la palabra— para que interpretaran y trataran el mundo psíquico de sus pacientes. El psicoanálisis se centra fundamentalmente en el estudio de la persona.

Luego llegó la terapia conductista o modificadora de la conducta. A diferencia de los psicoanalistas, los conductistas cambiaron del estudio de la persona en solitario al de la díada, la persona en relación con otro.

Y, por último, nos ha llegado la terapia familiar, que contempla la relación global del niño y su entorno familiar, escolar, social... Es una nueva dimensión en el estudio de la problemática de las personas. Hay que hacer notar que, a partir de 1960 aproximadamente, los terapeutas conductistas empezaron a aproximarse a los terapeutas familiares, y también lo han hecho expertos psicoanalistas, con todo lo cual se ha enriquecido esta nueva forma de terapia.

Este moderno enfoque terapéutico, conocido como terapia familiar, nació en la década de los cincuenta, conjuntamente con el auge de los descubrimientos cibernéticos y la introducción de las computadoras. La puesta en marcha se debió a un equipo multidisciplinar de investigadores (médicos, antropólogos, matemáticos) que trabajaban en las teorías de los sistemas y de la comunicación humana, en Palo Alto, California.

Resumidamente, la terapia familiar se basa en que todo el universo está constituido por grupos de elementos que se interrelacionan entre sí formando sistemas. Así, tenemos un sistema solar, un sistema molecular, un sistema familiar...

La familia es un grupo natural que en el curso del tiempo ha elaborado unas pautas de interacción. Y éstas constituyen lo que conocemos por estructura familiar, que a su vez rige el funcionamiento de los miembros de la familia y facilita su relación. Asimismo, dentro de la familia, la conducta de cada miembro está relacionada con la de los otros y depende de ellos (se trata de una reacción circular que afecta a todos los miembros). De todo lo cual se desprende que diferentes pautas o patrones de interacción familiar pueden ser beneficiosos o desastrosos según la fase del desarrollo individual o familiar en que se encuentre el sistema. De tal manera que, por ejemplo, la protección maternal necesaria al niño pequeño puede ser destructiva para el adolescente si limita excesivamente su autonomía.

La terapia familiar se fundamenta en que la familia es un sistema viviente, con su propio ciclo vital, en que un cambio en una parte del mismo es seguido por cambios compensatorios en otras partes del sistema. Como todos los organismos vivos, el sistema familiar tiende al mismo tiempo a la estabilidad y a la evolución (en terminología política diríamos que la familia es conservadora y progresista al mismo tiempo). Hay, pues, dos tendencias contradictorias en el seno de la familia: la tendencia a mantenerse igual y la necesidad de cambio. Y esto se traduce por períodos de equilibrio familiar, alternando con períodos de desequilibrio.

Toda familia normal sufre un proceso de transformación con el correr del tiempo. Continuamente se adapta y reestructura para poder seguir funcionando. De esta manera responde a las demandas habituales que se generan en su seno y a las exigencias ambientales, fortaleciéndose y adaptándose a las situaciones de estrés que se presenten. En caso contrario, cuando se trata de familias que han perdido su elasticidad y capacidad de adaptación, las respuestas son rígidas, anómalas y desmesuradas, evidenciándose la patología familiar. Y aquí es cuando hay que tener bien presente que existe la terapia familiar.

Cómo actúa el terapeuta familiar

Es bien conocido que el adolescente responde a las tensiones que afectan a la familia. Es entonces cuando adquiere fácilmente la etiqueta de «paciente identificado» que se lleva a la consulta del profesional, ya que es él —según los padres— el que tiene problemas o el que constituye el problema... Con facilidad el hijo se convierte así en la víctima propiciatoria (sinónimos: cabeza de turco, chivo expiatorio, etc.) de las desavenencias familiares. Viene a ser como el cubo de basura, en el que todo el mundo puede tirar los trapos sucios de la casa.

En estas circunstancias, y una vez ha sido el joven remitido, junto con su familia, a la entrevista con el terapeuta familiar (profesional sanitario con suficiente formación clínica), se establece la oportuna estrategia de actuación. De entrada, el terapeuta familiar evitará «patologizar» aún más la situación, no tomando partido ni con los padres ni con el adolescente. En los casos en que hay discordia entre los miembros de la pareja, por ejemplo, es muy frecuente que uno de los consortes intente «monopolizar» al terapeuta en alianza con él y en contra del otro consorte, y hay que estar muy alerta para no caer en esta trampa, según comenta habitualmente nuestro colaborador el doctor Víctor Llerena, experto en terapia familiar. El terapeuta examinará objetivamente la estructura familiar que tiene delante, valorando la severidad de la crisis, la capacidad funcional que presupone tiene la familia y si cuenta con suficiente red de apoyo social.

En la terapia familiar interesa conocer el «qué», no el «por qué», de la situación familiar que plantea problemas. La finalidad de esta terapia consiste en modificar el presente, no en explorar e interpretar el pasado, ya que el presente de las personas es su pasado más sus circunstancias actuales.

La evaluación del funcionamiento familiar incluye saber el grado de cercanía, de cohesión entre los miembros de la familia. Los vínculos emocionales entre ellos podrán ser más o menos cercanos. Los extremos están representados por la situación de simbiosis y la de distanciamiento. Las familias que mantienen un alto grado de cercanía (familias fusionadas) pueden tener más dificultades para aceptar los procesos de diferenciación adolescente (por ejemplo: separación y partida del hogar). Por otra parte, las que son distantes no reaccionan debidamente ante el adolescente (que se coloca en situaciones peligrosas) y tienen dificultades en poner límites.

La adaptabilidad familiar es la capacidad de la familia de cambiar sus reglas o pautas de funcionamiento en respuesta a situaciones de estrés. También hay que medir la capacidad de identificar y solucionar problemas de la propia estructura familiar, ya que existen familias que evitan el enfrentamiento de los problemas o que tienden a culparse a sí mismas o a otros por las crisis (lo que se llama secuencias acusatorias). Asimismo, debe conocerse el nivel de comunicación entre los miembros familiares y su capacidad de interactuar tanto a nivel afectivo como con realizaciones prácticas.

La terapia debe focalizarse en hechos concretos, logros visibles, en contraposición a la tendencia propia de los adolescentes de hablar mucho de intenciones, ideas abstractas, confusiones internas, logros futuros, etc., como expresa acertadamente nuestro colaborador Ernesto Thielen, médico terapeuta familiar. Debe hacerse hincapié en los «logros mínimos» para alcanzar tales objetivos: día de comienzo, qué pasará en caso de cumplimiento, de incumplimiento, etc., dejando todos los cabos bien atados, de forma previsible y coherente.

La entrevista familiar es, sin duda, el principal instrumento en la evaluación de la dinámica familiar. Sin embargo, el terapeuta puede contar con otros instrumentos de información, como son los tests psicológicos o las encuestas de autoevaluación. Así, por ejemplo, el denominado Apgar Familiar (buscando una similitud de nombre con el conocido Test de Apgar que se efectúa en recién nacidos para valorar su vitalidad), que tiene que ser contestado y puntuado por el adolescente, consta de cinco preguntas: ¿Estás satisfecho con la ayuda que recibes de tu familia cuando tienes un problema? ¿Conversáis entre vosotros sobre los problemas que tenéis en casa? ¿Las decisiones importantes se toman en conjunto en la familia? ¿Los fines de semana son compartidos por todos los de la casa? ¿Sientes que tu familia te quiere?

El especialista, terapeuta familiar, que aborda el grupo familiar como una unidad de análisis, es como un experto jugador de ajedrez que estudia detenidamente la posición de todas las piezas sobre el tablero. Elabora el denominado «mapa familiar», descubriendo las fronteras entre sus miembros, el espacio físico de cada uno dentro de la familia, las alianzas entre los miembros, etc. Luego, cuando el terapeuta mueve las piezas del sistema, observa las reacciones y resistencias que manifiestan cada uno de los integrantes de la familia. Y así, con suma paciencia, practicando el viejo arte del «tira y afloja», podrá recomponer y equilibrar una estructura familiar que se estaba desmoronando.

V

Las apasionadas relaciones sociales

> El pájaro tiene el nido, la araña la tela, el hombre la amistad.
>
> WILLIAM BLAKE

En torno a la sociabilidad

Que el ser humano es sociable por naturaleza es algo que no admite duda. No obstante, las posibilidades sociales de la persona han de ir madurando, hasta llegar a sus relaciones con el «otro semejante» que es lo que conocemos por amistad, y luego vendrá la función de ésta en la sociabilidad global de la personalidad y la integración final en el grupo.

La sociabilidad, de hecho, se manifiesta en la búsqueda de un *socius*, de un compañero, o también por la integración en un grupo. Pero, insistimos, para poder vivir plenamente las relaciones interpersonales, para formar parte de un grupo social, se precisa una condición previa: el deseo de la persona y su aptitud para vivir con otro (aptitud que varía a lo largo del desarrollo individual).

Si examináramos una hipotética película de la transición de la infancia hasta la edad adulta de cualquier persona, veríamos que el escenario cada vez estaría más lleno de personajes. Es decir, las relaciones con amigos y conocidos alcanzan sucesivos niveles de intensidad y se multiplican en número a través de los años. Contar esto no es nada nuevo, pero ¿qué nos impulsa a relacionarnos?...

En el año 1953, el psiquiatra H. Stack Sullivan describió las diversas motivaciones que animan al ser humano a ser sociable. Apuntó tres «dinamismos» o «necesidades» desde que los jóvenes dejan la niñez y llegan a la adolescencia. Así, el primer dinamismo que rige la interacción social durante la primera infancia y la fase inicial de la niñez consiste en la necesidad de seguridad. En estas tempranas edades, los niños dependen por completo de los demás (los padres en especial) y están vinculados con esta necesidad primordial de sentirse seguros.

Más adelante surge la necesidad de intimidad, la necesidad de compartir emociones con otras personas importantes en la vida del chico. Lo cual desemboca en el establecimiento de una relación particularmente cercana con un miembro del grupo de iguales que tenga la misma edad y sea del mismo sexo. Por primera vez el niño, que acaba de entrar en la adolescencia, experimenta sensibilidad hacia lo que importa a otra persona..., un amigo especial —¡amigo íntimo!— escogido y extraído del grupo más amplio de personas del mismo sexo. Es evidente que estas intensas amistades desempeñan una función primordial en el desarrollo de la intimidad emocional de la persona. En estudios acerca de las relaciones entre alumnos, se ha visto que aquellos que tienen un amigo íntimo suelen ser bastante más altruistas que quienes carecen de él.

La adolescencia es, en sí misma, la época durante la cual se pasa desde las amistades íntimas con alguien del mismo sexo, que implican un afecto profundo (nos referimos al amor a nuestros amigos) que no es de carácter tierno, sentimental o sexual, a las amistades íntimas con personas de otro sexo. Es después de la pubertad, lo que Sullivan llama «dinamismo del deseo». Éste emerge como una necesidad central, que hay que integrar con la seguridad y la intimidad (las dos «necesidades» anteriores), dentro de una relación profunda con un miembro del otro sexo.

En realidad, muchos adolescentes experimentan dificultades para integrar los tres dinamismos o necesidades descritos. A veces esta interacción resulta ingobernable... El choque entre el deseo y la intimidad provoca desconciertos y torpezas. Más de uno lucha entre un amor sexualizado y un interés puramente platónico. Un número considerable de jóvenes experimentan sentimientos impregnados de sexualidad o erotismo hacia personas de su propio sexo, y han tenido, incluso, contactos físicos con ellos, sin apartarse en ningún caso de una orientación primariamente heterosexual. Muchos padecen una tremenda amargura porque han interpretado erróneamente estas normales experiencias de desarrollo como demostración de una incipiente homosexualidad... ¡El proceso de sociabilización de nuestro joven está cuajado de penas y alegrías!

Nacimiento de la amistad

Por lo general, la amistad se define como una relación entre personas unidas por un objetivo común. Pero si descendemos al terreno concreto de la adolescencia, podríamos definir la amistad como la relación simpática entre dos jóvenes sin que ninguno de ellos represente forma alguna de autoridad, es decir, tienen que ser necesariamente unos iguales. Por esta razón, difícil lo tienen los padres o maestros (véase más adelante) cuando quieren acceder al estamento de la amistad con los hijos o los alumnos. Como afirma con contundencia el ilustre escritor y pedagogo catalán Joan Triadú, «querámoslo o no, somos adultos con autoridad».

Quedan atrás las amistades de la infancia (aunque todo el mundo sabe lo valiosas que son las amistades desde la infancia), que no han sido más que simples camaraderías, fundadas en costumbres y ocupaciones comunes, como es el caso del juego. A partir de los 10-11 años, se las ve estrecharse y hacerse más selectivas, pero es a partir de la pubertad cuando profundizan. Hay que hacer notar que, por debajo de los 11-12 años, las niñas son más activas que los niños desde el punto de vista social, y acostumbran a establecer entre sí relaciones más próximas y confidenciales.

En líneas generales, la amistad debe diferenciarse de la camaradería, aunque se den ciertos casos intermedios; asimismo, sobrepasa de hecho el plano de la cooperación e implica el diálogo confidencial, muy importante a esta edad, y la entrega de sí mismo; también hay que diferenciarla del amor, aunque puede ser la antesala...

La identificación con un ser semejante a uno mismo, conociendo los mismos problemas, las mismas dudas, las mismas angustias, las mismas rebeldías, los mismos entusiasmos, la posibilidad de encontrarse en él o en ella, y de compartir con este igual sentimientos demasiado pesados para soportarlos uno solo... ¡Ay de quien no tenga amigos en quienes confiar! Los adolescentes conceden un especial énfasis a la lealtad y a la intimidad sobre todas las cosas, siendo para ellos las cualidades esenciales de la amistad.

La influencia más significativa sobre la formación de amistades consiste en la «creencia» de que el otro es semejante a uno mismo. Esto es más importante que el hecho de que el otro, «en realidad», sea o no semejante. Asimismo, los jóvenes eligen como amigos a quienes poseen características consideradas como deseables desde el punto de vista de los valores que privan en el grupo.

No obstante, hay algunos chicos que se sienten atraídos por otros cuyas necesidades representan un complemento de las suyas propias. Por ejemplo, un joven de carácter dominante puede hacerse amigo de alguien que es sumiso. Pero esto no es lo habitual: el principio de la atracción de los opuestos constituye aquí una excepción, y no la regla.

En la etapa adolescente, el amigo desempeña el crucial papel de sostén del Yo. Mejor dicho: es otro Yo (el *alter ego*), un Yo idealizado muchas veces y que devuelve al chico una imagen tranquilizadora de sí mismo. En esto se basa la importancia de la relación amistosa de los adolescentes, y de ahí proviene también el desorden cuando se rompe... Se ve, pues, que en la génesis de la amistad juvenil hay cierto toque de narcisismo, ya que en muchos aspectos la relación con el compañero es una relación como en un espejo. En el fondo se trata de un apoyo mutuo entre amigos, y por tal motivo la amistad juvenil ha sido llamada una soledad a dos. Lo cual no excluye, de ninguna manera, los impulsos generosos y desinteresados, tan propios de esta altruista edad.

Ciertamente, las amistades son fervientes, exclusivas y desconfiadas. Se parecen al amor, al cual preceden y anuncian, en el apasionamiento que ponen, y sobre todo es evidente en las chicas, pero también en los chicos. Del amor toman el lenguaje y, al igual que en el amor, están atravesadas de tormentas, de riñas y de rupturas, de perdones y de reconciliaciones... Tan apasionada puede ser la relación amistosa, que la traición de un amigo o de una amiga puede representar para el adolescente una experiencia trastornadora que le alcanza en lo más profundo de sí mismo.

Amigos para siempre

Los hay que duran y perduran cultivando al alimón el calor de la amistad. Otros, por el contrario, entierran rápidamente sus lazos amistosos. Así, de la misma manera que se ama con pasión al amigo, también, bruscamente, se le puede dejar de amar. Esta contradicción entre la intensidad de los sentimientos que pueden unir a dos jóvenes y su carácter inconstante y pasajero está en la imagen de la personalidad inestable del adolescente.

La amistad, pues, por apasionada y exclusiva que sea, y quizá precisamente a causa de ello, a veces no es duradera. Se dice que el adolescente se inflama, pero son casi siempre llamas tan breves como violentas... Basta a menudo que el amigo o la amiga cambie de escuela y hasta de clase para que los vínculos se relajen. También, en el momento en que uno de los compañeros se vuelve hacia el otro sexo, se trueca una amistad que parecía indestructible.

Incluso hay quien dice que hacen falta circunstancias particularmente favorables para que una amistad nacida antes de los 16 o 17 años sobreviva a la adolescencia misma. Y se justifica esta vida efímera de la amistad juvenil en los propios mecanismos de identificación y proyección. De tal manera actúan, que la identificación, por ejemplo, suprime la distancia entre dos seres: se apropia uno los sentimientos, las opiniones, las ideas del otro al mismo tiempo que le presta sus propias reacciones, la relación es tan íntima que impide aplicar al otro un juicio objetivo, por falta de distancia.

Asimismo, en la medida en que el adolescente proyecta en el amigo su Yo idealizado, en la medida en que le ama menos por sí mismo que por la imagen que se hace de él, la separación y la ruptura de la amistad, por desgarradoras que puedan ser, encuentran fácilmente remedio: el amigo o la amiga serán pronto sustituidos.

En cambio, a partir del momento en que el adolescente toma conciencia de lo que es él en realidad y de lo que quiere ser, y se afirma de una manera cada vez más personal, es decir, a partir del momento en que deja de identificarse con otro para no identificarse más que consigo mismo, sus relaciones de amistad van a ser más estables: el amigo será visto tal como es, con sus virtudes y sus defectos, y se le querrá por lo que es en realidad. Además, los sentimientos y emociones que empezó proyectando en su amigo —no olvidemos que la amistad está al principio cerca del amor—, con la intensificación de las pulsiones sexuales se dirigirán pronto al compañero del otro sexo, despejando el halo pasional que incidía en la amistad, la cual entonces se hará más serena y, por lo tanto, más duradera. Y ahora sí que podrán ser amigos para siempre.

Simpatía, empatía y antipatía

La simpatía consiste, por una parte, en el hecho de compartir los sentimientos del otro, de experimentar con él/ella penas y alegrías, y, por otra, la inclinación, la atracción hacia el otro. La empatía, en cambio, se mueve en un plano más intelectual: designa, según Lipps (el primer autor que empleó este término), «la facultad de ponerse en el lugar del otro». La antipatía, ya se sabe: es todo lo contrario a la simpatía.

Está demostrado que la gente tiende a elegir por amigos a personas que, ¡curiosamente!, consideran que les eligen «a ellos». En otras palabras: nos gustan aquellas personas que parecen mirarnos con buenos ojos. ¡Éstos son los que nos caen bien!

Lo penoso son los chicos que no pueden sintonizar con otros de su edad, y andan solitarios, dando tumbos de un lado a otro. Se ha comprobado que aquellos que tienen problemas con su grupo de iguales en etapas tempranas de la vida, suelen pasar por dificultades serias durante la adolescencia y la edad adulta. ¡Al tanto, pues, maestros, monitores y educadores en general: no permitáis grupos excluyentes y niños marginados!

La amistad tiene una función primordialmente en la integración en la sociedad. Dentro del aprendizaje social de las relaciones con los demás, la amistad juvenil permite que se tome conciencia de la realidad del otro, se formen actitudes sociales y se tenga experiencia de las relaciones interpersonales. En definitiva, las relaciones con los iguales son de una importancia vital porque proporcionan la oportunidad de aprender cómo actuar con los demás, controlar la propia conducta social, desarrollar habilidades e intereses adecuados a la edad de cada uno, y compartir sentimientos y actitudes similares. La oportunidad de revelar la propia personalidad, la sensación de confianza y el sentimiento de poseer algo único y exclusivo, también proporcionan aquella intimidad que convierte la amistad en algo tan importante. Su ausencia, como en el caso del adolescente sin amigos, según apunta Martin Herbert, «hace que el mundo se transforme en un lugar frío e inhóspito».

En la escuela, en una clase normal, uno de cada cinco jóvenes, aproximadamente, es un sujeto aislado. Cuando se trata de formar equipos de trabajo nadie cuenta con él. Tampoco le elige como amigo ninguno de sus compañeros de clase... Aquí es donde el profesorado tiene que demostrar su sagacidad, movilizando los grupitos y camarillas del aula para dar cabida e integrar a los alumnos aislados. Mientras, en el otro extremo, están los miembros populares, elegidos por muchos de sus compañeros. Son los simpáticos por excelencia.

Llegados a este punto de las preferencias y antipatías en los grupos de adolescentes, es importante distinguir entre la popularidad —el atractivo general que se despierta en los demás— y la capacidad real de entablar amistades. Así, resulta que los chicos populares pueden tener muchos admiradores pero pocos amigos efectivos. Ser objeto de admiración para muchos quizá tienda a aislar a una persona, impidiéndole establecer relaciones más íntimas con los demás, sobre todo si las cualidades o los logros que provocan la popularidad suscitan la envidia de aquellos que carecen de tales dones (y aquí tendrían cabida los «odiosos» alumnos brillantes y superdotados).

Los jóvenes que son aceptados por sus iguales acostumbran a reunir una serie de condiciones: 1) demuestran sensibilidad, capacidad de respuesta y generosidad; ayudan a los demás y conceden atención y afecto a sus compañeros; 2) son confiados en sus contactos sociales, y se muestran activos y cordiales (tienen una correcta autoimagen); 3) ven las cosas desde el punto de vista del otro joven (practican, así, la empatía); 4) son eficaces en la solución de los dilemas cotidianos que impliquen relaciones interpersonales; 5) hacen que los demás se sientan aceptados y participativos, promoviendo y proyectando en grupo actividades divertidas; y 6) manifiestan abundantes actividades empáticas, como la capacidad de controlar su propia conducta teniendo en cuenta el efecto que produce o podría producir sobre los demás.

Eligiendo amigos

A los padres les preocupa, como es natural, la clase de amigos que eligen sus hijos. Es este asunto uno de los habituales puntos de fricción que a menudo empañan las relaciones paterno-filiales. La cuestión en concreto es que las amistades del hijo/hija acostumbran a desagradar extraordinariamente a los padres y casi nunca las ven adecuadas. Claro que, si preguntamos por los porqués, muchas veces no encontraremos más que vagas e insulsas respuestas...

Ya se sabe que los amigos tienen mucho peso en la etapa adolescente y pueden contrapesar el influjo paterno. La razón está en que los hijos, aunque nos pese, pertenecen a dos sociedades: la sociedad de los adultos y la de sus iguales. Y esta dicotomía social se acentúa a medida que llegan a la adolescencia. Al respecto, el popular actor y agudo escritor Fernando Fernán-Gómez comenta en un artículo periodístico: «El mundo íntimo de los padres permanece secreto para los hijos, como el de los hijos para sus mayores desde antes de la adolescencia, desde que los chicos comienzan a depositar su confianza en los amigos.»

Durante la adolescencia, los padres se preocupan cada vez con mayor razón acerca de las malas o buenas influencias que se ejerzan sobre las vidas de sus hijos. Y, obviamente, las amistades están en el punto de mira de los progenitores que mantienen el ejercicio parental en activo. Todos conocemos casos, tanto desgraciados como afortunados, que dan fe del importante influjo de las amistades en la vida de los jóvenes. Y cuando surgen problemas, que pueden ir desde el susto de una fuga del hogar hasta la caída en la drogadicción, no vale aquello de lamentarse luego con la simplona excusa de que «no sabíamos qué amigos tenía». Es sabido que muchos padres de hijos delincuentes no se preocupan de con quién se tratan sus hijos, en la medida en que a ellos no les causen molestias.

Vale la pena, sin duda, hacer el esfuerzo de conocer a los amigos de nuestros hijos, y ser plenamente conscientes del tipo de grupos o pandillas en que se mueven. Una buena y práctica medida es darles facilidades a los hijos y a sus amigos para que se reúnan en la propia casa, disponiendo para ellos de habitaciones o del espacio adecuado —y aunque no lo haya físicamente, habrá que inventarlo a fuerza de imaginación y buena voluntad— para que puedan charlar con suficiente intimidad, escuchar música o tomar sus refrescos preferidos. El hijo adolescente que está a gusto con su familia trae sus amigos a casa. Y así, de paso, como el que no quiere la cosa, se les conoce.

Aunque haya que supervisar las amistades de los vástagos, es muy importante el estilo que se adopte para hacerlo. Obviamente, no hay que mantener al hijo bajo una vigilancia permanente (¡para esto está el voto de confianza!), pero tampoco hay que descuidarla. Es preciso ejercer una atención que parezca indiferente, pero que nos procure suficiente información sobre la clase de amigos con que se relaciona nuestro hijo. Así, si uno está interesado en la sociabilización de la prole, como bien dice el psicólogo Martin Herbert, «el punto de equilibrio no debe apartarse demasiado de la familia, ni aproximarse excesivamente al grupo de sus iguales».

La importancia del grupo

En el grupo —como en la amistad—, el adolescente busca una razón de ser, un ideal del Yo, una imagen que le dé seguridad, que tranquilice su inquietud interior y le devuelva el sentimiento de su valor. Cuanto más débil e indefenso se sienta, tanto más buscará a los otros e intentará identificarse con ellos, incluso a costa de dimitir de las propias características diferenciales de su personalidad, descargándose de sí mismo, de alguna manera, en el grupo, y queriendo fundirse en éste (fenómeno que se observa particularmente, en grado patológico, en la banda de delincuentes). El grupo va a permitir al adolescente afirmarse con toda seguridad. En medio de seres que piensan y sienten como él, sabe que puede olvidarse de sus actitudes defensivas, expresarse libremente sin temor a no ser comprendido o tropezar con la sonrisa irónica y de superioridad del adulto. Aquí no se siente en falta, ni se ve como un estúpido. Aquí se le toma en serio y encuentra un ideal y unos valores a la medida de sus aspiraciones.

Curiosamente, por diferentes y opuestos que puedan ser los objetivos perseguidos, existen valores comunes a todos los grupos, comprendida la banda delincuente: valor, lealtad hacia los compañeros, olvido de sí mismo, fidelidad a la palabra dada, etc.

En el fondo, para lo mejor o lo peor, el grupo incita al adolescente a una continua superación de sí mismo. El chico encuentra en el grupo las condiciones óptimas para poner a prueba sus posibilidades de apurar sus límites, de vencer sin cesar nuevos obstáculos, y para probarse y mostrar al mundo (siendo el mundo, en general, los padres) que es digno de ser considerado como un adulto. De ahí proviene su gusto por el riesgo, su loca temeridad, tanto más loca, a menudo, cuanto menos seguro de sí mismo... Entre los componentes del grupo, los adolescentes tienen la impresión de comportarse y vivir como adultos, de ser adultos y de dar vida a una microsociedad a la que ellos han dado forma. Se dice que el grupo da al joven la posibilidad de pasar por adulto, cuando en realidad no es nada fácil serlo.

Apoyándose los unos a los otros, todos semejantes, todos iguales, se sienten fuertes e independientes; no hay nada que no puedan hacer en grupo, mientras que solos se pueden sentir desgraciados frente al mundo auténtico de los adultos. Ésta es la función del grupo para la formación y la sociabilización de la persona. De esta manera, el grupo puede ser a la vez una solución —momentánea, claro está— para los conflictos del adolescente, y una preparación notable para la condición de hombre, en la medida en que no se desvíe hacia actividades antisociales (véase el capítulo XVII: «Bandas y vandalismo», «Tribus urbanas»), en la medida también en que la propia dinámica de grupo no llegue a impedir la afirmación personal de sus integrantes.

Aquí reside el peligro potencial del grupo: lo que al principio podía ser la «solución de grupo» que ofreció al adolescente un ideal del Yo y un marco de seguridad permitiéndole avanzar en la maduración de su personalidad, a la larga puede entorpecer su salida de este limitado contexto social. En vez de ser el trampolín de donde el joven se lanza a la vida, se convierte entonces en su refugio y el medio para huir de sus responsabilidades. La sumisión al ideal colectivo implica la renuncia a toda una parte de sí mismo, a veces a toda reflexión personal. La mayoría de nosotros conocemos a estos individuos que no se sienten existir más que en el grupo y por el grupo —político, deportivo, mundano, etc.—, incapaces de tener una actuación autónoma, presas propicias para cualquier ideología, a menudo totalitaria... El riesgo es tanto mayor cuando el poder de atracción del grupo es más fuerte, y más maleable la personalidad de sus miembros, pudiendo mantener al joven en un estado de inmadurez, e impedirle acceder a una plena autonomía (véase también el capítulo XVII: «Sectas peligrosas»).

En un momento dado, el joven tiene que saber tomar sus distancias. Esto no significa que deba abandonar toda actividad de grupo, sino solamente que el grupo ha dejado de ser —como pasó al principio— su único punto de referencia. El adolescente tiene que esperar del grupo que le permita la conquista de su autonomía, y una vez que llega a ser independiente abandona el grupo. Porque, como dice un autor: «La noción de autonomía y la de grupo se oponen.» Los grupos son, pues, por naturaleza pasajeros, y es normal que el adolescente se salga del grupo para comprometerse en relaciones personales, como, por ejemplo, con el otro sexo. Aunque, obviamente, siempre habrá adolescentes que dediquen gran parte de sus energías a unos ideales de actividad de grupo, aportando toda su vital capacidad altruista y de servicio a asociaciones de ayuda social, religiosas, ecologistas, etc.

El fenómeno de la pandilla

Nos hallamos en un nivel superior al simple grupo de amigotes. La pandilla ya es una institución social más seria, con unas reglas, objetivos bien delimitados, miembros jerarquizados... A ella acude el adolescente en busca de seguridad. En especial se trata de jóvenes muy inseguros, con un alto nivel de ansiedad. Y la pandilla disuelve la ansiedad o, por lo menos, la hace más tolerable.

El chico encuentra en la pandilla una compensación a sus sentimientos de inferioridad. En ella se le proporcionará estima, afecto, y todo el calor que le haya faltado hasta entonces. En el fondo la llegada a la pandilla es resultado de las mismas motivaciones que las del adolescente normal, pero mucho más intensas y más imperiosas porque están alimentadas por frustraciones de toda clase que se originaron en el pasado.

El adolescente que no tiene unos padres en quien identificarse, ni un núcleo familiar estable en que albergarse, buscará, obviamente, una nueva «familia» que satisfaga sus necesidades. Y la banda, *gang* o pandilla, reúnen estas condiciones: hay unos compinches (equivalen a los hermanos) y un jefe (que representa al padre-madre).

El chico normal, al identificarse con el grupo y encontrar también en éste un apoyo para su Yo, guarda no obstante cierta distancia, una cierta reserva, aunque sea debido al hecho de que otras influencias, además del grupo, se ejercen sobre él (Donald Winnicott subraya con justa razón que «los jóvenes adolescentes son individuos aislados reunidos»). Así, para el adolescente no problemático, la época de estar en grupo sólo representa un momento de su evolución hacia la madurez y la autonomía. Por el contrario, para el chico problemático, la pandilla es el punto de llegada y no irá más lejos.

Las bandas patológicas, como por ejemplo las de delincuentes, son ciertamente un producto de nuestra cultura, reflejo de las corrientes sociales de nuestros días: inseguridad, ansiedad, conformismo, agresividad, etc., son las mismas tendencias y los mismos mecanismos. El futuro miembro de la banda ha de estar psicológicamente dispuesto a renunciar a la libertad y a su autonomía y a someterse en cuerpo y alma a la voluntad del grupo. Éste se hace de alguna manera el depositario de su Yo y, a cambio, ofrece al adolescente la seguridad y el poder: la potencia y la fuerza de la banda frente a la debilidad del individuo en solitario. De todas formas, la búsqueda de este conformismo puede llevar al adolescente a actividades aberrantes, como cuando intenta identificarse imitando conductas caricaturescas de algún líder de la banda. Siguiendo con Winnicott, éste nos dice: «En un grupo de adolescentes, las diversas tendencias serán representadas por los miembros más enfermos del grupo...» Entre estas posiciones patológicas, la manía persecutoria de la banda es probablemente una de las más frecuentes: la pandilla se siente amenazada (por otras bandas, por la sociedad) y debe, por consiguiente, replegarse fuertemente sobre sí misma, a fin de poder defenderse y también atacar. Se observa aquí el desplazamiento sobre el grupo de la problemática psíquica personal (paranoide) que, por ejemplo, pueda tener el jefe de la banda.

La fuerza de la banda o la pandilla reside en su extrema unidad: la banda funciona «como un solo hombre». Esta unidad está rematada por una organización y una estructura mucho más fuertes que ninguna otra asociación espontánea de jóvenes y que mantienen a cada uno en la más estricta obediencia y en el conformismo más rígido. La banda tiene su estructura institucional, sus ritos (intercambio de sangre, tatuajes destinados a reforzar el sentimiento de pertenencia a la «secta», novatadas, pruebas para demostrar la capacidad de arriesgarse, etc.), jerga secreta, cuartel general, etc. En realidad, si hacemos abstracción de la naturaleza de sus actividades y de la personalidad de sus miembros, la banda no es tan diferente de una patrulla de *boys scouts* (aunque ¡ojalá! tuviese los mismos altruistas objetivos que ésta).

¿Los amigos desplazan a los padres?

Aparentemente, sí. Es ley de vida: las amistades juveniles juegan en las relaciones padres-hijos el papel de descentrar. Permiten un alejamiento parcial de los padres y una primera conquista de la independencia.

El pedagogo navarro Gerardo Castillo, en su libro *Tus hijos adolescentes*, dice lo siguiente: «Durante alrededor de doce años los padres hemos sido el modelo e incluso los ídolos de los hijos: nos lo preguntaban todo: nos pedían ayuda por todo; querían parecerse a nosotros; les gustaba estar con nosotros... Pero, con la llegada de la pubertad: dejan de pedirnos ayuda; pasan la mayor parte de su tiempo fuera de casa; rehúyen nuestra presencia...»

¡Duele caer del pedestal! Tenemos así la impresión de que ya no nos necesitan. Hemos dejado de ser el centro de sus vidas, y el lugar que hemos perdido lo ocupan ahora los amigos de nuestros hijos.

Algunos padres se resisten a este alejamiento de los hijos. Quieren seguir siendo imprescindibles en su vida y usan la autoridad de forma arbitraria, en un desesperado intento de dominar al hijo que aparenta «escapársele de las manos». Pero, ¡lo que son las cosas!: cuanto más pretenden sujetarle, menos lo consiguen.

No hay que darle más vueltas: el nacimiento de la amistad en la adolescencia supone que la familia no es ya la única influencia importante en la vida de los hijos. A partir de este momento, los amigos influyen tanto o más que los padres. Y estos «competidores» recién llegados ya sabemos que pueden ser una fuente potencial de conflictos entre padres e hijos.

Sin embargo, que nadie crea que todo está perdido cuando emergen los amigos. Los padres no tardarán en descubrir, por ejemplo, que los amigos de sus hijos pueden ser magníficos colaboradores en la acción educativa de la familia (de hecho, en las sesiones de terapia familiar a menudo contamos con ellos para que ejerzan una función de influencia positiva sobre el paciente adolescente).

Los hijos adolescentes siguen necesitando a sus padres (aunque no siempre sean conscientes de ello o aunque carezcan de la humildad y sencillez necesarias para reconocerlo). Pero en realidad los necesitan, no sólo para recibir algo de ellos, sino también para darles algo de sí mismos. Llegados a este punto, es importante insistir en que es un error esperar de los hijos únicamente correspondencia pasiva, es decir, obediencia. Es preciso concederles oportunidades para que puedan hacer con sus padres algunas de las cosas que hacen con sus amigos: opinar, aconsejar, hablar de cualquier tema con libertad, ayudar... Muchos padres intentan que sus hijos les confíen sus preocupaciones personales sin que ellos, por su parte, les hayan hablado nunca de sí mismos. Otros padres dan muchos consejos sin pedir ninguno a cambio. Olvidan que la razón que fundamenta la amistad es la reciprocidad: es, pues, una relación de ida y vuelta.

¿Pueden los padres ser amigos de sus hijos adolescentes?

Lo tienen difícil, aunque no imposible. Pero ¿por qué esta dificultad? Por la propia esencia de la amistad. Todo el mundo sabe que los amigos se asemejan en lo que quieren y en lo que sienten. «Es propio de los amigos el querer y el no querer las mismas cosas, y alegrarse y dolerse con lo mismo...» exclamaba, ya en su tiempo, santo Tomás en la *Summa contra gentiles*. Y salta a la vista que la amistad entre adultos y adolescentes es difícil, puesto que, en principio, ni quieren las mismas cosas ni se alegran por los mismos motivos...

Creemos, sinceramente, que es un error que los padres se empeñen en ser «amigos» de sus hijos (y además habría que buscar otro término para calificar esta relación aparentemente amistosa entre padres e hijos). Una cosa es tener una vía fluida de comunicación, en ambas direcciones, basada en la mutua confianza, y otra cosa muy distinta es intentar atribuirse las cualidades intrínsecas de la amistad, que son privativas de los iguales. Y lo peligroso, si optamos por el segundo supuesto, es que nos exponemos a hacer el ridículo más completo. Veamos, si no, el siguiente caso. Un padre nos comentaba risueño: «Puede estar seguro, doctor, que mi hijo me tiene por su mejor amigo», y explicaba cómo él iba a las discotecas y frecuentaba los mismos lugares en donde se reunía el hijo con su grupo. Llamaba la atención el atuendo del padre, ya que (quizá para mejor acomodarse a las circunstancias) vestía el buen hombre con prendas extremadamente juveniles, impropias de su edad. Cuando entrevistamos por separado al chico, éste nos suplicó: «Doctor, convenza a mi padre a que actúe como un padre, que es lo que necesito de verdad... ¡los amigos ya sé buscármelos yo!»

Los adolescentes sienten admiración por los adultos que son coherentes en su comportamiento habitual. El adulto necesita tener prestigio entre los adolescentes, porque la admiración es una vía necesaria para acercarse al chico. Pero ello no es suficiente. Se necesita, también, saber adaptarse al mundo de los adolescentes (sin llegar a mimetizar sus formas diferenciales) y respetar su manera de ser.

No obstante, el adulto que quiera intentar ser amigo de un adolescente puede seguir adelante y nadie le impedirá el avance. Pero tiene que seguir unas determinadas reglas de juego. Así, la clave para conseguir la amistad entre padres e hijos está en la confianza. Fiarse de los hijos es una condición necesaria para que a su vez ellos se fíen de los padres y les hablen de cuestiones de tipo personal. No existe auténtica amistad sin credibilidad: cada uno de los dos amigos tiene que creer en el otro y fiarse de él. Veamos algunas ideas para favorecer este encuentro amistoso con el hijo adolescente. Hay que dedicar tiempo al joven. Sin prisas. Tiempo para hacer algo juntos y para conversar sobre lo que hacen, creando situaciones o aprovechando las que ya existen para convivir más estrechamente con el hijo. Por ejemplo: estudiar juntos un segundo idioma o acompañar al hijo a los partidos del deporte que practica. La amistad requiere que las personas se conozcan entre sí como personas. Y una forma de conocerse más íntimamente puede ser, por ejemplo, contando algunas preocupaciones personales al hijo y pedirle su opinión. Deben ser, por supuesto, temas al alcance del adolescente y que no conciernan a áreas inapropiadas de intimidad. Es lícito, por ejemplo, hablar de problemas del trabajo, de dificultades financieras o de salud (sin ser demasiado agobiantes), pero no se justifica hablar de conflictos conyugales o de atracciones sexuales. Lo importante es facilitar un ambiente en el que el chico sepa que puede hablar de todo con libertad, tanto con su padre como con su madre, sin temor al efecto que ello pueda causar en quien lo escuche. También hay que respetar su intimidad y sus silencios, sin pretender entrar en temas que el chico prefiera no hablar con sus padres. No hay que presionar. Hay que dejar tiempo al tiempo, estando los padres, eso sí, siempre receptivos por si el joven busca, por fin, el diálogo.

Del amigo íntimo al enamoramiento

Ciertamente, practicar la amistad en toda su plenitud es una forma de amar. Se ama intensamente al amigo íntimo. Indiquemos aquí que se puede amar de diversas maneras. Así, por ejemplo, la vinculación afectiva entre dos amigos o dos amigas constituye uno de los géneros básicos del amor humano, que primordialmente son cinco: amor maternal hacia el niño, amor del niño hacia la madre, amor al amigo, amor hetero u homosexual y amor parental. Sin descuidar el amor místico y la sublimación de amar a Dios.

En las amistades adolescentes se desarrolla en primer lugar la ternura, disociada todavía de este otro componente del amor que es el instinto sexual y cuya intensificación lleva habitualmente al muchacho y a la muchacha a volverse hacia el otro sexo (al tema del amor homosexual o lesbiano, más complejo debido al rechazo de nuestra sociedad, se dedica el capítulo IX). El amor se vuelve entonces el gran asunto de su vida, con sus emociones y sus tormentos, y sobre todo con su gran carga de romanticismo. Así es, pues los adolescentes empiezan casi todos por soñar en un amor ideal, depurado de todo elemento carnal, un amor adornado por la imaginación y la fantasía, a cuya visión la realidad aparece insulsa y deslucida.

La tendencia a idealizar el instinto es común, en principio, a chicos y a chicas; se traduce en la nueva intensidad de la vida imaginativa, en los largos ensueños, en el gusto por la soledad. Así, en lo imaginario, es donde el adolescente, y aún más la adolescente, van a saciar primero su necesidad de amar y de ser amados. En el terreno de la fantasía pueden entregarse sin peligro a los ardores de la pasión amorosa; compensar, atribuyéndose todas las gracias y toda la capacidad de seducción, la torpeza y la timidez que manifiestan en la realidad...

El enamoramiento podrá seguir diversos derroteros, según predominen los aspectos platónicos o carnales. Aunque actualmente existe la tendencia a identificar el amor con lo sexual, hasta el punto de considerar que no hay amor sin el ejercicio de la sexualidad, hay parejas de adolescentes que optan por no tener relaciones sexuales, dando así una mayor trascendencia espiritual a su relación amorosa.

Es conocido que el enamoramiento de los chicos y de las chicas presenta una evolución muy diferente. Según las investigaciones clásicas que practicara Helen Deutsch y que culminaron en su libro de obligada lectura *Psicología de la mujer*, los chicos varones no podrán ignorar mucho tiempo el carácter erótico de sus imaginaciones amorosas, por muy idealizadas que sean, pues no tardarán en ir acompañadas de procesos genitales (como las erecciones) que ponen en evidencia el vínculo que las une con la sexualidad (muchos jóvenes deben enfrentarse a un impulso sexual muy insistente con imágenes eróticas muy vivas).

Así, un muchacho expresa su identidad sexual (de su género) a través de las imágenes de las fantasías eróticas y los sueños que acompañan sus poluciones nocturnas, según informan Money y Ehrhart en sus estudios sobre el desarrollo de la sexualidad humana. De esta manera, los ensueños del adolescente tomarán rápidamente un giro más realista, mientras que la adolescente continuará con los suyos, ignorando la sexualidad que les da color. Como las muchachas no suelen tener sueños orgásmicos en la adolescencia —según Money—, manifiestan más bien su identidad de género a través de fantasías romántico-sentimentales, en relación quizá con una experiencia real, con una narración de amor o con una película romántica. En ella, la toma de conciencia de su capacidad sexual se efectúa más tarde, ya que la excitabilidad sexual permanece más tiempo difusa, sin localización precisa en los órganos genitales. Hay una frase en el libro de Alejandra Vallejo-Nágera, *La edad del pavo*, que refleja perfectamente la dinámica de la relación adolescente entre los dos géneros: «Ellas fingen sexo para obtener amor, y ellos fingen amor para obtener sexo.» La ternura se desarrolla antes que el placer de los sentidos y, por esto, las imaginaciones sentimentales y novelescas ocuparán, en principio, un espacio mucho más considerable en la vida de la joven. Ya decía José Ortega y Gasset que la mujer tiene el cuerpo ensartado en el alma, y añade el periodista Mauricio Wiesenthal: «Nosotros, los hombres, tenemos el alma invadida por el cuerpo.» En otras palabras: él la desea a ella, mientras que ella desea ser deseada por él... Así, pues, la tendencia a idealizar el amor está más marcada en la adolescente que en el adolescente. Durante más tiempo que él, ella se va a satisfacer con amores imaginarios, o por lo menos apenas reales, pues los seres por los cuales se inflama cuentan menos que los sentimientos que inspiran.

Por supuesto que en cada época, en cada sociedad y en cada cultura ocurrirán cambios y permutaciones, no siendo inusual encontrar adolescentes mujeres en quienes la vivencia erótica es intensa e importante, así como adolescentes varones con inclinaciones poéticas, ascéticas y románticas.

VI

Las reglas del deporte

Un verdadero preparador jamás da preferencia
a obtener un resultado instantáneo, sino que
ha de tener en cuenta los intereses futuros de
sus pupilos.

RODIONENKO

Aquí jugamos todos

Insistamos de nuevo aquí: el ejercicio regular es beneficioso a
todas las edades. Da vigor, fortalece el corazón, mejora el tono
muscular y, además, produce un efecto antidepresivo al elevar
en el organismo unas sustancias biológicas, las endorfinas, que
actúan a nivel cerebral.

El deporte, el atletismo, desarrollan hábitos que potencialmente pueden durar toda la vida. Asimismo, la práctica deportiva enseña a competir, a ganar y a perder, y a ser miembros de
un equipo. Por estas y otras muchas razones, debe estimularse a
los adolescentes a que participen en actividades físicas y lo hagan lo más precozmente posible. Hay que recordar que, al llegar
a la edad prepuberal, a los 10-12 años, ya se ha alcanzado el
máximo en capacidad de coordinación y flexibilidad, denomi-
nándose por tal motivo este período «la edad de la destreza».
Luego, cuando aparece la pubertad, debe tenerse en cuenta que
los cartílagos de los huesos experimentan cambios que los hacen más vulnerables frente a posturas físicas erróneas o sobre-
cargas corporales, y hay que estar muy al tanto del tipo de deportes que se eligen en esta etapa. También es bien conocida la
transformación corporal del adolescente, tornándose desmadeja-
do en sus movimientos y, por tanto, es frecuente que aparezca

una pérdida transitoria de ciertas capacidades deportivas. A menudo hace falta llegar a los 15-16 años para que impere la armonía de la figura y de los movimientos. Practicar el deporte bajo control médico es una de las premisas fundamentales que no deben olvidarse nunca. El candidato tiene que someterse a un minucioso examen físico deportivo y el profesional sanitario puede exponer una serie de razones para disminuir esta clase de actividad en casos determinados. Temas de interés, en el mundo del deporte, son las técnicas de condicionamiento (que no es lo mismo que el entrenamiento), la nutrición y la preparación del atleta adolescente. También lo son el cuidado y la prevención de las lesiones y las afecciones que puede producir en el organismo del joven la práctica del deporte, sin dejar de lado la crucial importancia del estrés psicológico.

Que quede bien claro que los beneficios de la actividad deportiva exceden ampliamente a sus riesgos, si se toman las medidas apropiadas. La meta principal de los profesionales de la salud, los entrenadores y los padres es la de minimizar los riesgos, proporcionando a los jóvenes la posibilidad de un chequeo sanitario preparticipativo, las condiciones de equipo más idóneas y los lugares más seguros para la práctica deportiva; aconsejando, también, acerca de la prevención de lesiones, y fomentando en su espíritu una actitud competitiva sana.

Asimismo, todo el mundo conoce la benéfica influencia de la práctica deportiva en la maduración de la personalidad de los jóvenes. La sentencia clásica *«mens sana in corpore sano»* se cumple en los adolescentes que acuden al deporte buscando un complemento importante en sus vidas. La capacidad de altruismo, la solidaridad, la aceptación en su justa medida del éxito y de la derrota, son vivencias que se generan en el ámbito deportivo. Es bien sabido que la práctica del deporte es difícilmente compatible con el trasnoche en discotecas, y así, quien tiene que jugar un partido de fútbol el sábado por la mañana no tenderá a «consumir barra» el viernes por la noche, por citar un ejemplo. Y en otro orden de cosas, también el deporte es un eficaz antídoto para la drogadicción juvenil. De esta manera lo ha entendido José Luis Doreste, médico canario, residente en Barcelona en donde ejerce la especialidad de medicina deportiva, campeón olímpico de vela y presidente de la Asociación de Deportistas contra la Droga, una organización no gubernamental (ONG) de ámbito estatal que mantiene una serie de escuelas deportivas en barrios de ciudades españolas afectados por el problema de la droga. Similares actuaciones se están dando en todo el mundo con resultado positivo.

¿En qué consiste el examen físico deportivo?

En pocas palabras: es un examen que presta especial atención a los músculos, ligamentos, articulaciones y huesos, aparte de la exploración médica habitual de otros órganos y aparatos.

El sistema músculo-esquelético del adolescente está creciendo todavía y este examen sirve para determinar si reúne las condiciones necesarias para participar en un deporte en particular. De esta manera, la detección precoz de problemas músculo-esqueléticos puede proteger al joven contra potenciales lesiones.

Antes de comenzar el examen médico propiamente dicho, el profesional hará una serie de preguntas breves, tales como: si alguna vez ha tenido dislocaciones o fracturas; si ha tenido que hacer rehabilitación por lesiones; antecedentes menstruales, etc. El médico examinará atentamente el sistema cardiovascular del joven. ¿Ha tenido el adolescente mareos, pérdida de conocimiento o dolor en el pecho durante los ejercicios? ¿Hay historia familiar de enfermedad cardíaca a edad temprana o casos de muerte súbita?...

Muchos entrenadores e instituciones escolares piden a los profesionales de la salud que hagan recomendaciones acerca de la participación de adolescentes en determinados deportes. Para hacer frente a esta demanda de información, la Academia Americana de Pediatría ha hecho pública la siguiente información: los deportes se dividen en cuatro grandes categorías, basándose en la proporción de contacto, colisión y esfuerzo requerido para cada deporte en concreto (tabla 2). Así, el médico puede usar

TABLA 2

Clasificación de los deportes

colisión	contacto	sin contacto	otros
Boxeo	Fútbol	Tenis	Golf
Fútbol americano	Baloncesto	Natación	Arco
Rugby	Lucha	Remo	Bolos
Hockey	Béisbol	Atletismo	etc.
etc.	etc.	etc.	

estas categorías, u otras similares, cuando hace sus recomendaciones. Por ejemplo, un deporte que implique colisión es demasiado arriesgado para un adolescente con un solo riñón, porque un golpe en la espalda podría dañar este órgano único. Otro adolescente afecto de hipertensión arterial deberá ser disuadido de levantar pesas o hacer remo, hasta que su tensión no esté bajo control, porque está demostrado que las contracciones musculares (isométricas) tienden a elevar la presión sanguínea.

En la mayoría de estas recomendaciones sanitarias, la intención no es prohibir sino *facilitar* la participación deportiva. Pongamos un ejemplo: es muy común que el esfuerzo físico produzca broncoconstricción (disminución del calibre de los bronquios pulmonares) en adolescentes asmáticos, dificultando la práctica deportiva; pero el médico puede ayudarlos a continuar con su deporte haciendo un ajuste en el horario de las medicaciones y/o recetando inhalaciones broncodilatadoras antes de comenzar el ejercicio. Y éste es, simplemente, un ejemplo entre los muchos que podrían exponerse ya que las situaciones pueden ser muy variadas. El profesional sanitario, el adolescente y sus padres, en última instancia, deberán decidir juntos cuál es la forma de ejercicio deportivo más adecuada.

Condicionamiento y nutrición

De entrada hay que puntualizar de nuevo que «condicionamiento» no es lo mismo que «entrenamiento». El condicionamiento ayuda a los atletas en todos los deportes a mejorar su eficiencia energética, su velocidad, su resistencia, su fuerza muscular y su flexibilidad. El entrenamiento, por su parte, es específico a cada deporte y está diseñado para desarrollar ciertas habilidades que son fundamentales para la práctica de este determinado deporte.

Un buen condicionamiento físico requiere ejercicios cuya finalidad es desarrollar fuerza, velocidad y resistencia. Los ejercicios aeróbicos, como la natación, el ciclismo y el caminar, consisten en la actividad sostenida de los grupos de músculos grandes, conjuntamente con un trabajo cardíaco y pulmonar eficiente. Los ejercicios anaeróbicos, como el *sprinting* (carreras cortas a alta velocidad) y el *diving* (buceo en profundidad), se basan en movimientos breves, intensos y explosivos. Los ejercicios de resistencia, usando pesas libres o con máquinas, ayudan a crear masa muscular para proteger los huesos y las articulaciones.

Se produce una cierta controversia acerca de si el entrenamiento de resistencia es apropiado para los adolescentes o no. Las investigaciones actuales indican que el levantar pesas es apropiado cuando el programa es a breve plazo, está supervisado por adultos bien entrenados y se ajusta al nivel de maduración física del adolescente.

Otros componentes del condicionamiento son el «calentamiento» (*warming up*), preparación muscular previa al deporte, y el «enfriamiento» (*cooling down*), decrecimiento muy gradual de la actividad muscular una vez terminada la tarea, porque ambas prácticas promueven la flexibilidad muscular. El estirar los músculos lentamente y por tiempo prolongado (*stretching*) alarga los músculos, mejora la elasticidad del cuerpo y hace a éste menos vulnerable. Así, pues, el calentamiento y el enfriamiento deben ejecutarse durante varios minutos, antes y después del ejercicio, respectivamente.

¿Cómo debe ser la nutrición del atleta? Es una cuestión que puede ser motivo de confusión para los padres, ya que hoy en día la nutrición de los deportistas es muy distinta de la que se recomendaba hace una generación. Hace años era habitual consumir dietas de gran contenido proteico como preparación, por ejemplo, para el gran partido a disputar, procurando comer menos unos días antes, y beber poco durante el partido (los resultados eran desastrosos, culminando incluso en la muerte súbita por deshidratación y colapso cardiovascular). Actualmente sabemos que los atletas pueden incrementar su resistencia haciendo una dieta rica en hidratos de carbono (azúcares) la noche antes del evento. Además de proteínas y grasas, provenientes de la carne y de la leche, dicha comida debe incluir hidratos de carbono suministrados por la pasta, pan y fruta. El mismo día del partido, el atleta puede ingerir una dieta de bajo contenido graso, fácilmente digerible, y hacerlo de tres a cinco horas antes de la competición. Los suplementos nutritivos son innecesarios para el atleta en buen estado de nutrición.

Asimismo, durante la competición deportiva, es esencial que los atletas tomen líquidos *antes* de sentir sed. Hay que tener en cuenta que un atleta puede perder hasta dos litros de líquidos corporales antes de que su cerebro comience a registrar «sed».

Como ejemplo de esta situación basta constatar que, en una hora de práctica, un nadador puede perder un litro y medio de fluidos, y aún más si la temperatura ambiente es elevada. Es, pues, necesario beber de manera preventiva abundantemente y a menudo si es posible, por ejemplo cada 15 minutos. Aquellos atletas que participan en varios eventos deportivos durante el día, también deben tomar líquidos una vez que han concluido cada actividad.

Prevención de lesiones deportivas

Obviamente, el deporte es más seguro y divertido si los practicantes adolescentes, sus padres y entrenadores toman unas mínimas precauciones (cuadro 3). No hay que perder de vista que incluso en la práctica deportiva realizada bajo las mejores circunstancias siempre pueden producirse lesiones. Se estima que un 40 % de los adolescentes varones y el 20 % de las chicas sufrirán una lesión anual, y que entre una cuarta parte y un tercio de esas lesiones son importantes. Veamos, a continuación, cuáles son las lesiones específicas o más habituales en algunos deportes.

El *fútbol*, sin duda, es el deporte más popular y relativamente seguro. La mayoría de las lesiones consisten en contusiones, distensiones o rupturas de ligamentos y músculos. Las fracturas son raras, así como la contusión cerebral, a pesar de la frecuencia de cabezazos.

Por el contrario, el *rugby* y el *fútbol americano* son mucho más peligrosos, siendo causa habitual de hospitalizaciones y de cirugía reparadora. No obstante, rara vez hay lesiones catastróficas de cabeza y cuello que incluyan daño de la médula espinal y la consecuente parálisis. La práctica de estos deportes requiere compactos equipos protectores.

En el *béisbol* son frecuentes las lesiones de hombro y codo, pero el problema más serio es el daño ocular, recomendándose protección de los ojos, especialmente para los adolescentes que tienen mala visión. También se recomienda aprender técnicas de deslizamiento para reducir lesiones en miembros inferiores y la posibilidad de fractura del tobillo.

La *gimnasia deportiva* presenta un gran riesgo de lesión, especialmente cuando aumenta el nivel competitivo del practicante (hasta un 40 % en un estudio). Las lesiones en su mayoría

CUADRO 3

Precauciones deportivas

- Enseñar las técnicas apropiadas.
- Esforzarse en seguir los reglamentos de seguridad.
- Hacer que la competencia sea equilibrada, agrupando a los participantes de un equipo por peso y talla (mejor que por edad).
- Evitar el entrenamiento excesivo, especialmente cuando hay dolor y sobreuso de músculos y articulaciones.
- Rehabilitar lesiones de manera completa y total antes de permitir el retorno al deporte.
- Brindar el equipo adecuado, supervisar las actividades y controlar el consumo medicamentoso.

ocurren en las piernas, especialmente en las rodillas, y los accidentes más devastadores se producen con el uso del trampolín. Lesiones de la columna cervical, incluyendo parálisis y muerte, han acontecido incluso a gimnastas bien entrenados y bajo supervisión.

Con respecto al *baloncesto*, las lesiones más habituales ocurren en las piernas, en particular en los tobillos, aunque también las hay oculares.

La práctica del *tenis* puede repercutir en lesiones de espalda y tobillo, tendinitis (inflamación de los tendones) de mano, muñeca, codo (el conocido y doloroso «codo de tenista») y tobillo. Son frecuentes en este deporte las lesiones por sobreuso de determinados músculos y articulaciones. Se recomienda equipo protector de los ojos.

En el *ciclismo* lo esencial es la utilización del casco protector. Lo mismo se recomienda para la *hípica*.

La *lucha libre* y *grecorromana* pueden producir lesiones tan importantes como el rugby, pero además tienen problemas propios como la afección de la piel conocida por *herpes gladiatorum*, y tendencia a presentarse casos de bulimia (consumo desenfrenado de alimentos, alternando con prácticas vomitivas) y situaciones de deshidratación para conseguir una categoría de peso que el joven considere óptima.

El *boxeo* es un deporte cuyo objetivo final es inducir al K.O. (*knock-out*), conmoción cerebral que a menudo deja secuelas permanentes (recientemente la Academia Americana de Pediatría [1995] ha declarado esta práctica deportiva totalmente contraindicada en la adolescencia).

Entre todos los deportes, la *natación* es el más seguro. Únicamente hay que resaltar el dolor de hombro que afecta al 80 % de los competidores en el estilo mariposa, mientras que los nadadores del estilo pecho sufren dolores de espalda y distensión de los ligamentos de la rodilla.

En conclusión, hay que advertir a todos los deportistas sobre la conveniencia de que cualquier lesión, por pequeña que fuere, sea vista por un médico. Aun cuando parezcan daños menores, el examen y recomendaciones subsiguientes pueden ayudar a evitar que la lesión se repita o que se desarrollen lesiones de sobreuso.

Tratamientos y situaciones de urgencia

No está de más recalcar que las lesiones de los deportistas deben atenderse con prontitud. Así, por ejemplo, en lesiones comunes, como es el esguince de tobillo, el examen debe realizarse de inmediato antes que la hinchazón oculte el daño. A veces se requerirá, también, el estudio radiológico.

El tratamiento de las lesiones de músculos y ligamentos precisa descanso del área afectada, aplicación de hielo (para disminuir el espasmo muscular y la salida de sangre), compresión (para controlar el edema local) y elevación del miembro lesionado (lo que disminuye la presión que ejercen los fluidos de los vasos lesionados llenando los tejidos y permite el drenaje del sistema linfático).

Una situación habitual es que los adolescentes lesionados deseen fervientemente volver al campo deportivo y se resistan a dejar que transcurra el tiempo requerido para la rehabilitación de una lesión. Debe enseñárseles que el período de rehabilitación es tan importante como la atención inmediata de la lesión. El adolescente tiene que saber esperar y comenzar, dos o tres días después de haberse lesionado, a practicar ejercicios graduales, previa aplicación de hielo durante unos 10 minutos. Los ejercicios que implican tolerancia de peso o presión sobre el miembro lastimado no deben iniciarse antes de que desaparezca el dolor. Las rodillas y los tobillos requieren soporte y protección por varios meses. Mientras tanto, el médico o el entrenador pueden sugerir ejercicios para recuperar la fuerza muscular perdida. En realidad, el grado de recuperación y rehabilitación dependerá del tipo de lesión, pero ningún adolescente debe ser readmitido a la práctica de su deporte antes de que la lesión haya sido completamente rehabilitada.

En los casos de *traumatismo craneal* no debe movilizarse el cuello del adolescente, que debe mantenerse en firme alineamiento hasta que se haya descartado la lesión de las vértebras cervicales y el riesgo de daño en la médula espinal. Las lesiones graves entran de lleno en el campo de la neurocirugía. Sin embargo, el cuadro clínico más frecuente es el de la *contusión cerebral*, que puede definirse como la consecuencia del choque del cerebro contra la cavidad craneana (por golpe directo o contragolpe). Los síntomas más comunes son: dolor de cabeza (inmediato o con un intervalo libre, que se agrava con la actividad), náuseas, vómitos, visión doble (diplopia), vértigo, amnesia postraumática y estado mental de confusión. Es necesario observar los cambios neurológicos en las siguientes 24 horas, y en caso de aparecer se impone la hospitalización inmediata. El paciente debe evitar el riesgo de repetir el trauma craneal al menos en dos semanas. No puede hacer deporte. Ocasionalmente, los problemas continúan con un síndrome poscontusión que consiste en dolores de cabeza (cefaleas) frecuentes, cambios de personalidad y dificultades de aprendizaje. Puede durar de dos meses a dos años, y se trata con analgésicos y rehabilitación. El pronóstico es excelente, salvo que los episodios se repitan (por ejemplo en el boxeo), en cuyo caso puede haber pérdida de memoria y daño cerebral.

El peligroso «golpe de calor»

Las reacciones corporales al calor excesivo también deben recibir atención inmediata. Los problemas van desde los calambres y el agotamiento por calor, hasta el peligro de muerte por un «golpe de calor» (*heat stroke*). Mientras que los calambres son contracciones dolorosas que ocurren en los deportistas conscientes y alertas, el agotamiento por calor, en cambio, se da en la persona que se siente débil, mareada, con escalofríos, náuseas y vómitos. La presencia de fiebre es común. En el golpe de calor, la fiebre es muy elevada (por encima de los 40 °C) y se acompaña de disminución o ausencia de la sudoración. Aparece un estado de colapso con confusión, junto con una marcada caída de la presión arterial, pérdida de la conciencia, y puede llegar el daño cerebral e incluso la muerte. El gran dilema es que no hay un límite claro entre estos síntomas, pudiendo ocurrir simultáneamente. Los problemas por calor excesivo ocurren, obviamente, en ambientes de temperatura elevada. La situación típica es la reacción al calor producido por el ejercicio, como ocurre, por ejemplo, en atletas y en reclutas militares que se someten a un esfuerzo excesivo en ambientes calurosos y húmedos. Para entender y prevenir estos desastres es importante familiarizar a los adolescentes y a sus entrenadores con la regulación de la temperatura corporal (cuadro 4).

Aproximadamente el 80 % de la energía liberada durante el ejercicio lo es en forma de calor. Durante el ejercicio físico, la temperatura rectal aumenta de forma lineal con el incremento del consumo de oxígeno, por ello los mecanismos de regulación de pérdida del calor son fundamentales. El coordinador general de la termorregulación está ubicado en el hipotálamo, en la profundidad del cerebro, y recibe la información de los termorreceptores de la piel y del interior del cuerpo. El calor corporal puede perderse mediante la radiación y, durante el ejercicio intenso, cerca de un litro de sangre que estaba almacenada en el bazo, puede desplazarse hacia la piel actuando así, el cuerpo, como un inmenso radiador. Pero cuando la temperatura ambiental es mayor que la temperatura de la piel, este mecanismo es incapaz de enfriar el cuerpo. En el caso de los deportistas, el principal mecanismo para disipar el calor es a través de la evaporación del sudor de la piel. Este proceso, no obstante, depende de determinadas variables: el clima, la humedad, el calor radiante del sol, la velocidad del viento, la temperatura ambiental y la vestimenta. Así, resulta que cualquier circunstancia que produzca reducción del flujo sanguíneo a la piel o altere la evaporación por sudor, disminuye la eficacia de la termorregulación y aumenta el riesgo de daño por calor excesivo. También el factor aislado más importante es la sudoración profusa que lleva a la deshidratación.

Aproximadamente el 10 % de los corredores que participan en competiciones sufren calambres o agotamiento por calor. En los meses de verano, por ejemplo, se aconseja correr antes de las 9 de la mañana y después de las 4 de la tarde. La *aclimatación insuficiente* produce aumento de la temperatura corporal, mayor fre-

CUADRO 4

Prevención de los trastornos por calor excesivo

- No correr en condiciones de tiempo muy caluroso y húmedo.
- Entrenamiento adecuado.
- Aclimatación suficiente.
- Ingestión libre de líquidos: el agua fría sigue siendo la mejor bebida de reemplazo; no obstante, beber soluciones de carbohidratos (bebidas azucaradas) durante el ejercicio prolongado puede mejorar el rendimiento en los deportistas que practican fútbol, hockey, rugby o tenis.
- Reconocer precozmente los síntomas de los problemas por calor excesivo.
- Uso de vestimenta adecuada, preferentemente de algodón.

cuencia cardíaca y marcada disminución de la capacidad de ejercicio. Los atletas con *falta de entrenamiento* son menos tolerantes al calor y les cuesta más tiempo aclimatarse. La *deshidratación*, de instauración progresiva, ocurre con el ejercicio prolongado, aunque el líquido sea reemplazado. La deshidratación disminuye la capacidad de termorregulación, la capacidad de trabajo, la fuerza muscular, la sudoración y produce inestabilidad en la circulación sanguínea. En los casos de *obesidad*, el flujo cardíaco se encuentra aún más disminuido, y el riesgo ocasionado por el calor se acrecienta.

Los corredores que han tenido algún *golpe de calor previo* están en situación de mayor riesgo. También algunos *medicamentos* interfieren en la termorregulación, como son los que aumentan la producción de calor (hormonas tiroideas, anfetaminas), los que disminuyen el mecanismo de la sed (haloperidol) o los que disminuyen la sudoración (antihistamínicos, anticolinérgicos, fenotiazinas, mensilato de bentropina). Por último, hay un mayor riesgo en determinadas *condiciones especiales*, como son: infecciones gastrointestinales, fiebre, diabetes insípida, insuficiencia cardíaca, desnutrición calórica, anorexia nerviosa y retraso mental.

Veamos a continuación algunos consejos terapéuticos. El tratamiento de los calambres musculares se hace con la ingestión de líquidos. El agua es suficiente; las tabletas de sal y azúcar deben evitarse (el azúcar, por ejemplo, retrasa el vaciamiento del estómago). El masaje del músculo y el reposo son útiles.

El agotamiento moderado puede ser tratado en el lugar en

que éste ocurre. Debe suspenderse el ejercicio e iniciarse rehidratación oral con agua helada (ingestión de uno o dos litros en un período de dos a cuatro horas). Para bajar la temperatura deben aplicarse bolsas de hielo en las zonas de los grandes vasos (cuello, axilas, ingles). Debe secarse la piel del atleta para lo cual se pueden usar ventiladores. Los adolescentes con agotamiento severo y golpe de calor deben tratarse con urgencia y ser trasladados al hospital de inmediato.

Uso de hormonas anabolizantes y otras drogas

Es de todos conocido el escándalo que se ha producido con la detección de atletas de reconocido prestigio y entre la élite de sus respectivas especialidades deportivas, que han resultado ser fervientes consumidores de sustancias hormonales anabolizantes con las que buscan hipertrofiar su musculatura y mejorar sus marcas.

También es bien conocida la capacidad de imitación de nuestros adolescentes. Así, muchos de los jovencitos imitan a sus ídolos atletas en sus buenos y malos hábitos... El resultado es que el uso de hormonas esteroides anabolizantes —prohibidas por el Comité Olímpico Internacional— está aumentando de forma alarmante entre los jóvenes deportistas. Si bien es cierto que estas sustancias biológicas producen un aumento de masa muscular y de fuerza física, el precio a pagar en términos de salud puede ser devastador. Entre otros daños, pueden causar lesión hepática, acné severo, masculinización en la mujer y atrofia testicular en el hombre. Además, estas hormonas pueden inducir a la hostilidad, agresividad, a los altibajos emocionales y, en ocasiones, a brotes psicóticos. Asimismo, en aquellos adolescentes que no han completado su crecimiento, puede detenerse el crecimiento óseo con la resultante estatura baja permanente.

El Comité Olímpico Internacional también ha prohibido el uso de estimulantes para combatir la fatiga física o mental de los atletas. Está bien demostrado que las anfetaminas y fármacos similares pueden dar lugar a irregularidades del ritmo cardíaco, presión arterial elevada, fiebre alta, problemas en el corazón y, desde el punto de vista psicológico, estados de ansiedad y depresión.

Todas estas sustancias pueden ser, actualmente, fácilmente

detectadas en análisis rutinarios de sangre o de orina, por todo lo cual, los jóvenes que las utilicen están expuestos al rápido descubrimiento y a la consiguiente descalificación deportiva. Capítulo aparte merece el uso de agentes antiinflamatorios para controlar el dolor, que están totalmente permitidos por los organismos olímpicos, pero que deben utilizarse con buen criterio. Así, por ejemplo, hay que evitar que se enmascare un dolor que puede ser un síntoma precioso de aviso de una lesión seria subyacente y que, de lo contrario, pasaría inadvertida. Es recomendable, pues, que ante la presencia de un dolor o molestia persistente, el joven deportista se someta a un minucioso examen físico a cargo de un profesional sanitario, en vez de intentar controlarlo con el uso de medicación analgésica y antiinflamatoria de manera prolongada.

Las enfermedades y los deportistas

Es de sentido común que no se debe practicar un deporte en pleno curso de una enfermedad febril aguda. De entre todas las enfermedades virales, la más preocupante es la *mononucleosis infecciosa*, debido a que se presenta con un agrandamiento del bazo (esplenomegalia), órgano que se encuentra en condiciones normales bien protegido por las costillas del lado izquierdo del cuerpo, pero que durante la fase aguda de la enfermedad se agranda y se hace extremadamente vulnerable. Deberán evitarse, pues, los deportes de contacto, por lo menos durante 4 a 6 semanas, ya que la ruptura del bazo puede ocurrir con un traumatismo menor y ser potencialmente fatal a causa de una hemorragia interna.

Con *hemofilia y otras enfermedades de la coagulación* también deben evitarse los deportes de contacto dado que los golpes y encontronazos darán lugar a las temidas hemartrosis (sangrado en el interior de una articulación) y, potencialmente, pueden conducir a la invalidez. Aquellos que sufren de una baja cifra de plaquetas (púrpura trombocitopénica u otras causas), corren además mayor riesgo de hemorragia cerebral, coma y muerte.

Aproximadamente el 80 % de las personas con *asma* y un 10 % de los que no la tienen, pueden sufrir episodios de sensación de dificultad respiratoria (por broncoconstricción, con sibilancias) durante la práctica deportiva. En términos de medicina del deporte, estos episodios se denominan «asma inducido por ejercicios». Sin embargo, no es razón para excluir a los asmáticos de la actividad deportiva. El uso de inhaladores apropiados (betaagonistas u otros medicamentos) de forma sistemática antes de cada práctica deportiva y el buen control general del asma, hacen que los deportes sean accesibles a la inmensa mayoría de los jóvenes asmáticos (¡entre los que hay auténticos campeones olímpicos!).

En el caso de la *diabetes*, el ejercicio es beneficioso ya que reduce la necesidad de insulina. Sin embargo, debe tenerse en cuenta que la combinación de actividad con una ingestión alimentaria insuficiente (por ejemplo, el adolescente va con prisas y «se salta una comida») puede dar lugar a hipoglucemias peligrosas.

Con las *enfermedades cardiovasculares* el riesgo es mucho menor que en los adultos, dado que la enfermedad coronaria es rarísima entre los adolescentes. En cambio son más frecuentes las cardiopatías congénitas, las inflamaciones del músculo cardíaco (miocarditis) y los trastornos del ritmo cardíaco (arritmias). Quede, por tanto, bien clara la obligatoriedad de que todo adolescente con enfermedad cardíaca sea explorado minuciosamente antes de practicar algún deporte. Uno de los hallazgos más comunes en el examen físico es la detección, por auscultación, de un *soplo cardíaco* que la mayoría de las veces resulta ser una variante de la normalidad (soplo o murmullo «inocente») y otras veces indica una anormalidad en una válvula cardíaca. En estas circunstancias el joven deberá recibir antibióticos en las intervenciones dentales para prevenir la endocarditis bacteriana y la afectación del corazón. Hay que tener en cuenta que el 5 % de la población puede presentar un «clic» a la auscultación que corresponde a una posición anormal de una válvula cardíaca («prolapso de la válvula mitral»). El diagnóstico se confirma por ecocardiografía. La mayoría de adolescentes con *prolapso de la válvula mitral* pueden participar en deportes sin restricción alguna.

La *hipertensión arterial* sólo puede diagnosticarse después de varias mediciones, ya que son frecuentes en los adolescentes las elevaciones transitorias de la tensión sanguínea; casi la mitad de los adolescentes así etiquetados tendrán presión normal en una medición subsiguiente. Si bien la presión arterial se eleva en el momento del ejercicio físico, si el adolescente tiene su hipertensión controlada, el ejercicio, a la larga, tendrá un efecto beneficioso. De tal manera que el deporte sólo debe ser desaconsejado en la hipertensión severa no controlada. El mayor riesgo está en la actividad isométrica, como es el levantar pesas, totalmente contraindicada en estas circunstancias.

La muerte súbita es un fenómeno extremadamente infrecuente pero trágico y dramático. El enorme dolor que engendra, a menudo se agrava por el sentimiento de culpa y ansiedad por la idea de que la muerte se hubiera podido prevenir. En realidad, en la mayoría de los casos no hay indicaciones previas.

Los *trastornos menstruales* del tipo de los ciclos irregulares (oligomenorrea) o ausentes (amenorrea) son cada vez más frecuentes entre las adolescentes atletas. La delgadez, con porcentaje bajo de grasa corporal, parece ser un factor determinante. La amenorrea persistente causa osteoporosis y fracturas; por esta razón, toda adolescente participante a nivel competitivo debe recibir atención de su estado nutritivo, costumbres alimentarias y ciclo menstrual con anterioridad y a lo largo de su carrera deportiva.

Psicología del deporte

Como afirmaba uno de los pioneros de la investigación psicológica del deporte español, José María Cagigal, en 1974: «Psicología del deporte es psicología del hombre que hace deporte.» Con ello quería decir que, por encima de todo, no se olvidara nunca la dimensión humana del deportista.

Es natural que la competición deportiva conlleve una presión para la persona que interviene en ella. Presión por dar lo mejor de sí mismo, presión para ser un contribuyente importante en el equipo, presión para ganar, etc. Un cierto grado de presión y estrés puede ser beneficioso para el rendimiento deportivo. En dosis pequeñas y manejables puede ayudar al adolescente a aprender a conquistar metas en la vida deportiva y en la vida personal. Sin embargo, si el estrés es excesivo o crónico puede acabar afectando a la salud mental y física (por ejemplo, aumenta el riesgo de lesión deportiva).

Cuando el estrés se convierte en un problema, el adolescente, sus padres, el entrenador y el médico deben tratar de aclarar la causa. ¿Proviene de un deseo exagerado y no realista de complacer a los padres o al entrenador? ¿Proviene del miedo irracional al fracaso o a la derrota? ¿Proviene de que el deporte se encuentra estrechamente asociado a la autoestima? ¿A la comparación constante con sus compañeros?...

Una vez determinada la causa es preciso actuar con prontitud; el estrés asociado al deporte debe recibir la misma atención que las lesiones físicas. Un adulto imparcial puede ayudar al joven a comprender las razones de su estrés y apoyarlo en el desarrollo de perspectivas más sanas y racionales acerca de la práctica deportiva. Algunas escuelas y centros deportivos saben ayudar a los adolescentes con programas de relajación y ejercicios de manejo del estrés. La meta es que los jóvenes se transformen en atletas más sanos y en personas más felices.

La experiencia nos demuestra que hay básicamente tres puntos de conflictividad familiar que aconsejan la intervención del profesional para orientar a los padres y al hijo adolescente sobre el mejor camino a seguir. La primera situación se plantea cuando el hijo quiere dejar el deporte porque le aburre y hay una excesiva expectativa e ilusión por el deporte en los padres (especialmente en los casos en que los progenitores han sido, por su parte, muy deportistas). Un segundo punto conflictivo es la situación diametralmente contraria a la anterior, cuando el hijo adolescente quiere dejar los estudios para dedicarse enteramente al deporte, con la consiguiente desesperación de los padres que no logran convencerle de la conveniencia de continuar los estudios. Y por último, la tercera situación se da cuando la compaginación del deporte y los estudios, ante la falta de tiempo o de recursos intelectuales del joven, aboca al fracaso escolar.

La psicología del deporte propiamente dicha empezó a actuar como disciplina científica en 1945, al finalizar la segunda guerra mundial, aunque el espaldarazo oficial no se produjo hasta 1965, cuando se celebró en Roma el I Congreso Mundial de Psicología del Deporte. No obstante, los antecedentes del estudio psicológico de los atletas nos llevan a la importante figura del psicólogo norteamericano Coleman Griffith, que ya en el año 1918 empezó a realizar observaciones informales sobre las características de la personalidad de los jugadores de fútbol americano y de baloncesto, que culminaron en 1923 con el primer curso que realizó en la Universidad de Illinois bajo el lema *Psychology of Athletics*.

En la actualidad, la demanda de «rendimiento máximo» a la

que se ve sometido el atleta de élite obliga al psicólogo a una mayor especialización, a aumentar los recursos aplicados y a una aproximación interdisciplinar de su trabajo profesional.

Ganar o no ser nada

En esta sociedad hedonista de ganadores y triunfadores en que nos ha tocado vivir, en donde se premia únicamente al que descuella y se desprecia —cuando no se destruye— al que pierde, es lógico que los adolescentes tengan una peculiar idea de lo que representa el éxito deportivo. Viene a cuento aquí el dilema entre «tener» o «ser» en que se mueve el actual ciudadano occidental.

Antaño, los modelos sociales que encandilaban a nuestros jóvenes eran, fundamentalmente, los cantantes de moda y las estrellas del cine. Ahora, desde el advenimiento arrollador del deporte espectáculo, se llevan la palma los divos deportistas. Ellos, la mayoría en plena adolescencia, con sus 14 o 18 años, han alcanzado la cima de la popularidad dentro de su especialidad deportiva: tenis, fútbol, etc. Estos campeones, que prácticamente acaban de desprenderse del regazo paterno, tienen que enfrentarse con la situación tremendamente estresante de asumir la cuantiosa cuota de fama que la afición les brinda (y que los medios de comunicación se encargan de amplificar). Muchos de ellos, con su inexperiencia juvenil a cuestas o poca preparación cultural previa, no aciertan a absorber y metabolizar adecuadamente las alabanzas que les otorgan sus incondicionales, llegando a creer en su omnipotencia (que suele estar avalada por una saneada cuenta bancaria), y terminan —tarde o temprano— sucumbiendo a sus propias debilidades (drogadicción incluida). No hace falta comentar el triste ejemplo que pueden dar a sus jóvenes seguidores.

Un tratado de medicina deportiva reproducía estas sagaces palabras de Jean-Jacques Rousseau: «La naturaleza quiere que los niños sean niños antes de ser hombres. Si nosotros pretendemos invertir este orden no produciremos más que frutos verdes sin jugo ni fuerza.»

El triunfo, pues, a una edad prematura tiene sus riesgos. Hoy día el jugador de fútbol, por ejemplo, es una estrella social y cada futbolista de élite acude a los entrenamientos rodeado de

132 Guía práctica de la salud y psicología del adolescente

una multitud de personas: asesores legales y de imagen, preparadores y periodistas, además de otras gentes ajenas al mundo del deporte pero expertas en marketing que quieren vender al divo deportista el coche de moda o un chalet con piscina, amén de proponerle inversiones en negocios o contratar su imagen para una campaña publicitaria. Así, poco a poco, el deportista famoso se convierte en su propia factoría de riqueza (recuérdese que fue Diego Armando Maradona quien inició esta actividad con su agencia Maradona Productions).

Lo lamentable es que a menudo son los propios padres los que abundan en la absurda máxima de «ganar o no ser nada», cuando lo primero que preguntamos a nuestro hijo que regresa de un partido de fútbol en la escuela es el consabido: «¿Has ganado?», en vez de inquirir sobre otras cosas como, por ejemplo: «¿Has progresado?» o «¿has mejorado tu técnica?».

En relación a los medios de comunicación y a la televisión en particular, ante el sofisticado trucaje social y frente a la filosofía de la apariencia, el adolescente desarrolla la actitud del pasivo espectador. Situado cara a cara con la obsesiva competitividad y la gloria del vencedor, o se integra en el pelotón de los que compiten por la victoria o se protege de ellos convirtiéndose en espectador que ve jugar a los demás. Cuando un adolescente deja de tener la capacidad de servirse de un objeto (en este caso, el televisor) para ser su servidor, pasa de ser consumidor a «ser consumido». Y esto es lo que sucede a una parte considerable de nuestros adolescentes. La mentalidad espectáculo, el «divertirse hasta morir» que diría Neil Postman, forma parte de las imágenes de nuestra cultura.

El natural talante del adolescente no responde ni coincide con la obsesiva competitividad. El adolescente, en realidad, se encuentra más cercano a un modelo de ciudadano «competente» que «competitivo». Y en esta línea hemos de actuar. Nuestro adolescente tiene que entender que la auténtica demanda social no radica en ser el mejor, sino en hacerlo lo mejor posible.

Violencia en el deporte y medios de comunicación

Todos estamos de acuerdo en que el fenómeno de la violencia ha aumentado —o al menos es más evidente— en nuestra sociedad. Se habla de una mayor violencia en la práctica deportiva (por ejemplo, la identificación de un tipo de fútbol «destructivo») y en los espectadores de las competiciones con una determinada forma de manifestar sus emociones (*hooligans, tiffosi,* etc.). Cierto que la propia actitud de un deportista puede incitar a la violencia en las gradas o que puede haberse caldeado previamente el ambiente de los seguidores de determinado equipo a causa de las agresivas declaraciones del entrenador o del presidente del club (aquí sí que influye la forma de transmitir la noticia por parte de los medios de comunicación). Puede tratarse, por ejemplo, de la provocación violenta de un grupo «ultra» (las denominadas tribus juveniles deportivas o grupos eversivos) que termine en una batalla campal en el estadio. La cuestión es preocupante y los sociólogos, conjuntamente con las fuerzas de seguridad, intentan encontrar remedios para desactivar estas tendencias violentas en el mundo del deporte. Es lamentable incluso que en alguna pequeña competición de ámbito escolar sea preciso recurrir a la policía o a la Cruz Roja para que se hagan cargo de unos padres enzarzados en una violenta pelea por las decisiones del árbitro de la competición en que participan sus hijos. ¡Triste papel el de estos padres a quienes se supone educadores!

¿En qué medida son responsables los medios de comunicación de generar violencia deportiva? Aunque haya numerosos profesionales del periodismo esforzados en la transmisión veraz de las noticias, procurando mitigar la carga agresiva de las mismas e intentando no exaltar los ánimos del público, es notorio que en determinados ambientes periodísticos las noticias son manipuladas y contaminadas para conseguir precisas respuestas y reacciones de aquellos a los que van dirigidas.

Como apunta el catedrático de Pedagogía Social de la Universidad de Barcelona, Antonio Petrus, «la sofisticada cultura de la imagen, psicológicamente, actúa más sobre la emotividad que sobre la racionalidad de las personas». Por ello precisamente cobra especial importancia en los sectores de población más proclives a una influencia afectiva, como es el caso de la adolescencia. Cuando se afirma que «la imagen es el gran factor del cambio cultural y social», se están insistiendo en que los adolescentes y la población más joven está cambiando bajo influencias o modelos derivados más de la imagen que del mundo de las ideas o valores. En todo caso, los valores y las ideas tienen en la imagen el más eficaz recurso de difusión.

Según las teorías del aprendizaje social, la agresividad se aprende y está sometida a los principios de todo aprendizaje. Asimismo, la observación de los beneficios que pueda suponer una acción agresiva refuerza el aprendizaje de las formas violentas. La violencia sería, en este sentido, el resultado de una serie de conductas aprendidas. En otras palabras: los medios de comunicación son generadores de violencia en la medida que transmiten y legitiman multitud de mensajes agresivos. Y aquí se incluye la extensa gama de mensajes de violencia deportiva que llegan a nuestros adolescentes y que tienen, en numerosos casos, mucha más importancia que la misma educación. De tal manera que si «la educación es lo que recibimos de nuestros padres cuando piensan que no nos educan», según el agudo Umberto Eco, hemos de admitir que la imagen es tan eficaz educadora como cualquiera de nuestros maestros.

VII

Salud genital y reproductiva

El ser humano, hombre o mujer, no *son* un
sexo, *tienen* un sexo del que son responsables.

FERNANDO ESCARDÓ

¡Ya tengo la regla!

El fenómeno que separa a las adolescentes de las niñas, al menos desde su propia perspectiva, es la aparición de la menstruación. Se trata de una vivencia totalmente nueva y llena de significado. Muchas adolescentes no saben qué esperan, ignoran cuáles son las manifestaciones menstruales normales y cuáles son patológicas y, al mismo tiempo, son remisas a hacer preguntas al respecto. El resultado es que los mitos e interpretaciones incorrectas de lo que les sucede son comunes. Empecemos, pues, por conocer el ciclo menstrual normal.

El promedio de edad de la *menarquia* (término médico con el que se designa la aparición de la primera menstruación) está en torno a los 12 años y medio, con unas posibilidades de variación que oscilan entre los 9 y los 16 años. La menarquia acostumbra a tener lugar dos años después de iniciarse el desarrollo mamario y al año del estirón puberal. Para ilustrar cuán diferentes —pero igualmente normales— pueden ser dos niñas al encarar esta situación menstrual, pondremos como ejemplo a Carmen y Rosa, dos niñas de 14 años. Carmen tuvo su menarquia dos meses antes de cumplir los 12 años. A los 11 años creció muchísimo y aumentó 10 kg. Rosa todavía no tiene la regla. Creció y aumentó de peso mucho menos que Carmen. Mientras Rosa está preocupada pensando que nunca va a desarrollarse ni a menstruar,

Carmen padece de gran ansiedad creyendo que va a seguir creciendo y ganando peso. La verdad de esta historia es que ambas niñas son sanas y normales. Lo que sucede es que Carmen simplemente fue púber antes que Rosa, pero ambas, a la postre, llegarán al mismo resultado, un ciclo menstrual y una estatura adulta normal, cuando tengan 15 o 16 años.

Es interesante saber que las primeras reglas suelen ser anovulatorias (es decir, que ocurren a pesar de que los ovarios no liberan un óvulo en la trompa de Falopio). Las hormonas sexuales se producen en el ovario aun en ausencia de la ovulación, y dichas hormonas actúan sobre el endometrio (la superficie carnosa que cubre el interior del útero) produciendo un incremento de su grosor: el endometrio se prepara para una posible concepción. Si no hay embarazo, se desprenderán pedazos del endometrio que serán expulsados por la vagina, y se manifestará en forma de leves manchas de sangre o como sangrado intenso y prolongado. La ovulación habitualmente comienza dentro del año de producirse la menarquia, pero no se dará todos los meses hasta uno o dos años después, que es cuando los ciclos menstruales se harán más predecibles.

Una buena costumbre es que las adolescentes aprendan a evaluar su propia regla, para lo cual es muy útil anotarla en un calendario. El ciclo se mide desde el primer día del período al primer día del siguiente. La duración oscila entre los 21 y 45 días, pero para cada persona en particular la longitud del ciclo menstrual tiende a ser constante. Cuando Rosa comenzó a menstruar, tres meses después de cumplir los 15 años, sus ciclos duraron un promedio de 30 días. Para Carmen, cada ciclo era de 24 días.

El flujo menstrual normal dura de dos a siete días (no debe durar más de 8 a 10 días), siendo más pronunciado en los dos primeros días. La pérdida de sangre en total es de 30 a 40 ml, el equivalente a dos o tres cucharadas de sangre, que impregna unos 15 tampones o compresas. Pero la cantidad parece mucho mayor, debido a que la sangre viene mezclada con trozos de endometrio y secreciones vaginales acompañantes.

Una de las preguntas más comunes que se hacen las adolescentes es si deben usar tampones o compresas. Las compresas son seguras y protectoras pero pueden resultar incómodas, especialmente durante días calurosos o durante el ejercicio físico y la actividad deportiva. Los tampones, usados de manera correcta, son seguros pero puede haber un riesgo —mínimo— de infección. Por esta razón, es recomendable que la jovencita tome las siguientes precauciones: lavarse las manos antes de colocarse el tampón; cambiar el tampón como mínimo cada cuatro o seis horas; usar una compresa durante la noche para evitar dejar colocado el tampón por un tiempo prolongado, y, por supuesto, acordarse de sacar el último tampón en seguida que termine la regla.

Los preocupantes trastornos de la menstruación

Todo un mundo de vivencias gira alrededor de la regla. Las adolescentes pueden sentirse agobiadas por el dolor que la acompaña (dismenorrea), asustadas por la magnitud de la pérdida (sangrado uterino) o ansiosas por su ausencia o desaparición (amenorrea).

La menstruación dolorosa, la *dismenorrea*, es el problema ginecológico más común durante la adolescencia. Se estima que le ocurre al 50 % de las adolescentes y es la causa primordial de ausencias escolares y laborales. Afortunadamente, una serie de medicamentos pueden aliviar o prevenir este dolor. La dismenorrea puede ser clasificada como primaria o secundaria, y esta distinción tiene gran importancia en el tratamiento. Así, la *dismenorrea primaria* se refiere a que no hay anormalidad en los genitales, y es la forma más habitual durante la adolescencia. Su síntoma principal es un dolor del tipo de un calambre en el bajo vientre, que comienza un poco antes o simultáneamente con la presentación de la regla. El dolor puede irradiar hacia la espalda, las nalgas, el recto o las piernas. Algunas jovencitas también sienten náuseas, vomitan, tienen diarrea, cansancio y dolor de cabeza. Los dos primeros días son los peores. Es común que las chicas no tengan reglas dolorosas durante el primer o segundo año después de la menarquia, y que luego, de repente, haga aparición la dismenorrea. Esto es debido a que el dolor se manifiesta en los ciclos ovulatorios (cuando el ovario produce óvulos), los cuales no están presentes durante los primeros ciclos menstruales (habitualmente anovulatorios). De tal manera que cuando la ovulación empieza a ser regular, los episodios de dismenorrea suelen agravarse. La causa de esta dismenorrea primaria es la presencia de ácidos grasos que se producen en el útero durante la menstruación, y estas sustancias químicas —denominadas prostaglandinas— estimulan la musculatura y los vasos uterinos, que pasan a contraerse y provocan el dolor.

Cuando los dolores se hacen cada vez más severos y progresivos, puede tratarse de una *dismenorrea secundaria*, es decir que puede haber una anomalía. El médico que lo sospeche hará un examen ginecológico y probablemente solicitará la práctica de una exploración simple e indolora: ecografía por ultrasonidos (la misma que comúnmente se realiza para controlar el desarrollo del feto en los embarazos). Según el resultado, el médico puede solicitar una laparoscopia: breve intervención quirúrgica que consiste en una mínima incisión abdominal, bajo anestesia general, para introducir un tubo con visión iluminada y observar directamente los órganos internos. La causa más común de dismenorrea secundaria es la denominada endometriosis. En su origen está una migración de las células del endometrio del útero hacia lugares inesperados, como los ovarios, las trompas de Falopio, la pared de los intestinos o la vejiga, en donde toman el aspecto de «quistes de chocolate», que irritan los tejidos de alrededor durante la menstruación. La endometriosis puede ser causa de dolor durante el coito (dispaurenia) y de infertilidad. Habitualmente se puede controlar con píldoras anticonceptivas u otras hormonas. Otras causas de dismenorrea secundaria durante la adolescencia son las malformaciones del útero, los quistes en el ovario y la enfermedad inflamatoria pelviana producida por infecciones transmitidas por vía sexual.

Cuando hay sangrado vaginal importante o prolongado que tiene origen en el útero se le denomina *sangrado uterino disfuncional* (SUD), y hay dos términos médicos más: *menorragia*, aumento de la cantidad o de la duración del flujo menstrual que adquiere carácter de hemorragia, y *metrorragia*, que es la hemorragia por el útero pero fuera del período menstrual. Habitualmente este voluminoso sangrado ocurre durante los ciclos anovulatorios y por tanto es más común durante la adolescencia temprana (de los 10 a los 13 años). A veces, de manera espectacular e impresionante para la chica, la menarquia puede tener las características de un torrencial sangrado uterino. La adolescente, que está tratando de adaptarse a su menstruación, se asusta mucho. Sin embargo, algunas chicas no se dan cuenta de la gravedad del sangrado y no lo revelan, bien por ignorancia, vergüenza, miedo al examen ginecológico o por sentimiento de culpa (por ejemplo, un coito previo), hasta llegar a un extremo de anemia intensa y de enfermedad seria. Hay que tener en cuenta que este sangrado puede ser una complicación de un embarazo secreto o la manifestación de una enfermedad venérea (por ejemplo, cervicitis). Otras causas pueden ser el ovario poliquístico, enfermedad tiroidea, anomalías de la coagulación sanguínea, etc. Obviamente, la consulta médica es obligada.

¿Qué pasa cuando no hay regla?

La *amenorrea* es la ausencia de menstruación. ¡Preocupante situación para la mayoría de adolescentes! La amenorrea también se divide en primaria y secundaria, pero con un sentido totalmente distinto del que se usa en el caso de la dismenorrea, tal como vimos en el apartado anterior.

Amenorrea primaria únicamente significa que nunca hubo un período menstrual. Y ¿cuándo debe preocupar esta demora en la menarquia? En tres situaciones: cuando la chica aún no ha desarrollado sus características sexuales secundarias (pechos y vello pubiano) a los 14 años de edad; cuando, a pesar de haber experimentado un desarrollo normal, no ha tenido su menarquia a los 16 años, o si no ha menstruado dos años después de haber completado su maduración sexual.

La *amenorrea secundaria* se refiere a que se perdió la regla una vez ya establecido el ciclo. ¿Cuándo debe preocupar la desaparición de la menstruación? De entrada, hay que saber que los períodos menstruales al comienzo de la adolescencia suelen ser irregulares y no se estabilizan hasta el primer o el segundo año. Así que únicamente a los 18 meses de la menarquia, la ausencia de menstruación por tres meses consecutivos debe preocupar, y si el lapso es de seis meses, debe hacerlo seriamente.

El primer interrogante que debe plantearse es la posibilidad de estar embarazada. El test del embarazo nunca está de más, ya que es conocida la tendencia a la negación de este hecho en las jovencitas (aunque a veces estén plenamente convencidas de que no lo están, porque al principio de la gestación puede darse un sangrado intermitente que ellas malinterpreten como signo de menstruaciones repetidas). Por supuesto que también es posible el embarazo en casos de amenorrea primaria, cuando se da la mala fortuna de que la chica ovula y queda embarazada sin tener la oportunidad de tener la menarquia, que se hubiese dado de no haber sido fecundado el óvulo.

Una vez que se excluye la posibilidad de embarazo, ha de

considerarse la historia familiar. Las madres con menarquia tardía a menudo tienen hijas que repiten el fenómeno (factores genéticos). La causa más común de amenorrea es precisamente la inmadurez del sistema hipotálamo-hipofisario que dirige los cambios hormonales que ponen a punto la pubertad. Otras situaciones que conducen a la amenorrea secundaria son los casos de regímenes dietéticos llevados con la máxima severidad, el ejercicio físico practicado en grado extremo y la temible anorexia nerviosa. También es posible que la amenorrea sea inducida por enfermedades crónicas, tales como la diabetes y las enfermedades tiroideas. Asimismo, pacientes con ovarios poliquísticos pueden, a veces, alternar menstruaciones profusas con amenorrea prolongada. Es muy raro que las chicas con amenorrea primaria presenten anomalías congénitas de sus órganos reproductores, ovarios o útero. Una causa dramática de amenorrea primaria es el himen imperforado (es decir, el repliegue membranoso situado entre la vulva y la entrada de la vagina, que habitualmente está perforado y que luego se abre más con las relaciones sexuales, y que en este caso no tiene abertura). Y en esta situación la acumulación del flujo menstrual, que no tiene por donde salir, causa dolor y la aparición de un bulto en esta región. Una simple incisión de cirugía menor corrige la alarmante situación.

La amenorrea en sí misma no es peligrosa ni produce síntomas, aunque sí tiene sus consecuencias. Así, por ejemplo, el mayor riesgo de la amenorrea prolongada es la osteoporosis o debilitamiento óseo, con las consiguientes fracturas, y también en algunos casos, especialmente cuando hay sobrepeso, una mayor predisposición al cáncer de endometrio (mucosa que recubre las paredes de la cavidad del útero) en la edad adulta. El tratamiento hormonal corrige la mayoría de amenorreas.

Preocupación por el desarrollo de los pechos

Nuestro catedrático de Pediatría de la Universidad de Barcelona, Manuel Cruz Hernández, no se cansaba de insistir en la importancia del minucioso examen pediátrico de los incipientes senos de las niñas, si queremos prevenir sus malformaciones futuras y deseamos evitar impedimentos a la deseable lactancia natural.

Es conocido que el primer signo evidente de que se inicia la pubertad es la aparición del botón mamario que dará lugar a las mamas de la mujer adulta. Y esto ocurre entre los 8 y 13 años, poco antes del estirón puberal.

Nadie duda de que el desarrollo mamario marca un hito en la vida de la joven. Su reacción al espectacular cambio anatómico dependerá de su personalidad y estilo. Así, podrá estar contenta y sentirse atractiva, o experimentar una cierta vergüenza y ocultar sus pechos adoptando una posición encorvada. Es frecuente que las chicas noten que los varones comienzan a mirarlas (y según en qué latitudes, a piropearlas) y eso les produce mucha ansiedad. En estas situaciones, es habitual que las adolescentes adopten la actitud de pasar inadvertidas ante el desarrollo mamario, obligándose al andar a una posición en cifosis dorsal (curvatura anormal de la columna vertebral), con los hombros llevados hacia adelante y que puede conducir a una cifosis consolidada en la edad adulta. Otras se preocupan por anomalías reales o imaginarias de sus senos y no es inusual el temor al cáncer de mama (prácticamente inexistente a esa edad). Por todo lo cual, es importante que la adolescente tenga posibilidad de comunicarse y pueda expresar sus preocupaciones.

Los pechos se desarrollan de acuerdo con los estadios de Tanner (véase figura 2, p. 55) y la asimetría es la norma, especialmente durante la etapa de crecimiento mamario rápido. Los trastornos mamarios más habituales durante la adolescencia consisten en el dolor mamario (mastalgia), las anomalías de forma, como el tamaño gigante, los bultos (tumores) sospechosos y las descargas por el pezón.

El dolor de los pechos se aprecia varios días antes de la menstruación. Se puede controlar utilizando durante el día un sostén con base firme y una sujeción similar durante la noche. En casos más severos, la medicación antiinflamatoria u hormonal cumple su objetivo. Es importante que la jovencita sepa que la mastalgia, aunque sea molesta y aparezca reiteradamente, es inofensiva.

Las anomalías anatómicas de las mamas y del pezón, como puede ser la ausencia de estas estructuras, son corregibles con cirugía plástica, una vez que se ha completado la pubertad. Hay casos en que se presenta un exceso de mamas (polimastia) y pezones (politelia) a lo largo de una línea imaginaria que va desde la axila, descendiendo hasta la parte superior del abdomen (es un rudimento anatómico, recordatorio de la situación de las ma-

mas de las hembras de los animales mamíferos), también susceptible de corrección quirúrgica. Como también lo es el mejora-
miento de los pechos de tamaño descomunal (macromastia), que
incluso pueden producir complicaciones locales como un dolor
de espalda persistente, pero, sobre todo, inducir a bromas crueles, que pueden originar un repliegue de las jóvenes sobre sí
mismas, con aislamiento social y cuadro depresivo. En caso de
decidir el uso de la cirugía reparadora, debe también esperarse a
que se complete el crecimiento mamario.

¿Qué hacer ante la aparición de un bulto en el pecho? En
primer lugar, no angustiarse. La inmensa mayoría de los *tumores
mamarios* de la adolescente son inocuos y desaparecen por sí solos, sin tratamiento alguno (no está de más, si el bulto persiste
más de un mes, consultar al médico). El cáncer de mama es casi
inexistente a esta edad, y las dos causas más comunes de masas
tumorales, los quistes mamarios y el fibroadenoma, no constituyen una amenaza para la salud.

Las descargas de líquido por el pezón pueden ser lácteas,
sanguinolentas o purulentas (con pus). El término médico para
la secreción de leche en ausencia de embarazo previo es *galactorrea*. A veces se acompaña de ausencia de menstruación, en
cuyo caso debe ser más preocupante. Hay que saber que es normal secretar leche después de un aborto espontáneo o durante el
uso de píldoras anticonceptivas. La galactorrea se debe a niveles
elevados de la hormona prolactina en el cuerpo, que habitualmente son consecuencia de una estimulación excesiva del pezón
y de algunas medicaciones psiquiátricas, y muy raramente se
deben a un tumor en la glándula hipófisis. La secreción sangui-
nolenta puede ser por una pequeña tumoración (papiloma) en
el interior de los conductos mamarios, y la purulenta por una
infección (mastitis) que se vierte en los canalículos recolectores
de leche, lo cual es más común en la mamá adolescente que
está dando el pecho.

La inquietante exploración ginecológica

Inquietante para la jovencita que desconoce de qué va este tipo
de examen médico y le llena de ansiedad la expectativa de que
alguien vaya a hurgar en sus órganos genitales. La realidad es
que se trata de una exploración totalmente inocua y rutinaria.

Pero lo importante es saber explicárselo a la adolescente y para ello los padres han de estar bien informados.

¿Cuándo debe hacerse el primer examen ginecológico? La exploración interna de la vagina, del útero y de los ovarios está indicada en las adolescentes con historial de coito o sospecha de actividad sexual, y en las que presentan pérdidas vaginales, dolor en la pelvis, dismenorrea grave o sangrado menstrual excesivo. Si no existe ninguna de estas indicaciones, el primer examen rutinario debe hacerse entre los 18 y 21 años de edad.

Muchas adolescentes (y sus familias) temen el examen ginecológico por miedo a «perder la virginidad» (temor ése que, a veces, impide también el uso del tampón durante las reglas). Obviamente, las pacientes no pierden el virgo, porque el himen es elástico y el profesional utiliza finos y delicados instrumentos (como, por ejemplo, los espéculos virginales). A todo esto, hay que tener en cuenta que hay niñas que nacen sin himen o con himen parcial, o con variadas formas (semilunar, anular, dentado, en herradura, etc.), y que aquél puede haberse roto por un traumatismo en el bajo vientre o un ejercicio excesivamente violento, o, claro está, por un coito que se mantiene en secreto. Se comprenderá, pues, que con tantas posibilidades a menudo es difícil para el médico asegurar con total certeza si una chica es virgen o ha tenido relaciones sexuales completas.

Es muy conveniente que la adolescente conozca de antemano cómo va a ser la exploración que le van a practicar. Se le explicará que tendrá que acostarse en una camilla ginecológica, con sus rodillas separadas y sus pies en unos estribos. Si el médico es varón, estará presente, habitualmente, una enfermera. El profesional usará guantes de látex y primero examinará los genitales externos. A continuación colocará con suavidad un instrumento de plástico o metal en la vagina: el famoso espéculo. Éste se abre lentamente como el pico de un pato, para permitir la visualización de las paredes vaginales y el cuello del útero. El médico procede entonces a la toma de muestras con un fino instrumento llamado hisopo, que no produce dolor alguno. El material de las muestras es enviado al laboratorio para descartar infecciones (por ejemplo, gonorrea) y realizar la prueba rutinaria de Papanicolau para la detección precoz de células cancerosas o precancerosas. Después de quitar el espéculo de la vagina, el médico colocará uno o dos dedos enguantados en la vagina y apoyará la otra mano sobre el abdomen, para poder palpar el tamaño y consistencia del útero y los ovarios. Algunos médicos completan el examen ginecológico con una exploración del recto, introduciendo un dedo enguantado por el ano, para sentir la cara posterior del útero. Ocasionalmente hay niñas que se oponen a la exploración interna vaginal pero aceptan el examen rectal, y en caso de ser delgadas con esta exploración es suficiente.

Muchas adolescentes y adultas sienten vergüenza o temen el dolor. Habitualmente la anticipación del hecho es peor que la realidad, ya que si bien la posición es incómoda, el examen no duele. Algunas adolescentes necesitan ver y saber lo que está pasando durante la exploración, y esto puede lograrse colocándolas en posición semisentada y mediante el uso de un espejo.

La adolescente sexualmente activa debe someterse a una exploración ginecológica dos veces por año como mínimo, especialmente si hay cambio de pareja, para que el profesional pueda tomar muestras y practicar los análisis pertinentes. En caso de que la chica presente algún síntoma que se aparte de la normalidad, debe acudir más a menudo al médico.

Problemas de ser varón. ¿Cómo tengo el pene? ¡Me crecen los pechos!

Los aspectos andrológicos referentes a la sexualidad, sin tener la amplitud de la temática ginecológica, no deben relegarse de los exámenes médicos rutinarios. La exploración de los órganos reproductores y del desarrollo sexual es de obligado cumplimiento en la visita médica de los chicos. Asimismo, es útil que los jóvenes conozcan la terminología y las características de su anatomía sexual, tales como los testículos, el pene, la uretra, la próstata, el epidídimo y las vesículas seminales, que pueden encontrar en cualquier tratado de ciencias naturales.

¿Cómo está el pene? Esta pregunta universal tiene más que ver con el autoconcepto del adolescente y sus inseguridades personales que con la realidad anatómica de esta porción corporal. Desde el punto de vista médico, los temas a tratar son: la balanitis, la fimosis y parafimosis, el hipospadias, la uretritis, la hematospermia, el priapismo y la circuncisión.

La *balanitis* es la inflamación del glande del pene. Es más habitual entre los chicos que tienen prepucio, el repliegue de piel que cubre el glande (o sea que no han sido circuncidados: supresión quirúrgica del colgajo de piel del prepucio), y en especial entre los que tienen fimosis. Puede ser causada por irritación local, infección o malos hábitos higiénicos. Se manifiesta con picor (prurito), ardor, hinchazón y enrojecimiento del glande. Debe indicársele al joven la necesidad de una correcta limpieza de la zona y que evite el uso de productos espermicidas, preservativos de látex o lubricantes, si se les identifica como la causa. El tratamiento médico es a base de cremas, o también quirúrgico, con la circuncisión, si se repiten mucho las balanitis.

Pasemos a la *fimosis* y veamos cómo se genera. Durante los primeros años de vida, el prepucio no puede retraerse para exponer el glande. Al llegar a la edad escolar, el 90 % de los niños ya pueden exponer el glande. Cuando la retracción del prepucio es difícil, el adolescente debe deslizarlo suavemente hacia atrás, preferentemente cuando se está bañando. A veces, el prepucio puede estar adherido al glande con tal firmeza que no sea posible desplazarlo: ese estado se denomina fimosis. Con el tiempo puede causar molestias al orinar y al practicar el coito. La sencilla técnica quirúrgica de la circuncisión soluciona el problema. Otra cuestión es la *parafimosis*, que es cuando se puede retraer el prepucio pero luego no es posible volver a colocarlo sobre el glande. Y esta situación produce dolor y se hincha el glande (por edema, acumulación excesiva de líquidos). Se puede corregir aplicando paños fríos y lubricantes, pero es recomendable la circuncisión para evitar nuevos sustos.

El *hipospadias* es un defecto de nacimiento del pene. El conducto de la uretra no desemboca en la punta del glande, sino a medio camino, por debajo del glande, y éste, además, acostumbra a estar curvado. Las formas severas de hipospadias se corrigen quirúrgicamente durante la infancia, pero las formas leves, a menudo, no se descubren hasta la pubertad, cuando la erección se produce, sorprendentemente, ¡con curva!

La *uretritis*, inflamación de la uretra, se manifiesta por salida de pus (descarga purulenta) y dolor al orinar (disuria). Es siempre debida a enfermedad transmitida sexualmente (ETS) y requiere tratamiento antibiótico. La *hematospermia*, aparición de sangre en el semen, a pesar de la alarma inicial, es un fenómeno benigno en la mayoría de los casos. Ocasionalmente puede ser manifestación de inflamación de la próstata (prostatitis) en un adolescente que, además, tendrá urgencia para orinar, disuria, dificultad para vaciar la vejiga, dolor en la pelvis y fiebre. En este caso requiere tratamiento antibiótico. El *priapismo* es una erección totalmente involuntaria, persistente y dolorosa. Puede darse como respuesta a sustancias medicamentosas y tóxicas, o a otras causas, y precisa siempre de atención médica.

La práctica de la circuncisión, habitual en las religiones judía y musulmana, así como en gran parte de la población norteamericana, no presenta razones médicas para su realización rutinaria, aunque aporta ciertos beneficios, como una reducción en el riesgo de infecciones urinarias en el varón y probablemente un menor riesgo de cáncer de cuello del útero (cáncer cervical) en la pareja.

Dejando ya el pene, nos queda un problema que puede revestir para algunos gran severidad: el varón con pechos de mujer. Esta situación se llama *ginecomastia* puberal y afecta al 60 % de los adolescentes varones. Aunque de entrada produce un mayúsculo susto, desaparece espontáneamente en la mayoría de los casos con el progreso de la maduración sexual. El crecimiento del tejido mamario ocurre habitualmente entre los estadios 2 y 3 de Tanner (véase figura 1, p. 54). No hay que confundir esta situación con los abultados pechos de los adolescentes obesos (pseudoginecomastia). También hay que tener en cuenta que una serie de medicamentos pueden estimular la ginecomastia, como es el caso de los antidepresivos, la cortisona y la insulina, así como narcóticos, anfetaminas y marihuana. Asimismo puede ser debida a un trastorno genético (síndrome de Klinefelter) o a enfermedades de la glándula tiroides. Sin embargo, el varón sano, sin síntomas asociados, que está transitando por la pubertad, no necesita atención especial alguna: sólo paciencia y comprensión. Claro está que algún que otro adolescente puede estar muy preocupado por esta situación, bien porque es víctima de bromas, o porque tiene fantasías de que se volverá homosexual o que se está transformando en mujer. La explicación médica tranquilizadora se impone y, en los casos en que persiste intensamente la preocupación, puede ofrecerse la solución estética con la corrección quirúrgica.

Las vicisitudes de los testículos

Centrémonos ahora en los testículos y veamos sus vicisitudes. Un fenómeno muy doloroso, por ejemplo, es la *torsión testicular*. Se trata de una torsión del cordón espermático que sostiene el testículo dentro del escroto (la bolsa que contiene los testículos). Comienza bruscamente con un dolor muy severo, a veces insoportable, en un lado del escroto, que en algunos casos se extiende al abdomen. Al poco rato, el escroto se volverá rojizo y se hinchará. La torsión requiere una urgencia quirúrgica, porque se interrumpe la circulación de la sangre al testículo y éste quedaría inutilizado si no se restableciera el flujo obstruido dentro de un plazo de seis horas de iniciado el cuadro (ningún testículo sobrevive a las 24 horas de torsión). Esta situación de torsión testicular es más común en la adolescencia que en ninguna otra etapa de la vida, probablemente debido a que en esa edad se combinan el crecimiento testicular rápido con actividades físicas muy intensas. La mayoría de adolescentes que han padecido una torsión testicular tienen una anomalía en la posición de los testículos desde el nacimiento y suele presentarse en los dos, por lo tanto es conveniente que el cirujano fije también el otro testículo. A veces hay pequeños avisos: el testículo se tuerce en forma intermitente causando breves episodios de intenso dolor.

Cuando el dolor y la hinchazón del escroto se acompaña de fiebre, hay que pensar en una inflamación de los testículos y del epidídimo (conjunto de conductos seminíferos enrollados en la parte superior de cada testículo, que luego continúan con el conducto deferente o espermático). Los términos médicos son, respectivamente: *orquitis* y *epididimitis*. Las causas van desde la parotiditis a las enfermedades de transmisión sexual (ETS), en cuyo caso requieren tratamiento antibiótico intenso.

Los *traumatismos testiculares* son frecuentes en las prácticas deportivas y pueden ir desde una simple contusión hasta una ruptura del testículo. En este último caso, el escroto se llenará de sangre y creará una urgencia quirúrgica. ¡No debe aplicarse hielo al escroto!, porque disminuiría la circulación y aumentaría el dolor.

Las venas varicosas del escroto, *varicocele*, suelen aparecer en la pubertad y predominan en el lado izquierdo, recordando la apariencia de «una bolsa de gusanos». Suelen ser inocuas, pero ocasionalmente son causa de infertilidad por aumentar la temperatura del testículo. Se recomienda la ligadura quirúrgica cuando causan dolor, cuando hay disminución en el tamaño del testículo o cuando hay, en el adulto, una disminución en la producción de espermatozoides.

El *hidrocele* es una acumulación de líquido entre las membranas que recubren el testículo. Habitualmente no crea molestias, aunque algunos jóvenes pueden quejarse de «pesadez» en el escroto, pero no requiere tratamiento. El *espermatocele* consiste en pequeños quistes que contienen esperma, y que aparecen por encima y detrás del testículo, donde se encuentra el epidídimo, y tampoco requiere tratamiento. En el caso de las *hernias inguinales*, se trata de la introducción de órganos del interior del abdomen —habitualmente el intestino— en el escroto, por la ruptura de una zona débil de la musculatura abdominal. El área de hinchazón aumenta cuando aumenta la presión dentro del abdomen: tos, risa, defecación, etc. Habitualmente no duele, pero se corre el riesgo de que la porción de intestino quede atrapado dentro del escroto y la hernia se «estrangule» (con el peligro de gangrena intestinal). Por tal motivo, lo prudente es planear la cirugía con tiempo y evitar situaciones de emergencia.

La falta de un testículo en el escroto se denomina *criptorquidia*. Sucede en uno de cada cien varones y debe corregirse en la niñez, antes de la pubertad, ya que el testículo que no ha descendido a la bolsa escrotal puede atrofiarse si sigue dentro del abdomen (por la excesiva temperatura intracorporal) y también porque puede favorecer una tendencia al cáncer testicular. Habitualmente no hay síntomas, y el testículo solitario que hay en el escroto aumenta su producción de esperma y testosterona de manera compensatoria. En el caso de que los dos testículos no hayan descendido (criptorquidia bilateral) puede retrasarse la aparición de la pubertad. No hay que demorar el tratamiento médico o quirúrgico.

Por último, nos queda el temido *cáncer de testículo*, que es una masa dura que raramente produce síntomas en su estado inicial, y por ser muy agresivo se extiende rápidamente, salvo que se trate también agresivamente. El pronóstico está determinado por el tipo de células tumorales y la extensión anatómica del cáncer. El tipo más común es el seminoma, con un 95 % de curación si se encuentra limitado al testículo. El cáncer de testículo es raro, pero su incidencia es mayor en los adolescentes y adultos jóvenes que en el resto de la población.

VIII

Vivir con el sexo

Hasta pasada la pubertad el comportamiento
sexual no tomará forma definitiva.

ANNA FREUD

Dimensión antropológica de la sexualidad

Cuando se estudian los aspectos biológicos de la persona y su comportamiento como miembro de una sociedad (esta ciencia se llama antropología) salta a la vista el énfasis que ponen ahora numerosos investigadores en hacer resaltar únicamente la vertiente física o corporal de la sexualidad, descuidando su componente psíquico o anímico.

Sin embargo, cuando se profundiza en el estudio de estas cuestiones, uno se encuentra, en el ecosistema de la sexualidad humana y en el claro ejemplo de la emergente sexualidad del adolescente, que el componente espiritual, «la capacidad de autotrascendencia —en palabras del intelectual y actual presidente de la República Checa, Vaclav Havel—, es uno de los tres apoyos del trípode sobre el que se asienta la estabilidad emocional no solamente del individuo sino también de la sociedad. Las otras dos columnas son la dimensión psicosocial y el componente biológico». Así, resulta que el reduccionismo científico, tan en boga, no es más que el intento circense de que el trípode se mantenga en equilibrio con sólo un apoyo: el biológico. Y ya estamos ante la cotidiana situación de la sexualidad reducida a la genitalidad, lo que hace que el catedrático Jacinto Choza, autor de *Antropología de la sexualidad*, defina irónicamente al ser humano como «una realidad unitaria que consta de pene y portapene».

Ciertos condicionantes cientificoculturales han promovido que en el reducido espacio temporal de treinta años se hayan producido dos revoluciones sexuales (la segunda todavía en curso), que han cambiado los comportamientos humanos más que cualquier otra revolución conocida. La primera revolución sexual es la de los años sesenta, con el desarrollo de la farmacología contraceptiva (la popular *pilule*) que, de hecho, divide la sexualidad en dos campos. Por un lado está la capacidad de engendrar, y por otro, la capacidad de gozar del placer sexual. Esto, en definitiva, supone un punto de partida nuevo en la historia de la sexualidad y de la cultura de los comportamientos. Y si enlazamos con los modernos descubrimientos en fecundación artificial, tiene pleno sentido la frase acuñada por el catedrático de psicopatología Aquilino Polaino-Lorente: «Del sexo sin procreación a la procreación sin sexo.»

La segunda se inicia, como bien muestra el famoso Janus Report (*Sexual Behavior in the Human Male*, 1993), en los años ochenta, y supone la aceptación paulatina y el reconocimiento social y oficial de comportamientos sexuales que habían sido catalogados como desviados desde tiempo inmemorial. Así, por ejemplo, hay que señalar que en 1974, la American Psychiatric Association cambió su definición de homosexualidad como trastorno mental, considerándolo a partir de entonces como un tipo de expresión sexual. El proceso culmina en enero de 1993, cuando la Organización Mundial de la Salud (OMS) la excluye de su lista de enfermedades.

Nos queda señalar que en la antropología cristiana de la sexualidad, como expone Javier Gafo, profesor de Teología Moral y catedrático de Bioética, destacan los siguientes puntos: la sexualidad humana es mucho más que su mero significado procreador; la sexualidad humana no es un elemento marginal del ·ser, sino que es una dimensión constitutiva de la persona; la sexualidad es una dimensión humana a través de la cual la persona entra en relación con los otros seres humanos. Y esto nos lleva a una afirmación básica: no es lo mismo sexualidad que genitalidad; ya que ésta es el aspecto de la sexualidad que hace referencia a los órganos genitales y al comportamiento sexual explícito, mientras que la sexualidad es la dimensión de apertura de un ser que se siente proyectado hacia los otros y necesita de ellos para su propio desarrollo personal. Tal vez lo importante sea saber qué lugar ocupa la sexualidad en nuestras vidas de sujetos inteligentes.

Cuando el sexo despierta

El despertar de la sexualidad abarca fenómenos biológicos complejos, al mismo tiempo que involucra emociones, comunicación y conceptos acerca de nosotros mismos y los demás.

Los adolescentes aprenden acerca de la sexualidad desde su primera infancia. Siendo lactantes, tienen sensaciones al tocarse, por la manera de ser acariciados, abrazados, besados y acunados. Es la gran vivencia de la intimidad. De niños, incorporan los mensajes verbales y no verbales (gestos, mímica, tono de voz, etcétera) de sus padres y los adultos que los rodean, observando atentamente sus interacciones, sus expresiones de afecto y sus actitudes sexuales (véase *Guía práctica de la salud y psicología del niño*). Durante la adolescencia prestan gran atención a las manifestaciones de erotismo en la televisión, las películas, la música y los anuncios comerciales. Es legítimo asegurar que el adolescente contemporáneo está bombardeado por fuertes presiones en dirección de la iniciación sexual, al mismo tiempo que está confundido acerca de sus propios cambios corporales y emocionales.

El joven flirtea con el floreciente sexo, con el propio y con el ajeno, aunque sea del mismo sexo. Se presentan enamoramientos de personas mayores (las jovencitas se enamoran de sus profesores y los jovencitos de las estrellas de cine y de las *top models*). Los enamoramientos de adultos, en general, no tienen significado erótico y son temporales. La posibilidad de seducción y abuso sólo será motivo de preocupación cuando la persona mayor se quiera aprovechar de la admiración del adolescente.

Es bien conocida la gran importancia que cobra el aspecto físico y los jovencitos de ambos sexos se pasan horas delante del espejo del lavabo. Pueden verse feos y presentar una dismorfestesia (sentimiento o complejo de deformidad), o bien pánico a volverse deformes (dismorfofobia). Asimismo, las chicas, especialmente, son conscientes de la atracción y atención que dispensa la gente (y los padres) a su cuerpo exuberante. Es sabido que muchas madres toman prestados los vestidos de su hija adolescente o se los prueban en su ausencia, intentando de esta forma compararse y, al mismo tiempo, competir en aspectos juveniles. Incluso hay algunas madres que presentan actitudes de celos (que se denominan contraedipianas), que pueden implicar conductas hostiles de la madre respecto a la hija en relación al interés que despierta —o cree que despierta— en el padre.

Durante la adolescencia son frecuentes los enamoramientos fogosos y apasionados, pero efímeros, como los amores de verano que acaban en septiembre... Pero, aunque breves, también pueden ser muy «íntimos», porque es durante las vacaciones de verano cuando acontecen las primeras relaciones sexuales en un buen número de adolescentes (en una reciente encuesta en los Estados Unidos se demuestra que el 60 % de los jóvenes tienen relaciones sexuales por primera vez durante sus vacaciones).

Devaneos y amoríos entre adolescentes los ha habido en todas las épocas. En las postrimerías del siglo XVI la Julieta de Shakespeare tenía trece años cuando sus furtivos romances con Romeo. Y su madre le habla del matrimonio, señalando que «más jóvenes que tú son ya madres; en cuanto a mí, fui tu madre cuando aún no tenía tu edad, y tú todavía eres doncella». No hemos de escandalizarnos de que la naturaleza disponga el cuerpo de nuestros adolescentes para que sean capaces de sentir el apetito sexual. Años atrás, la maternidad temprana era algo habitual que no preocupaba a nadie.

Por citar algunas cifras, sepan que cada año en Francia nacen 3 000 niños de madres menores de 16 años. En los Estados Unidos hay un millón de embarazos por año de jóvenes entre 15 y 19 años, o sea que una adolescente de cada diez queda embarazada anualmente (la máxima frecuencia de embarazos se sitúa a los 15-16 años, representando un 55 % del total). También es frecuente la maternidad de niñas de 12 y 13 años en Asia, América del Sur y África. Y siempre el embarazo en la etapa adolescente es clasificado, bajo un punto de vista sanitario, de alto riesgo (véase más adelante).

Los impresionantes cambios corporales

Ya mencionamos los cambios hormonales y físicos de la pubertad, apuntando los fenómenos visibles externos como son, por ejemplo, la aparición de los pechos y el ensanche de la cadera en las niñas, o el cambio de la voz y el desarrollo muscular en los varones. Los cambios internos, menos visibles, son también motivo de inquietud y especulación entre la población adolescente y, a menudo, expresan fantasías de daño e infertilidad. Los chicos se preocupan por sus testículos, debido a que uno de ellos suele ser más grande y colgar más que el otro, ignorando que dicha asimetría es completamente normal. En general, desconocen su propia biología. Así, necesitan saber que los testículos producen millones de espermatozoides, que son llevados en el líquido seminal que segregan las vesículas seminales. Durante la pubertad temprana, el despertar sexual es acompañado de erecciones y eyaculaciones nocturnas. La eyaculación ocurre con frecuencia acompañando sueños con contenido erótico o la autoestimulación. Estas emisiones nocturnas suelen aparecer al año o a los dos años de los primeros cambios puberales, a la edad promedio de 13 años (entre 10 y 15 años). Muchos jovencitos especulan acerca de la relación entre el orinar y el eyacular, posiblemente porque la orina y el semen pasan por el mismo conducto, la uretra. Y hay que tranquilizarles diciéndoles que no es posible orinar y eyacular al mismo tiempo, porque una válvula detiene el flujo urinario antes de la eyaculación. Otra preocupación habitual es el tamaño del pene, que es objeto de frecuentes comparaciones en los vestuarios colectivos (y cuya diferencia de un adolescente a otro es mucho menos marcada en el momento de la erección). Estas y otras ideas similares pueden constituir obsesiones secretas, ansiedad y trastornos emocionales, probablemente acentuadas por el hecho de que la emergente sexualidad del varón está muy centrada en sus genitales y con frecuencia esta situación es vivida como algo ajeno a su control.

Por el contrario, el despertar sexual de la niña es un fenómeno más difuso, con sus órganos genitales más ocultos, con vivencias erógenas o sensuales más extendidas a nivel corporal y de aparición más gradual y menos impetuosa. Los primeros cambios puberales, a menudo, ya se notan en las niñas de 8 a 9 años de edad, con el crecimiento mamario, seguido de la aparición del vello pubiano, incremento de la grasa corporal, aparición de un flujo vaginal claro (debido al aumento hormonal de estrógenos), y el proceso culmina con la aparición de la primera menstruación (menarquia). La mayoría de las niñas tienen una imagen confusa de lo que son sus genitales, y es frecuente que adopten actitudes negativas hacia ellos, así como hacia la menstruación. En conjunto, las fantasías sexuales de las chicas suelen tener contenidos menos genitales que las de los chicos, y habitualmente presentan características más románticas, valorizando más los aspectos de relación.

Con el despertar de la sexualidad, en ambos sexos surgen una serie de preguntas específicas relacionadas con esa nueva realidad corporal y espiritual. Los interrogantes más habituales se refieren a la masturbación, a lo que sucede durante el coito, en qué consiste un orgasmo, y a las temidas disfunciones sexuales que ellos creen haber tenido o que realmente han experimentado. Y los profesionales de la salud están precisamente para eso, para aclarar esas dudas.

¿Información o experimentación sexual?

Ya lo advertía Jean-Jacques Rousseau en 1762, cuando publicó la revolucionaria obra pedagógica *Emilio o de la educación*, criticando duramente a los padres que se despreocupaban de la educación sexual de sus hijos, alegando que «es secreto de gente casada»; porque, según él, quien recibe semejante respuesta, «molesto por el tono despreciativo, no se dará punto de reposo hasta haber descubierto el secreto de la gente casada».

Para entender la actitud sexual de un joven debemos tener un planteamiento sistémico de la educación sexual. Así, por ejemplo, consideremos la actitud negativa hacia la sexualidad de una persona determinada. Esta actitud se genera en un sistema compuesto por la familia, la escuela y la sociedad. Para empezar, la familia, que acostumbra a ser erotofóbica (es decir, con rechazo hacia el conjunto de tendencias e impulsos sexuales de sus miembros), transmite al hijo una actitud sexual negativa. En ello es secundada por la escuela, que también acostumbra a ser erotofóbica, actuando por omisión, por ambigüedad o por miedo. Y nos queda la sociedad, que en este caso sí que es erotofílica, por la instrumentalización que hace del sexo con fines comerciales y, en consecuencia, también emite una actitud sexual adulterada. Y así ya tenemos completado el circuito sistémico.

Nadie niega hoy día la necesidad de la educación sexual. Pero el modo de entenderla depende de la idea antropológica que tenga cada uno. No es lo mismo, por ejemplo, una educación sexual dirigida exclusivamente a la promoción del llamado «sexo seguro», que la que se imparte dentro de un contexto de aprecio por la castidad. En este mismo libro, uno de los autores (Paulino Castells) recomienda el documento ofrecido por el Consejo Pontificio para la Familia, que orienta a los padres y los anima a que asuman el papel principal en la educación sexual de los hijos: *Sexualidad humana: verdad y significado*, Roma, 1995; mientras que el otro autor (Tomás J. Silber) auxilia a aquellos padres que se sienten más cercanos al pensamiento secular-humanista, mediante la información en las publicaciones del SIECUS. Barbara Hatcher, la presidenta de dicha agrupación, define una relación sexual moral con las siguientes cinco características: consensual; sin explotación (o sea que un miembro de la pareja no tenga poder sobre el otro), honesta, placentera para los dos, y protegida (de embarazo no deseado y de enfermedades de transmisión sexual). Si se tiene en cuenta la aplicación de estas normas, es de total evidencia que los adolescentes tempranos y medios (es decir, desde los 10 a los 16 años, aproximadamente) no poseen la madurez suficiente para mantener relaciones eróticas que incluyan el coito (si bien ciertamente están en condiciones de experimentar pasión e intercambiar miradas, besos y caricias). De hecho, la mayoría de ellos no han tenido relaciones sexuales y en muchos casos, cuando han tenido, han sido el resultado de presiones de una persona varios años mayor, de falta de control y de alteraciones en la familia.

En todos los casos de relación interpersonal la comunicación es esencial; las parejas de adolescentes tardíos (de 17 a 19 años) y jóvenes adultos deben hablar claramente de sus valores espirituales y de los límites eróticos que desean establecer en su relación. Es fundamental que los jóvenes aprendan a respetar lo que gusta o no gusta a su pareja.

Cuando se informa sobre sexualidad, tanto en el hogar como en la escuela o en los medios de comunicación social, es necesario evitar banalizarla o trivializarla, descolgándola del contexto general de la afectividad que debe impregnar esta sublime actividad de relación entre los humanos. No hay que reducirla ni a un simple proceso biológico ni a una mera enumeración de posibilidades anticonceptivas. Esto deben saberlo los adolescentes (y ser parte de nuestro diálogo con ellos), además de estar informados puntualmente de los métodos y técnicas de contracepción y de prevención de las enfermedades de transmisión sexual (véase más adelante).

Educación sexual frente a trivialización del sexo

¿Debe la escuela informar y educar sexualmente a los alumnos? Hay opiniones para todos los gustos. Y también países pioneros en impartir educación sexual en las aulas, como es el caso de Alemania, que ya en 1926 permitía a los colegiales de Berlín presenciar la película *Falsche Scham* (*Falsa vergüenza*), que los instruía detalladamente de todo lo referente a la concepción.

Ciertamente, la educación sexual presenta desafíos pedagógicos, ya que en una misma aula las situaciones personales son siempre diversas, y a una misma edad de los alumnos no corresponde necesariamente igual desarrollo emocional y capacidad de comprensión. Además, lo que preocupa a muchos padres es bajo qué condiciones y con qué criterios se eligen a los «educadores de la sexualidad», ya que, obviamente, el problema no reside en la educación sexual en sí, sino en quién la imparte, y de su actitud en relación con su propia sexualidad y con la sexualidad ajena.

En realidad, la influencia de la educación sexual sobre los jóvenes es mínima, si consideramos que nuestros adolescentes son bombardeados hasta extremos insospechados con un lujurioso sexo, bien sea a través de revistas especializadas, pornografía televisiva, vallas publicitarias, anuncios en periódicos, telefonía erótica (líneas calientes o *partyline*), vídeos, temas de rock duro, *sex-shops*, etc. Dice el profesor de la Universidad de Nueva York, Neil Postman, que la televisión «mantiene a toda la población en un estado de excitación sexual alto y además promete un tipo de igualdad de satisfacción sexual para todos los telespectadores, independientemente de su edad».

La sociedad de consumo promociona entre los jóvenes el concepto de «sexo recreacional» (*fun sex*), es decir, el sexo como mero divertimiento, y también el «sexo sin culpabilidad» (*sex without guilt*), como sinónimo de una conquista humana a favor de la liberación sexual de este fin de siglo.

El filósofo José Antonio Marina, en un reciente artículo de prensa, exponía la siguiente anécdota: «Hace unos días, una amiga francesa me comentaba su irritación cuando su hijo, al que había animado a liberarse de tabúes, le dijo que quería ser *hardeur*, actor de porno duro, "para cepillarse a las conejitas". Lo que más la irritaba a ella era no saber por qué la decisión de su hijo la irritaba. Si las relaciones sexuales son un acontecimiento trivial, ¿por qué la molestaba que lo hiciera por dinero?» Cuando consideramos que algo es intrascendente, su lógica devalúa todo lo que toca. En la actualidad son abundantes las noticias sobre casos de pederastia, prostitución infantil, redes de proxenitismo, pornografía en Internet o cibersexo, etc. ¿Por qué vamos a escandalizarnos por el turismo sexual o por los actos de pederastas si la relación sexual es un simple intercambio de estremecimientos agradables? ¿Qué hacemos? ¿Trivializamos la sexualidad y cuanto la rodea? ¿La trascendentalizamos? ¿Carecemos de una visión coherente de la sexualidad? Y, así, a ratos nos parece un pasatiempo intrascendente, y a ratos una realidad trascendente...

Quizá sin proponérnoslo, en aras de una libertad sexual que consideramos una conquista social, estamos promoviendo que los adolescentes se inicien precozmente en la actividad sexual. «Luego, una vez bien estimulados y bien liberados para no reprimir, ni siquiera controlar, sus impulsos —como advierte acertadamente el catedrático de Pediatría José Aryemí—, les impartimos unas únicas recomendaciones para evitar enfermedades de transmisión sexual y embarazos no deseados.» La educación sexual de la población juvenil ciertamente debe alcanzar objetivos de más altura, contemplando la condición humana en toda su dimensión, sin caer en la trivialización del sexo.

Nosotros nos hacemos eco de la declaración que hizo el Comité sobre Embarazo Adolescente del estado de Nueva Jersey de Estados Unidos en 1988: «La sexualidad es una parte integral de nuestras vidas desde el nacimiento hasta la muerte. Para los adolescentes, el hacerse cargo de su emergente sexualidad es parte del proceso natural de transformación en adulto. La sexualidad debe ser considerada dentro del contexto del desarrollo humano, no como un secreto a ser guardado por el silencio adulto. Las opiniones y las percepciones acerca de los roles del adolescente y del adulto deben basarse en el respeto mutuo y ser examinadas dentro del contexto de las realidades y expectativas sociales. El tema crucial es la calidad de vida para todos los niños y adolescentes, la proposición de que ellos alcancen su potencial y que cuando el camino sea duro, recibirán apoyo y ayuda.»

La masturbación

Con la irrupción de hormonas sexuales recorriendo todo el cuerpo de los púberes, se incrementa la situación placentera de los varones y de las chicas al tocarse los genitales. Y la masturbación calma las pulsiones sexuales de muchos jóvenes (en el idioma alemán, a la masturbación se la llama *selbst befriedigung*, que significa autopacificación).

Desde el punto de vista puramente médico, no hay evidencia alguna de que la masturbación produzca daño corporal. Según el endocrinólogo argentino Pedro Eliseo Esteves, experto en adolescentes y autor del interesante libro *Te acompaño a crecer*, la autoestimulación genital es mucho más intensa y frecuente en los jóvenes coincidiendo con el máximo estirón del crecimiento. Precisamente esta edad, entre los 13 y los 15 años, es el período de mayor cambio físico en los varones, después del cual la masturbación disminuye notablemente. Si bien este fenómeno es extremadamente frecuente, muchos adolescentes, también sanos, no sienten necesidad de hacerlo o lo rechazan conscientemente por diversos motivos, entre ellos el religioso (los hábitos de continencia sexual que preconizan determinadas religiones, estando en cabeza la Iglesia católica, merecen el mayor respeto y consideración).

Este placer sexual solitario tiene significados diferentes según cada persona, su tradición familiar, edad y circunstancia vital, por lo que es difícil generalizar y dar respuestas válidas para todos, nos advierte el doctor Esteves. En la temprana adolescencia está motivada por la curiosidad de disfrutar un placer intenso, hasta entonces casi desconocido. Más adelante puede ser vivida como una descarga de ansiedad o de tensiones. Ante la imposibilidad de tener contactos sexuales reales, estos momentos permiten al adolescente fantasear con su futuro papel sexual. Si más allá de esta edad no termina de «pacificar» a quienes la practican, es precisamente porque no se logra ese «compartir intimidades», que hace del placer un generador de alegría de vivir.

Según este autor argentino, la actitud docente frente a la masturbación sería la de reconocerla como fuente de un intenso placer, de un «gustito», que está en el camino, en la vía hacia un placer más completo y que satisface más a los seres humanos, al poder compartirlo, como expresión del amor que se brindan. Se debería dar a los adolescentes preocupados la posibilidad de hablar personalmente acerca del tema con un adulto de su confianza, ya que verbalizar los temores o las culpas puede aliviar notablemente la ansiedad. Para los adolescentes con conciencia de falta grave según su religión, no debe dudarse en derivarlos a un sacerdote o pastor que conozca en profundidad la psicología y el lenguaje juvenil.

La masturbación, pues, puede ser considerada como una manera normal de descubrir —a nivel privado— los impulsos sexuales y no tiene por qué ser una fuente de temor sin fundamento. No hay que descalificar al adolescente que se masturba, tachándole de falto de voluntad o de fracasado, ni tampoco hay que banalizar el placer, haciendo propaganda de la autoestimación sexual. Da que pensar que en la historia del arte erótico se encuentren innumerables obras que representan relaciones sexuales y que sean casi desconocidas las referidas al autoerotismo.

En el grupo singular de los adolescentes con retraso mental, la masturbación puede presentarse inocentemente de una manera pública, requiriendo entonces una paciente educación al respecto (véanse los apartados dedicados al joven deficiente mental del capítulo IX). También una mención aparte merece la masturbación compulsiva (la realizada de una manera imperiosa, irrefrenable, con una gran carga de ansiedad), que debe diferenciarse de la masturbación aislada, aunque sea frecuente, ya que responde a una razón de ser simplemente placentera. La masturbación compulsiva (aunque de por sí inofensiva para el organismo) puede ser un síntoma que acompaña a determinados trastornos psicoemocionales que precisan de tratamiento específico.

Las primeras relaciones sexuales

Una pregunta que se hacen tanto los padres como los adolescentes es: ¿a qué edad es normal tener relaciones sexuales? Este interrogante muchas veces lleva implícitas preocupaciones provenientes del doble rasero con que se miden las relaciones de cada uno de los sexos. Así, se desea que la niña no tenga experiencia sexual antes de su casamiento, condenando las relaciones sexuales premaritales, al mismo tiempo que se aguarda con inquietud que el varón se estrene y tenga su experiencia sexual, y así demuestre «que es hombre». Esta demostración de virilidad llega al extremo de que en muchas tradiciones el rito de iniciación del joven ha sido la visita al prostíbulo, a veces invitado por el propio padre...

Volviendo a la pregunta con que iniciábamos este apartado, veremos que se han dado una serie de respuestas relacionadas con diversos parámetros, como son los valores espirituales, principios religiosos, filosofías de vida, información científica y psicosocial. Por tales razones, es común encontrar en nuestros días respuestas bien diferenciadas, como los conceptos de castidad y pureza, con la relación sexual sólo admisible en el vínculo matrimonial y con la finalidad de la reproducción, según la visión católica, por una parte, y la noción de la sexualidad como expresión de erotismo, admisible en una pareja que la ejerce en forma responsable y consensual, con la finalidad de compartir placer y establecer un nivel íntimo de comunicación, como sostienen los partidarios del secularismo humanista.

Ciertamente, es misión de los padres compartir sus creencias con los hijos, facilitar la educación sexual, guiar con el ejemplo y tratar de entender a los vástagos. Asimismo, si a juicio de los padres el hijo o la hija adolescentes se encuentran en situación de riesgo (en lo que respecta a sus posibles actividades sexuales), deben acceder a una consulta profesional. Por su parte, los hijos deben establecer su propia escala de valores y explorar el mundo con la mente abierta.

En otros apartados nos ocuparemos del embarazo adolescente, de las enfermedades sexualmente transmisibles y del sida (véase el capítulo X). Estos peligros, por supuesto, colorean con tonos siniestros todo enfoque de la sexualidad humana. Es por ello importante definir ésta desde un punto de vista amplio y comprensivo.

Sarrel y Sarrel, un matrimonio constituido por un ginecólogo y una trabajadora social, estudiosos de la vida sexual de los adolescentes universitarios, tratando de entender el proceso de iniciación sexual llegaron a la conclusión de que para que resulte una experiencia positiva deben cumplirse una serie de requisitos. Así, analizando sus hallazgos clínicos, describieron un proceso de desarrollo sexual que se inicia en el momento en que el púber toma conciencia de que es un ser sexuado y sexual y, al vivir sus cambios corporales, construye una imagen corporal relativamente libre de distorsión. Durante los años de la adolescencia deberá llegar a una ausencia de conflicto o confusión acerca de su orientación sexual y aprender a incorporar lo afectivo como elemento enriquecedor del vínculo íntimo-erótico. Hacia el fin de la adolescencia se alcanzará una progresiva satisfacción con la propia sexualidad, libre de trastornos, en la que puedan incluirse opciones como el celibato, así como asumir responsabilidades hacia uno mismo, la pareja y la sociedad en el ejercicio de la sexualidad. Finalmente el proceso se completa con la transformación y corte de los lazos libidinales con los padres y el reconocimiento de lo que le resulta eróticamente placentero o desagradable. En conclusión, es importante que los jóvenes, antes de comenzar su vida sexual, idealmente puedan reconocer el valor de la sexualidad en la vida de los seres humanos, superando sentimientos de culpa, vergüenza o dificultades surgidos en la infancia.

En encuestas similares realizadas a adolescentes de Nueva Zelanda y de Barcelona la edad media de la primera relación sexual es de 16 años. Parece ser que, cuanto más precoz es la primera relación, mayor es el riesgo de que la chica lo lamente después. Así, más de la mitad de las adolescentes que tuvieron su primera experiencia sexual a los 16 años suscribe que «hubiera debido esperar más», y el porcentaje sube al 69 % en las que tuvieron entre los 14 y 15 años. Por el contrario, el porcentaje de chicos que lamentan haberse iniciado demasiado pronto es bajo, independientemente de la edad. Las encuestas revelan que hombres y mujeres tienen percepciones muy distintas sobre la primera relación. Como observa la doctora catalana Rosa Ros, experta en sexología: «En una relación sexual las mujeres ponen mucho más que la libido [deseo sexual] y en general mucho más que los hombres.»

Coito, orgasmo y disfunciones

Los adolescentes tienen una gran curiosidad y sienten una gran ansiedad acerca de los sentimientos y sensaciones que rodean al acto sexual y acerca de las características físicas del acto en sí, especialmente en lo que se refiere a la desfloración (perder la virginidad). La mayoría de jóvenes ignoran, por ejemplo, que la capacidad eréctil del pene se debe al llenado de sangre de un tejido esponjoso del miembro viril llamado cuerpo cavernoso, como resultado de la excitación sexual (aunque a veces también es debido a otras emociones intensas no sexuales). También desconocen que la vagina se humedece con la excitación sexual, teniendo la noción incorrecta de que la mujer eyacula. La misma existencia del clítoris, situado encima de la abertura vaginal, es fuente de confusión. Este órgano, gran desconocido de la relación sexual, tiene una gran importancia y, de manera similar al pene, aumenta de tamaño y sensibilidad a medida que la excitación sexual progresa. Otra cuestión que preocupa a los jóvenes es que, llegado el momento en que el pene erecto penetra en la vagina, la primera vez suele producirse lesión del himen (membrana que reduce el orificio vaginal) con el consiguiente sangrado de la desfloración.

El orgasmo se produce como la culminación de la excitación sexual, con la sensación de placer que acompaña la eliminación de la tensión sexual. En el varón hay contracción-relajación del sistema muscular genital y el semen es eyaculado en breves tandas. Después de la eyaculación el pene vuelve a su estado de flacidez. En la chica la respuesta del clítoris es similar y concluye también con las contracciones del orgasmo (aunque no hay eyaculación y por lo tanto el fenómeno es menos visible). Habitualmente la joven no tiene un orgasmo durante sus primeras experiencias sexuales. Asimismo, es muy común que el orgasmo de la pareja no sea simultáneo; además, cada persona responde de manera diferente a la estimulación sexual y el coito no siempre debe culminar en orgasmo.

A nadie debe extrañar que las disfunciones sexuales sean frecuentes durante la adolescencia. Así, muchos varones ansiosos eyaculan a los pocos segundos de iniciado el coito (eyaculación precoz). Otros tienen dificultades con su erección (en obtenerla o mantenerla). También muchas chicas ansiosas pueden tener dificultades en excitarse sexualmente y, en consecuencia, tendrán una secreción vaginal escasa o ausente, de modo que, si bajo estas circunstancias mantienen relaciones sexuales, éstas resultarán incómodas y a menudo dolorosas (dispareunia), y pueden tener dificultades en llegar al orgasmo.

Resulta, pues, que las disfunciones son causa de intenso sufrimiento, ya que a menudo los adolescentes no pueden hablar de estas situaciones anómalas con la familia (por sentimientos de culpa) ni con sus compañeros (por vergüenza). Es importante saber que, en la mayoría de los casos, las disfunciones son reflejos de situaciones cotidianas difíciles (miedo al embarazo, miedo a ser descubiertos, conflictos de conciencia, actuar bajo presión, etc.), y habitualmente se solucionan con la resolución de estas situaciones puntuales. De aquí se deduce el gran valor preventivo de que los adolescentes puedan hablar de sus preocupaciones con un profesional sanitario.

La castidad, una opción sexual digna y viable

Es sabido que están proliferando en Europa y Norteamérica los clubes de virginidad, en donde se reúnen jóvenes de ambos sexos que defienden la castidad en su estilo de vida y la continencia en sus relaciones sexuales. Hay, pues, quien enarbola la bandera de la castidad con el mismo ímpetu que otro empuña el estandarte de la libertad sexual y proclama «haz el amor y no la guerra».

Ciertamente, en la actualidad existen pragmáticos argumentos, basados en los conocimientos científicos —sin tendencia política ni confesional—, que preconizan la castidad en las relaciones entre adolescentes como la mejor prevención de las enfermedades sexuales transmisibles, con especial atención al sida. Obviamente, otras profundas razones de índole moral y religiosa inciden en esta opción libre y voluntaria del comportamiento casto.

Para entender la génesis de la castidad hay que apreciar que, al igual que la vida, la sexualidad humana es evolutiva. Uno tiene sexo por el mero hecho de haber nacido; pero, a la vez, la propia sexualidad está por hacer. Mejorarla es una posibilidad excelente que la persona tiene, según explica Santiago Ortigosa López en su interesante libro *Fuera de programa*, pero ello implica elevar al máximo las posibilidades de perfección que uno recibe. Es decir, integrar adecuadamente las dimensiones cognoscitiva, afectiva y moral de la sexualidad. La sexualidad, pues, necesita ser guiada para manifestarse en su plenitud adulta. El pediatra y psicoanalista norteamericano René Spitz lo supo expresar sabiamente: «La frustración del instinto sexual (en el niño) es una condición previa para el progreso en el desarrollo.»

Dos investigadores, Ford y Beach, afirman que la vida sexual humana se transforma profundamente por la canalización social y la experiencia personal y, por consiguiente, adopta formas distintas bajo distintas condiciones sociales. Quede claro, pues, que las respuestas sexuales humanas no son instintivas sino que están condicionadas a los estímulos socioculturales. Lo que sucede es que, habitualmente, se incurre en el craso error de clasificar el sexo como uno más de los instintos, como el hambre, la sed, etc. Y no se tiene en cuenta que el sexo —extendiéndolo como actividad de relación interhumana— es, además de algo aprendido, producto de la experiencia individual y del ambiente cultural. De esta manera, nosotros sólo heredamos la capacidad para la excitación sexual y el orgasmo, y los patrones sexuales que practiquemos son hábitos adquiridos, preferencias emocionales que hemos aprendido y que están en concordancia con nuestra manera de ser. Siguiendo esta argumentación, ha de quedar bien claro que la castidad es una forma de entender la sexualidad humana de lo más respetable.

Continuando con Ford y Beach, éstos nos informan de que la sexualidad es una motivación secundaria, adquirida o aprendida. De lo cual resulta que la necesidad de satisfacción sexual sería un proceso inmerso en la persona sin ser inexorable como el hambre o la sed. Resulta por tanto controlable y posponible. Es importante, pues, que los jóvenes sepan que la virtud de la castidad no busca suprimir o negar la sexualidad, es decir, no es sólo una renuncia en el sentido estricto de la palabra, sino más bien una capacitación de la persona y, en nuestro caso, del adolescente para ordenar su vida pasional de manera que sea verdaderamente dueño de sus deseos.

En conclusión podemos decir que ser capaz de amar y de controlarse uno mismo son dos elementos necesarios para el desarrollo armónico de la sexualidad del adolescente. Pero, para ser capaz de amar, uno ha de haber sido querido, y para ser capaz de controlarse, tiene que haber sido educado en el control.

La sexualidad responsable

Posponer la iniciación sexual y expresar la sexualidad en forma responsable es una alternativa respetable para aquellos que no comparten la creencia en la castidad como virtud central o se sienten al margen de las enseñanzas eclesiásticas.

Es bien conocido que, en la actualidad, un considerable número de adolescentes inician sus relaciones sexuales en la etapa de enamoramiento, en los noviazgos que se dan hacia el final de la adolescencia. Sin duda que en ello influye el que la sociedad sea más permisiva, los medios de comunicación alienten de varias maneras la expresión sexual y las familias no tengan la rigidez de lazos de hace unos años.

Para entender esta situación actual hay que tener en cuenta los siguientes cambios sociológicos acontecidos en el mundo occidental. Hace un siglo la edad promedio de la menarquia (inicio de la menstruación) era alrededor de los 17 años; en la actualidad se halla en torno a los 12 años y medio, mientras que la edad promedio de casamiento se ha retrasado en unos diez años aproximadamente. Así, mientras a principios de siglo la maduración biológica y la edad de matrimoniar coincidían, hacia finales de este siglo vemos que hay una docena de años separando los primeros impulsos románticos y eróticos de la posibilidad real de ganarse el sustento y de concretarlo formando un hogar. En esta situación paradójica en que se encuentran muchos jóvenes existen, obviamente, diversas alternativas. La castidad por un período de 10 a 15 años, durante la etapa de mayor intensidad de las pulsiones sexuales de la juventud, es una conducta perfectamente posible; sin embargo, no es algo que se pueda imponer, especialmente a los adolescentes tardíos o adultos jóvenes. Ellos decidirán cómo actuar, según sus convicciones personales, morales o religiosas. Aquellos que elijan expresar sus sentimientos eróticos, también necesitarán de guía y comprensión. Y nadie tiene que marginarlos.

La mayoría de los jóvenes pueden entender que la honestidad no termina en uno mismo, sino que debe volcarse en los demás, siendo importante que las relaciones se den en un plano de igualdad y de mutuo consentimiento, sabiendo ponerse en el lugar de la pareja y colocando el respeto por el prójimo por encima del placer del momento. Asimismo, hay que rechazar las actuaciones de «doble rasero» que promueven algunos padres, no importándoles que su hijo varón tenga relaciones sexuales con prostitutas (incluso animándole a ello) u otras chicas «de segunda mano», mientras no intente ninguna relación sexual con la novia «oficial».

Hace treinta años el catedrático de Pediatría argentino Fernando Escardó, en su primer libro *Sexología de la familia*, describía las características fundamentales del coito normal en el que «debe haber primero madurez genital en ambos personajes; luego se hace necesario el *mutuo consentimiento* de los dos actores; sin esta condición el coito es violación; además del consentimiento debe haber libertad en la elección y *total conocimiento de las consecuencias posibles*; sin ello, la cópula es engaño; de la madurez, el consentimiento, la libertad y el conocimiento nace la responsabilidad».

También la gente debe saber que la promiscuidad sexual no es la tónica general durante la adolescencia. En un estudio psicológico del doctor Gianturco, en el que trató a un grupo de jóvenes promiscuas, demostró que sufrían de un cuadro depresivo y de un trastorno severo en la relación madre-hija. Con el tratamiento psiquiátrico oportuno observó que el comportamiento promiscuo desaparecía. En una línea similar se manifiesta el doctor Pedro Eliseo Esteves en su libro ya citado sobre adolescentes, *Te acompaño a crecer*, relatando que en estudios efectuados en los Estados Unidos se demuestra que los adolescentes, hijos de padres muy permisivos, son los más precoces en sus relaciones sexuales. Les siguen los educados con normas rígidas o autoritarias, y finalmente son los más tardíos en tener relaciones sexuales los hijos de padres que fueron moderados con sus pautas educativas o que dosificaron la libertad de acuerdo con la edad de los hijos. Continúa el doctor Esteves explicando que los adolescentes promiscuos sexualmente o que comienzan sus relaciones sexuales muy temprano en la pubertad, suelen tener detrás una historia de carencia afectiva o de abandono, con pobre autoestima. Buscan por varios medios evadirse de la realidad. No sólo con el sexo o la fantasía del embarazo salvador, sino con los escapes de la droga, el alcohol o la velocidad.

IX

Variantes de la sexualidad

> Extravíos homosexuales, amistades demasiado
> fuertes, de tinte sensual, son harto habituales
> para los dos sexos en los primeros años de la
> pubertad.
>
> SIGMUND FREUD

Desarrollo de la identidad sexual de los adolescentes

Es conocido que en la búsqueda de la identidad sexual lo tiene
más difícil el chico que la chica. Hay razones biológicas, psicológicas y socioculturales que, aparentemente, ponen trabas a que un
muchacho pueda reconocerse, asumir y actuar como un ser sexual y sexuado. Como bien advierte el catedrático de Psicopatología de Madrid, Aquilino Polaino-Lorente, en su obra *Sexo y cultura.*
Análisis del comportamiento sexual, resulta más fácil para el varón
que para la mujer el perderse en el largo camino evolutivo de su
desarrollo psicosexual, de su proceso de diferenciación sexual, en
una palabra, de la construcción de su identidad sexual.

Diversas hipótesis biológicas sostienen que el desarrollo psicosexual masculino es mucho más complejo y delicado que el femenino. Se basan en descubrimientos científicos —desde la década de los setenta—, como el caso de la embriología que ha demostrado que el óvulo fecundado comienza siempre a evolucionar a mujer: ¡durante las primeras seis semanas después de
la concepción somos todos fisiológicamente del género femenino! Pasado este tiempo, si recibió el cromosoma Y, frena su
evolución (antes de que comience la diferenciación del feto) y
retrocede, atrofiando una parte del camino realizado (restos visibles en el varón son la presencia de pezones, sin ninguna fun-

ción específica, amén de otros vestigios de órganos femeninos en el interior del organismo) y, desviándose, se encamina a ser varón. En la naturaleza ocurre que hay especies que evolucionan siempre de hembra a varón, como en todos los mamíferos; mientras que los reptiles y las aves lo hacen al revés, de macho a hembra, y los anfibios y los peces, unas veces evolucionan en una dirección y otras en otra. En el caso de la humanidad, la mujer es, por lo tanto, más arquetipo del ser humano que el varón: hay que volver a cuestionarse, pues, que no fuera Adán el que naciese de una costilla de Eva...

También existen hipótesis psicológicas que intentan explicar el porqué de las mayores dificultades en adquirir una identidad sexual en los muchachos que en las muchachas. Se fundamentan en que, por ejemplo, para la identificación con el modelo materno sigue la chica una trayectoria más lineal y continualista, sin apenas saltos; mientras que el chico tiene que abandonar, de entrada, el motivo (objeto, en terminología psicoanalítica) de atracción amorosa inicial —la madre—, que mantuvo aproximadamente hasta el tercer año de vida (y que es el mismo para ambos sexos), para luego «desviarse» e identificarse con el modelo parental que le corresponde: el padre.

Nos quedan, por último, hipótesis socioculturales y referidas al ambiente, que inciden sobre la excesiva estimación de los papeles masculinos en nuestra sociedad occidental, valorando las conductas machistas y despreciando cualquier rasgo o atributo del comportamiento del varón que pueda considerarse femenino. A los chicos se les reprime conductas «no viriles», como pueden ser los juegos demasiado pacíficos o con muñecas, y se les enseña con demasiada frecuencia pautas como no llorar o no tocar a sus compañeros. Hay quien dice que esta represión y falta de naturalidad puede provocar futuros trastornos. Aquí escogemos unas esclarecedoras palabras del pediatra argentino Escardó en su *Sexología de la familia* sobre las iniciales advertencias parentales que encauzan la actitud sexual del chico: «El niño ha de comprender que se le aconsejaba proceder de una u otra manera como un hecho en sí y jamás porque no debe proceder como lo hace el otro sexo; ser varón no significa no ser mujer.» Mientras que la educación de las chicas, al ser más permisiva en estas pautas de conducta, junto con su evolución más completa, entendiendo el sexo de una manera más rica relacionada con los afectos y las emociones, de forma más ampliamente erógena y no expresamente genitalizada, hace en su conjunto que haya menos perversiones sexuales en la edad adulta: por ejemplo, prácticamente no existen pederastas femeninos en los casos de abusos sexuales de menores.

La cuestión, sea por una causa u otra, es que las chicas presentan estadísticamente una menor incidencia de desviaciones de la conducta heterosexual estándar. Así, se estima que la homosexualidad masculina es tres veces más frecuente que la femenina. El exhibicionismo es una parafilia que únicamente afecta al comportamiento masculino. El travestismo es mayoritariamente practicado por los varones. El fetichismo es también un cuadro exclusivamente masculino. El transexualismo, con reasignación quirúrgica y hormonal de sexo, recae en tres varones por cada mujer.

El chico afeminado

Don Gregorio Marañón publicó en 1930 una de sus obras más importantes, aunque poco conocida: *La evolución de la sexualidad y los estados intersexuales*. El genial médico humanista y profético endocrinólogo ideó lo de la evolución de los sexos, aportando en aquel momento un concepto nuevo y revolucionario. Para él, los sexos no eran espacios cerrados e inmutables, sino que había formas intermedias, transicionales, con las que había que contar. Según apunta uno de sus discípulos, el ginecólogo José Botella Llusiá, Marañón consideraba a la mujer como un estadio intermedio entre el niño y el hombre. Así, el muchacho al llegar a la pubertad pasa por un momento, a veces muy breve y sutil, casi inapreciable, de feminidad. Durante unos meses o a lo sumo dos años, su forma varonil aún no se ha definido y el instinto sexual es todavía confuso. Es el efebo. En la antigua Grecia era compañero de varones más viejos. Nada de esto sucede en la muchacha. Ésta tarda más o menos en hacerlo, pero despierta sexualmente de un modo recto y progresivo. Es bien sabido que a los 18 años la mujer está mucho más madura sexualmente que el hombre.

A la vista, pues, de las posibles ambigüedades en la evolución sexual de los adolescentes —especialmente en el caso del varón—, hay que ser muy cautos en etiquetar una aparente inclinación sexual. Algunos autores han sugerido un nuevo término, el de «prehomosexual», para aglutinar a todas las conductas sexuales atípicas del niño afeminado, por considerar que ésa será la dirección evolutiva que más frecuentemente experimentará su futura conducta sexual. Consideramos que este calificativo no tiene rigor científico.

Se considera que un chico es afeminado cuando ha presentado en su niñez estos rasgos de comportamiento:

1. Preferencia y especial simpatía por actividades más sedentarias en lugar de por otras más violentas y agresivas, más afines a la tradicional conducta masculina.

2. Especial sensibilidad ante la percepción de la belleza física por parte de los adultos, que suelen comportarse ante el niño como si se tratara de una niña.

3. Animación y estímulo por parte de la familia, durante la primera infancia, hacia la manifestación de conductas específicamente femeninas (o desánimo y desaliento ante los comportamientos masculinos en esa misma etapa).

4. Ser vestidos o tratados como una niña durante la primera infancia por uno de los padres, o por cualquier otra persona, que sean modelos claves para la propia identificación sexual.

5. Ausencia de un hermano varón mayor, con una actitud claramente masculina, que pueda servir de modelo con el que identificarse el niño en los primeros años de su vida, o la presencia simultánea de actitudes de rechazo por parte del padre.

Entre las actitudes observadas en estos niños etiquetados de afeminados destaca el comienzo muy precoz (antes de los dos años, o entre los dos y los cuatro primeros años de vida) de comportamientos tradicionalmente atribuidos al sexo femenino (vestimentas, juegos, etc.). Asimismo, se aprecia una conducta de evitación ante la posibilidad de participar en actividades recreativas con otros niños del mismo sexo, en lo que para ellos son ocupaciones rutinarias, diciendo como excusa: «Es que los niños son muy brutos.» Y, por último, pasar mucho tiempo con un juguete favorito, una muñeca, etc., imitando gestos femeninos y maternales.

Se ha detectado, entre las madres de estos niños, frecuentes actitudes de sobreprotección, indiferencia, atención excesiva y alabanza exagerada de determinados rasgos que sirven para la identificación de la belleza física. Entre los padres se aprecian actitudes de indiferencia, ausencia de interacción con el hijo (por pasar mucho tiempo fuera de casa o por falta de la necesaria dedicación) y rechazo encubierto (el padre ofrece toda su atención a otro hijo) o manifiesto (corrige continuamente el comportamiento del chico). Otras veces no hay características familiares distinguibles, sugiriendo un fenómeno individual, tal vez de origen genético-biológico.

La chica marimacho

Siguiendo los criterios de un estudioso del tema, Green (1974), para etiquetar a una jovencita de marimacho, tiene que haber manifestado en su niñez los siguientes comportamientos:

1. Haber expresado en más de una ocasión su deseo de ser niño.
2. Relacionarse con un grupo de compañeros, en el que al menos el 50 % sean varones.
3. Mostrar preferencia por vestir prendas tradicionalmente consideradas como masculinas, a la vez que rechaza prendas convencionalmente consideradas como femeninas.
4. Pérdida de interés por jugar con muñecas.
5. Mostrar una clara preferencia por los papeles masculinos, especialmente por aquellos de tipo deportivo, que exigen un gran vigor y un importante compromiso.
6. Manifestar un interés muy superior al de sus compañeras de igual edad por dar volteretas, revolcarse por el suelo y otras actividades recreativas.

En otro trabajo de Green (1982), en el que se entrevistaron y compararon los resultados obtenidos por 50 niñas marimachos y 50 niñas sin estos rasgos comportamentales, igualadas las niñas en edad, número de hermanos, lugar que ocupaban entre ellos, estado marital, raza, educación y religión de los padres, dos de cada tres madres describían a sus hijas marimachos con un gran interés —superior a la media de sus compañeras— por los deportes y por juegos y juguetes de los chicos, destacando que el 90 % de ellas nunca habían jugado con muñecas. Según las declaraciones de las madres, el 80 % de estas chicas habían dicho expresamente que ser chicos les hubiera gustado más o hubiera sido mejor para ellas.

Viendo estos datos, es importante reflexionar en la diferente visión y tolerancia que tiene la sociedad, y el propio ámbito familiar, ante las chicas marimachos y ante los chicos afeminados. ¿Es idéntica la presión y las críticas que sufren los padres cuando tienen un hijo afeminado que cuando tienen una hija marimacho? Indudablemente, no.

Las niñas marimachos, al margen de que todas ellas preferían jugar con compañeros varones, se habían integrado muy bien con sus compañeras, no habiendo sido rechazadas (según se desprende de las investigaciones realizadas al respecto) y siendo muchas de ellas (en la proporción de una de cada tres) las líderes de sus respectivos grupos. Por contra, los niños afeminados no sólo no son líderes en su clase o entre sus compañeros, sino que éstos muy frecuentemente les insultan, les descalifican o acaban por rechazarles, haciendo que se perciban a sí mismos, además de por los demás, según apostilla Aquilino Polaino-Lorente, como seres desdichados, atormentados y condenados al ostracismo.

Algo similar acontece si estudiamos la evolución de estos comportamientos masculinos y femeninos al llegar a la adolescencia. Al contrario de lo que sucede en el caso del chico afeminado, en las chicas marimachos no se ha podido demostrar la presencia de ninguna variable significativa que diferencie su conducta de la de las otras niñas al llegar a la adolescencia. Como que, por otra parte, ninguna de ellas fue jamás rechazada por sus compañeras, la relación entre ellas se consolida, recuperándose ahora totalmente la amistad, sin dejar ningún residuo ni marca. Mientras que, en el chico afeminado, si ha sido anteriormente rechazado por los compañeros, o especialmente al llegar a la adolescencia, su conducta puede quedar seriamente trastornada en esta etapa evolutiva, reflejándose en su autoconcepto y en su manejo social.

Concepto de homosexualidad

En una excelente revisión sobre la incidencia de la homosexualidad en la adolescencia que ha hecho el pediatra gerundense Josep Cornellà Canals, se define a este tipo de orientación sexual como la preferencia erótica (incluyendo fantasías y experiencias) por personas del mismo sexo, con disminución del interés erótico hacia las personas del sexo opuesto. Otras definiciones, dentro de la dificultad de dar una descripción exacta de la homosexualidad, son, por ejemplo, un patrón persistente de sentimiento homosexual acompañado de un patrón persistente ausente o débil de sentimiento heterosexual (Spitzar, 1981); una atracción erótica persistente, de tipo adulto, hacia una persona del mismo sexo y que generalmente, aunque no siempre, desemboca en una relación sexual, según nos expone Lawrence S. Neinstein en su obra *Salud del adolescente* (1991).

No es nada nuevo decir que la conducta homosexual existe, en mayor o menor grado, en casi todas las culturas. Se sabe que de los 76 tipos de sociedades que pueblan nuestro planeta, en 49 —más de la mitad— la homosexualidad es considerada por la comunidad como una práctica aceptable. Es bien cierto que la manifestación de la homosexualidad depende de que los factores socioculturales sean permisivos o represivos. Si repasamos la historia, nos encontraremos con las magnificencias descritas sobre el amor homosexual de los antiguos griegos y romanos, y referencias bíblicas a la muy probable homosexualidad del famoso rey David, aunque luego hallaremos contundentes cartas de san Pablo condenando enérgicamente tales prácticas. La Iglesia católica tiene una postura bien definida al respecto, habiendo declarado que la atracción homosexual no es en sí misma éticamente reprobable y que toda persona tiene su dignidad inviolable con independencia de la orientación e incluso del comportamiento sexual. Aunque puntualiza en palabras de Su Santidad Juan Pablo II: «La actividad homosexual, que no es lo mismo que la orientación homosexual, es algo moralmente malo.»

Otras creencias y sectores seculares consideran que no hay diferencia moral entre la conducta heterosexual y homosexual. El significado moral de las conductas sexuales estaría dado por las circunstancias de la relación y no por la orientación sexual de los participantes.

La primera descripción de un caso de homosexualidad en la literatura médica se sitúa en 1869 a cargo de un autor apellidado Westphal. Si bien la homosexualidad ha sido considerada como enfermedad o delito hasta la década de los setenta, ya el padre del psicoanálisis, Sigmund Freud, inició el cambio de mentalidad de la sociedad con su célebre *Carta a una madre ame-*

ricana, fechada en 1935, en la que afirmaba que no se trata de un vicio ni de una degradación sino de una variante de la función sexual. De tal manera que, a través del psicoanálisis, Freud no pretendía «curar» al homosexual sino aportarle paz mental, armonía y plena eficiencia, independientemente de los caminos de su tendencia sexual. Luego vinieron los estudios de Kinsey (1948-1953), apareciendo a la luz pública las primeras estadísticas sobre la incidencia del fenómeno (aunque se exageró un poco al comunicar la cifra del 10 % de homosexuales en la población general, cuando en los estudios actuales parece que se sitúa entre un 1 y un 3 %). En 1973, la Asociación Americana de Psiquiatría declara que la homosexualidad no es un cuadro psicopatológico. Y en el mismo año aparece la primera publicación sobre tendencias homosexuales en adolescentes a cargo del norteamericano Sorenson. Pero es otro compatriota suyo, Gary Remafedi, quien coordina el más amplio estudio en el Programa de Salud para Adolescentes del Hospital Universitario de Minnesota, sobre 35 000 estudiantes entre 12 y 17 años. Los resultados, publicados en 1992, indican que la prevalencia de la atracción homosexual es del 4,5 %, encontrando un 10,7 % de adolescentes inseguros ante su orientación sexual.

El homosexual, ¿nace o se hace?

Estamos en plena controversia sobre la génesis de la homosexualidad humana. Existen teorías sobre base genética; otras abogan por una causa hormonal o psicológica, o por el propio proceso social. Veamos algunas de ellas.

Las primeras hipótesis psicológicas de la homosexualidad se remontan a los discípulos de Freud, Stekel y Adler. El austríaco Wilhelm Stekel describió esta orientación sexual como «un infantilismo psíquico», cercano a la neurosis, susceptible de una mejora notable y, a veces, incluso de curación. El alemán Alfred Adler fue el primero, en 1917, en poner la homosexualidad en relación con un complejo de inferioridad frente al propio sexo, que por consiguiente se manifiesta, en el hombre, como un complejo de falta de virilidad. Posteriormente, investigaciones empíricas del norteamericano Bieber y de otros especialistas (1962), ponen de relieve la importancia que tiene, para que un hijo se identifique convenientemente con su papel sexual, el hecho de que tenga estima por el progenitor del mismo sexo. Estos autores dicen también que el adulto homosexual es una persona que no ha vivido sus años de juventud bien inmerso en la vida de grupo de los jóvenes del mismo sexo.

Así, estas experiencias juveniles llevan al adolescente a dramatizar la propia situación y a mendigar el afecto de aquellas personas del mismo sexo por las cuales no se siente aceptado o de cuya compañía se siente excluido. Según la hipótesis de estos autores, las fantasías homosexuales tienen su origen con frecuencia en esta necesidad —erotizada— de atención. En una línea similar se expresa el psicólogo holandés Van den Aardweg (1985), que define la homosexualidad como un trastorno emotivo, una forma de autocompasión neurótica, originada en la pubertad. Esta imagen de inferioridad —que puede ser consciente o no— aparece ya entre los 8 y los 16 años, con un pico entre los 12 y los 16 años. En 1994, un equipo del Hospital Virgen de Arrixaca de Murcia, dirigido por el psiquiatra José Hernández, publicó los resultados de un estudio titulado «Identificación social y figuras parentales de la homosexualidad masculina», en el cual se exponía que habitualmente el joven homosexual no se identifica ni le gusta parecerse a su progenitor, y esta ausencia de una figura paterna válida con la que identificarse trae consigo la búsqueda de identidad en personas del mismo sexo, que pasarían a convertirse en objetos libidinosos. Con todo, el valor científico de las interpretaciones psicológicas del homosexual es cuestionable, dado que se basan en poblaciones clínicas, o sea vistas en la consulta psiquiátrica, y no en homosexuales de la población general, que nunca requirieron servicios de salud mental. Un hecho llamativo es que ningún estudio de población haya verificado características especiales en la familia del homosexual varón y de la lesbiana que los distingan de los heterosexuales.

En otro lado tenemos los autores que con sus investigaciones proponen una base biológica, y no puramente psicológica, en el origen de la homosexualidad. Desde que el profesor Dömer, de Berlín, propusiera en el año 1975 la importancia del papel de las hormonas maternas —pasando a través de la placenta— en la determinación de varones homosexuales, hasta los actuales estudios con marcadores genéticos en busca del gen de la homosexualidad, las posibilidades de que esta orientación sexual sea innata van cobrando fuerza.

Una de las primeras llamadas de atención fue dada en 1991 por el norteamericano Simón Le Vay, investigador del Instituto de Estudios Biológicos Salk, en San Diego, California, que encontró, en cadáveres de pacientes homosexuales fallecidos de sida, variaciones cerebrales en el tamaño del hipotálamo (aunque está en discusión si este hallazgo es debido a la propia infección por los virus del sida). Luego, la más reciente aportación científica se debe a Dean Hamer y a su equipo de genetistas del Instituto Nacional del Cáncer, de Bethesda, Estados Unidos. Se trata de una comunicación publicada en la prestigiosa revista *Science*, a mediados de julio de 1993, que representa el estudio más serio entre los realizados hasta el momento en este sentido. En esta investigación, recopilando datos de homosexuales y de sus familias, Hamer y colaboradores descubrieron que el 13,5 % de los hermanos de los varones homosexuales eran también homosexuales (desde la década de los cincuenta, ya otros autores habían advertido sobre la alta incidencia de homosexualidad en determinadas familias), frente al 2 % que el grupo de Hamer calculó para la población en general. Curiosamente, casi toda esta desproporción se encontraba en la rama materna de las familias estudiadas. Esto implicaba que, por lo menos en algunos casos, los rasgos genéticos de la homosexualidad se transmitían a través de los miembros femeninos de la familia. La pista estaba servida: se hallaban en el cromosoma X, el único que los varones heredan exclusivamente de la madre. Y, efectivamente, en el brazo largo de este cromosoma (Xq28) se detectan unas características distintas.

¿Cómo se llega a la identidad homosexual?

Cuando el adolescente tiene una definición homosexual clara, las cosas van por unos determinados derroteros. Si bien la intuición de una atracción «distinta» puede ser percibida ya en la preadolescencia, no es hasta los 13 años cuando aparecen las primeras fantasías homoeróticas. Sin embargo, la aceptación de su situación homosexual no llegará hasta los 20 años en los chicos, y algo más tarde en las chicas.

Un estudioso del tema, Troiden (1988), ha estructurado el proceso para alcanzar la identidad homosexual en cuatro etapas, aunque deja bien claro que los estadios que expone no quedan perfectamente delimitados, pudiendo solaparse e, incluso, experimentar regresiones:

1. *Sensibilización*. El niño o preadolescente tiene algún tipo de percepción de ser diferente, mientras se va enterando de las opiniones que la sociedad manifiesta sobre la homosexualidad.
2. *Confusión de la identidad*. Ocurre en la etapa inicial de la adolescencia, y se asocia a sentimientos de rechazo hacia las opiniones de la sociedad sobre la homosexualidad. Es el estadio más largo y el que implica más dificultades. La confusión sobre la propia identidad puede ser causa de trastorno psicopatológico. La respuesta a esta confusión puede ser muy diversa y adoptar distintas actitudes: negación (rechazar los pensamientos y acciones homosexuales); reparación (intentos para «curarse» del defecto); evasión, es la respuesta más común (evitar situaciones que puedan comprometer, inhibición ante intereses o conductas asociadas a la homosexualidad, evasión ante situaciones con el sexo opuesto para evitar ser descubierto, negación de la información que pueda llegarle sobre homosexualidad, actitudes y acciones antihomosexuales, inmersión heterosexual como intento de «cura», abuso de sustancias); redefinición de la conducta hacia líneas más convencionales y aparentemente más aceptables para tranquilidad de uno mismo (estrategia del caso especial: «sólo contigo»; estrategia de la temporalidad: «sólo es una fase»; estrategia de situación: «sólo es una experiencia»; estrategia de la bisexualidad: «puedo con los dos sexos»); aceptación del homoerotismo y solicitud de información exhaustiva.
3. *Asunción de la identidad*. El adolescente, ya en una etapa posterior, identificado como gay o lesbiana, comienza a considerar la homosexualidad como una opción de estilo de vida y puede participar activamente en colectivos homosexuales. Sin embargo, este estadio a veces no se alcanza hasta la edad adulta.
4. *Compromiso*. La persona se siente satisfecha con su situación, aceptándose y deseando no cambiar su identidad sexual.

Josep Cornellà Canals cita en un excelente trabajo unos párrafos del libro *No se lo digas a nadie* (1994) del escritor peruano Jaime Bayly, cuando el adolescente homosexual Joaquín, el protagonista, quiere explicar su situación a su madre, y le dice llorando, porque sabe que su madre no le va a escuchar jamás:

«Tienes que entender que soy homosexual, mamá, siempre fui homosexual, probablemente cuando me estaba haciendo en tu barriga ya me estaba haciendo homosexual, pero no por eso soy una mala persona, no por eso dejo de quererte, si sólo pudieras entender que no soy maricón para fregarte, para vengarme de ti, que soy homosexual porque ésa es mi naturaleza y porque no la puedo cambiar, y por favor, no veas mi homosexualidad como un castigo de Dios, no lo veas como algo terrible, porque no lo es, míralo más bien como una oportunidad para entender mejor a la gente, para entender que las cosas son más complejas de lo que a veces parecen, que las cosas no son siempre blancas o negras, comprende, por favor, mamá, que al final lo único importante es que yo también te quiero, te quiero muchísimo, adoro tus caprichos y tus cucufaterías, pero yo no puedo dejar de ser quien soy, no puedo ni quiero dejar de ser quien soy, y tengo que aprender a quererme, y a respetarme, y a no traicionar mi orientación sexual, y a decirle a la gente que soy homosexual sin que por eso se me ponga roja la cara, y sin que me sienta sucio, cochino, una mala persona, porque no lo soy, soy tu hijo, te quiero, soy homosexual, y soy una buena persona, y si Dios existe, Él te contará algún día en el cielo por qué provocó hacerme homosexual.»

Homosexualidad, padres y profesionales sanitarios

Rara vez los padres descubren la homosexualidad de un hijo durante la adolescencia. Asimismo, la identificación de la mujer lesbiana ocurre habitualmente durante la edad adulta. Esto es debido a que entre los adolescentes es mayor la homofobia que entre los adultos, y los jóvenes homosexuales «se cuidan» de no ser detectados. Además, los padres, sabiendo lo difícil que será la vida del homosexual, tienden a negar tal posibilidad incluso en los casos en que sea de clara evidencia para todos los que los rodean.

Con frecuencia, cuando la homosexualidad «se descubre» es dentro del contexto de un «escándalo» o de una enfermedad (sida). Ciertamente, no hay en la sociedad actual un marco cultural que canalice la situación y quite hierro a la experiencia, y muchos padres —al menos inicialmente— reaccionan ante la noticia con dolor, desilusión y preocupación, e incluso en casos extremos con manifiesta ira y rechazo.

Para intentar poner algo de luz en este terreno ensombrecido por tan diversas y enfrentadas opiniones, el Comité de Adolescencia de la American Academy of Pediatrics (Academia Americana de Pediatría) presentó, en 1983, cuatro afirmaciones basadas en los conocimientos científicos alcanzados sobre la homosexualidad durante los años de la adolescencia, que por su interés transcribimos a continuación:

1.   Muchos adolescentes experimentan algún tipo de conducta homosexual. Dentro de ésta se encuentran los tocamientos corporales, genitales o la masturbación mutua. En la mayoría de los casos, estos contactos no predisponen a una homosexualidad posterior obligada, sino que constituyen una conducta exploratoria común en la evolución hacia el desarrollo heterosexual convencional.

2.   Las características homosexuales se establecen antes de la adolescencia. Aunque muchos niños no participan en un juego homosexual evidente durante su infancia, un estado psicológico autoconsciente (de sentirse diferente de los demás) existe con frecuencia en la época previa a la adolescencia.

3.   Algunos adolescentes con orientación heterosexual previa pueden verse implicados en actividades homosexuales si las circunstancias refuerzan esta conducta o si las alternativas heterosexuales no están presentes. Este hecho se conoce con el nombre de homosexualidad facultativa. La mayoría de estos jóvenes volverán a su condición de heterosexuales cuando cambie la situación. En este caso se encuentran gran número de adolescentes encarcelados y, en menor grado, los internados en escuelas de miembros de un solo sexo y en cuarteles militares.

4.   La mayoría de las conductas no deberían señalarse exclusivamente como viriles o femeninas. Existen más conductas comunes a los adolescentes varones y mujeres que las que diferencian las conductas entre los dos sexos.

Advierte el Comité de Adolescencia sobre la necesidad de que el profesional médico realice una minuciosa entrevista, obteniendo información sobre la orientación y las relaciones sexuales del adolescente. El pediatra debe ser completamente imparcial al iniciar las preguntas sobre los temas sexuales si desea que el adolescente comparta sus preocupaciones y experiencias.

La valoración médica adecuada de las consecuencias potenciales de las prácticas homosexuales o de los temores que pueden suscitar, pasa necesariamente por la confianza en la relación médico-paciente. Si la entrevista abarca de forma abierta las cuestiones sobre experiencias, prácticas e ideas homosexuales, el médico podrá entonces obtener detalles que le permitan un estudio más profundo del caso, o tal vez la derivación hacia un especialista. En algunas ocasiones el profesional puede no actuar con objetividad e imparcialidad sobre los hechos considerados quizá por sus creencias religiosas o morales, o por prejuicios personales. En estos casos, debe expresar al paciente sus puntos de vista, de una manera respetuosa, comprensible y útil, informándole de su dificultad en visitarle, ofreciéndole al mismo tiempo la opción de remitirle a otro profesional que pueda atender mejor su problema.

Recuerda la Academia Americana de Pediatría que las consecuencias sociales de la inclinación homosexual en un adolescente se manifiestan bajo forma de dificultades potenciales para su aceptación en el grupo de amigos, rechazo familiar, hostigamiento escolar e institucional, limitación en las posibilidades laborales, dificultades legales y aislamiento social. Aunque las inclinaciones homosexuales no parecen predisponer a la enfermedad mental, las consecuencias sociales de este tipo de vida en un adolescente pueden originar, secundariamente, graves problemas emocionales, inclusive una mayor predisposición a la depresión y al suicidio. Es, pues, imprescindible evitar el aislamiento de estos jóvenes, combatir su ostracismo e informar a la familia y a la población en general sobre los conocimientos actuales acerca de la homosexualidad.

En aquellos adolescentes que presenten una orientación homosexual debe valorarse cuál es su preferencia actual en el aspecto sexual. La psicoterapia de apoyo, individualizada o bajo el enfoque sistémico de la terapia familiar, debe ofrecerse tanto a los adolescentes que deseen mantener su comportamiento homosexual, pero que sufren de tensiones psicológicas por su decisión, como a los que opten por seguir una orientación heterosexual.

Caso especial: la afectividad y sexualidad del deficiente mental

«La sexualidad en este grupo ha sido y sigue siendo una temática impregnada del fantasma de lo prohibido, raro y misterioso», subraya José Ramón Amor en una reciente publicación sobre ética y deficiencia mental.

Quien se aproxime a la afectividad y a la sexualidad de los adolescentes deficientes mentales debe huir de dos extremos totalmente falsos que responden a posturas sociales contradictorias: no son personas con una sexualidad exacerbada (potencialmente violentas sexualmente, sometidos a impulsos sexuales incontrolables y de imposible inhibición) y, tampoco, en el sentido contrario, seres asexuados (en infantilismo permanente —«el sexo de los ángeles»—: ¿no es así que las personas cambian de voz, la infantilizan, al dirigirse a un retrasado por muy adulto que sea?; libres del instinto sexual o tan inocentes que son incapaces de experimentar este instinto), a los que se debe reprimir sistemáticamente toda manifestación afectiva, por miedo a sus repercusiones sexuales. La importante experiencia de los últimos años muestra, de manera diáfana, cómo las personas con una deficiencia mental potencian, muy significativamente, sus posibilidades de realización personal, si no se reprime su afectividad. Si todo ser humano necesita educación sexual, también la requieren los jóvenes deficientes mentales.

Sin embargo, acostumbra a ser «complicada» la llegada a la adolescencia del niño con retraso en la maduración mental. De entrada, hay una pérdida del aspecto infantil que, de alguna manera, dulcificaba la visión social de la deficiencia. También coincide con una decepción del entorno familiar por la ausencia de un evidente progreso, después de tantos años de abnegada dedicación (meticulosos programas de estimulación, laboriosas técnicas de rehabilitación, etc.). Asimismo, aparecen en el joven desagradables conductas de rebeldía autoheteroagresivas. Y como el adolescente con deficiencia mental siente las mismas pulsiones que el adolescente sin deficiencia cuando llega a la pubertad, la sexualidad explota de forma tumultuosa: masturbaciones incontrolables, relaciones sexuales que no pasan por los juegos eróticos habituales, etc. La sexualidad del hijo adolescente es vivida por los padres como una amenaza para ellos mismos. Al fin y al cabo, el hijo retrasado es el resultado de una actividad sexual que ellos tuvieron. ¿Y si se repitiera la situación de procreación de hijo retrasado? Por cuestión de fechas, la sexualidad pujante del adolescente es, inconscientemente, percibida por los padres como el fin de la suya propia. Todo ello desconcierta a los progenitores, siendo así que, además, ha coincidido la llegada a la adolescencia de su hijo deficiente con su próxima jubilación laboral, y surge inevitable la angustiosa pregunta: ¿qué pasará cuando faltemos?...

Hay unas circunstancias problemáticas añadidas, según apunta el pionero español de la bioética Francisco Abel, médico y jesuita, como son el mayor número de personas con retraso mental que sobreviven hasta la edad adulta, e incluso alcanzan una considerable longevidad; la violencia sexual que impregna la sociedad actual, especialmente en las grandes ciudades, y, por último, la falta de un número suficiente de profesionales capacitados para la educación afectivo-sexual de estos jóvenes.

Insistimos en que la educación sexual del joven deficiente mental es una parcela pedagógica que forma parte de un proceso de educación integral. Asimismo, es fundamental contar con la madurez sexual del educador y cómo tiene asumida su propia sexualidad. Una regla básica es que no se debe inducir a las personas con retraso mental a un comportamiento sexual explícito (es decir, expresado claramente, con pelos y señales), si ellos no lo descubren por sí mismas. Debemos, pues, ser muy respetuosos con la intimidad sexual del joven deficiente, porque éste no puede decidir su propia sexualidad y nosotros hemos de poner los medios para canalizarla; porque él, a menudo, tiene que soportar la manipulación sexual de otros, como en los casos de homosexualidad impuesta, felaciones, violaciones, etc. Padres, educadores y personal sanitario, estemos alerta.

Reflexión ética sobre el comportamiento sexual del adolescente deficiente mental

Una cosa salta a la vista: es preciso dar opciones de relacionarse a los jóvenes de ambos sexos con deficiencia mental. De lo contrario, si se ven obligados a prescindir de las cotidianas relaciones humanas o a restringirlas al ámbito familiar, se provocan amargos sentimientos de soledad (¡tanto tiempo libre cargado de soledad!) y se generan lazos de excesiva dependencia interfamiliar. Incluso hay quien advierte que muchas desviaciones sexuales son el resultado de haber reprimido necesidades que tenía el joven en su momento. Dejemos, pues, que se den espontáneamente las relaciones sociales y no olvidemos que de una relación de pareja puede surgir una simple y al mismo tiempo, maravillosa amistad, o una relación sexual, o quizá, quién sabe, un matrimonio...

El experto en bioética Javier Gafo en los completos documentos técnicos *Sexualidad en personas con minusvalía psíquica*, publicados por el Ministerio de Asuntos Sociales español (INSERSO, 1993), expone que la reflexión ética debe partir del reconocimiento del derecho de las personas con deficiencias a su autorrealización y que ésta no puede darse sin una integración de su sexualidad, ya que siguen siendo, a pesar de sus deficiencias, seres sexuados. Así, su masculinidad y feminidad tienen en principio el mismo sentido que en las personas sin deficiencias. Ciertamente, el significado de la sexualidad del joven retrasado está marcado por su escasa posibilidad de expresión verbal, teniendo que tomar el relevo la expresión corporal, como cauce de comunicación fundamental para estas personas. Tengamos presente, pues, que cuando un chico toca a una chica quizá no está buscando una relación sexual, sino simplemente tomar contacto con ella.

Es claro que la admisión de tales manifestaciones comporta riesgos y dificultades indiscutibles. Pero hay que ser conscientes de que su sistemática represión acarrea consecuencias aún más negativas. Detengámonos en el tema polémico de la masturbación. Práctica frecuente en los jóvenes deficientes mentales, que les ayuda a descargar tensiones y que, por otro lado, para numerosos muchachos, este «sexo solitario» constituye el único posible. No parece justo calificar este comportamiento como pecado en el sentido ético cristiano, ya que no existe en muchos casos una conciencia moral del que lo practica. También hay que tener en cuenta que, si el joven deficiente no ha llegado a este comportamiento sexual, el educador no tiene derecho a inducirle a ello, aunque este profesional lo considere una práctica normal y, en consecuencia, incluible en un programa educativo. Sin embargo, hay que educar a los jóvenes que se masturban de la misma manera que se les enseña sobre otras actividades que no deben realizar públicamente.

Las relaciones homosexuales son raras en instituciones mixtas en donde se permite relacionarse ambos sexos. Con todo, no se debe inducir a la actividad genital, ya que este terreno adquiriría un excesivo acento y se aislaría de todo el conjunto de la vida afectiva. Es importante saber que los deficientes psíquicos —con excepción de los retrasos mentales leves, es decir, los que sólo están un poco por debajo del nivel «normal»—, casi nunca llegan por sí mismos a la relación genital-sexual específica del coito.

Obviamente, hay que impedir la posibilidad de procreación entre adolescentes deficientes mentales. Asimismo, habrá que estudiarse cada caso de enamoramiento o noviazgo para dilucidar si existe o no posibilidad futura de vida en pareja. Es injusto impedir el matrimonio por principio a toda persona con retraso mental, ya que se trata de un derecho básico del ser humano; sólo puede negarse cuando existen motivos graves y seguros de incapacidad para asumir las responsabilidades de la vida matrimonial. No obstante, hay autores que dudan sobre la eficacia del «matrimonio protegido», bajo continua vigilancia de personal especializado.

Cuando se determine un control de natalidad, primero habrá que optar por medidas de simple anticoncepción medicamentosa (en mujeres) o en asociación con inhibidores del impulso sexual (en ambos sexos), en vez de medidas mutiladoras como la esterilización quirúrgica, aunque éstas pueden estar plenamente indicadas en determinados casos, y van desde la sección de conductos deferentes (vasectomía) en el hombre, a las ligaduras de trompas (salpingectomía) en la mujer.

X

Embarazos no deseados y enfermedades venéreas

> Hoy día se tiende más a prevenir el embarazo que a conservar la virginidad; en otras palabras: la píldora sustituye a menudo al cinturón de castidad.
>
> M. C. CLARKE

Prevención del embarazo adolescente

Los preadolescentes y los adolescentes de hoy no son inmunes a las constantes alusiones al sexo que les llegan a través de la televisión, el cine, la radio, las líneas telefónicas, los anuncios, la música... Dichas alusiones se refieren a un solo aspecto de la sexualidad: el placer. En esta aberrante situación social, de «información sesgada», mediatizada y unilateralizada (alguien ha dicho que nuestros jóvenes se convierten en «hemipléjicos sexuales»), la población juvenil debería recibir francos y clarificadores consejos de sus padres, maestros, educadores y sanitarios para que sean conscientes de las consecuencias que puede acarrear su decisión con respecto a su vida sexual: embarazo, enfermedades de transmisión sexual, abortos, hijos...

La Organización Mundial de la Salud (OMS) ha reconocido que las adolescentes constituyen un grupo muy vulnerable a las consecuencias de su actividad sexual (por ejemplo, los embarazos de adolescentes siempre se catalogan de alto riesgo) y con índices más altos de mortalidad maternoinfantil (es decir, tanto para la madre como para el niño). Para prevenir estos problemas es necesario un diálogo abierto con los jóvenes. Así, los adolescentes que comienzan a reflexionar acerca del tema de la relación sexual deben tener pleno acceso a conocimientos sobre la abstinencia y los métodos anticonceptivos, con o sin prescripción médica.

Toda orientación relacionada con la anticoncepción durante la adolescencia debe iniciarse con la afirmación de que la abstinencia es el único método de control de la natalidad absolutamente eficaz y que, a la vez, es el más aplicado por la mayoría de los adolescentes del mundo. Esto ha de quedar muy claro, porque los adolescentes tienen la impresión de que este grupo que no es sexualmente activo en la práctica del coito es mucho menor, cuando en realidad es «una mayoría silenciosa». Ciertamente, no hay muchos vídeos, películas, libros o canciones sobre las jóvenes vírgenes. Pero las adolescentes que afirman que no tienen experiencia sexual deben saber que no son las únicas. Lo más importante es que aprendan a tener seguridad en sus convicciones y a defenderlas con aplomo, para así poder resistir legítimamente a la presión y acoso de sus compañeros.

Asimismo, está comprobado que una buena comunicación con la madre sí que es un buen factor de predicción de una conducta sexual responsable en la hija adolescente.

Si echamos una ojeada a los métodos anticonceptivos que no necesitan prescripción médica encontramos los siguientes: el coito interrumpido (más conocido por las palabras latinas *coitus interruptus*), las técnicas naturales de planificación familiar (método de Billings, ritmo, método del calendario), el preservativo, los espermicidas vaginales (espumas, gelatinas, cremas) y la esponja anticonceptiva. En el grupo de método que requieren prescripción médica tenemos, entre otros: el diafragma, el dispositivo intrauterino (DIU), la supresión hormonal de la ovulación (la popular «píldora»), la medicación anticonceptiva combinada y hormonas de depósito prolongado. A continuación veremos cada uno de estos métodos más detalladamente.

Métodos que no precisan prescripción médica

El *coitus interruptus*, coito interrumpido, es, por ejemplo, un método muy ineficaz para evitar el embarazo, pero a pesar de ello es uno de los más utilizados. Los adolescentes que lo practican han de saber que, una vez producida la erección, puede haber cierta cantidad de semen en el orificio uretral del pene y que, por lo tanto, el contacto genital puede originar un embarazo aunque no se produzca la eyaculación. Además, muchos varones adolescentes sufren con frecuencia de eyaculación prematura y no tienen el autocontrol necesario para retirarse antes de eyacular. Comúnmente, ni el hombre ni la mujer obtienen satisfacción y tampoco se evita el embarazo. Algunos especialistas en salud llaman al coito interrumpido «un método de último recurso»; sin embargo, por tener un índice de fracasos del 30 %, es en realidad un método desastroso, escasamente superior a la ausencia de precauciones.

Las *técnicas naturales de planificación familiar*, con el método de los doctores John y Evelyn Billings en cabeza, tienen un índice de eficacia casi del 98 %, siempre y cuando se trate de mujeres muy motivadas que sepan llevar ordenadamente el control diario de su temperatura basal y examinar las variaciones de su secreción vaginal (moco del cuello uterino). En el caso de las adolescentes, éstas han de saber que las prácticas de observación corporal deben realizarse durante varios meses, antes de que pueda utilizarse este método de manera segura y eficaz. Así y todo, la propia inmadurez fisiológica de la mecánica reproductiva y de los órganos directivos (hipotálamo, ovarios) hace que, en la mayoría de las adolescentes, el 50 % de los ciclos sean irregulares y anovulatorios. Se debe saber que pueden pasar de cuatro a seis años después de la menarquia hasta que el ciclo de la adolescente sea similar al de la mujer adulta. No es, pues, un método en el que pueda confiar plenamente la chica adolescente, aunque siga las instrucciones de la forma más disciplinada.

Para que estos métodos de planificación natural de la familia sean eficaces se requiere un tiempo de instrucción, que habitualmente se adquiere en cursillos dictados por profesionales sanitarios. Desde la creación, en 1977, en Los Ángeles, California, de la Fundación de la Organización Mundial del Método de la Ovulación Billings (WOOMB), ésta se encarga de difundir sus enseñanzas por todo el mundo. Hay que reseñar que la OMS y las Naciones Unidas han dado el visto bueno a este método. Lo ideal es instruir a ambos miembros de la pareja, a fin de que el varón comprenda por qué son necesarios los períodos de abstinencia. Obviamente, el varón soltero, por lo general, se muestra reacio a participar en estos métodos naturales. Es conveniente recordar que la Iglesia católica acepta estos métodos naturales para regular la natalidad siempre que se apliquen dentro del matrimonio.

Al popular *preservativo* (condón, profiláctico), cuya eficacia es del 85 al 95 %, le dedicamos más adelante íntegramente un apartado.

Los *espermicidas vaginales* (espumas, geles, cremas, óvulos) se encuentran generalmente en las farmacias junto con los productos de higiene femenina, como los jabones para baño y desodorantes. En la etiqueta de los espermicidas debe constar el término «contraceptivo» o similar, que señale claramente a la potencial usuaria que el producto sirve para evitar el embarazo. Asimismo, la adolescente debe recibir instrucciones prácticas y específicas antes de que comience a usar el producto: colocar el óvulo en la vagina de 10 a 30 minutos antes del coito y dejarlo allí durante seis horas después, y por lo tanto proceder a un lavado superficial después de tener relaciones sexuales, sin utilizar una ducha interna ni un baño de asiento.

La esponja anticonceptiva también se puede comprar sin prescripción médica. Tiene un índice de eficacia entre el 80 y 90 %. La esponja es menos eficaz que el preservativo masculino, pero en el caso de una adolescente cuya pareja se niegue a usarlo, puede ser más adecuada que el uso exclusivo del espermicida (la propia esponja está impregnada de un espermicida y cubre el cuello del útero igual que un diafragma). También aquí la joven tiene que ser instruida en este caso acerca de cómo colocarse adecuadamente el anticonceptivo. Una vez que se coloca de forma apropiada, la esponja es efectiva durante 24 horas y se pueden tener múltiples coitos sin necesidad de colocar más espermicida. Se debe extraer seis horas después de la última relación y no puede volverse a utilizar otra vez. Tampoco puede usarse durante la menstruación debido al riesgo de que produzca un shock tóxico.

El popular condón

Los antecedentes históricos de este popular método anticonceptivo los encontramos en el antiguo Egipto, cuyos habitantes utilizaban un preservativo masculino en forma de capuchón, hecho con tela o con intestino de animales. Griegos y romanos utilizaron el intestino del macho cabrío tanto para evitar el embarazo como las enfermedades venéreas. Otro modelo precursor fue el inventado por el italiano Fallopius en 1504, para prevenir la propagación de la sífilis, y consistía en una funda de lino embebida con cocciones, poco práctica al ser utilizada, pues a menudo se salía de su sitio. Pero el auge de este artilugio se debe al diseño de unos cilindros de caucho lubricados con aceites, inventado por el higienista británico y médico de la corte Condom, en el siglo XVII, y cuyos primeros «prototipos» fueron para el rey Carlos II de Inglaterra (al que ya se le calculaban 14 hijos). Más adelante, el propio Giacomo Casanova, el gran seductor italiano, en un pasaje de la *Historia de mi vida*, situado en 1760, hace elogio de «un paquete de finas capuchas inglesas». Aunque, en realidad, han tenido que pasar bastantes años para que la finura del látex (nacido en los años treinta) permitiera a los usuarios de preservativos recuperar parte de la sensibilidad hasta entonces perdida por la espesura y tosquedad del caucho vulcanizado, que los norteamericanos crearon a finales del siglo XIX y que se extendió con la primera guerra mundial como fórmula idónea para evitar las enfermedades venéreas de los soldados.

El actual preservativo masculino (condón, profiláctico), cuando se emplea combinado con el uso de un espermicida vaginal, presenta un índice de eficacia del 98 %. Si se utiliza solo, sin la ayuda del espermicida, su eficacia es entre el 85 y el 95 %. Ciertamente, es el utensilio más barato de control de la natalidad para los adolescentes; puede usarse sin supervisión médica y su uso no tiene efectos secundarios, además de evitar la mayoría de enfermedades de transmisión sexual.

Sin ánimo de hacer apología del preservativo, pero sí queriendo resaltar sus cualidades y las características de su uso, es importante que los adolescentes desmitifiquen y excluyan los tabúes en lo que respecta al popular condón.

Con los preservativos disminuye la sensibilidad. Generalmente, el látex con que se fabrican los profilácticos es muy delgado, y aunque las sensaciones son levemente diferentes, no por esto se impide el orgasmo. De hecho, la prolongación del coito puede ser más conveniente para la mujer. Se aconseja a los adolescentes que usen preservativos lubrificados para facilitar la penetración, porque es común que la lubrificación vaginal de la adolescente sea insuficiente, dado que la estimulación erótica anterior al acto sexual es limitada por la inexperiencia y la habitual precipitación que se da en estas circunstancias.

El preservativo se puede romper. El látex es fino, pero resistente a la vez. Hay que hacer grandes cortes en un preservativo para que salga una cantidad significativa de semen. Puede ser práctico que el propio adolescente que va a utilizarlo lo desenrolle, lo estire y lo retuerza para comprobar todo lo que puede soportar sin romperse.

El preservativo no es natural y además interrumpe el romanticismo del acto sexual. Hay muchos adolescentes que reconocen que el uso del preservativo es más natural que tomar hormonas. Es cierto que el profiláctico debe colocarse en el pene cuando éste está erecto y antes de iniciar el contacto genital, y ello implica una interrupción de los prolegómenos de la relación íntima, pero la pareja puede justificar la interrupción con el beneficio que obtiene al reducir el temor del embarazo y así favorecer el intercambio erótico sentimental.

Aunque los preservativos se venden sin prescripción médica, la compra del primero es una experiencia difícil que ha sido inmortalizada en libros y en películas. Es útil que los adolescentes conozcan ciertas instrucciones para que se sientan más seguros: los preservativos son eficaces durante dos años a partir de la fecha de compra; es necesario usar espermicidas vaginales junto con los preservativos; hay que usar un preservativo nuevo cada vez que se repita el acto sexual; al ponerse el preservativo hay que cuidar de que no quede apretado contra la punta del pene, dejando un pequeño espacio vacío; si se usa un lubrificante, debe ser a base de agua, no de aceite, ya que éste puede dañar el preservativo, y, por último, es conveniente mantener los preservativos en un lugar fresco y seco.

Métodos que requieren prescripción médica

Podemos empezar por el *diafragma*, aunque éste no es un método anticonceptivo que puedan emplear de ordinario las adolescentes vírgenes que acceden a su primera relación sexual. Previamente, habrá sido necesario motivar a la adolescente para que consulte con un ginecólogo, la pueda explorar y le informe sobre la colocación del diafragma. La adolescente tendrá que colocárselo ella sola antes de encontrarse con su pareja, insertando, además, un espermicida vaginal 30 minutos antes del coito y también inmediatamente después (para que logre el diafragma su eficacia teórica, entre un 95 y un 98 %), y luego, dejar el diafragma en la vagina durante seis horas, sin que la adolescente pueda darse una ducha interna ni un baño de asiento durante ese período. Como es obvio, el uso del diafragma presenta un alto índice de fracaso entre las chicas, ya que éstas no cumplen las instrucciones pertinentes con la misma disciplina que lo hacen con otros métodos menos engorrosos.

Aunque el *dispositivo intrauterino* (DIU) se consideró originalmente como una gran posibilidad anticonceptiva para las adolescentes, ha producido muchas decepciones. La razón fundamental es que el útero nulíparo (que no ha engendrado hijos) es menos tolerante a la introducción de un objeto extraño en su interior que el útero de una mujer que ya ha tenido hijos. A pesar de que los fabricantes se han esmerado en producir los DIU más pequeños, con frecuencia agravan los dolores (dismenorrea) y aumentan la cantidad de flujo menstrual (menorragia), que ya de por sí son fenómenos habituales durante la adolescencia. Un motivo de inquietud es que el DIU, según parece, multiplica por cuatro el riesgo de que se produzcan enfermedades inflamatorias de la región de la pelvis y, en consecuencia, la esterilización involuntaria de la joven derivada de lesiones en las trompas de Falopio (conductos que comunican el útero con los ovarios). Este método, pues, tampoco es el más idóneo para las adolescentes.

La *supresión hormonal de la ovulación* (píldoras anticonceptivas), popularmente conocida como *la píldora,* es el método en que piensan automáticamente la mayoría de los adolescentes cuando oyen hablar del «control de natalidad». Ciertamente, si

CUADRO 5

Contraindicación del uso de anticonceptivos orales

- Enfermedad tromboembólica.
- Accidentes cerebrovasculares.
- Enfermedades de las coronarias.
- Cáncer de mama (carcinoma).
- Otro cáncer dependiente del estrógeno (contenido de la píldora).
- Embarazo confirmado.
- Tumor benigno o maligno en el hígado.
- Funcionamiento deficiente del hígado.

la chica está suficientemente motivada para tomarla, lo hace disciplinadamente y tiene un respaldo familiar, se comprueba que, entre todos los métodos existentes, estos anticonceptivos orales tienen el menor índice de fracaso. No obstante, hay que tomar ciertas precauciones de índole médica antes de prescribirlas a las adolescentes. Así, aunque se ha descartado que su consumo influya en el cáncer de mama, hay que advertir sobre la asociación a un mayor riesgo de cáncer del cuello del útero (excepcional durante la adolescencia). Hay que informarse sobre los antecedentes familiares de la chica por si hubiera una incidencia de determinadas enfermedades que podrían agravarse por el uso de «la píldora» o si se detectan en la propia joven (cuadro 5). Asimismo, existen otros casos en los que está relativamente contraindicado su uso, como, por ejemplo: dolores agudos de cabeza (en particular las jaquecas o migrañas), hipertensión, diabetes, enfermedades de la vesícula, mononucleosis, anemia (enfermedad drepanocítica), intervención quirúrgica que exija reposo. Debe informarse también que el hábito de fumar —además de los riesgos propios que conlleva— acentúa marcadamente la posibilidad de problemas tromboembólicos (obstrucción de los vasos sanguíneos por coágulos que impiden el riego de órganos y tejidos corporales), que de por sí se pueden producir con el solo uso de la píldora anticonceptiva, y cuyos síntomas son: dolores agudos de cabeza, visión borrosa, dolor en el pecho, falta de aliento, escupir sangre y dolores agudos en el abdomen y en las piernas. Como efectos secundarios menores pero algo molestos de la toma de «la píldora», están las náuseas al comienzo del ciclo y la posibilidad de sangrado vaginal entre una menstruación y otra (metrorragias).

Es importante que la adolescente siga cuidadosamente las indicaciones para tomar el producto y que durante el primer mes de su uso se abstenga de relaciones sexuales o, si las tiene, utilice otro método anticonceptivo adicional, dado que ocasionalmente es posible un «escape» ovulatorio. Asimismo, si un día no toma una de las píldoras, tiene que tomar dos al día siguiente, y es conveniente que emplee un método complementario durante el resto del ciclo.

Enfermedades de transmisión sexual (ETS)

Es una realidad que las enfermedades de transmisión sexual (ETS) son un creciente motivo de consulta por parte de los adolescentes. Desde la perspectiva biológica, hay que saber que la maduración genital requiere de dos a seis años. Esto es especialmente importante en el caso de la adolescente, en quien la propia inmadurez de los órganos sexuales puede incrementar la susceptibilidad a las infecciones (cervicitis, salpingitis, etc.). Asimismo, las adolescentes que tienden a establecer relaciones sexuales lo hacen con varones que tienen 2 o 3 años más que ellas, y más de la mitad de esos compañeros sexuales tienen por lo menos 20 años de edad y poseen experiencia sexual previa. Esto es motivo para sospechar que las incidencias de ETS es más alta entre las niñas que entre los varones, y que probablemente se detecta insuficientemente en la adolescente infectada porque puede ser portadora asintomática (no manifiesta síntomas de la enfermedad).

La población adolescente se encuentra actualmente en una situación de mayor riesgo de adquirir una ETS porque ha disminuido la edad de iniciación de las relaciones sexuales y también ha aumentado el número de compañeros sexuales a lo largo de la adolescencia. Recientemente el *New York Times*, al analizar esa «epidemia oculta» que son las infecciones de transmisión sexual, anota que, en Estados Unidos el 25 % de los doce millones de nuevos casos anuales (sífilis, gonorrea, etc.) corresponde a la población adolescente.

El investigador norteamericano Sorensen distinguió una variedad de comportamientos sexuales en los adolescentes y observó que mantenían su consistencia a través del tiempo. Clasificó a los jóvenes en tres grupos. Un primer grupo que practicaba la abstinencia, y un segundo grupo que escogía la monogamia (en estos dos grupos están la mayoría de los jóvenes). Hay que advertir que, debido a las características de la edad, con frecuencia hay relaciones que terminan y al cabo de algún tiempo se produce el reemplazo con un nuevo compañero; a esta situación la denominó Sorensen «monogamia seriada». El tercer grupo lo constituían los adolescentes inquietos, exploradores, a menudo agresivos, que están siempre a la búsqueda de aventuras y de una gran variedad de compañeros. A este grupo le adjudicó el término de «aventureros sexuales».

Lo desconcertante es el hecho de que la frecuencia de ETS es similar entre los aventureros sexuales y los que practican escrupulosamente la monogamia seriada, lo que viene a ser una probable consecuencia del compartir, sin saberlo, un compañero proveniente del «núcleo» de pacientes con ETS. También es llamativo, en las adolescentes, descubrir la total correlación con el comportamiento sexual de la mejor amiga. A todo ello, es importante entender que la ETS es a menudo un «incidente centinela» que indica una relación sexual sin protección, y así el profesional que realiza el tratamiento debe ofrecer consejos para evitar nuevos contagios y también prevenir el embarazo.

Hay que saber que los agentes infecciosos que producen las enfermedades de transmisión sexual (ETS) no pueden vivir fuera del organismo humano. Así, hay que considerar que estas enfermedades se adquieren a través de la relación sexual y que no pueden adquirirse accidentalmente por el uso de «un baño sucio», por ejemplo (la única excepción, ocasionalmente, podrá ser la transmisión del papilomavirus humano y el parásito tricomonas, que bajo circunstancias especiales pueden ser transmitidos por objetos contaminados).

Como muchas veces las ETS no producen síntomas, los profesionales han de estar alerta, sospechando de determinadas situaciones y considerando que deben hacerse análisis de ETS ante determinadas circunstancias (cuadro 6).

Las ETS más comunes en la adolescencia son: gonorrea, clamidia, herpes genital, papilomavirus humano y *moluscum contagioso*. Menos comunes son la sífilis, el chancroide y el linfogranuloma venéreo, sin olvidar el temible virus de la inmunodeficiencia humana (VIH), que por su gravedad e importancia social comentamos a continuación.

Síndrome de inmunodeficiencia adquirida (sida)

El adolescente infectado por el retrovirus VIH (virus de la inmunodeficiencia humana) lo estará durante toda su vida. Inicialmente permanecerá asintomático (sin manifestar síntomas de la enfermedad), a veces por muchos años. No obstante,

CUADRO 6

Circunstancias que precisan de control médico

- Todo adolescente con secreción genital, dolor en la pelvis o cualquier otro síntoma compatible con la infección, aunque niegue haber tenido relaciones íntimas.
- Todo adolescente sexualmente activo/a.
- Todo adolescente que se sospecha que ha sido víctima de violación, abuso sexual o incesto.
- Adolescentes embarazadas.
- Adolescentes promiscuos/as.
- Adolescentes prostitutas/os.
- Adolescentes homosexuales o bisexuales.
- Adolescentes que han tenido (o se sospecha que han tenido) contacto sexual con una persona que tiene ETS, o que han usado drogas intravenosas.
- Adolescentes presos.
- Adolescentes con continuas infecciones venéreas.
- Adolescentes drogadictos o que han compartido agujas.

cuanto más dure la infección, más probable será el daño del virus a su sistema inmunitario, que en condiciones normales es el encargado de defender al organismo de las agresiones de los agentes infecciosos ambientales.

¿Cuáles son las vías de transmisión del VIH? La sangre y el semen. Aquellos adolescentes que son homosexuales, utilizan drogas intravenosas, sufren de hemofilia (es decir, precisan de continuas transfusiones de sangre) o tienen relación sexual con alguien infectado por el virus, se hallan en situación de mayor riesgo (cuadro 7). Es sorprendente el número de adolescentes que todavía piensan que la enfermedad se puede adquirir donando sangre, o a través de la picadura de un mosquito, o por contacto físico con un enfermo del sida, y, al mismo tiempo, no creen que se pueda transmitir el virus en una relación heterosexual.

Las manifestaciones clínicas son muy variadas y van desde el paciente asintomático hasta el que presenta cuadros febriles, sudores nocturnos, fatiga extrema, diarrea, pérdida de peso, linfoadenopatía generalizada (aparición de ganglios engrosados por el cuerpo) y candidiasis oral (infección que cursa con un color blanquecino en el interior de la boca). Las infecciones más corrientes, habitualmente temporales, se convierten en crónicas. También la tuberculosis y la sífilis tienen un cuadro clínico más severo en pacientes infectados con VIH.

Muchos adultos jóvenes adquirieron la enfermedad durante la adolescencia. Es importante que se conozcan unos datos clínicos y de laboratorio: la seroconversión (es decir, la formación de anticuerpos en la sangre por motivo de la infección) tarda entre dos a cinco meses; la incubación del sida es de dos años como promedio en adultos, pero puede ser más prolongada; se estima que el período de VIH positivo, previo al sida, puede ser de cinco años y a veces tan largo como 15 años.

A nadie escapa que para los adolescentes que se infectan con VIH el pronóstico es grave, pero está mejorando. A veces pasa mucho tiempo antes de que el paciente desarrolle sida, y tal vez no todos lo hagan. La gente con sida actualmente vive más tiempo que al comienzo de la epidemia y su calidad de vida ha mejorado. Las infecciones oportunistas (se llaman así porque «se aprovechan» de las bajas defensas inmunitarias del paciente), que matan a la mayoría de los pacientes con sida, son diagnosticadas y tratadas más rápida y eficazmente.

Con todo, aun con el mejor programa de apoyo médico y social, los adolescentes VIH positivos tienden a reaccionar con

---

CUADRO 7

Vías de transmisión del VIH

Coito:
- Homosexual, entre hombres.
- Heterosexual, del hombre a la mujer y de la mujer al hombre.

Inoculación de sangre:
- Transfusión sanguínea y de productos de sangre.
- Agujas compartidas por los consumidores de drogas intravenosas.
- Pinchazo debajo de la piel (hipodérmico), herida, exposición de mucosas (labios, por ejemplo) en profesionales de la salud.
- Inyección con aguja no esterilizada.
- Intrauterino (contagio del feto).
- En el nacimiento (contagio del recién nacido).
- En la lactancia (leche materna contaminada).

shock y negación. Muchos se ponen furiosos y otros están aterrados. Su gran angustia a menudo se expresa en un incremento del consumo de alcohol y drogas, y en una mayor promiscuidad sexual. Los jóvenes pueden presentar una depresión severa que se manifiesta en la pérdida de apetito, el insomnio, un bajo nivel de energía, el aislamiento social y hasta en ideas suicidas.

Es evidente que la respuesta pública al sida tiene un gran impacto en la vida de los adolescentes VIH positivos. Rápidamente éstos se dan cuenta de las actitudes adversas de la sociedad acerca de los que sufren de sida. Su sensibilidad frente a los temores de la población al contagio, el resentimiento, la discriminación y el ostracismo redundarán en un aumento progresivo de su sensación de aislamiento y abandono. Es más, para muchos (drogadictos, homosexuales), esto podrá confirmar rechazos previos. De modo que es natural que vivan perturbados por la culpa y la baja autoestima. Con el paso del tiempo, viven atormentados por la cruel expectativa de los dolores que tendrán en el futuro, la incapacitación y la desfiguración. Una joven de 18 años con sida preguntaba: «¿Cómo puedo prepararme para la muerte si apenas he empezado a vivir?»

La prevención de esta tremenda infección se basa fundamentalmente en la mayor información veraz y completa que podamos aportar a los jóvenes, tanto en el seno de la familia como en la escuela, en los centros de salud o en los medios de comunicación social. Que sepan, por ejemplo, que el preservativo es de gran eficacia, pero que también sepan que reduce parcialmente la transmisión del VIH, ya que la falsa creencia de que la efectividad del preservativo es absoluta podría contribuir a la propagación de la enfermedad en el caso de ser seropositivo; la prevención se continúa también en el control de la inoculación de sangre (control de transfusiones, no compartir agujas, precauciones universales) y, cuando se tienen relaciones sexuales, en la práctica de «sexo sin riesgo» (cuadro 8). Obviamente, la abstinencia sexual en las relaciones entre los jóvenes sigue siendo la mayor garantía para evitar esta tremenda pandemia.

CUADRO 8

Recomendaciones para reducir el riesgo de adquirir infección por VIH

Actividades sin riesgo:

- Masajes.
- Abrazos.
- Frotación corporal.
- Beso amistoso (seco).
- Masturbación.
- Masturbación mutua.

Actividades con potencial riesgo:

- Beso romántico (húmedo).
- Coito vaginal o rectal con protección de preservativo (menor riesgo si se combina con espermicida).
- Sexo oral (*fellatio*) con un varón, utilizando preservativo.
- *Fellatio* sin eyaculación.
- Sexo oral (*cunnilingus*) con una mujer que no tiene el período menstrual ni secreción vaginal.

Actividades con riesgo:

- Todo coito sin preservativo.
- *Fellatio* con un hombre, sin preservativo: semen en la boca.
- *Cunnilingus* con una mujer con secreción vaginal o período menstrual.
- Contacto boca-ano.
- Penetración anal.
- Compartir equipo de ducha vaginal o juguetes sexuales (*sex toys*).
- Contacto con sangre, incluyendo sangre menstrual, compartir agujas hipodérmicas.

¿Qué significa en la vida de un adolescente la aparición de una ETS?

Para algunos adolescentes adquirir una ETS equivale a un accidente. La resultante de un error de juicio, de inmadurez o de falta de habilidad. Representará, en ese caso, un episodio aislado traumático, en una vida sin problemas. Para otros será «la punta del iceberg», uno de los múltiples episodios de ETS, y se dará en el contexto de otras conductas problemáticas, como alta consumición de alcohol, tabaquismo, uso de drogas, promiscuidad sexual, embarazo adolescente, aborto, huida del hogar, etc. No se trataría, pues, de una coincidencia sino de una confirmación del gran número de adolescentes envueltos en conductas autodestructivas y antisociales, evidenciando un efecto de potenciación en las dificultades de dichos jóvenes. En el escenario más siniestro, la ETS puede ocurrir en circunstancias de abuso sexual, explotación y prostitución infantil.

Los profesionales con experiencia pueden apreciar los factores subyacentes a una «simple ETS». Así, se aprende a diferenciar la expresión inicial de los sentimientos juveniles eróticos y románticos, de la emergencia de la promiscuidad, la violencia, las actividades de pandilla y la pérdida de control de los impulsos. El conocimiento de la historia del desarrollo infantil puede ser de gran valor. Contundentes son las palabras de Reginald Lourie, uno de los pioneros de la psiquiatría infanto-juvenil en Estados Unidos.

«Determinantes importantes de la conducta sexual presente son las dificultades tempranas en el control de los impulsos, que se dan a menudo en presencia de la sobreestimulación, preocupaciones con necesidades de dependencia, un sistema de valores defectuoso, y el proceso mental conocido por repetición compulsiva. Si al niño de 3 a 6 años se le expone a la sexualidad abierta, la violencia y la indulgencia de los apetitos, esos estilos se harán parte de la persona. Cuando las costumbres del medio ambiente en cualquier nivel de la sociedad incluyen la tolerancia al escaso control de las necesidades internas, el niño poseerá un modelo para usar cuando sus propias necesidades, incluyendo la sexual, se hagan más fuertes durante la adolescencia.»

Cuando a todo esto se suma el proceso de separación (natural) de la familia que deja al adolescente con necesidades de dependencia no satisfechas, se ha propiciado el momento para que la actividad sexual se transforme en una manera prioritaria de establecer relaciones, con la esperanza de que otro se ocupe de uno. Por desgracia, esto no funcionará, porque quien se siente privado de cariño y falto de afecto, poco puede dar... Es más, cierto número de adolescentes que han sido expuestos a una sobreestimulación sexual durante su niñez (a veces incluso han sido seducidos), presionarán a otros adolescentes para iniciar una actividad sexual para la que no están preparados. Actuarán así porque estarán impulsados como por un motor interno que les hace repetir en otros, cuando pueden, lo que ellos experimentaron en el pasado. Incluso algunos de ellos podrán deteriorarse más y hacer un retroceso mayor, especialmente si dependen del alcohol y las drogas, y en medio de su vulnerabilidad, poco a poco van pasando a intercambiar relaciones sexuales a cambio de favores, regalos, drogas o dinero.

Hay una gran variedad de reacciones adolescentes. Las preocupaciones, los miedos y las ansiedades que provoca el diagnóstico de ETS suelen estar relacionados con la etapa de desarrollo por la que está pasando el adolescente. Así, durante la adolescencia temprana, los jóvenes estarán obsesionados por sus cambios corporales y mostrarán temor por el daño genital que han sufrido. En el transcurso de la adolescencia media, envueltos en las batallas de autonomía e independencia, estarán extremadamente alterados anticipando la posible reacción de los padres (en caso de que se enterasen), mientras que durante la adolescencia tardía, cuando hay conciencia más clara del futuro y una nueva capacidad para intimar, habrá gran angustia con respecto a la posibilidad de infertilidad, así como a la potencial reacción del compañero.

A todo esto habrá que sumar la organización de la personalidad y el estilo de adaptación de cada adolescente. Un adolescente miedoso y ansioso puede desarrollar una «fobia venérea»; un paciente impulsivo puede llegar a agredir a la persona que «le pasó» la ETS; un adolescente deprimido y con escasa autoestima puede ver en la infección la confirmación de que es una persona «sucia» y sin valor, y puede llegar incluso a tener ideas suicidas; otros pueden adoptar una actitud «contrafóbica» y, riéndose, manifestar con orgullo que «sufrieron una herida en la batalla del amor». Compréndase, pues, que para que los adolescentes comiencen a escucharnos debemos primero nosotros aprender a escucharlos a ellos.

XI

La alimentación y sus trastornos

> La difusión de los conocimientos científicos
> sobre nutrición y alimentación es el modo más
> eficaz para salir de la confusión en que el pú-
> blico se encuentra sumergido.
>
> FRANCISCO GRANDE COVIÁN

Nociones básicas sobre las necesidades nutritivas del adolescente

La dieta del adolescente sano debe cumplir con dos requisitos:
1) debe proveerle de los nutrientes necesarios para el crecimiento óptimo y el buen funcionamiento del organismo (incluyendo en las chicas el mantenimiento del ciclo menstrual regular); 2) debe disminuir el riesgo de enfermedades durante la edad
adulta.

La primera meta es obvia, pero la segunda a menudo pasa
inadvertida cuando, en realidad, los problemas asociados a la
dieta diaria pueden, eventualmente, ser las mayores causas de
enfermedad y muerte en la población adulta. Errores dietéticos,
tales como el consumo excesivo de grasas saturadas, son hechos
responsables como contribuyentes al desarrollo de enfermedades cardíacas, apoplejía (trastorno vascular cerebral que detiene
bruscamente las funciones cerebrales y produce un cierto grado de parálisis muscular) y algunos tipos de cáncer, como son
los de colon, mama y próstata. Asimismo, la ingestión excesiva
de calorías y de sal aumentan el riesgo de desarrollar hipertensión arterial. La falta de calcio puede predisponer a la osteoporosis (fragilidad de los huesos) y a la fractura de cadera de las

FIGURA 3

La pirámide de la alimentación diaria

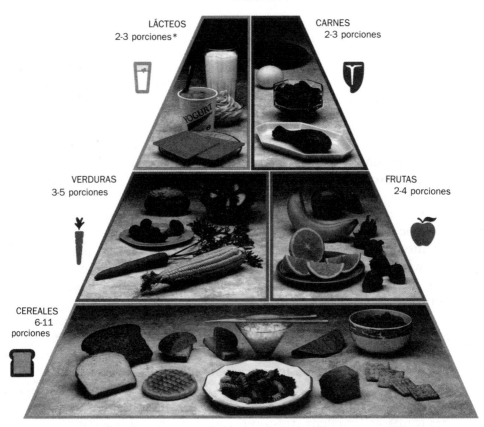

OTROS
(grasas, aceites,
azúcar) consumo
moderado

LÁCTEOS
2-3 porciones*

CARNES
2-3 porciones

VERDURAS
3-5 porciones

FRUTAS
2-4 porciones

CEREALES
6-11
porciones

*   Menores de 10 años, de 11 a 24 años y embarazadas y madres en período de lactancia necesitan 4 porciones de lácteos para satisfacer sus demandas de calcio.

ancianas. La ausencia de fibra en la dieta se asocia con la constipación o estreñimiento crónico y a enfermedades del intestino grueso. Las caries dentales se producen por la presencia de concentrado de carbohidratos (glúcidos o azúcares) y por la fluoridación inadecuada (falta de flúor), etc.

Hay una gran variedad de recomendaciones dietéticas y en la figura 3 (la pirámide de la alimentación diaria) se expone la conocida recomendación del Consejo de Investigación Nacional de los Estados Unidos, que debe utilizarse como una guía flexible y no como una rígida medida. No hay que olvidar nunca que las comidas van más allá de su función puramente nutricional. El comer juntos es una parte muy importante de la interacción social y ofrece una gran oportunidad para la toma de decisiones culinarias independientes de los comensales. A los adolescentes se les debe brindar la posibilidad de que puedan elegir y decidir sus preferencias. El objeto de las recomendaciones a las que aludimos es simplemente proveer de un marco de referencia para el desarrollo de hábitos alimentarios sanos.

El cuerpo del adolescente depende de la energía que incorpora para su manutención, crecimiento y actividad física. Esta energía, que se mide en kilocalorías, proviene de las proteínas, grasas y carbohidratos. Conviene saber que un gramo de grasa contiene más del doble de calorías que hay en un gramo de carbohidratos o de proteínas. Por este motivo, los bocadillos, los picoteos (*snacs*) y las comidas rápidas (*fast foods*) son considerados como más «engordantes» que el consumo de vegetales, frutas y comidas de alto contenido proteico, tales como el pescado, las aves y las carnes magras.

Un punto a considerar es que los adolescentes de la misma edad pueden tener necesidades calóricas muy diversas, dependiendo de su sexo, su estado de maduración sexual, su metabolismo y su actividad física. En los varones, los requerimientos calóricos tienden a aumentar desde 2 500 calorías diarias entre las edades de 11 a 14 años, a 3 000 calorías entre los 15 y 18 años. Para las chicas, el requerimiento calórico tiende a ser más constante, alrededor de las 2 200 calorías, y para muchas adolescentes esta cifra de requerimiento calórico puede disminuir entre los 15 y 18 años. Es importante entender cada caso en particular; así, por ejemplo, una nadadora de 14 años, entrenándose para una competición deportiva y que se encuentra en medio de su estirón puberal, si consume 2 200 calorías diarias puede perder mucho peso; mientras que una joven de la misma edad, que ya ha completado su maduración y lleva una vida sedentaria, puede ganar peso con la misma aportación calórica.

Recuérdese: el adolescente, durante su etapa de crecimiento máximo, requiere más calorías que un adulto de su mismo peso y altura. Si se restringe la ingestión de calorías de un adolescente de peso normal, se reduce su crecimiento. Existe una mayor sensibilidad a una restricción calórica que la que se da en niños o adultos. En la adolescencia se produce un incremento calórico que se refleja en el apetito. A menos que se tomen alimentos adicionales en las comidas, los jóvenes lo compensarán ingiriendo alimentos entre comidas: el picoteo y los bocatas están servidos...

Prevención y promoción de la correcta nutrición

Durante la adolescencia se establecen muchos de los hábitos que luego continuarán a lo largo de la vida y, por tanto, se trata de una edad crucial para la promoción de la correcta nutrición. Es fundamental que los adolescentes adquieran conocimientos veraces en materia de nutrición y deben estar bien informados acerca de las grasas y el colesterol, los carbohidratos y las fibras, las proteínas, las vitaminas y los minerales. Veamos, pues, algunos datos al respecto.

Grasa y colesterol: Una dieta bien equilibrada debe incluir grasas para proveer al organismo de ácidos grasos esenciales. El problema con las grasas es que generalmente ocupan una proporción mayor de la que deberían en las típicas comidas del adolescente. La proporción ideal sería que en la dieta no hubiese más del 30 % de contenido graso. Más importante aún: no más del 10 % del total de las calorías diarias debe provenir de las grasas saturadas, que son las de origen animal, como la mantequilla, el queso y la carne. El resto de la grasa diaria (20 % del total calórico) debe provenir de las grasas no saturadas de origen vegetal, como, por ejemplo, los aceites y margarinas. La evidencia científica es categórica al advertir que limitando la ingestión de grasas se previene la enfermedad coronaria. También hay que saber limitar el colesterol a 300 mg diarios, y la mejor manera de hacerlo consiste en la reducción del consumo de alimentos de origen animal, como las carnes rojas, las yemas de huevos, las vísceras, como el hígado, y productos lácteos, en especial la mantequilla y la crema de leche.

Hidratos de carbono y fibra: Hay que saber que una manera de reducir las grasas en la dieta consiste en alimentarse con comidas ricas en hidratos de carbono o carbohidratos complejos, como el pan, los cereales, las pastas y las frutas vegetales, que además constituyen una buena fuente de fibra. Los carbohidratos tienen menos densidad calórica que las grasas y proporcionan al cuerpo un material rápidamente combustible para los momentos de gran consumo energético. Los carbohidratos complejos deben constituir, idealmente, entre el 50 y el 60 % de la ingestión calórica del adolescente.

Proteínas: Entre el 10 y el 15 % de las calorías deben provenir de las proteínas. Las comidas de alto contenido proteico contienen todos los aminoácidos esenciales (que son ocho: valina, leucina, isoleucina, treonina, metionina, lisina, fenilalanina y triptófano), como es el caso de las carnes magras, las aves, los pescados y los productos lácteos. Algunos aminoácidos son producidos por el organismo, mientras que los aminoácidos esenciales son aquellos que deben ser aportados obligatoriamente por la alimentación, porque el cuerpo no puede producirlos. Hay que advertir a los adolescentes que las dietas vegetarianas, si no son cuidadosamente equilibradas, tienden a ser insuficientes en aminoácidos esenciales.

Vitaminas: Es obvio que el rápido crecimiento de los adolescentes requiere energía, y las vitaminas son necesarias para convertir los carbohidratos en energía. Los adolescentes necesitan más vitaminas que los niños. Los folatos y la vitamina B_{12} son necesarios para la producción de los nuevos tejidos que constituyen el aumento de la masa muscular. Los huesos, que crecen continuamente, requieren vitamina D. Las vitaminas A, C y E son necesarias para mantener la estructura y función de las nuevas células. Una serie de estudios recientes han demostrado que si una joven en edad reproductiva recibe suplemento de ácido fólico, en caso de quedar embarazada tendrá mejor protección para que el feto no desarrolle malformaciones congénitas neurológicas, del tipo del mielomeningocele (salida de las estructuras de la médula de su conducto original). Las vitaminas A, B, el ácido fólico y la vitamina C se encuentran en la fruta fresca y los vegetales. Mientras que los varones normalmente no requieren suplementos vitamínicos, las chicas en edad reproductiva probablemente se benefician con una tableta multivitamínica diaria. Hay que tener en cuenta, sin embargo, que las dosis altas de vitaminas, en especial A y D, pueden ser tóxicas y dañinas para el organismo.

Minerales: Los más importantes para el adolescente son el hierro, el calcio y el zinc. Así, uno de los problemas nutricionales más comunes es la anemia ferropriva. Se trata de una deficiencia de hierro, mineral fundamental en la producción de los músculos y los glóbulos rojos (hematíes). La anemia a menudo se manifiesta por cansancio y fatiga, y se corrige con la administración de hierro. Ambos sexos necesitan 18 mg diarios al comienzo de la adolescencia. Después de los 18 años, las necesidades son distintas según los sexos: los varones sólo necesitan 10 mg (existe la sospecha de que un contenido alto de hierro puede ser otro factor predisponente a enfermedad cardiovascular) y las mujeres siguen necesitando 18 mg para compensar la pérdida de hierro durante la menstruación.

Las necesidades de calcio son de 1 200 mg diarios hasta los 18 años de edad. La capacidad del cuerpo para absorber el calcio e incorporarlo en la estructura ósea está condicionada por otros factores dietéticos, como la presencia de vitamina D y de fósforo, y por las hormonas, como los estrógenos y andrógenos. Los alimentos con mayor contenido de calcio y vitamina D son los productos lácteos y las sardinas. La dieta de los adolescentes a menudo es pobre en calcio, lo que puede llevar a una masa ósea poco calcificada y predisponer a la osteoporosis del adulto. Es en las primeras tres décadas de la vida cuando se alcanza el pico de máximo contenido mineral óseo que tanto va a influir posteriormente en el riesgo de fracturas. Dado que aproximadamente el 45 % del esqueleto adulto se constituye durante la adolescencia, es esencial promover la mayor calcificación durante esta etapa de la vida. Lamentablemente, está demostrado que la ingestión diaria de calcio de muchos adolescentes está considerablemente por debajo de los 1 200 mg. Así, pues, en lugar de tomarse un vaso de refresco de bebida carbónica, los adolescentes deberían considerar el beneficio de tomar un vaso de leche (que contiene 349 mg de calcio). Otras fuentes de calcio son el yogur, el queso, el brécol, la espinaca y el salmón.

El zinc también es importante para el crecimiento del adolescente. Durante el estirón puberal se requieren 15 mg diarios. Buenas fuentes de zinc son los pescados, las aves, la carne, los guisantes (arvejas), las judías secas o frijoles (porotos) y los cacahuetes (maníes).

En conclusión, la consideración más importante en la dieta del adolescente no es la cantidad precisa de miligramos de vitaminas o minerales, ni el porcentaje exacto de proteínas en cada comida, sino el equilibrio que se mantiene entre los nutrientes. Una dieta equilibrada es rica en variedad y equilibrio entre proteínas, grasas, fibras, hidratos de carbono, vitaminas y minerales.

Características del estado nutritivo del joven

El aumento de peso corporal se intensifica durante el estirón puberal. En ambos sexos, el 40 % del peso adulto se adquiere durante la adolescencia. Pero la forma en que se adquiere el peso y cómo se distribuye éste por el organismo es distinta para los dos sexos. Así, cuando una niña comienza su pubertad, el tejido adiposo constituye aproximadamente el 15 % de su cuerpo, y cuando llega a la edad adulta el tejido graso casi se duplica, alcanzando el 27 % de la masa corporal. Esto no significa que una niña de peso normal se transforme en una adulta obesa, sino que durante la adolescencia femenina hay un cambio en la composición de la masa corporal. Lo que en realidad sucede es que los músculos tienen un desarrollo menos espectacular que el tejido adiposo. Se trata, pues, de un cambio en las proporciones relativas de grasa y músculos, y no hay pérdida muscular. El incremento de la proporción de tejido adiposo es de gran importancia para el sistema reproductivo. Sépase que el cuerpo debe tener una proporción determinada de grasa para que se dé la menarquia, y debe mantenerse la proporción de tejido adiposo corporal para que se conserve la regularidad del ciclo menstrual y pueda llevarse a término un hipotético embarazo y la correspondiente lactancia.

En los varones, los cambios se dan a la inversa. Ellos comienzan su pubertad con un 14 % de grasa corporal, y hacia el final de la adolescencia, aquellos que mantienen el peso ideal sólo tienen un 11 % de tejido adiposo. La musculatura llega a su máximo desarrollo, para ambos sexos, aproximadamente tres meses después del estirón puberal; sin embargo, este incremento de musculatura es el doble para los varones. No obstante, la fuerza muscular no se corresponde con la masa muscular hasta que los chicos alcanzan el estadio 5 de Tanner (véase fig. 2). Hay algunas circunstancias especiales que deben tenerse en cuenta. Por ejemplo, las necesidades nutricionales son mucho mayores en las adolescentes embarazadas o que están lactando, en los adolescentes atletas, en los que han sufrido quemaduras extensas o tienen enfermedades crónicas.

Por lo menos una vez durante la adolescencia, la persona sana requiere un análisis de sangre para determinar su hemoglobina y hematocrito (cantidad de glóbulos rojos, hematíes, en relación al volumen de sangre total). Es un análisis simple y económico, que puede obtenerse con una gota de sangre del pulpejo del dedo y permite descartar la presencia de anemia. Otro análisis sencillo de realizar es el de orina, para descartar la existencia de glucosa, sangre, proteínas o acetona. También se recomienda obtener el nivel de colesterol en sangre hacia finales de la adolescencia. Obviamente, en circunstancias nutricionales especiales, en los estados en que se sospeche malnutrición o deficiencias alimentarias específicas, el control médico con un detallado «diario de ingesta», exámenes físicos y los análisis pertinentes, son de obligado cumplimiento.

La controvertida dieta vegetariana

Desde hace unos años ha aumentado claramente el número de jóvenes que se cuestionan la bondad del tipo de alimentación seguido por sus mayores. El hecho es que, a partir de consideraciones diversas (éticas, filosóficas, religiosas, ecológicas, o simplemente de moda), excluyen de su dieta alimentos de consumo habitual y al mismo tiempo incluyen otros, que se tienen popularmente por extraños. La causa de este fenómeno social probablemente no es única ni simple y en sus raíces muchas veces se halla una concepción de la vida de tipo naturista, según explica el médico dietista barcelonés Clapés Estapá.

Esta forma de vivir de algunos jóvenes incluye un acercamiento a la naturaleza, un deseo de vivir más higiénico, en sentido amplio, huyendo de la excesiva tecnología moderna, respetando las leyes del ecosistema y evitando el consumismo. Una consecuencia inmediata en la manera de alimentarse de estos adolescentes acostumbra a ser la adopción de unos hábitos vegetarianos, más o menos estrictos y que excluyen los alimentos de origen animal: carnes, pescados, conservas o derivados y grasas animales. Los vegetarianos puros (*vegan*, en inglés), excluyen igualmente los huevos y la leche; aunque otros, los denominados ovolactovegetarianos, los aceptan.

En general, estos jóvenes son abstemios, rechazan el azúcar (utilizan, a veces, el azúcar moreno) y los cereales refinados, prefiriendo los cereales enteros. Existen varias modalidades bien definidas y delimitadas, entre las que destacan los macrobióticos, esencialmente cerealistas; los crudívoros y los frugívoros, cuyo nombre indica sus preferencias, son también representantes del grupo.

En su concepción de la vida hay, también, un intento de huir de las consecuencias negativas para la salud de los excesos y de las sustancias tóxicas, naturales o añadidas, presentes en algunos alimentos tratados tecnológicamente y con presumible acción deteriorante del organismo (sustancias cancerígenas, elevadoras del colesterol dañino, etc.). Así, los practicantes del vegetarianismo o del naturismo pretenden evitar los pesticidas, los abonos inorgánicos, los aditivos y las hormonas, con que se producen y manipulan muchos alimentos. Ésta sería la base para aceptar solamente alimentos naturales, es decir, supuestamente sin restos de sustancias como las mencionadas. Sin embargo, se plantean serias dudas sobre la bondad de estas alimentaciones, como por ejemplo: ¿proporcionan la cantidad y calidad de proteínas requeridas por el organismo del adolescente?, ¿pueden ser, o son, deficitarias en algunos oligoelementos, como el hierro, o las vitaminas, como las del complejo B?, etc.

Por lo dicho anteriormente, es necesario individualizar la naturaleza de cada dieta vegetariana. Así, habrá algunas que requerirán suplementos de vitaminas o proteínas para evitar deficiencias de elementos nutritivos esenciales. Por ejemplo, aquellas dietas que excluyen productos lácteos y todo producto animal tienden a ser muy bajas en zinc, hierro, calcio, riboflavina y vitaminas B_6 y B_{12}.

El médico que atiende a adolescentes tiene que estar al tanto de estas variantes alimentarias y no dejarse sorprender por el tipo de productos —extraños, para el profano— que habitualmente pueden consumir: algas, polen, sésamo, mijo, levadura, soja germinada, leche de soja, etc., que forman parte de una dieta vegetariana estricta. Los padres acuden al profesional porque les preocupa que la dieta vegetariana que practican los hijos no cumpla los mínimos nutricionales. Y el médico debe tener la suficiente ascendencia sobre la familia como para advertir de los casos en que exista una carencia nutricional en el joven, siendo aceptado como autoridad en estos temas, y para que no sea visto por el adolescente como parte integrante del sistema alimentario del que quiere prescindir (el omnívoro) y ser, por ello, rechazado.

«¿Qué pasa con mi peso?»

«¡Oh, Dios mío, qué gorda estoy!», exclama la jovencita de 16 años al abrocharse los *jeans*. La chica en cuestión mide 1,60 y pesa 49 kilos. No es obesa, ni siquiera tiene sobrepeso. Pero su exclamación es todo un mensaje: representa la ansiedad y la confusión que experimentan los adolescentes en relación con sus cambios de peso corporal.

La joven ha de saber que hacia el final de la adolescencia pasa por una etapa, completamente normal, de rápida acumulación de tejido graso que se distribuye en los pechos, abdomen, cadera y nalgas, todo lo cual viene predeterminado por el papel reproductor biológico que le corresponde. Asimismo, esta situación ha estado precedida, en ambos sexos, por la «grasa de cachorro» que precede al estirón puberal y que fue una experiencia que se acostumbra a recordar con desagrado. En el fondo, los adolescentes deben confiar en su propio cuerpo que sigue un mensaje genético que debe respetarse. Lo cual es muy difícil si se sienten amenazados por el fantasma de la obesidad, en este momento inexistente, pero que creen no tardará en presentarse en toda su magnitud. Es, pues, importante que entiendan qué es en realidad la obesidad.

De entrada debe saberse que el diagnóstico de obesidad no ha de establecerse únicamente con la báscula, dado que un peso elevado puede ser resultado de una constitución muscular y ósea importante. Empecemos por la definición de obesidad, que es de por sí compleja. Durante muchos años se ha determinado que la persona que tiene más del 20 % de su peso ideal (en consonancia con su altura) es obesa; mientras que la que se encuentra entre el 10 y el 20 % por encima de su peso ideal sufre de sobrepeso. Así, cuando una persona supera el 100 % de su peso ideal se dice que padece una obesidad mórbida, que es una afección grave.

El concepto de peso ideal tiene su origen en tablas, basadas en datos poblacionales, de las cuales existe una gran variedad. No obstante, dichas tablas ofrecen sus limitaciones porque, a menudo, no tienen en cuenta el tipo de constitución corporal, ni el estadio de maduración sexual de la persona objeto de estudio. Por estas razones, las tablas no deben ser interpretadas de manera rígida, sino que sólo deben tomarse como guías orientativas. La composición corporal de cada persona es más adecuada como punto de partida para evaluar la obesidad. Se considera, en términos generales, que el adolescente varón con más del 25 % de tejido graso y la chica con más del 30 % de tejido graso son obesos. Lo importante también es la distribución de la grasa, que se determina midiendo la cintura y la cadera (habiéndose demostrado que hay riesgos de problemas cardíacos cuando la relación cintura/cadera sobrepasa 1,0 en el varón y 0,8 en la mujer, a nivel de indicadores médicos).

Es bien conocido el grado de insatisfacción que las adolescentes experimentan con el peso y su propia figura (propiciado por el hedonismo, el culto al cuerpo y la entronización de la delgadez, que se están convirtiendo en valores socioculturales predominantes, amplificados continuamente por los medios de comunicación). Se dice, incluso, que existe una auténtica confrontación entre cultura y biología: el deseo de delgadez de los adolescentes les lleva a no gustarse a sí mismos.

Precisamente el control del peso es una de las más grandes preocupaciones, siendo mayor en las chicas que en los chicos. Según estudios de la experta norteamericana Regina Casper, las dos terceras partes de las adolescentes están preocupadas por el peso y la dieta, en comparación con un 15 % de los chicos. En el grupo de las chicas, aproximadamente la mitad de ellas no están tampoco satisfechas con su figura.

Advierte el catedrático de Pediatría de Zaragoza, Manuel Bueno, la enorme confusión que existe entre la población femenina en temas relacionados con el peso. En un estudio realizado por este experto en nutrición se demostró que en el grupo de chicas que se veían con sobrepeso, alrededor de un tercio presentaban un peso normal y algunas incluso tenían un peso insuficiente. De ello se deduce que existe en general una percepción incorrecta del adolescente acerca de cuál es en realidad el peso adecuado para su talla y edad.

El porqué de la obesidad

Aquí sí que la predisposición familiar adquiere su peso. De tal manera que el 80 % de los hijos de padres obesos tienen grandes posibilidades de serlo ellos, en contraste con la potencial incidencia de la obesidad en los hijos de padres de peso normal: menos del 15 %. Asimismo, cuando sólo uno de los padres es obeso, la proporción será del 40 % de sus hijos con sobrepeso. También los estudios de mellizos sugieren que la obesidad es hereditaria: los mellizos idénticos (gemelos), que cuentan con los mismos genes, tienen estadísticamente dos veces más la posibilidad de pesar lo mismo cuando se les compara con los mellizos no idénticos, cuyos genes son distintos. En esta misma línea, se ha demostrado que el peso de adultos que fueron hijos adoptados se correlaciona mejor con sus padres biológicos que con sus padres adoptivos. No obstante, el medio ambiente en que se desenvuelve también influye en la vulnerabilidad del adolescente, porque la ingestión de alimento y la actividad física que desarrolle pueden ser bien reguladas y, a pesar de la predisposición genética, reducir el grado de manifestación del sobrepeso.

Una manera de explicar las tendencias genéticas es la teoría del *set point* («punto de regulación»), que indica que el organismo regula su peso de la misma forma que un termostato regula la temperatura ambiental de una habitación. Cuando el peso corporal desciende por debajo de su *set point*, por ejemplo, mediante una dieta para adelgazar, el cuerpo se resiste bajando su metabolismo y gradualmente hace que el peso regrese a su valor inicial. Se especula que dicho «termostato» corporal se encuentra en el hipotálamo, instalado en la profundidad del cerebro. Por esta razón es posible que, en los obesos, el sistema regulador de energía esté operando a un *set point* más elevado, de un modo tal que ordene mayor ingestión y regule el metabolismo para mantener y defender un peso más alto que el de la población general.

Recientemente, el descubrimiento de que las células del tejido adiposo blanco —los adipositos— producen una hormona, la leptina (del griego *leptos*, delgado), que actúa regulando el peso corporal, ha abierto las puertas de una nueva era en la investigación de las causas de la obesidad.

Hay estudios cinematográficos que muestran que los obesos se mueven menos y consumen menos calorías que sus conciudadanos de peso normal. Otras investigaciones sugieren que incluso cuando están descargando pesos gastan menos calorías. Finalmente, otros estudios han descubierto que el sistema de señales biológicas que controla la sensación del hambre y saciedad no funciona correctamente en los obesos.

Obviamente, también hay causas médicas, aunque muy infrecuentes, que inducen a la obesidad, y que se caracterizan por la baja estatura e incluso la detención del crecimiento, como son la enfermedad de Cushing (por tumor o hiperplasia de las glándulas suprarrenales), el hipotiroidismo y una variedad de síndromes genéticos, a menudo asociados con retraso mental e hipogenitalismo.

Así las cosas, hasta que las causas de la obesidad no sean conocidas en su totalidad, las opciones de tratamiento se circunscriben a promover cambios en los hábitos de vida «para siempre» de los adolescentes. Visto que las dietas para adelgazar suelen fracasar a largo plazo, es más importante introducir cambios graduales y permanentes, como son la reducción de la ingestión de grasas y la incorporación de la actividad física y el deporte entre los hábitos juveniles.

Cómo afecta la obesidad a los adolescentes

Ciertamente la obesidad interfiere en la pubertad de varias maneras, pudiendo incluso acelerar la maduración sexual y el curso del crecimiento. Las adolescentes obesas, por ejemplo, acostumbran a tener una menarquia precoz y sufren luego trastornos menstruales, como son las reglas irregulares y de sangrado importante, con mucha mayor frecuencia que las chicas de peso normal. Y la obesidad también puede hacer cesar las reglas (amenorrea).

Más preocupantes, no obstante, son los efectos psicológicos. Los obesos habitualmente sufren mucho, preocupados por su aspecto y por lo que otros adolescentes puedan pensar de ellos. Un gran número han sido víctimas de bromas crueles y hostigamiento continuo desde su niñez. La sociedad, en general, presenta una actitud crítica en contra de los obesos, acusándoles, injustamente, de ser personas carentes de fuerza de voluntad. No es raro, pues, que la autoestima del adolescente obeso se vea afectada por estas circunstancias. Y entonces puede producirse un círculo vicioso: el adolescente triste y aislado encuentra consuelo en la comida. Además, al tomar conciencia de su apariencia, temerá participar en fiestas, bailes y actividades deportivas en donde tendría que exhibir su cuerpo. El resultado final es la adopción de un estilo de vida sedentario y de un lamentable aislamiento social. De ahí, pues, la importancia del apoyo emocional que precisa el adolescente obeso.

De todos es bien sabido que la reducción de la ingesta calórica, la implantación del ejercicio físico y los cambios en las costumbres alimentarias contribuyen a la pérdida de peso; luego, el «ingrediente» más crucial es la motivación. Si el adolescente obeso no ve el beneficio que le representa el perder peso y siente una total apatía hacia un régimen dietético, no tiene sentido insistir. No funcionará de ninguna manera.

Sin embargo, la familia puede ayudar al hijo obeso en sus esfuerzos por adelgazar. ¿Cómo? Simplemente, quitándole importancia al peso. El criticar, avergonzar o forzar una dieta, son actuaciones totalmente ineficaces y contraproducentes. No olvidemos que el adolescente tiene como meta la adquisición gradual de su independencia, y el control parental sobre la dieta interfiere con el sentimiento de autonomía del joven y con lo que es peor, con la pérdida de peso. En cambio, la familia puede ayudarlo cambiando las costumbres alimentarias de la casa, haciendo, por ejemplo, que las comidas se hagan a horas preestablecidas de mutuo acuerdo, promoviendo comidas con más tiempo y que den lugar a conversaciones, impulsando actividades físicas conjuntas y salidas campestres, llevando en la nevera portátil frutas..., en lugar de helados.

Ocasionalmente, también le será útil recibir apoyo de grupo, seguir las indicaciones de un médico o un nutricionista, y recibir tratamiento psicológico para manejar adecuadamente los asuntos que puedan «sabotear» sus esfuerzos por adelgazar.

El inicio de la terrible anorexia nerviosa

Es irónico que los jóvenes que necesitan adelgazar rara vez siga una dieta de adelgazamiento, mientras que los que no lo necesitan lo hagan constantemente. Esto es una respuesta a una sociedad que, de forma creciente, emite un mensaje poderoso: «Si quieres ser feliz deberás ser delgado.» En los anuncios comerciales, las películas, la TV y todos los medios de comunicación se proyecta la imagen de mujeres sonrientes, sensuales, exitosas y ¡flacas! Las adolescentes, para quienes ser populares, aceptadas y atractivas es esencial, absorben el mensaje y concluyen: «Yo podría ser más feliz si fuese tan delgada como esas modelos o actrices.» La obsesión con la pérdida de peso es un factor contribuyente a los trastornos alimentarios tan prevalentes en la segunda mitad del siglo xx. Y entre ellos descuella, por su triste importancia, la anorexia nerviosa.

Esta enfermedad comienza, típicamente, en una joven que «se ve gorda» o que quiere «perder unos kilitos» y comienza una dieta, incrementando, en muchos casos, la actividad física. Con los días, a pesar de perder abundante peso sigue disconforme, aunque a menudo sufra de intenso frío y tenga que cubrirse de ropa de abrigo. Pierde luego sus períodos menstruales (amenorrea secundaria) y comienza a evitar el contacto con sus familiares, que le hablan insistentemente de la necesidad de que se alimente. No asiste a las horas de comida en casa o, si participa en ellas, oculta los alimentos y después los tira. Poco a poco abandona su vida social, aunque mantiene su interés por la escuela. Con el paso del tiempo se transforma en un ser «todo piel y huesos» y su salud peligra (cuadro 9).

Cada paciente es única, pero los expertos en el tema han identificado ciertas características comunes en la anorexia nerviosa. Las chicas habitualmente son perfeccionistas, carecen de autoestima y están siempre dispuestas a cumplir con lo que otros esperan de ellas (en forma perversa, la dieta fanática es su única expresión de autonomía). Estas chicas se sienten inseguras de su identidad personal (refugiándose en la identidad anoréxica), tienden a comportamientos rígidos y obsesivos, necesitando tener bajo control sus pensamientos y apariencias. Por encima de todo, muchas temen los cambios puberales y la con-

CUADRO 9

Criterios para el diagnóstico de anorexia nerviosa
Extraído del Manual Diagnóstico y Estadístico de los Trastornos
Mentales (DSM-IV), 1994.

A. Rechazo a mantener el peso corporal por encima del valor mínimo normal teniendo en cuenta la edad y la talla.

B. Miedo intenso a ganar peso o a convertirse en obesa, incluso estando por debajo del peso normal.

C. Alteración en la percepción del peso o la silueta corporal («se nota» con mucho peso y «se ve» obesa).

D. En mujeres que han tenido la menarquia, ausencia de por lo menos tres ciclos menstruales consecutivos.

siguiente sexualidad y consiguen eliminar la pubertad «matándose de hambre».

La familia también acostumbra a ofrecer unas características particulares. Los padres son sobreprotectores, pero al mismo tiempo no hay una clara definición de los papeles familiares. Así, un padre puede funcionar como un igual (un par o compañero) y la hija como una confidente. Uno o ambos padres están inmersos en cada detalle de la vida de su hija, a menudo a niveles muy intrusivos. En otras palabras: el progenitor puede vivir su vida a través de su hija, en lugar de brindar un modelo de identificación adulto, con suficiente autonomía y separado jerárquicamente de ella. También, uno o ambos padres suelen tener una carrera o actividad profesional con mucho éxito y la hija suele asumir que es eso, precisamente, lo que se espera de ella. Las adolescentes anoréxicas casi siempre han sido hijas modélicas, y por lo tanto el comentario habitual de los padres es más o menos éste: «Jamás pensé que sería precisamente ella la que nos fuese a causar tanto dolor.» Asimismo, son familias que tienden a ser excesivamente conservadoras, a veces hasta la rigidez, y muestran evidentes dificultades con todo lo que suponga cambio. Intentando evitar conflictos, se inclinan por minimizar o evitar la discusión de sus problemas. El resultado es que los hijos tienden a sentirse confusos y atrapados entre las tensiones silenciosas que presentan los padres. Algunos terapeutas familiares especulan que la chica «se sacrifica» (inconscientemente) para que la atención de los padres se centre sobre ella y de ese modo desviar la atención de una situación matrimonial potencialmente inestable...

Es común que uno o ambos padres, o una hermana o hermano, también estén muy preocupados por su apariencia física o estén siguiendo un régimen de adelgazamiento, autoinducido o por indicación médica (por ejemplo, padres con colesterol elevado). Ocasionalmente, algún miembro de la familia ha sufrido también un trastorno de la alimentación, una enfermedad depresiva o experimentado un abuso de alcohol u otras sustancias. Obviamente, siempre hay excepciones a estas características. A veces la anorexia hace su aparición en una familia sin dificultades previas y los trastornos familiares que puedan presentarse se dan en respuesta a la propia anorexia.

Pronóstico y tratamiento

Hay una frase del psiquiatra chileno Gonzalo Morandé, afincado en España desde hace años, y gran experto en trastornos de alimentación, que resume perfectamente el objetivo terapéutico de estos pacientes: «Primero hay que tratarlos como adolescentes, antes que tratarlos como anoréxicos o bulímicos.»

No se pierda de vista que hablar de anorexia nerviosa es hablar de una enfermedad grave. Han de saber que, por ejemplo, la mortalidad a largo plazo es una de las más altas entre las enfermedades psiquiátricas (casi el 20 %, después de 20 años de acontecer la enfermedad). Y de este porcentaje, casi la mitad se ha suicidado, de modo que existe la posibilidad de que un componente de la mortalidad sea la asociación (comorbilidad) con cuadros depresivos. Otro 20 % de anoréxicas continúa con un peso precario, irregularidades menstruales e infertilidad. Con el paso de los años, la mitad de las pacientes se curan de su anorexia nerviosa, pero la mitad de este grupo sufrirá trastornos de ansiedad o de depresión en su vida adulta.

La anorexia nerviosa es una enfermedad exclusiva del sexo femenino en el 95 % de los casos; se da casi únicamente en la raza blanca, y tiene máxima incidencia en países desarrollados (se podría ironizar, pues, diciendo que es una enfermedad feminista, racista y capitalista). La enfermedad va en aumento día a

CUADRO 10

Hospitalización en la anorexia nerviosa

A) *Ventajas*

- Evita la muerte (urgencia médica).
- Separa al paciente de un medio familiar ansioso y conflictivo.
- Controla los reforzadores ambientales que mantienen la situación (interferencias).
- Incide directamente sobre el síntoma: anorexia.

B) *Inconvenientes*

- Aísla al paciente del contexto natural sobre el que actuar: la familia.
- Favorece las tendencias regresivas del paciente (ser un sujeto pasivo de la curación).
- Otorga el papel de chivo emisario para el paciente («identificado» como responsable).
- Elevado coste del tratamiento.

día, y su incidencia de una chica de cada 800 en la población general pasa a una chica por cada 100 en los grupos de riesgo, como son: bailarinas, gimnastas, nadadoras y corredoras. La edad media de presentación de esta enfermedad es a los 17 años, aunque asimismo hay dos picos: a los 14 y a los 18 años. También la edad de aparición es cada día más alarmantemente precoz (12, 11, 10 años...). Y también hay que hacer otra puntualización: aumentan día a día los casos de anorexia en varones.

Hay diversos tipos de anorexia: la «restrictiva», que únicamente presenta el cuadro de anorexia, en un 60 % de los casos; la «bulímica», que además del síntoma principal de anorexia se acompaña de accesos de consumir cantidad de alimentos y luego vomitarlos, en un 40 % de los casos. A la anorexia nerviosa se la llama «purgativa» cuando los pacientes utilizan profusamente purgas y laxantes (y también diuréticos) para perder peso. Sepan que aproximadamente un 15 % de los pacientes anoréxicos luego desarrollan un cuadro de auténtica bulimia nerviosa (véase a continuación).

Como reglas básicas para el tratamiento de la anorexia nerviosa preconizamos la intervención precoz y a ser posible en régimen ambulatorio, evitando el ingreso hospitalario del joven, aunque haya que recurrir a esta solución cuando peligra la vida del paciente (descompensación brusca del peso, deshidratación, peligro de colapso cardíaco, etc.), tratándose entonces como un caso de urgencia médica (cuadro 10). Es obvio que es preferible el tratamiento del paciente *in situ*, dentro de su marco natural que es la familia, con el soporte nutricional, medicamentoso y psicoterapéutico pertinente. Es una actuación más lógica y realista que el ingreso hospitalario de entrada, como obligado protocolo (cuadro 11).

En el tratamiento de esta enfermedad hay que armarse de gran paciencia. El cuadro clínico es tan desesperante que consume físicamente al que lo padece, agota emocionalmente a los familiares, y hace mella en el personal sanitario que le atiende. Al respecto, decía acertadamente un médico, Schowalter: «El remitir un paciente con un trastorno del comportamiento alimentario a un colega, no puede ser considerado como un acto amistoso.» El paciente parece que nos diga: «Ayúdame... pero no dejaré que me ayudes» (en la práctica, intentará sabotear todo el tratamiento). Se trata de una auténtica destrucción corporal con supervivencia mental. La «huelga de hambre» de la jovencita está cargada de significados morales e incluso religiosos. Es como

---

CUADRO 11

«Reglas de oro» para el tratamiento de la anorexia nerviosa

- Siempre que sea posible: tratamiento ambulatorio y abstenerse de ingresos hospitalarios.
- Prioridad a la recuperación del peso: terapia nutricional.
- Descartar causas orgánicas de la anorexia: análisis bioquímicos, EEG, radiografías, etc. (exploraciones no siempre necesarias y dependientes del criterio médico).
- Utilización precisa y limitada de medicamentos: multivitamínicos con minerales, antidepresivos, estimulantes del tránsito y vaciamiento gástrico, y sustitución hormonal (para la amenorrea de larga duración).
- Valerse de las sesiones de terapia familiar e individualizada y de las técnicas de modificación de la conducta.

un repudio de la condición femenina: en búsqueda del ideal andrógino (los rasgos externos no se corresponden definidamente con los propios de su sexo). La ingestión de alimentos, a menudo de una manera forzada, la vive la chica como una intromisión en su integridad corporal, y se niega a ingerirlos. Decía categóricamente el médico —aristócrata francés— Gilles de la Tourette: «La enferma no quiere comer, porque no quiere comer.»

Hay ciertos factores que indican un buen pronóstico: edad de comienzo temprano, diagnóstico y tratamiento precoz, rehabilitación nutricional, mejora progresiva de la autoimagen y una familia que apoya. El tratamiento ideal a menudo requiere un equipo multidisciplinario. La recuperación de peso es un ingrediente esencial en el proceso de recuperación (al respecto advertía el terapeuta familiar Salvador Minuchin: «Cuando el paciente empieza a comer y a recuperar peso, la terapia acaba sólo de empezar»). Asimismo, las terapias individuales y familiares son muy efectivas y un enfoque terapéutico unificado ofrece la posibilidad real de curación.

La secreta bulimia

Así como en la anorexia nerviosa el paciente se delata por su depauperado aspecto físico, en la bulimia las apariencias engañan. Y detrás de una presencia aparentemente normal se esconde una lucha titánica para controlar el peso.

Lo mismo que en la anorexia, la bulimia es un trastorno de la alimentación en el cual la comida y el peso se transforman en obsesiones. Su característica fundamental son los solemnes atracones de comida a los que se abandona el paciente (el término bulimia procede del griego *boulimos*, que a su vez deriva de la fusión de *bous*, buey, y *limós*, hambre, literalmente, «hambre de buey»). Estas imparables comilonas (*binge eating* de los anglosajones) van seguidas de conductas para evitar el aumento de peso, tales como vómitos provocados, períodos de ayuno, abuso de laxantes y ejercicio físico exagerado. Se distingue de la anorexia en que el peso de la bulímica acostumbra a ser normal. A menudo se trata de jóvenes hermosas que por mucho tiempo mantienen secreta su enfermedad.

En un atracón típico, comen cantidades enormes de comida fácilmente digerible (por ejemplo, helados, mermeladas, etc.) y lo hacen rápidamente, aunque a veces un atracón de éstos puede durar hasta dos horas. La experiencia psicológica que tienen durante el atracón es la de un fuerte impulso a seguir comiendo acompañado de miedo a no poder parar de comer (cuadro 12). Después del atracón, sienten temor a que «la comida se vaya a transformar en grasa y se acumule en la barriga y las caderas». Entonces se impone urgentemente tratar de eliminar como sea las calorías ingeridas (vómitos, laxantes, etc.). Así, al establecerse el ciclo vicioso: déficit calórico-hambre-atracón-eliminación (purgación), los episodios bulímicos adquieren un patrón regular y cada vez más frecuente, llegando ellos mismos a controlar y avergonzar a la adolescente, que vive su secreto con el temor constante a ser descubierta. Hasta que, al fin, un día surge una complicación médica y se descubre todo el pastel... Curiosamente, acostumbran a ser los dentistas los primeros en detectar

CUADRO 12

Criterios para el diagnóstico de la bulimia nerviosa
Extraído del Manual Diagnóstico y Estadístico de los Trastornos Mentales (DSM-IV), 1994.

A. Episodios cada vez más frecuentes de ingestión voraz de alimentos (consumo rápido de gran cantidad de comida en un período limitado de tiempo).

B. Sentimiento de falta de control sobre la conducta alimentaria durante los episodios de voracidad.

C. La persona se empeña regularmente en comportamientos inapropiados para prevenir el aumento de peso, como provocarse el vómito, usar medicamentos laxantes y diuréticos, practicar dietas estrictas o ayunos, o hacer mucho ejercicio.

D. Tanto los episodios de voracidad como los comportamientos inapropiados para prevenir el aumento de peso, ocurren un mínimo de dos veces por semana por lo menos durante tres meses.

E. Preocupación persistente por la silueta y el peso.

F. Este trastorno (de bulimia) no ocurre exclusivamente durante episodios de anorexia nerviosa.

la enfermedad, cuando observan lesiones dentales provocadas por el contacto repetido del ácido clorhídrico estomacal expulsado por los vómitos, o bien cuando se observa el agrandamiento (hipertrofia) de las glándulas parotídeas (productoras de saliva), sangrado esofágico, dolor abdominal, diarrea, deshidratación, trastornos en los electrólitos corporales (el potasio, por ejemplo), un cuadro de intoxicación por el uso de vomitivos (por ejemplo, jarabe de ipecacuana) o anormalidades del ritmo cardíaco. Otras veces, la bulimia se acompaña de trastornos de la impulsividad, como son la cleptomanía (apropiarse de las cosas en los comercios), el abuso del alcohol u otras drogas y la promiscuidad sexual con una conducta compulsiva.

No hay que confundir la enfermedad de bulimia nerviosa propiamente dicha, con los episodios bulímicos eventuales que pueden presentar desde los obesos que están siguiendo un régimen de adelgazamiento (en un 5 % de los casos) hasta las chicas con un cuadro típico de anorexia nerviosa (en un 50 %, aproximadamente). Las características familiares de las chicas con bulimia nerviosa son bastante distintas de las de las chicas con anorexia nerviosa. En las bulímicas, habitualmente, las relaciones familiares son caóticas, imprevisibles y conflictivas. Son comunes las explosiones emocionales y las comunicaciones contradictorias entre los miembros de la familia. También son frecuentes otros problemas familiares serios, como el alcoholismo, el abuso de drogas, la depresión, etc. Un número importante de pacientes adultos han revelado en las sesiones de terapia haber sido víctimas de abuso sexual en la niñez o adolescencia. Otro estudio de adultos con bulimia evidencia que la mitad son drogadictos o abusan de sustancias. Como siempre, hay excepciones.

¿Cuál es el pronóstico? Las estadísticas son insuficientes y las recaídas frecuentes (habitualmente debidas a las situaciones de estrés), pero parece ser que una cuarta parte de los pacientes se recupera. El tratamiento rara vez se inicia antes de los 2 a 5 años de iniciada la enfermedad (por sus peculiares características secretas). Al igual que en la anorexia, también se requiere un equipo multidisciplinario. La medicación antidepresiva (con el empleo de fármacos de última generación que actúan a nivel del trasiego entre las neuronas de serotonina y noradrenalina) puede ser muy efectiva en reducir los episodios bulímicos e incluso eliminarlos, independientemente de si la paciente presenta o no síntomas depresivos. Los grupos terapéuticos de apoyo (del tipo de alcohólicos anónimos) pueden ser un importante complemento a la psicoterapia individual o a la terapia familiar, ya que las jóvenes bulímicas tienden a ser sociables y a comunicarse bien con sus compañeros e iguales.

El imperio de las dietas y el fraude alimentario

La prosperidad en los negocios alimentarios no es sólo una cuestión de las tiendas de alimentos sanos (*health foods*), también la industria de las dietas ha prosperado, con dietas explosivas en la mayoría de revistas femeninas, *best-sellers* que proclaman rápidas pérdidas de peso, clínicas de pérdida de peso en todos los centros comerciales, píldoras adelgazantes, comidas y bebidas dietéticas, etc.

Como ejemplo del auge de estas nuevas especializaciones culinarias, anotemos que en la edición de 1983 de la guía norteamericana de consumidores *Rating the diets* se evaluaban más de 100 clases de dietas distintas. El enorme número de dietas es, por sí solo, una prueba de que si alguna de ellas realmente funcionase no serían necesarias tantas otras.

Algunas de las dietas de adelgazamiento, que han estado y están actualmente de moda, son las llamadas *milagrosas*: dieta de alimentos crudos; dieta del pomelo, la piña, el plátano y la leche; dieta del melocotón en almíbar, yogur y limón; dieta Hollywood; dieta Antoine; dieta según incompatibilidades (Sheton); dietas disociadas (Escandinava, Montignac); dieta Atkins; dieta Mayo, dieta líquida; dieta de ayuno, etc. Todas ellas encandilan a la población adolescente, especialmente femenina, ávida de mejorar su silueta.

Una dieta muy promocionada en la actualidad es la del francés Montignac. Para dicho autor, la nutrición está basada en «cuatro criterios fundamentales» y muy personales. Así se manifiesta de contundente y visionario con las siguientes elucubraciones dietéticas y estrambóticas ideas:

1. La teoría de las calorías es falsa. Se trata de una aberración sin base científica que, sin embargo, ha dado el pego desde hace demasiado tiempo.

2. Hacer comidas equilibradas es un craso error. Lo que no

es inconveniente para que se pueda seguir una alimentación equilibrada, pero repartida en varias comidas.

3. Algunas mezclas alimentarias, recomendadas por los dietistas, son totalmente *contra natura*. Para algunos organismos sensibles son incluso incompatibles, hasta el punto de que pueden desestabilizar el metabolismo y originar muchas enfermedades.

4. Algunos alimentos constituyen verdaderos venenos para nuestro organismo y contribuyen insidiosamente a degradar su funcionamiento. Es el caso, sobre todo, de los productos refinados, como el azúcar y las harinas blancas (Montignac, 1990).

Huelga decir que estas gratuitas afirmaciones son de exclusiva invención y responsabilidad de sus autores.

Por lo que se refiere a las dietas extremas, llevadas al límite, están tipificadas como gravedad médica y las consecuencias pueden ser severas, incluyendo el retraso del crecimiento y de la maduración sexual, hipotermia, bradicardia, hipotensión, trastornos digestivos, hipoglucemia, confusión mental, amenorrea, y, en casos extremos, desequilibrio electrolítico y muerte por inanición (decaimiento físico total). Por algo hay dietas extremas que se han llegado a conocer como «dietas asesinas».

En una primera fase —según informa la farmacéutica barcelonesa Marta Castells, experta en nutrición—, la tecnología alimentaria se esforzó en producir lo idéntico a nuestros alimentos familiares, para luego, una vez desconectados del verdadero producto, evolucionar a su aire creando nuevos productos. Así, resulta que los alimentos que consumimos hoy son muy diferentes a los que consumíamos hace treinta años. La agricultura y la ganadería se alejan cada vez más de la naturaleza: cada día, la alimentación está más lejos de las materias primas y más cerca de la industria.

Actualmente, la tecnología alimentaria permite producir alimentos completamente sintéticos, y todos estos cambios hacen que ya nada parezca ser lo que era. El nutriólogo Fischer acuñó el acrónico OCNIS, iniciales de «Objetos Comestibles No Identificados».

Ya en 1969, en la White House Conference of Food, Nutrition and Health, se advertía seriamente: «Ninguna otra área de la salud pública sufre tal abuso de trucos y falta de información como la nutrición.»

Cambios sociales en el comportamiento alimentario

En su tesis doctoral Marta Castells (1996) apunta algunas de las situaciones que han contribuido a los cambios en materia de alimentación del mundo occidental. Resalta, por ejemplo, el importante número de mujeres casadas que tienen un trabajo fuera del propio hogar, lo cual limita el tiempo de dedicación a las labores domésticas y a la cocina en particular (un estudio muestra que las mujeres francesas dedicaban a finales de los ochenta sólo 30 minutos a la preparación de las comidas). Esta mayor participación laboral de la mujer no ha ido acompañada, en líneas generales, de una mayor corresponsabilización de los hombres en las tareas domésticas (aunque algunos ya empiezan a manejarse con soltura entre los pucheros, probablemente animados por los programas culinarios divulgativos en los medios de comunicación que tanto éxito están cosechando, como es el caso, por ejemplo, del genial divulgador del arte culinario Karlos Arguiñano en televisión).

Es evidente que las mujeres procuran conseguir productos y utensilios (congelador, microondas, etc.) que ahorran tiempo en la preparación de los platos y en la limpieza de la cocina. Y de ahí procede el enorme auge de los alimentos procesados, precocinados y congelados. Las tareas de limpiar, pelar, trocear, hervir y otras muchas han sido desplazadas de la cocina casera a la fábrica. Resultado de todo ello es que la mujer del mañana parece caracterizarse por comprar alimentos y platos preparados, para así disminuir el tiempo dedicado a la cocina y poder comprar menos a menudo.

Los importantes cambios demográficos que han tenido lugar en los últimos treinta años han dado como resultado un importante aumento del número de hogares, pero con una fuerte disminución del número promedio de sus componentes. La disminución de la natalidad y el envejecimiento de la población condicionan un progresivo aumento de hogares compuestos por personas solas. Estos hogares unipersonales están formados por viudos, divorciados y solteros independientes. Por supuesto, los comportamientos alimentarios de los solitarios serán diferentes según las circunstancias que han determinado esta soledad, y todo ello ha repercutido considerablemente en muchas de las actividades domésticas relativas a la alimentación: pautas de compra y almacenamiento de alimentos, preparación de las comidas, demanda de las porciones adecuadas, etc.

Por otra parte, se evidencia una progresiva subordinación de la alimentación familiar a los horarios de los diversos miembros: horarios laborales, escolares, lúdicos, etc. Asimismo, la industria alimentaria, provista de todos los adelantos tecnológicos (neveras, congeladores, microondas), ha hecho posible que cada miembro del grupo familiar elija y prepare su propio menú y a la hora que le conviene, no necesariamente coincidente con otros miembros de la familia.

Estudios recientes advierten que la mitad de los jóvenes adultos se saltan el desayuno y que un 25 % pasa sin comer al mediodía. Por el contrario, el picoteo (*snacking*) está aumentando. El último estudio realizado por la norteamericana National Food Consumption observó que al menos un 60 % de los habitantes de aquel país «picaban» y que este picoteo comprendía un 20 % de las calorías totales.

A la vista está que el apetito actual del occidente industrializado, aunque sobrealimentado, no está satisfecho. Pero esta sobrealimentación no es debida a «orgías alimentarias» o a grandes banquetes, propios de algunas culturas tradicionales o de otras épocas, sino —como dice el nutriólogo Fischer— a que desde la infancia picoteamos cotidianamente golosinas o «entretenimientos» diversos, y nos entregamos al pillaje nocturno de las neveras. El hambre ya no nos amenaza, nos «cosquillea». En este sentido ya no vivimos la época de la «grande bouffe», de saciarse ingiriendo suculentos manjares, sino la del simple y prosaico «gran picoteo»...

¿Dónde está la cultura de la alimentación?

Para una buena preparación gastronómica de los adolescentes, los padres, secundados por las escuelas, tienen que haber impartido, desde los primeros años de vida, una educación e información lo más completa posible en materia de alimentación (a este buen fin hemos colaborado en Barcelona durante años, acompañando a cocineros y *maîtres* de restaurantes a dialogar con alumnos de las escuelas, bajo el auspicio de los insignes gastrónomos Luis Bettonica y Máximo Fernández). En la adolescencia, es bien sabido, se consolidan los hábitos adquiridos durante la infancia. Y los alimentarios han de ir en cabeza. Los niños han tenido que probar todo tipo de alimentos, acordes a la madurez de su aparato digestivo, evitando en lo posible la negativa a probar nuevos nutrientes (neofobia alimentaria), y teniendo siempre bien presente que las aversiones alimentarias se adquieren, fundamentalmente, entre los 6 y los 12 años.

En la actualidad hemos de aceptar que se están imponiendo nuevas formas de alimentación, que intentan desplazar a la cocina tradicional, sabiamente reparadora con guisos y pucheros de lenta condimentación (al insuperable estilo «chup-chup»). La estructura y ritualización de las comidas parece perder sus orígenes. Según un experto francés, Herpin, la desestructuración del sistema de comidas puede tomar las siguientes formas:

1. *Desconcentración.* Consiste en una transferencia de las comidas sólidas (relativamente concentradas en la comida del mediodía y en la cena) en beneficio de las pequeñas comidas (el desayuno, el bocadillo o tentempié de la mañana, la merienda y el bocadillo de la noche). Inversamente, el menú de las comidas principales se simplifica: la comida principal se organiza alrededor de un solo plato (que ha venido a designarse con el socorrido término de «plato combinado»).

2. *Desimplantación.* Las nuevas comidas no tienen lugar a horarios fijos. Ni el principio ni el final de las diversas comidas se sitúan dentro de franjas horarias estrechas. Esta imprecisión de las fronteras horarias hace que aparezcan formas híbridas como la merienda-cena o el aperitivo-comida o el *brunch* (mezcla de *breakfast* y *lunch*, que se toma a media mañana).

3. *Desincronización.* En las nuevas formas de alimentación, los horarios están cada vez menos coordinados con vistas a hacer de la comida una actividad común. Otras actividades sustituyen a la función social de la comida como marco de encuentro e intercambio.

4. *Deslocalización.* La comida tradicional tenía lugar en la cocina o en el comedor, mientras que las nuevas formas no están tan precisamente localizadas en el domicilio (basta sentarse en el salón, delante del televisor con un bocadillo y una bebida, o con una bandeja de *TV-diner*, que hace furor en Estados Unidos), ni tampoco en el exterior, ya que además del restaurante o la cafetería, se pueden considerar lugares de alimentación: el

coche, el trabajo, el aula de la escuela, los pasillos y campus de la universidad, los bancos de los parques, la calle...

Para prevenir los trastornos de la alimentación que inciden especialmente en la etapa adolescente, deben preconizarse patrones correctos de conducta alimentaria, como pueden ser, por ejemplo, la práctica estricta de las tres comidas diarias y probar todo tipo de alimentos. No hemos de olvidar que el apetito forma parte de la educación integral del ser humano. Así como el hambre es un instinto, innato y orgánico, el apetito es adquirido, cultural y pertenece a la esfera psíquica (el apetito viene a ser como el componente psíquico o espiritual del hambre).

Saber disfrutar de una buena mesa (uno de los placeres que más dura y se acrecienta con los años, mientras que otros placeres decrecen), comiendo lenta y reposadamente, saboreando los condimentos (la saludable práctica del *slow-food*), es signo inequívoco de cultura. Y como decía el genial pintor catalán Salvador Dalí: «Una nación no está a punto si no tiene al menos cincuenta clases de quesos y de buenos mostos.»

XII

El sueño y sus alteraciones

> Una hora duerme el gallo; dos, el caballo; tres,
> el santo; cuatro, el que no es tanto; cinco, el
> caminante; seis, el estudiante; siete, el peregri-
> no; ocho, el capuchino; nueve, el pordiosero;
> diez, el caballero; once, el muchacho, y doce, el
> borracho.
>
> Refrán popular

La noche es joven

¿Por qué los adolescentes muestran tanta ansia por salir de noche? Seamos sinceros: quien más quien menos, todos los que
ahora son padres han sentido de jóvenes el hechizo de la noche
(y más de uno se ha enamorado de la que hoy es su querida esposa en una noche mágica, con Cupido incluido). Nuestros vástagos, pues, también saben que la noche, bajo la luz eléctrica,
encierra unos encantos que no tiene el día, bajo la luz solar. La
noche ofrece —entre otras cosas apetecibles— satisfacciones in-
mediatas, apela a los sentidos, proporciona compañía y establece una ruidosa solidaridad.

Los jóvenes albergan la ilusión de que la noche es suya, de
que les pertenece totalmente, de que en el mundo nocturno
sólo están ellos, sin adultos, y sin su odioso control...

Además, la noche está investida de un espléndido ritual ini-
ciático. Es bien sabido que ser niño implica, entre diversas obligaciones específicas, tener que irse pronto a la cama. Norma
inalterable, únicamente los días de vacaciones y las vísperas de
festivos permiten retrasar esta obligación infantil. En consecuencia, un rito de paso de la adolescencia significa conquistar
el derecho a dominar la hora de recogerse en casa por la noche.

Y cada vez se adelanta más la edad en que se alcanza este derecho (los chicos exigen y los padres terminan por claudicar, ya se sabe). Llega, por último, la posesión total de este atributo adolescente: pasar la noche fuera de casa. Éste es el privilegio máximo de los jóvenes.

¿Hay otras razones para que les apetezca tanto la noche? Sin duda. No basta con la habitual observación respecto al buscado anonimato y a la irresponsabilidad colectiva que proporciona la noche y que tanto atrae a los adolescentes (recuérdese, no obstante, que la nocturnidad es un agravante de los delitos). No es la oscuridad por sí misma lo que buscan los jóvenes, precisamente porque no es el sentido de culpa lo que les distingue como grupo, según apunta el sociólogo Amando de Miguel. La función de la noche no es aquí la de ocultar, sino la de no coincidir con los horarios de los adultos, en la práctica, los padres.

Para algunos adolescentes en abierto conflicto con sus padres, la noche hace un papel amortiguador de las turbulentas relaciones paterno-filiales. Si coincidieran los horarios de los jóvenes y de los progenitores, el conflicto sería más explícito. Y nadie quiere que esta confrontación —a veces, en estado latente— se haga más patente. Salir de noche quiere decir que al día siguiente los turnos de comidas estarán cambiados para uno y otros. Así es más difícil discutir. Ya que los jóvenes de hoy no se deciden a irse de la familia de origen a su debido tiempo (en la edad laboral, para matrimoniar, etc.), por lo menos eligen el horario cambiado, las salidas nocturnas. Este gesto supone una independencia vicaria de la familia, que de otra forma no se podría conseguir. De hecho, se produce esa salida del hogar paterno, aunque sólo de forma efímera y cotidiana.

Además, lo lógico es que si trasnochan, duerman por la mañana. Y esta necesaria recuperación acalla la conciencia de dejación de las obligaciones laborales o estudiantiles. Se trata de una estupenda coartada. Es así como la noche viene en auxilio de los adolescentes.

Juergas nocturnas

Aparte de las fiestas institucionalizadas (Nochevieja, carnavales, etc.), cualquier motivo es bueno para reunirse unos cuantos jóvenes y armar una buena juerga entre semana: cumpleaños, santo, mitad de curso, final de curso, despedida de soltero, inicio del servicio militar, conciertos, etc., amén de los obligados fines de semana, que a menudo empiezan en la noche del jueves... A juntarse la pandilla y a desinhibirse lo más posible con el efecto sinérgico de la noche, el alcohol, el tabaco, el ruido, la velocidad y, en último término (aunque para algunos es el primero), las drogas más duras. Luego, ya vendrá el domingo —secular día instaurado para el descanso— para sacudirse las resacas acumuladas y reparar el cuerpo en lo posible (el espíritu no tanto) para iniciar el aburrido lunes sin dar un traspiés.

Fue el genial humorista Forges —el madrileño Antonio Fraguas— quien comparó las noches del fin de semana con una especie de reserva india para los jóvenes, bien acotada y delimitada, que la sociedad (que no sabe dónde ubicarles durante el día, aparte de tenerles entretenidos estudiando) les concede, magnánimamente, para que puedan campar a sus anchas, con una permisividad y relajación de las costumbres, que las autoridades, hasta cierto punto, permiten condescendientes.

El problema está en la tendencia actual que parece conceder a los jóvenes un exceso de holganza. Tanto es así que se pone en peligro la posibilidad de recuperarse en el tramo opuesto de la responsabilidad. Los jóvenes parecen necesitar dosis cada vez mayores de jolgorio. El aspecto más llamativo quizá sea el de las noches enteras de continuas libaciones, con la única finalidad de beber para emborracharse y lo más rápidamente posible. Y la mezcla se hace explosiva cuando se añade la afición a la velocidad, el culto al ruido y el consumo de otras drogas sintéticas más efectivas para «colocarse» (todos sabemos del reguero de víctimas juveniles que dejan los fines de semana).

Hay quien ve en estas tumultuosas juergas nocturnas una manera abierta y desafiante de enfrentarse los adolescentes al mundo ordenado de los adultos y de modo simbólico a sus padres. Un claro enfrentamiento al mundo productivo, tanto en términos económicos como —su equivalente psicológico— en la actitud de esfuerzo, sacrificio y exigencia a uno mismo. Primando el otro polo de la estructura social: el consumo. Es decir, el lado del placer, la satisfacción inmediata, el dinero fácil, el gasto, el ocio...

¡A divertirse, que son tres días! Realmente nuestros jóvenes están viviendo un momento histórico excepcional: los años de la adolescencia se alargan y los de la juventud también. Pero este alargamiento significa, asimismo, una mayor dependencia económica de los padres más allá de lo que aconseja la experiencia. Y la consecuencia natural de esta situación es un agudo sentimiento de inferioridad en los adolescentes, que se manifiesta en la dificultad de encontrar un primer trabajo, en la de establecer una relación amorosa comprometida (y, luego, de tener el primer hijo). En pocas palabras: el paso al estado adulto se ve cada vez más lejano.

Bajo esta óptica, la desmesurada afición a las juergas nocturnas de muchos adolescentes no puede contemplarse como un indicio de vitalismo juvenil sino como una huida (si se quiere, «hacia delante», pero huida, al fin y al cabo). Otra cosa, bien distinta, son las juergas, aisladas y puntuales, que a todos nos alegran el cuerpo y el espíritu.

¿Cómo duerme nuestro hijo adolescente?

El reloj despertador no sirve. Ya puede sonar estrepitosamente que el chico sigue durmiendo. A los golpes en la puerta de su cuarto, surge la respuesta automática: «Está bien, está bien..., ya me levanto.» Diez minutos más tarde, el adolescente sigue profundamente dormido.

Como es lógico, a los padres les preocupa si sus hijos adolescentes duermen lo debido, o se pasan por exceso o por defecto. ¿Cuánto tienen que dormir? ¿Hay que permitir que duerman trece horas seguidas durante el fin de semana? ¿Por qué insisten en quedarse levantados hasta altas horas de la noche cuando deben despertarse bien temprano para ir a la escuela?...

Lo cierto es que los adolescentes encaran sus horas de sueño con el mismo nivel de conflicto que caracteriza otros aspectos de su desarrollo. Sus cuerpos en rápido crecimiento les exigen dormir bien, al mismo tiempo que su estilo de vida los mantiene ocupados y activos cada hora del día. Después de la escuela quieren hacer deporte, completar sus tareas escolares, ver televisión, visitar amigos y hablar por teléfono. No es nada raro que los padres, que ya están plenamente dormidos a media noche, no tengan noción de que su querido adolescente está pegado al teléfono a la una de la madrugada contándole confidencias al amigo. Luego, claro está, cuando él o ella tengan que levantarse cinco horas después, estarán rendidos por el resto del día.

La mayoría de adolescentes requieren un mínimo de ocho horas de sueño cada noche. Es de fácil comprensión para todos que los períodos de crecimiento rápido implican grandes gastos de energía, lo cual requiere de períodos de reposo para recuperarse. La secreción hormonal, de la que dependen el crecimiento y el desarrollo, también guarda relación con patrones de sueño estables. La hormona de crecimiento, por ejemplo, es liberada en tandas que llegan a su pico máximo a la hora de iniciarse el sueño. Sépase que más de los dos tercios de la hormona de crecimiento que circula por la sangre es secretada durante la noche. También es preciso saber que la iniciación de la pubertad se anuncia precisamente por los incrementos nocturnos de una hormona determinada: la luteotrófica (L.H.). Dicha hormona viaja por la circulación sanguínea y estimula los ovarios para que secreten estrógenos y los testículos testosterona. Luego, a medida que progresa la maduración sexual, la secreción de L.H. adquiere el patrón adulto de secreción intermitente durante las 24 horas del día.

Cuando los adolescentes se enteran de que necesitan dormir un mínimo de ocho horas cada noche, su respuesta típica es: «No hay problema, me quedo en la cama más tiempo el fin de semana.» Si bien en teoría esto ofrecería un mecanismo de recuperación (*catch up* para los anglosajones), en la práctica los fines de semana están llenos de actividades con los amigos... e inevitablemente se acuestan tarde. Además, cuando duermen durante el día, su sueño es interrumpido por los ruidos habituales de la casa, la luminosidad ambiental y el impulso fisiológico de estar despierto a esas horas. O sea que todo el ciclo del sueño se trastorna.

Es sabido que a muchos adolescentes les es difícil organizar su día con eficiencia: les resulta imposible que encajen todas las actividades, incluido el dormir, en sólo 24 horas... Es así como, por ejemplo, el adolescente que tuvo que estudiar una materia pasada la medianoche, se dará cuenta al día siguiente (cuando esté cansado y agotado) de que si hubiese estudiado la tarde anterior en vez de estar una hora al teléfono de charla con una amiga, hubiese tenido una hora más para dormir. En realidad, aunque los padres pueden alertar a sus hijos por anticipado acerca de este tipo de situaciones, estos consejos o sugestiones paternos habitualmente tienen menos éxito que la propia experiencia del adolescente.

Los jóvenes, por supuesto, presentan una extensa gama de necesidades de sueño. Así como algunos adultos son madrugadores y otros son noctámbulos, los adolescentes van desarrollando su propio estilo. Algunos tienen el sueño muy liviano, otros muy pesado. Algunos duermen la siesta, otros no lo hacen nunca. Por todo lo cual, habrá también gran variedad en el número de horas que necesitan descansar, pero sin olvidar que todos necesitan el sueño nocturno sin interrupción.

Registro de los trastornos del sueño

Normalmente los adolescentes se quedan dormidos rápidamente, en cuanto se tumban en la cama. Ocasionalmente, alguno se quedará despierto un rato repasando los acontecimientos del día o planeando lo que tiene que hacer el día siguiente, pero todos estos pensamientos se apagan pronto con el sueño.

Poder dormir es ofrecer un respiro sano y reconfortante a las preocupaciones y presiones que acontecen en la adolescencia. Cuando ocurre un trastorno del sueño, frecuentemente se manifiesta en cansancio y sueño durante el día. Nuestro jovencito somnoliento precisa de ayuda. Y la mejor manera de aclarar el problema y definir sus causas es mediante el registro de los eventos nocturnos que el adolescente debe anotar minuciosamente durante un par de semanas. Este diario debe incluir información acerca de las horas de sueño durante la noche, y también durante el día, así como cualquier problema relacionado con el sueño propiamente dicho, tales como la dificultad en dormirse, la dificultad en mantenerse dormido con los consiguientes despertares durante la noche, el despertarse demasiado temprano por la mañana, la dificultad en levantarse, la dificultad en mantenerse despierto durante el día, las pesadillas, el sonambulismo, los ronquidos, los movimientos nocturnos, etc.

A veces, al repasar el diario, uno mismo puede entender la raíz del trastorno del sueño y corregirlo. Cuando el problema no se soluciona con los remedios caseros al alcance de cualquiera, debe llevarse el diario al médico, quien realizará un estudio más a fondo. El motivo más común es la presencia de estrés, ansiedad, depresión u otros trastornos emocionales. No debe olvidarse el importante papel que pueden desempeñar el alcohol, las drogas y las «pastillas para adelgazar», e incluso las inocentes «colas» cargadas de cafeína, en la génesis de numerosos problemas del sueño. Por supuesto, también hay causas médicas responsables de los trastornos oníricos, por ejemplo: el caso del adolescente asmático que verá su sueño interrumpido por los accesos de tos y la dificultad respiratoria que conlleva su afección bronquial; el joven diabético que se despertará repetidas veces durante la noche para ir a orinar; el niño con amígdalas gigantes (hipertrofia amigdalar); o el chico obeso, con obstrucción del conducto aéreo (por el paladar blando que se colapsa, bloqueando el paso del aire), impidiéndole respirar correctamente, con ronquidos y frecuentes momentos angustiosos sin respiración alguna (apneas), provocándole un sueño inquieto con frecuentes despertares, etc.

El pertinaz insomnio

A nadie se le oculta que se trata de un trastorno muy frecuente. Cierto que un episodio ocasional todo el mundo puede tenerlo y únicamente requiere paciencia, ya que no produce ningún daño ni requiere de ningún tratamiento especial.

Entendemos por insomnio, en el sentido médico, la dificultad en conciliar el sueño, los despertares frecuentes durante la noche o el despertar de manera espontánea a las 4 o 5 de la mañana. Aparte de averiguar la causa fundamental, emocional o física, hay una serie de medidas recomendables que pueden ayudar al joven insomne. Veamos algunas de ellas.

Evitar estimulantes como la cafeína (en bebidas gaseosas: tipo colas y similares, café, té y chocolate), el alcohol y programas televisivos o lecturas de contenido violento o de terror. Ni refugiarse en las consabidas «pastillas para dormir», que recomiendan los amigos, porque acaban agravando el problema al perturbar el ciclo natural del sueño.

Incrementar el ejercicio físico durante las horas de la mañana.

Corregir el ambiente del dormitorio para que se mantenga oscuro, sin teléfono ni televisión, al menos hasta que el problema se corrija.

Desarrollar los siguientes hábitos: pensar acerca de las dificultades de la vida en un momento determinado del día, para no tener que empezar a hacerlo al acostarse; crear un entorno tranquilo en casa, como mínimo veinte minutos antes de acostarse, escuchando música suave, realizando ligeros ejercicios de relajación, etc.

Si no se puede conciliar el sueño, lo mejor es no intentar luchar empecinándose en conseguirlo y no hay que quedarse en la cama. El lecho debe asociarse con una sensación placentera, un refugio reconfortante, no con un lugar de tortura mental y de fracaso. Así, pues, el joven insomne debe tener un sillón cómodo cerca de la cama, en donde pueda leer algún libro que no sea demasiado atrayente (por ejemplo: un libro de texto o lectura obligatoria) o en donde pueda dedicarse a una tarea mecánica, como reconstruir un puzzle o similar. Y en el momento que sienta sueño, ¡rápido a la cama!

Una vez que el insomnio ha sido corregido es muy importante prevenir una recaída, haciendo que las horas de acostarse y levantarse cumplan con una rutina, para evitar desarreglos como serían el ir a dormir durante el día por varias horas o los horarios de sueño prolongados durante el fin de semana.

Obviamente, el profesional sanitario puede intervenir con medidas especiales y específicas para combatir el insomnio. Por ejemplo, si el adolescente sufre una enfermedad depresiva, la medicación antidepresiva puede ayudar a restaurar el sueño normal de forma espectacular. Asimismo, los trastornos del sueño del asmático y del diabético responderán adecuadamente al ajuste correcto de sus medicaciones, etc.

Síndrome de fase de sueño retrasada e insomnio aprendido

Si bien los adolescentes suelen tener pocas alteraciones del sueño, ya que se les considera los mejores durmientes (pueden dormir de 9 a 10 horas diarias de un tirón) y forman el grupo de edad que, estadísticamente, presenta menos patología del sueño, hay dos entidades bien definidas que afectan a los adolescentes y que tienen solución si se realiza un diagnóstico correcto, según manifiesta el experto neurofisiólogo doctor Eduard Estivill, responsable de la Unidad de Alteraciones del Sueño, del Instituto Dexeus de Barcelona, España.

El *síndrome de fase de sueño retrasada* es una alteración que se caracteriza por un retraso en la aparición del episodio mayor de sueño (fase) respecto al horario normal, resultando síntomas de insomnio que se expresan en forma de dificultad para iniciar el sueño o trabas para despertarse a la hora deseada. Una vez iniciado el sueño, el joven no presenta dificultades para mantenerlo.

Esta alteración es típica de los adolescentes que se van a dormir a las 4-5 de la madrugada y se levantan 7 u 8 horas después. Explican que tienen dificultades para iniciar el sueño y por esto se acuestan tarde, y si se levantan pronto por la mañana tienen mucho sueño porque han dormido poco (somnolencia diurna). Las características de su alteración son las dificultades para iniciar el sueño antes de las 2-3 de la madrugada (habitualmente suelen hacerlo entre las 2 y las 6 horas) y lo que les cuesta levantarse antes de las 12-13 del mediodía, o incluso hasta las 16 horas de la tarde.

Suelen ser jóvenes que se les califica de noctámbulos o de vagos, y generalmente son mal considerados dentro del contexto sociofamiliar. Obviamente, presentan somnolencia diurna durante «su mañana». Son chicos que no pueden seguir horarios regulares de estudio ni de trabajo, especialmente si éstos empiezan a las 8-9 de la mañana. La gente no comprende por qué no pueden seguir unos horarios normales como la mayoría, y ellos se sienten incapaces de ser como los demás ya que no pueden ajustarse a las normas sociales imperantes. La única solución que les queda es que encuentren por casualidad un trabajo o actividad de tipo nocturno, ya que entonces siguen mejor su esquema horario.

En estos casos, los medicamentos hipnóticos surten poco efecto y no se recomienda su uso. La mejor manera de solucionar el problema es consultar con una Unidad de Alteraciones del Sueño, en donde podrá realizarse el tratamiento completo, que consistirá en la técnica de la cronoterapia: un soporte psicológico con imposición de horarios y rutinas regulares, medicación si lo requiere, y terapia lumínica (utilización de luz artificial para sincronizar el ritmo vigilia-sueño).

El *insomnio aprendido* se caracteriza porque el paciente comenta que las dificultades para dormir las ha tenido siempre, desde muy pequeño. Los padres del adolescente insomne relatan que cuando era bebé, en los primeros meses de vida, era imposible que durmiera seguido durante la noche y que ésta estaba salpicada de múltiples despertares. Asimismo, describen que desde pequeño tenía miedo a dormir y que muy a menudo requería la presencia de los padres para conciliar el sueño o bien iba a dormir a su cama. Cuando se hizo mayorcito rehusaba ir a pernoctar fuera de su casa y temía a la misma noche, porque para él significaba «problemas con el sueño». Luego, en la adolescencia, el sueño ha seguido siendo inestable, con días de insomnio combinados con días más normales.

Esta alteración nocturna que ha llegado hasta la adolescencia se considera una secuela del mal dormir durante el primer año de vida. Por esta razón, al no adquirir el hábito de sueño correcto durante la infancia, se arrastra la inseguridad sobre esta acción durante toda la vida. Y llegada la edad adulta se es propenso a automedicarse (con hipnóticos) y habitualmente se autolimita el consumo de estimulantes (café, colas, etc.).

El tratamiento consiste en la reeducación del hábito del sueño mediante técnicas psicopedagógicas especializadas, excluyendo en lo posible el uso de medicamentos, ya que éstos sólo aumentan la sensación de enfermedad en el paciente, que se siente en condiciones de inferioridad para superar la situación. Recomendamos especialmente la lectura del libro *¡Necesito dormir!*, del doctor Eduard Estivill.

Pesadillas, sonambulismo y terrores nocturnos

Estos fenómenos nocturnos, en general, son más comunes en la niñez que en la adolescencia. Lo que sucede es que, al aumentar el tamaño corporal, en la adolescencia estos episodios son más espectaculares y alarmantes.

Aunque habitualmente responden a causas emocionales y a situaciones impactantes acontecidas durante la vigilia, las *pesadillas* también pueden tener una causa médica como es el abuso de sustancias o las apneas a que hacíamos referencia en un anterior apartado. Lo común es que el adolescente con pesadillas pueda ser despertado fácilmente, y se sienta entonces angustiado y recuerde el contenido de su mal sueño con bastante detalle. Son más frecuentes en las chicas.

Por el contrario, los *terrores nocturnos* son más habituales en los varones que aún no han alcanzado la pubertad (raros en los adolescentes) y causan gran desazón en el hogar por los gritos y gemidos desesperados que los acompañan. El chico parece estar despierto en su cama, pues puede tener los ojos abiertos, pero en realidad sigue en estado de sueño y es muy difícil despertarlo. En cuanto regresa al estado de vigilia, se encuentra desorientado y no puede recordar lo sucedido. Estas situaciones nocturnas, más aparatosas que realmente dañinas, responden bien a medicaciones ligeramente ansiolíticas.

El *sonambulismo* es más común en los adolescentes jóvenes (adolescencia temprana) y tiende a desaparecer de manera espontánea a medida que se hacen mayores. Es importante que los padres sepan que los episodios sonambúlicos no tienen significado patológico (al igual que la somniloquia, hablar en sueños) y únicamente se requiere precaución en eliminar obstáculos en la deambulación del sonámbulo que le puedan hacer caer y, al mismo tiempo, cerrar puertas y ventanas, con llave y pestillos de seguridad, para que no pueda abrirlas (cuando el joven sonámbulo encuentra alguna «dificultad» en su recorrido, suele desistir en superarla y da media vuelta). Cuando la aparición de los episodios sonambúlicos es una manifestación nueva en un adolescente tardío o adulto joven, entonces debe prestarse más atención a estos fenómenos nocturnos, pues en estas edades pueden, a veces, ser un síntoma acompañante de una enfermedad mental.

Con todo, y a modo de conclusión general, conviene retener la idea de que tanto las pesadillas como el sonambulismo y los terrores nocturnos, si bien incómodos, son inocuos.

El sueño irresistible: narcolepsia e hipersomnia

La *narcolepsia* es una enfermedad rarísima pero fácilmente identificable por sus características dramáticas. El joven víctima de esta afección, de manera repentina y sin previo aviso, siente una necesidad imperiosa e impostergable de dormir, esté donde esté. Estos ataques de sueño pueden durar un minuto o más de una hora.

No se trata del estado de somnolencia y «cabeceo» que normalmente pueden sentirse durante el día si uno sufre de sueño atrasado, sino de una situación incontrolable que puede ocurrir en cualquier momento, por ejemplo, mientras el adolescente esté bailando en una discoteca, conduciendo un automóvil o en el aula de la escuela. No obstante, los ataques de sueño ocurren habitualmente después de una comida, por la tarde y siguiendo períodos de actividad tranquila y de quietud. Durante el episodio de narcolepsia los músculos se aflojan y el sujeto puede sentirse paralizado al despertar. La enfermedad acostumbra a manifestarse entre los 10 y los 25 años, y puede ser hereditaria (del 10 al 50 % de los afectados tienen parientes cercanos con narcolepsia).

La enfermedad puede confirmarse mediante un estudio neurofisiológico en un laboratorio del sueño. Ha de quedar bien claro que no se trata de un trastorno convulsivo o epiléptico, pero al igual que los pacientes en estas condiciones, el adolescente con narcolepsia no debe manejar vehículos o participar en actividades peligrosas si su condición no ha sido perfectamente controlada. El tratamiento consiste en el uso de medicaciones estimulantes (tipo anfetamina) y breves «siestas» preventivas durante el día.

Respecto a la *hipersomnia*, hay que saber que es más común que la narcolepsia y que en apariencia se le asemeja. Sin embargo, se distingue fundamentalmente en que el impulso de dormir es menos poderoso. Se trata más bien de una somnolencia persistente con episodios de sueño muy prolongados. La causa desencadenante de este cuadro clínico son las crisis de apnea nocturna, resultantes de la obstrucción de las vías aéreas durante las horas del sueño. La razón más común de estas apneas (paradas respiratorias) es el bloqueo del paso del aire por amígdalas y adenoides hipertrofiadas, habituales en jóvenes obesos que roncan de manera estrepitosa. Hay quienes también cesan su respiración de manera intermitente por apnea central, es decir, cuando el centro cerebral que regula el automatismo respiratorio no funciona bien. Como consecuencia de estas situaciones, hay retención en los pulmones de dióxido de carbono, por deficiente ventilación de los mismos, lo cual provoca la consecuente hipersomnia, que incluso puede desembocar en el coma y la muerte.

El diagnóstico de apnea obstructiva o central cabe sospecharse cuando hay ceses repetidos de la respiración nocturna y se puede confirmar estudiando al paciente en un laboratorio del sueño, en donde sea posible registrar simultáneamente (monotorizar) la respiración, el ritmo cardíaco y la actividad eléctrica cerebral (EEG). Se trata, pues, de una enfermedad grave y potencialmente fatal, en la que el adolescente duerme mal de noche, está cansado todo el día, le duele la cabeza, no rinde en la escuela, puede presentar trastornos de conducta y hasta puede ser considerado como retrasado mental. Por supuesto que existe cura para estos casos, tanto a nivel médico (con fármacos específicos o aparatos controladores nocturnos de la respiración) como quirúrgico (extirpación de amígdalas y adenoides, correcciones a nivel del paladar, etc.).

La vergonzante enuresis nocturna

Hay chicos que se orinan en la cama desde su más tierna infancia. Dicho trastorno es más común en los varones y un 5 % de los adolescentes presentan diversos grados de enuresis.

En la inmensa mayoría de los casos se trata de una disposición genética (en la familia encontraremos suficientes antecedentes de casos de enuresis). Si bien había sido atribuida al sueño profundo (muy común en los enuréticos), con incapacidad de despertar y, por lo tanto, para levantarse e ir a orinar al lavabo, se ha demostrado que otros factores contribuyen de forma mucho más significativa, como es la capacidad vesical disminuida (la vejiga retiene menos orina) y la disminución nocturna de la secreción de la hormona antidiurética (que es la encargada, en condiciones normales, de que se forme menos orina durante la noche).

Aunque la enuresis en sí no produce ningún daño físico en el joven que la padece, todo adolescente enurético debe ser objeto de una consulta médica para descartar una enfermedad orgánica que la mantenga (excepcional). Se practicará la exploración física pertinente, solicitando algún examen complementario, como, por ejemplo, un análisis de orina: si un varón, tenga o no enuresis, ha sufrido una infección urinaria, debe procederse a un estudio urológico.

El pronóstico es excelente porque las curas espontáneas son muy altas. Hay quien utiliza alarmas con transistores que se activan al contacto con las primeras gotas de orina y despiertan al joven, induciéndole a levantarse, aunque en la actualidad existen medicamentos específicos de gran eficacia para el tratamiento de la enuresis, bien para controlar los músculos de la vejiga urinaria o bien en forma de hormona antidiurética sintética.

Habitualmente la enuresis del adolescente no es manifestación de un trastorno emocional ni requiere tratamiento psicológico. Lo que sí suele suceder es que sea motivo de conflicto entre padres e hijos, cuando los progenitores malinterpretan el escape de orina como resultado de una conducta deficiente, en vez de verlo como una simple demora en la maduración neurológica del sistema de control vesical. El chico enurético, además, puede sentirse abrumado por la vergüenza, solitario con su problema, desesperado acerca de su futuro, y eso por supuesto debe ser tenido en cuenta cuando se asesora al joven y se dialoga con los padres.

XIII

Escuela y aprendizaje

> La más grande injusticia que puede hacerle un
> maestro a un niño es el juicio crítico de que
> «podría adelantar más si quisiera»: tiene que
> haber algo que impida que el niño quiera estu-
> diar más.
>
> LEO KANNER

¿Juzgamos a la escuela?

Con este mismo título encabezamos el primer apartado del capítulo «Escuela y aprendizaje» de nuestra *Nueva guía práctica de la
salud y psicología del niño*, a la cual remitimos al lector interesado
en profundizar en las causas de mal rendimiento escolar (por
parte del alumno, la familia y la escuela), en los trastornos específicos del aprendizaje (dislexias, discalculias, etc.), en el déficit
de atención con hiperactividad (véase también más adelante y
en el capítulo XVI, p. 313), en algunos defectos visuales y audi-
tivos, o en las características de los niños superdotados. En este
apartado se tratarán aspectos distintos.

Se trata aquí de poner de relieve los defectos de la escuela
actual, sin por ello desmerecer las virtudes que tiene, bien conocidas por todos puesto que seguimos confiándole la formación
de nuestros hijos. Pero a ningún padre escapa que la escuela de
nuestros días dista mucho de parecerse a la de nuestros años
mozos. ¿Ha mejorado en muchos aspectos? Sin duda alguna.
¿Ha empeorado en otros? También, sin duda alguna, aunque
sea en algunos pocos...

Por ejemplo, si nos detenemos a reflexionar sobre el estado
de salud del *sistema de enseñanza* actual, saltan a la vista los nu-

merosos cambios de programas estudiantiles que ha habido en los últimos años (¿da tiempo para que se reciclen los enseñantes y los enseñados?), resultantes de criterios sociopolíticos demasiado cambiantes, que no son ajenos a la ideología gubernamental de turno en cada país. Otro aspecto preocupante es el auge del «pensamiento tecnológico», que está creando una nueva manera de ser de nuestros adolescentes, en los cuales el «pensamiento operativo» crece en detrimento del «pensamiento mental», según advierte el paidopsiquiatra madrileño, doctor Carlos Cobo Medina. En esta línea nos encontramos los que lamentamos la escasa enseñanza de humanidades. Siguiendo en este talante juzgador de la escuela, advertimos que sigue sobrevalorándose el coeficiente intelectual (CI), no respetándose otras formas de expresión de la inteligencia, como puede ser la personalidad creativa o artística del alumno. También lamentamos una especialización demasiado rápida del alumnado (¿ciencias o letras?), que luego, además, se encontrará con una barrera selectiva de «las medias» para optar a determinada profesión. Todo lo cual conduce a la muerte de la vocación.

Centrémonos, ahora, en *el profesor*, el maestro de siempre. Estaremos de acuerdo en que el factor humano que representa la figura del profesor ha cambiado mucho en estos años. Al representante del magisterio estudiantil lo vemos, por ejemplo, cuestionado en su autoridad (cuando no resulta por completo incapaz de ejercerla dignamente, atemorizado por un alumnado sumamente agresivo, como sucede en determinadas escuelas). Se le exige cada vez más en su labor y está continuamente presionado por los padres: unos porque tienen —o creen tener— un nivel cultural más elevado que el titular docente y se permiten «aleccionarle», y otros porque su bajo nivel cultural no les permite otra actuación que la agresión verbal o física. Los sufridos maestros se quejan —con razón, en la mayoría de los casos— de un insuficiente reciclaje profesional, de una baja retribución salarial —¡congelación de los salarios!—, de un aislamiento en su trabajo, etc. A todo ello se suma un menor prestigio social, y la cada día más frecuente fatiga física y mental, que conduce, inexorablemente, al llamado síndrome amotivacional del enseñante.

Dentro de esta revisión del estamento docente que estamos haciendo, enmarcando la sociopatología de la escuela, un lugar importante lo ocupan *los compañeros* del adolescente, figuras fundamentales para su maduración psicoemocional, y de cuyas alianzas o marginaciones depende, en gran parte, su marcha escolar. La falta de integración en el grupo, el rechazo manifiesto, las críticas negativas, el maltrato evidente o encubierto son factores decisivos que conducen al alumno al fracaso relacional, que tiene para el adolescente mayor importancia y trascendencia que el propio fracaso escolar.

Retraso, desgana y bajón del rendimiento

Aunque en realidad el *retraso* en el aprendizaje escolar siempre precede al fracaso y termina en él si no se pone remedio oportuno (cuadro 13), en rigor el término *fracaso* se reserva para los retrasos escolares que superen los dos años, en relación al nivel de estudios que correspondería al alumno por su edad.

En la práctica cotidiana, el niño y el adolescente presenta toda una gama de conductas que se manifiestan primariamente en el ámbito docente, pero que terminan en las consultas de psiquiatría infantil y juvenil. Veamos cuáles son las más frecuentes.

Desgana o *desinterés escolar* (o desinvestimiento), que se caracteriza por apatía, pasividad, indiferencia y desmotivación por las enseñanzas que imparte la escuela. Es la causa más frecuente de fracaso escolar y la más descorazonadora, ya que se trata de alumnos con un aceptable nivel intelectual, desganados y sin que nada les interese (aunque en casos de mejor pronóstico muestran entusiasmo por actividades no escolares). Esta desga-

CUADRO 13

Cronopatología del aprendizaje

Retraso
- Desgana o desinterés escolar.
- Inflexión escolar.
- Inhibición intelectual.
- Fobia escolar.
- Rechazo escolar.
- Ruptura escolar.
- Deterioro mental.

Fracaso

na puede haberse manifestado muy precozmente en la vida del niño, mostrando ya de pequeño escasa actividad indagatoria o exploratoria del mundo circundante (son niños que esperan que se les dé todo hecho), que luego continúa con una pereza en el pensamiento y el razonamiento que no le permite progresar en sus estudios. En otros casos, el desinterés se ha ido fraguando a causa de ambientes restrictivos, represivos o muy empobrecidos económica y culturalmente.

Inflexión escolar, que cuando aparece es siempre después de un período de escolaridad satisfactoria. Casi se puede asegurar que la inflexión surgirá en algún momento de la escolarización de todo adolescente (aunque sea difícil precisar en qué curso escolar se manifiesta más frecuentemente, en el plan de estudios español vigente hasta hace poco es en los cursos de 8.º de EGB y 2.º de BUP). En la mayoría de los casos se inicia sin causa aparente (decía nuestro maestro Julián de Ajuriaguerra: «Aún es necesario reservar el derecho del niño, como el del adulto, a ser perezoso»). Desde el punto de vista psicológico, esta inflexión aparece como la consecuencia directa de los distintos cambios característicos de la adolescencia: transformación corporal, aparición de las menstruaciones, primeras relaciones amorosas, explosión de los impulsos sexuales, conflictos de identificación, etc. La sorpresa que constituye la pubertad y la consecuente erotización del cuerpo desplaza la actividad del pensamiento, y se acompaña de una inhibición en la actividad intelectual (véase más adelante) y de la actividad creadora. En otros casos, no obstante, la inflexión aparece como una reacción ante dificultades externas: enfermedad, separación de los padres, muerte, etc. Hay que recordar que la dinámica relacional entre el adolescente y sus padres se manifiesta y organiza a veces de forma privilegiada a propósito de la escolaridad: la inflexión es entonces la toma de postura ante distintos conflictos que inciden en esta relación paterno-filial, representando una función de restablecimiento del equilibrio (homeostasis) de la situación conflictiva.

Aunque la evolución espontánea de esta inflexión escolar es favorable en la mayoría de los casos (es, pues, normal y transitoria), algunos adolescentes, durante la primera fase de la inflexión, pueden experimentar cierta inquietud, puesto que tienen muchas dificultades en expresar el origen de aquélla y comprender por qué están obteniendo malos resultados en una determinada materia o en varias. En una segunda fase, la inflexión puede extenderse al conjunto de materias o, por el contrario, concernir a una sola, pero el fracaso es entonces total. Además, esta inflexión se asocia progresivamente a un desinterés manifiesto frente a la escolaridad, a la vista de que el trabajo es decepcionante y, aparentemente, cada vez menos eficaz (el absentismo escolar puede presentarse, aunque acostumbra a ser moderado). En esta segunda fase de la inflexión también puede aparecer un cuadro depresivo, que a su vez repercutirá aún más sobre la actividad intelectual, enlenteciéndola, y manifestándose claramente en las dificultades que el adolescente presenta para seguir un pensamiento en una exposición oral, una lectura o un ejercicio escolar. Si la inflexión no se corrige, corre el riesgo de convertirse en duradera, especialmente cuando el adolescente «focaliza» en esta inflexión la imagen que tiene de sí mismo, pudiendo entrar en una neurosis de fracaso, por ejemplo. En otro orden de cosas, también hay que tener cuidado en la valoración de estas bajas súbitas del rendimiento escolar, porque en ocasiones (extremadamente raras) pueden ser el primer indicio de una afectación cerebral, una enfermedad degenerativa o un cuadro psicótico.

«¡Se distrae con el vuelo de una mosca y no para quieto!»

Se quejan desesperados los padres y los sufridos maestros que tienen a su cargo a un jovencito que es «un saco de nervios», excesivamente activo (hiperactivo o hipercinético) y atolondrado, que «cansa» incluso al que le contempla. Es el trastorno por déficit de atención con hiperactividad (TDAH) (véase también el capítulo XVI, p. 313).

La primera descripción de un niño hiperactivo probablemente sea la ofrecida en un cuento escrito en 1844 por Hoffman, médico alemán, según anuncia el catedrático de Psicopatología Aquilino Polaino-Lorente en su *Manual de hiperactividad infantil*.

Esta entidad ha sido descrita en todas las culturas. Es más frecuente en chicos que en chicas y tiene una incidencia en la población del 5 al 10 %. La inteligencia de estos adolescentes es normal o superior, en los mismos porcentajes que corresponden a la población en general. Diferentes investigadores han demostrado sin lugar a dudas que se trata de un cuadro genético, por lo cual es muy probable que el padre o la madre también lo presenten. Y como no todos los miembros de la familia sufren este desorden o no están afectados con la misma severidad, no es inusual que un padre descubra el origen de sus propias dificultades cuando se diagnostica al hijo.

No todo estudiante excesivamente activo y distraído padece esta afección. Para considerarla como tal deben estar presentes un gran número de determinadas características (véase el cuadro 39 de la p. 331).

A menudo son tildados erróneamente de perezosos, rebeldes, maleducados y desobedientes. Durante la adolescencia estos jóvenes tienen sus mayores dificultades, pues incurren en riesgos innecesarios, con una mayor incidencia de accidentes de tráfico, abuso de alcohol y otras drogas, y falta de control de sus impulsos sexuales. La dificultad de un diagnóstico correcto en algunos adolescentes y adultos estriba en que sólo se presta atención a un síntoma que predomina, como, por ejemplo, los trastornos de conducta en los varones o la depresión en las mujeres.

Por suerte existe un tratamiento muy efectivo a base de determinados medicamentos psicoestimulantes (véase el capítulo XVI, p. 313), pero antes el médico debe evaluar si los síntomas pueden deberse a otras causas, como por ejemplo: pérdida de audición, crisis de ausencia (forma de epilepsia de «pequeño mal»), anemia crónica, intoxicación por plomo o aluminio, disfunción tiroidea, etc. También deben evaluarse aspectos psicológicos como el estrés postraumático (p. 320), otros trastornos del aprendizaje, la depresión aguda, etc., que se detectarán en los oportunos tests psicológicos. Ayudará, sin duda, una historia clínica detallada en la que se documente que el trastorno hiperactivo ya existía en los primeros años de vida (incluso algunas madres describen que cuando el niño estaba en el útero ya era mucho más activo que sus otros hijos: «¡Daba muchas patadas y no paraba de girarse!»).

Además del imprescindible aporte farmacológico, el tratamiento consiste en educar al paciente, a la familia y a la escuela. Debe aclararse que se origina en una cuestión neuroquímica (en las conexiones cerebrales) y no en una causa emocional, y que es corregible. Se deben erradicar los mitos y la vergüenza. A los pacientes adolescentes les corresponde el papel activo y deben sentirse parte del equipo de tratamiento. Es preciso comprender que la medicación no es una muleta o un simple control, sino que se trata de un tratamiento tan específico como la insulina para el diabético. Por supuesto que es esencial la colaboración de la escuela: colocando al alumno en aulas menos numerosas; ubicándole en un lugar más cercano al profesor; realizando exámenes en privado; permitiendo la toma de la medicina en los intervalos apropiados, etc.

La doctora Elda Arce, especialista en medicina de la adolescencia en Washington, ha dicho muy acertadamente: «El joven con déficit de atención con hiperactividad es una persona con mucha energía, creatividad y potencial, que nunca se va a poder realizar si no se le diagnostica y se le trata a tiempo. El tratamiento es simple, efectivo y fácil de llevar a cabo si se piensa en su existencia.»

¿Acaso estamos frente a unos síntomas que en su día fueron reacciones adaptativas al entorno? Así se cuestiona un reciente estudio sobre estos chicos, cuya hiperactividad, impulsividad y atención a múltiples cosas en un mismo momento pudieron ser requisitos para la supervivencia en épocas pasadas en que el ser humano tenía que estar muy alerta y dispuesto a la reacción inmediata frente al acoso de congéneres enemigos y animales depredadores. No hay que olvidar que la cultura humana ha cambiado más rápido en los últimos 10 000 años que la evolución del propio genoma humano... Hay que seguir investigando este peculiar trastorno tan abundante en nuestros días.

Los dos extremos: inhibición intelectual y fanatismo

Cuando llega la temible *inhibición intelectual* se manifiesta muy gráficamente con las expresiones corrientes: «¡No me entran las cosas!» o «¡se me queda la mente en blanco!». Se trata de adolescentes inteligentes, perfeccionistas, cuya autoexigencia («se marcan metas muy altas», dicen los padres) les conduce a un sentimiento de baja autoestima e inseguridad respecto a los demás, a los cuales sobrevaloran y envidian.

Quieren hacer las cosas tan bien, tan bien... ¡que se quedan bloqueados! El cuadro clínico se manifiesta cuando tienen que expresarse en público y, sobre todo, en los exámenes tanto orales como escritos (en éstos suelen presentar errores tontos que echan por tierra todo el conjunto). Incluso hay casos en los que la inhibición de las facultades intelectuales es tan importante que el adolescente da la impresión de ser un deficiente mental (lo que en la práctica paidopsiquiátrica se denomina pseudodebilidad mental).

Una específica medicación para controlar la ansiedad (ansiolítica), una relajación de las excesivas expectativas personales (psicoterapia individual) y una adecuada disminución de la «presión» del entorno escolar y/o familiar (terapia familiar), pueden hacer que el alumno vuelva a desarrollar una actividad escolar normal.

También se puede llegar a la inhibición intelectual a través de otra entidad psicopatológica: el *hiperinvestimiento escolar*. En esta situación, ¡de auténtico fanatismo por los estudios!, los adolescentes manifiestan un interés casi exclusivo por las actividades escolares y presentan un éxito claramente por encima de la media. Es decir, dan excesiva importancia y trascendencia a la escolaridad (colocan a la escuela en un elevado pedestal y le atribuyen, la «invisten», de excesivos méritos). Son alumnos muy brillantes, que trabajan al máximo, diferenciándose así de los que presentan inflexión escolar, que parecen trabajar mucho, pero sin ninguna eficacia. Pero hacen un mal uso de su intelecto, presentando una inhibición emocional y una reducción en la capacidad de explorar la vida.

Se trata de adolescentes que temen salir de su infancia —como bien explican Marcelli, Braconnier y De Ajuriaguerra en el *Manual de psicopatología del adolescente*—, del mundo estable y dependiente de sus padres. Para ello controlan poderosamente sus impulsos adolescentes y presentan conductas infantiles para su edad. Su refugio es la actividad escolar, en la que se muestran hipermaduros (obviamente, con gran deleite de padres y maestros), bloqueando todo lo que sean comportamientos turbulentos de la personalidad adolescente.

Si estos casos de hiperinvestimiento escolar son transitorios, no resultan problemáticos, pero si se convierten en duraderos, la personalidad frecuentemente psicopatológica (son jóvenes «fríos», tremendamente cerebrales) les delata. Otros pueden presentar un cambio brusco en su ritmo escolar, manifestando una inhibición intelectual (como hemos apuntado anteriormente). Y, por último, otros adolescentes felizmente se aligeran del hiperinvestimiento, entrando en una inflexión escolar transitoria, de la que pueden salir airosos y reemprender la normal escolarización. Las medidas medicamentosas y de apoyo psicoterápico ayudan en todos estos casos.

Llega la fobia escolar

Se trata de una entidad en creciente alza actualmente. Cada día nos toca atender más consultas de adolescentes en la penosa situación de sentirse incapaces de ir a la escuela. La más precisa descripción clínica de la *fobia* (fobia es una palabra griega que significa horror) escolar sigue siendo la que formuló hace años A. Johnson: «Son niños que, por razones irracionales, rehúsan ir a la escuela y se resisten con reacciones de ansiedad muy viva o de pánico cuando se trata de forzarlos.»

Más frecuente en el chico que en la chica, esta fobia puede aparecer a cualquier edad de la vida escolar, pero es más habitual en dos etapas del desarrollo: en los pequeños, a la entrada en la enseñanza primaria, hacia los 6 o 7 años (véase *Nueva guía práctica de la salud y psicología del niño*), y en la adolescencia temprana (entre los 10 y los 14 años).

Lo más característico del adolescente fóbico escolar es que no quiere romper con la enseñanza que imparte la escuela y desea seguir adquiriendo conocimientos (no está, pues, desvalorizando el contenido de la enseñanza), pero es incapaz de superar la angustia que siente cuando tiene que ir a la escuela (incluso la mera imagen mental anticipatoria, de pensar en ello, le produce pánico).

¿Cómo es el adolescente que tiene fobia escolar? Acostumbra a ser un excelente y destacado alumno, estimado por los compañeros y profesores, hiperautoexigente y competitivo. Hijo único o con un trato familiar privilegiado. Suele empezar con esta fobia tras una enfermedad, una intervención quirúrgica u otro acontecimiento que le ha debilitado física o emocionalmente, y le predispone a hacer una regresión a la dependencia familiar y a los cuidados propios de un niño más pequeño. Inconscientemente, no quiere desprenderse del núcleo familiar y teme dejar el hogar para ir a la escuela: toda su ansiedad-angustia la desplaza y la focaliza en la escuela (así, mientras esté lejos de ella —objeto fóbico o fobógeno—, se encuentra tranquilo). Cuanto mayor edad tenga el adolescente, mayor riesgo existe de que la fobia sea intensa y duradera. También acostumbra a presentar otros tipos de fobias, o bien episodios de inhibición intelectual o cuadros depresivos. De consolidarse la fobia escolar, la evolución puede ser hacia la marginación social, resultando un adolescente inválido, con múltiples dolencias (polisintomático), encerrado en su casa, sin carrera ni empleo, llevando una vida de fracaso y de dependencia.

Esta fobia escolar encubierta por síntomas físicos (lo que se llama enfermedad psicosomática), es motivo de un largo recorrido de especialistas y una larga lista de pruebas y tratamientos; pero es muy común la resistencia a una evaluación del estado emocional del joven a cargo de un psiquiatra infanto-juvenil. «El niño no está loco, doctor, ¡le duele la cabeza!», «usted no querrá decir que todo lo que le está pasando es psicológico, ¿verdad?», son expresiones habituales de los padres que exigen certificado médico que excuse la ausencia escolar del hijo enfermo.

En realidad, el joven está preocupado por cuestiones hogareñas y cree que su deber es quedarse en casa para que todo siga bien; así es acompañante grato de una madre triste y guardián vigilante de que nadie abandone el hogar. Generalmente las preocupaciones acerca de posibles divorcios, deserciones, suicidios, alcoholismo, etc., son más una fantasía del adolescente que una posibilidad real. Pero es una fantasía que enferma, ciertamente.

¿Cómo es la familia del adolescente fóbico? Acostumbra a ser una familia de clase social acomodada, con padres blandos y muy permisivos; a veces padres ausentes o inaccesibles, que acostumbran a estar decepcionados de su papel y función parental. Puede existir una dificultad del chico en identificarse con la imagen paterna. También puede haber un alejamiento del padre por separación o defunción. Por otro lado, puede observarse una excesiva relación madre-hijo, muy absorbente. Y, en algunos casos, se trata de una madre con sus propias fobias o depresiones. Obviamente, no todos los casos tienen por qué reunir estas características, pero el que damos es un retrato-robot de los personajes.

La intervención del especialista es obligada, contemplando toda la dinámica familiar del paciente que ha llevado a esta disyuntiva de fobia escolar. El tratamiento puede seguir diversas vías: desde la intervención blanda, con ansiolíticos o antidepresivos, la terapia familiar y la ayuda personal del paciente para que aprenda a controlar su situación de ansiedad y pueda paulatinamente acceder a la escuela, hasta la actuación dura, convenciendo a los padres de que el hijo vaya a la escuela «pase lo que pase» (a veces ha de ser llevado a la fuerza entre los dos), con la colaboración del estamento docente que ha de estar informado puntualmente de cómo debe actuar en la escuela.

Rechazo, ruptura y fracaso

Cuando el adolescente percibe la escuela como un enemigo, se genera inexorablemente el *rechazo*. Si bien puede haber distintos grados, desde rechazo a toda la escuela en su conjunto hasta rechazos parciales: sólo al estudio, a profesores o a compañeros.

El alumno también dispone de formas de rechazo escolar «enmascaradas», como, por ejemplo, las reacciones de tipo pasivo: mostrando total desinterés por cualquier aprendizaje, autobloqueando las propias facultades cognitivas. Según Skinner, una de las fórmulas más socorridas de escapismo, de rechazo escolar sin moverse del pupitre, es, simplemente, olvidar cuanto se ha tenido que aprender (es el dicho popular de que «entra por una oreja y sale por la otra»). Mientras que las reacciones de tipo activo constituyen el cuadro de rechazo escolar caracterial, cuya sintomatología típica es: negativismo, actitud provocativa, desafiante y despreciativa hacia las figuras docentes que representan la autoridad, discusiones y peleas frecuentes, mentiras, desobediencias, ocultación o falsificación de notas, novi-

CUADRO 14

Indicadores de vulnerabilidad o riesgo de fracaso escolar

- Antecedentes personales de dificultades escolares.
- Poco interés habitual por el estudio o fuerte ansiedad en relación con el mismo.
- Conflictos frecuentes con profesores y/o compañeros.
- Tendencia al ocultamiento y/o falseamiento de datos escolares (enseñar tarde las notas a los padres, escamotear o modificar la información escolar, no contar nada de las clases o los exámenes, etc.).
- Incorrecta autoevaluación de los exámenes, infra o sobrevalorándolos.
- Conflictos familiares y, en especial, situación de padres separados.

llos, fugas de la escuela, etc. Son chicos que interpretan el estudio y el aprendizaje como un sometimiento inaceptable a la autoridad.

La *ruptura* escolar se produce en dos circunstancias diferentes. En una, el adolescente manifiesta brutalmente que quiere interrumpir sus estudios, dando una serie de razones personales —sin que haya antecedentes escolares alarmantes— cuya lógica es a veces difícil de rebatir. El motor de esta brutal reacción acostumbra a ser siempre un cuadro depresivo (que a menudo ha pasado inadvertido). El tratamiento de este trastorno puede cambiar positivamente el panorama. En otros casos, la ruptura escolar es el resultado de una prolongada inflexión escolar que se asocia a un absentismo cada vez más importante y, a veces, a fugas del hogar. Aquí, el riesgo es la escalada a conductas más graves como la ociosidad total, la drogadicción y la delincuencia.

Los procesos de *deterioro mental*, desde el inicio de un cuadro esquizofrénico hasta la aparición de una enfermedad cerebral degenerativa, aunque sumamente raros, deben tenerse en cuenta, especialmente cuando los primeros síntomas sean una pérdida de la capacidad de atención, se altere el curso del pensamiento o se sienta invadido por ideas extravagantes, o empiecen a fallar las habilidades motrices, alterándose el grafismo de la escritura o manifestando torpeza en los movimientos más elementales (tropieza, se le caen las cosas, etc.).

Vemos, pues, que el final de todas las situaciones que llevamos expuestas en los apartados de este capítulo es el abocamiento inevitable al *fracaso escolar* del adolescente, al cual se ha podido llegar, obviamente, por muy diversos caminos, intrínsecos o extrínsecos al propio adolescente. Con todo, la experiencia clínica nos advierte de que hay una serie de datos que de alguna manera están casi siempre presentes en la biografía del niño que termina en un fracaso escolar (cuadro 14).

Consecuencias del fracaso escolar

«Algunos son chavales que yo he bautizado y todos son fracasados de la escuela. Es lo que más me impresiona, porque se habla de antecedentes penales pero antes están los antecedentes escolares, que en las escuelas los consideran malos y los expulsan y con esa conciencia empiezan a ser malos.» Así se expresaba

José María Llanos, sacerdote jesuita encargado de una parroquia de un barrio marginal de Madrid, el llamado «Pozo del tío Raimundo». Al padre Llanos se le apodó en España durante años «el cura rojo», por su talante progresista, comprometido en la ayuda de los jóvenes socialmente más desfavorecidos. Sus palabras están entresacadas de una entrevista, en la cual hacía referencia a los chicos de su barrio, algunos de ellos en situación de delincuencia y drogadicción, que acudían a visitarle a la parroquia. Consideramos que la respuesta de este sacerdote es bien explícita, señalando al fracaso escolar como la mayor cantera de la marginación social. Y lo que sucede en Madrid es extrapolable a cualquier otra ciudad del mundo.

En el fracaso escolar todas las estructuras sociales se ven salpicadas. Tiene efectos en los chicos y en las chicas, en sus padres, en sus maestros y, en diferentes formas y medidas, en la colectividad en general. También las repercusiones del fracaso escolar son más grandes en los chicos que en las chicas, por aquello de que aún las expectativas laborales, discriminando los sexos, son mayores en los varones que en las mujeres; y por estas razones se sienten más afectados los padres cuando es el hijo, y no la hija, quien fracasa en la escuela.

Siguiendo un magnífico estudio realizado por la paidopsiquiatra Joaquina Judez y por el catedrático de Pediatría José Argemí, en el Hospital del Niño Jesús de Sabadell, en la provincia de Barcelona, veamos ahora cómo todos nos involucramos en el fracaso escolar.

Las *consecuencias en los padres* se manifiestan en que, de entrada, la madre y el padre toman distintas posiciones, según el papel que los dos ejerzan en la familia. Así, por ejemplo, el padre acostumbra a adoptar una actitud, abierta o encubierta, de rechazo y hostilidad hacia el hijo adolescente fracasado, utilizando castigos y/o agresividad verbal o física, mientras que la madre habitualmente opta por la sobreprotección de este hijo. Para los padres, en general, se rompen las expectativas puestas en el hijo, ven su futuro muy inseguro, se sienten impotentes y fracasados en su labor parental, se muestran resentidos por la inversión (económica y de tiempo) que creen haber malgastado en el chico, etc. Es decir: se sienten culpables, y proyectan en el adolescente fracasado su impotencia y su hostilidad emocional.

En el hijo adolescente se produce una degradación de la imagen propia, se deteriora también la comunicación con los padres y con los hermanos (a los que habitualmente se le compara, de manera despectiva para él), se hace difícil la identificación con los padres, no deseando ser como ellos. Este conjunto de situaciones origina en el hijo una gran ansiedad y tendencia depresiva, que conduce a un progresivo desarraigo familiar (evita estar en casa) lo que, a su vez, para evitar la soledad (y las ideas suicidas ¡que pueden llevarse a la práctica!), le empuja a buscar otros grupos de gentes jóvenes para asegurarse una supervivencia afectiva. Estos grupos no están constituidos por compañeros de la escuela (hacia la cual se ha ido creando un rechazo global, incluyendo a sus compañeros-alumnos con una marcha escolar normal), confluyendo personas que no necesariamente han de ser, todas ellas, inadaptadas o con fracaso escolar. Obviamente, el absentismo escolar en que incurre nuestro adolescente fracasado, vagando por las calles, es idóneo para juntarse con otros jóvenes que tampoco van a la escuela y muchos de los cuales cuentan con pocos recursos económicos «para matar el tiempo» (y es fácil imaginarse de dónde «sacar fondos»). La rotura de los esquemas familiares, escolares y sociales, con todas sus consecuencias (tribus urbanas, delincuencia, drogadicción), está a la vuelta de la esquina.

En la escuela y los maestros, el fracaso escolar del alumnado representa una denuncia frontal a la estructura escolar, a la función que se espera de la institución docente. El maestro sufre una disminución en su propia valoración como profesional y como persona que, de no mediar una reflexión crítica de las causas que han conducido al fracaso de su alumno y poner la oportuna y rápida solución al caso, conducirá a una reacción hostil y descalificadora del alumno (y de sus padres, los cuales, a su vez, reaccionarán en contra de la escuela: entrevistas violentas, denuncias judiciales, etc.). A todo esto, al adolescente fracasado se le produce una distorsión de la imagen del maestro —que en su día pudo haber sido un modelo de identificación y que ahora cae del pedestal—, deteriorándose aún más la ya baja autoestima del alumno y generándole una actitud hostil hacia la institución escolar (entiéndase aquí el porqué de algunos actos vandálicos, con asalto a escuelas, destrucción de mobiliario, etc.).

El círculo vicioso termina, pues, cerrándose sobre el adolescente con fracaso escolar; pero el lector habrá advertido que en esta situación de descalabro estudiantil no hay un único responsable: varios han sido los protagonistas del drama.

Influencia del entorno familiar, escolar y social

A estas alturas nadie ignora el peso específico que tiene la familia del adolescente y su entorno social para que éste salga airoso de su periplo escolar y encare con ánimos su futuro profesional. Bueno es recordar que existen unos puntos de acción familiar que han debido fraguarse en la maduración de los hijos para facilitarles el éxito académico (cuadro 15).

También está bien demostrado que los jóvenes que se adaptan mal al mundo del trabajo profesional y carecen de interés y de motivación, han tenido, a menudo, padres que demostraron asimismo poco interés por los estudios o por la preferencia profesional de sus hijos. Hay otro grupo de padres que, bien sea porque ellos mismos sintieron fuertes presiones por parte de sus propios padres o porque no quieren sentirse culpables de influir en las cosas de sus hijos, tienen tendencia a evitar formular una orientación profesional para sus adolescentes. Cuando se plantea a estos padres la pregunta: «¿Qué tarea desearía usted que hiciera su hijo/hija más adelante?», la respuesta casi constante es la siguiente: «Esto me da igual, no tiene importancia, que haga lo que quiera, lo importante es que sea feliz.» Si reflexionamos sobre esta contestación, encontraremos que contiene una parte defensiva por el temor de pasar por un padre autoritario, imponiendo una determinada elección; pero esta respuesta pa-

---

CUADRO 15

Puntos de acción familiar para el éxito académico

- Armonía familiar.
- Implicación parental (parentalidad en activo).
- Disponibilidad parental.
- Estabilidad residencial de la familia.
- Favorecer la responsabilidad-autonomía del hijo.
- Supervisión de la marcha escolar.
- Estrecha colaboración padres-escuela.
- Tiempo libre enriquecedor.
- Justas expectativas parentales.
- Confianza en el éxito escolar del hijo.

CUADRO 16

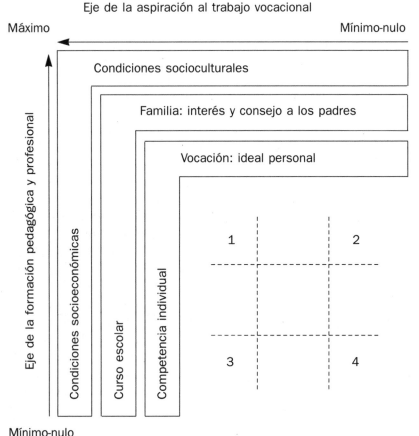

Eje de la aspiración al trabajo vocacional

Máximo ← Mínimo-nulo

Condiciones socioculturales

Familia: interés y consejo a los padres

Vocación: ideal personal

Eje de la formación pedagógica y profesional

Condiciones socioeconómicas

Curso escolar

Competencia individual

1   2

3   4

Mínimo-nulo

rental indica, además, una profunda incertidumbre en los mejores casos, o indiferencia en los peores, frente a una elección profesional del adolescente.

El resultado de la experiencia escolar de cada uno es la unión entre el sistema de motivación individual, la calidad del entorno familiar y el contexto sociocultural. Las múltiples relaciones entre el ámbito socio-cultural-económico, la calidad de la enseñanza escolar y las competencias personales, están esquematizadas en el cuadro 16. En éste se pueden distinguir algunas grandes categorías en función de estos diversos criterios. Así, en el cuadrante 1 se encuentra el grupo de jóvenes que se benefician a la vez de una buena formación escolar y preprofesional, y de una fuerte vocación. En el cuadrante 2 se hallan los adolescentes que tienen una formación escolar y/o profesional satisfactoria, pero no tienen ningún deseo personal, sino una indiferencia frente al trabajo y una falta de motivación (en este grupo están los jóvenes con alguna psicopatología como, por ejemplo, la depresión). En el cuadrante 3 se incluyen los adolescentes que tienen una fuerte motivación para integrarse en el mundo profesional, pero que no han podido adquirir una formación satisfactoria, ya sea a causa de las carencias del sistema educativo, o por otras razones de índole médica (enfermedad crónica, trastorno de la atencción, etc.) o social (por ejemplo, adolescentes de familias inmigrantes o de un deteriorado medio sociocultural). Por último, en el cuadrante 4 se encuentran los adolescentes que tienen una falta de motivación o motivaciones totalmente irrealistas, asociada a una mediocre preparación académica. Se comprenderá que los cuadrantes que no están numerados quieren simbolizar los matices intermedios no tan característicos de los grupos de adolescentes que hemos reseñado.

De la escuela al trabajo

Como bien dice Dina Krauskopf, profesora de la Universidad de Costa Rica, en el manual *La salud del adolescente y del joven* de la Organización Panamericana de la Salud: «El concepto del período adolescente nace asociado a la postergación del ingreso a las actividades adultas y al hecho de privilegiar la pertenencia al sistema educativo como su más importante obligación social.»

¿Qué puede ofrecer la sociedad al joven ante la escasez de puestos de trabajo? Mantenerlo estudiando el mayor tiempo posible. Es un estado de moratoria psicosocial que, al menos, le evita enfrentarse con la angustiosa realidad del paro (precisas son las palabras del escritor Antonio Gala acerca de que el paro comienza para los muchachos antes que el movimiento). Está vaciándose de sentido el criterio adoptado por los sociólogos durante largo tiempo para apuntar el fin de la adolescencia: el acceso a un empleo profesional que marca el inicio de la independencia económica respecto a la familia de origen.

Con independencia de los motivos que hayan desembocado en un fracaso en la búsqueda del primer empleo, ya sea de origen individual o de origen social (por ejemplo, la paupérrima oferta del mercado laboral), las consecuencias sobre el equilibrio afectivo y sobre las esperanzas y expectativas del adolescente no dejarán de notarse: sentimiento de fracaso personal, de rechazo de la sociedad, impresión de inutilidad del tiempo invertido en la formación escolar, riesgo de marginación social, etc. Para el propio adolescente, la búsqueda y el desempeño de un empleo concretan en general una serie de aspiraciones más o menos realistas, pero cuya realización práctica representa, en un primer tiempo, una gratificación asegurante y estimulante para la propia imagen que él busca adquirir o confirmar. Inversamente, el fracaso en la búsqueda del empleo se vive con frecuencia como un fracaso de la propia imagen social.

Pero hay más problemas que los propios y derivados de la dificultad de encontrar un primer empleo, como por ejemplo las dificultades halladas por los adolescentes y los jóvenes adultos para adaptarse a un mundo de trabajo cuyas características difieren sensiblemente del mundo de la escuela. En otros términos: ¿está el adolescente escolarmente bien preparado para acceder al mercado laboral? Es bien sabido que en la respuesta inciden diversos factores (motivación individual, contexto cultural, ámbito sociofamiliar, etc.). Cierto que las actuales corrientes pedagógicas intentan que el estudiante perciba las conexiones entre la vida real y su aprendizaje escolar. De tal manera que todo lo que aprenda tenga su aplicación práctica inmediata: así los alumnos pueden aprender matemáticas estudiando la demografía de su municipio, lo cual, a su vez, puede conectarles con el estudio de la historia de su región, etc., descubriendo de esta manera sus propios intereses e inclinaciones para un futuro profesional. Pero aún queda mucho por hacer en esta línea escolar de acercamiento a la vida real.

Es evidente que la consecución de un empleo no representa más que el último eslabón de una larga cadena, que precisa de una evolución que se inició ocho o diez años atrás en la historia personal de cada uno. Ésta consiste —según Ginzberg— en: 1) «período de fantasía», entre los 10 y 12 años, en una fase exploratoria de sí mismo y de sus propios deseos, sin que el niño tenga en cuenta la realidad; 2) «período de ensayo», que va desde la pubertad (12-13 años) hasta la mitad de la adolescencia (16 años), en la cual comienza a tomar en consideración sus propias capacidades e intereses en las diversas materias escolares, centrándose en las que le suscitan mayor placer y sentimiento de competencia, y 3) «período realista», que va desde la mitad de la adolescencia hasta la edad adulta (en torno a los 20 años) y que termina en una precisa selección profesional. Debemos constatar, por último, dos situaciones extremas previas a la entrada laboral. El caso de los adolescentes en situación de fracaso o de rechazo escolar, que idealizan fuertemente el momento en que podrán trabajar con la esperanza de alejarse de tal sentimiento de fracaso. La cruda realidad es que, al no estar preparados de ninguna manera para tal inserción profesional, sólo encuentran rechazo o proposiciones de empleo sentidas como desvalorizadas y desvalorizantes, haciendo de este paso al mercado del trabajo un fracaso suplementario. A la inversa tenemos el caso del mantenimiento prolongado en el sistema escolar o universitario, que genera problemas de excesiva dependencia económica y niega además a los jóvenes una confrontación realista con las exigencias de la vida profesional. Está demostrado que algunos adolescentes encuentran un refugio para sus propias dificultades a través de una escolaridad interminable, que genera la llamada «adolescencia prolongada».

Las necesarias aptitudes

Para empezar, es obligado distinguir entre el deseo de hacer algo y la posibilidad de hacerlo. Se dice que todos tenemos derecho a subir al Himalaya, pero sólo unos pocos están en condiciones de alcanzar sus cumbres...

Ciertamente, hay que tener una idea lo más objetiva posible de las inclinaciones, preferencias y posibilidades propias para orientarse hacia unos estudios y una profesión. Aunque debemos tener en cuenta que existen cualidades necesarias para la práctica profesional que no son estrictamente necesarias en los estudios, en parte debido al gran porcentaje de teoría en que se desarrollan, y que los alejan de las condiciones que se requieren en la práctica laboral y que no acostumbran a estar presentes en la preparación del alumno, como, por ejemplo: presencia, urbanidad, dotes de mando, resistencia física, etc.

Es conveniente, pues, distinguir entre la capacidad para seguir los estudios previos al ejercicio profesional y la aptitud necesaria para el ejercicio de la profesión, aunque haya un cierto perfil común a los estudios y a la práctica. Así, es obvio que para ejercer algunas profesiones se precise de determinadas cualidades específicas que no todo el mundo posee. Por ejemplo, hay que tener buena vista, excelente salud y aguante físico para ser piloto; destreza manual para ser habilidoso joyero; sentido musical —lo que se dice tener oído— para actuar de músico; entereza de ánimo a la vista de la sangre para ser médico cirujano; elevada capacidad de pensamiento abstracto para cultivar las matemáticas, etc. No hay que darle más vueltas: estas cualidades son discriminativas para quien no las posea.

Es bien cierto que todos somos iguales y, al mismo tiempo, todos diferentes. Y el rendimiento escolar, el aprendizaje de cada alumno tiene su ritmo propio, personal e intransferible. Intentar igualar y medir a todos los alumnos con idéntico rasero es poner cortapisas a su potencial de creatividad.

Lo dicho se pone de manifiesto especialmente en los jóvenes que presentan una personalidad creativa, que de alguna manera se escapa del perfil clásico del alumnado. Ya el pedagogo Claparède advertía en su época: «La escuela francesa mata diez mil artistas por año», y ahora nosotros podríamos preguntarnos: ¿cuántos sucumben en nuestro país?

Es un hecho evidente que en la escuela tradicional, las personalidades geniales no acostumbran a encontrar el reconocimiento a sus peculiares aptitudes. Nos vienen a la memoria los casos de Salvador Dalí, con sus enfrentamientos con las autoridades escolares de su Figueres natal, o de Einstein, que fue juzgado débil mental por sus profesores, o de Darwin, que pasaba por estudiante extremadamente mediocre, o incluso de Napoleón, que por poco no le aprueban sus estudios militares (salió con el número 42 de su academia castrense), y de otros muchos, anónimos y con similares características, que lo habrán pasado mal con el *currículum* oficial de turno.

Hay que saber detectar a tiempo estas personalidades creativas para poder orientar su futuro profesional y que no se malogre su potencial artístico e intelectual. Así lo pensaron los investigadores norteamericanos Wallach, Kogan y Lieberman, en 1965, diseñando unos «tests de creatividad» para evaluar niños en situación de juego. Con estos tests —independientes de los tests psicotécnicos clásicos, medidores exclusivos del coeficiente intelectual (CI)—, han demostrado que existen adolescentes con pensamiento divergente (creativo), propio de las personas genia-les, que van para artistas o inventores, y que carecen o tienen infradesarrollado el pensamiento convergente (convencional). Así, por ejemplo, ante la pregunta «¿para qué sirve un para-guas?», el alumno con pensamiento convergente dará la respues-ta convencional «para evitar que nos moje la lluvia»; mientras que un adolescente creativo podrá responder «para elevarnos por los aires y poder entrar en las casas por las chimeneas», res-puesta ésta que, obviamente, no se encuentra en los manuales clásicos de psicometría y merecería una puntuación negativa si no tuviésemos en cuenta la personalidad creativa.

A quien le quepan dudas sobre los diversos tipos de inteligen-cia de que podemos ser portadores (académica, espacial, kines-tésica, musical, interpersonal, etc.) que consulte el libro *Inteli-gencia emocional* de Daniel Goleman. En él se advierte que, en el mejor de los casos, el CI parece aportar tan sólo un 20 % de los factores determinantes del éxito, lo cual supone que el 80 % restante depende de otra clase de factores...

La difícil elección de una profesión

«No existen recetas, ni consejos, ni tests, ni libros para acertar en la elección de profesión», así de contundente se expresa en la introducción de la completísima obra *Todos los estudios y carre-ras* Carlos de la Fuente Gómez. No obstante, conviene oír opi-

---

CUADRO 17

Factores y condiciones que influyen en la proyección de futuro del hijo

- Fantasma del paro.
- Carreras «que tienen salida».
- Nuevas profesiones.
- Partir de las propias aficiones.
- Informarse.
- Profesiones de moda.
- Trazar un proyecto profesional.
- No centrarse en una sola profesión.
- Demanda social del tipo de estudios.
- «¿En qué me gustaría trabajar?»

niones sobre el tema, leer algún libro y realizar algún test, pero sin esperar de ellos una solución: solamente son ayudas para madurar una reflexión y un proyecto. Y sobre todo es preciso no angustiarse ante la falta de una idea clara, porque siempre habrá tiempo para reorientarse.

Teóricamente no hay diferencias de valor entre las profesiones. Pero en la práctica cuentan los condicionamientos sociales de prestigio, moda, retribución económica, rapidez en situarse, autonomía personal, etc., con los que la sociedad va «coloreándolas» y que tanto pesan a la hora de decidir (cuadro 17).

Ante los valores tradicionales de prestigio atribuidos a ciertas profesiones, se alza hoy una situación nueva: la saturación de carreras consideradas de gran prestigio o de porvenir (médicos, abogados, arquitectos, etc.) y la retribución cada vez mayor de las profesiones técnicas de grado medio u otras similares. Obsérvese que hoy se habla más de profesiones que de carreras. Por algo será.

Asimismo, en las profesiones llamadas «liberales», que tradicionalmente atraían a los jóvenes por cierta aureola de independencia en la actividad laboral, se observa ahora una tendencia general hacia la colectivización, con la pérdida consiguiente de autonomía y la resultante masificación que despersonaliza a los profesionales y no incentiva la iniciativa particular ni la práctica privada.

Últimamente, nuestros jóvenes están inmersos en un auténtico baño de sobreeducación, que se suma al fenómeno universal de la «titulitis» (acaparamiento voraz de títulos), provocando una excesiva preparación de los chicos para puestos de trabajo que, en realidad, requieren un nivel más bajo de formación, con la consiguiente frustración de los interesados y pérdida económica y de tiempo.

También los jóvenes han de estar informados sobre la competencia que se genera en empleos a los que antes sólo tenía acceso una determinada profesión, y que hoy pueden ser ocupados por personas de diversas enseñanzas, como por ejemplo sucede en la industria alimentaria, cuyas plazas pueden ser cubiertas por veterinarios, farmacéuticos, biólogos, médicos, ingenieros agrónomos, etc.

A todo esto hay que añadir el impacto de los valores que se presentan a la juventud. Ante situaciones contrapuestas como riesgo-seguridad, actividad creativa-actividad metódica, sacrifi-

---

CUADRO 18

Cambios en las expectativas profesionales del alumnado

- Han perdido el miedo al paro.
- Viven en el presente.
- No hay afán por la autonomía e independencia económica.
- Buscan el aprendizaje rápido y abreviado.
- Prefieren los proyectos a corto plazo.
- Quieren hacer dinero rápido.
- Asumen el trabajo como algo temporal y variable.
- No encuentran sentido al estudio constante y continuado.
- Comparten la descalificación general de la laboriosidad y del perfeccionismo en el trabajo.

---

cio-gratificación inmediata, satisfacción personal-reconocimiento social, etc., podrá decantarse hacia un lado u otro de estos perfiles de valores que apuntamos, según sea el nivel de motivación del joven y sus preferencias en la planificación de la vida. Son opciones que, a la hora de elección, van a dirigir el proyecto vital por derroteros bien diferenciados.

Actualmente parece predominar el deseo de conseguir a toda costa una plaza de funcionario, primando la seguridad, la comodidad y la rutina sobre el embarcarse en aventuras individuales con riesgo potencial. Por otra parte, también es posible que las características del cambio de expectativas profesionales (cuadro 18) reflejen o preanuncien los cambios de la producción y la economía global, y tal vez tengan un componente adaptativo, ya que los derroteros político-económicos de la sociedad actual tampoco permiten saber con certeza qué será seguro en el futuro. Estudios contemporáneos, por ejemplo, predicen que en Estados Unidos mucha gente, durante su vida, ejercerá dos o tres profesiones o trabajos distintos.

En conclusión a lo que llevamos expuesto, podemos decir que todo el mundo está de acuerdo en que las motivaciones más saludables para realizar una profesión concreta son las que nacen de una afición profesional para la que uno se siente apto y tiene probabilidades de llevar a cabo.

La recomendable orientación profesional

En la etapa adolescente, donde impera la inseguridad y campea el idealismo (con muy poco de realismo), el chico es obligado a decantarse por una vida de especialización en los estudios, mucho antes de hallarse con la madurez suficiente para hacer tal elección. Estando así las cosas, es cuando se agradecen los oportunos consejos del experto en orientación profesional.

¿Qué es la orientación profesional? Una actuación científica y compleja, destinada a conseguir que cada sujeto se dedique al tipo de trabajo profesional en el que con menor esfuerzo pueda obtener mayor rendimiento, provecho y satisfacción para sí y para la sociedad, según acertada definición del pionero de la psiquiatría hispana, Emilio Mira y López.

Pero el mensaje que abandera más rápidamente a la mayoría de los adolescentes de nuestros días es sin duda éste: «El mejor trabajo es el que se hace con menor esfuerzo para obtener mayor provecho para sí.» En este contexto, nos explica el experto pedagogo barcelonés Julio de Planas, director del Centro Guía de Orientación Profesional: «El deber del adulto, padre o profesional, es hacerle ver que lo más importante es descubrir la satisfacción para él y el provecho para la sociedad. Intentar encauzar, con todos los medios posibles, las múltiples elecciones de estudio y profesión para conseguir su mayor autonomía futura. Así, el papel que deben desempeñar los implicados en el proceso de la orientación vocacional del adolescente es saber dirigir con relativa libertad de elección lo que será más justo para el joven.»

La orientación profesional debe dar pautas, enseñar a discernir y elegir lo mejor de un oficio. Debe ayudar a que el adolescente reconozca sus capacidades reales y los rasgos de su personalidad. Aprender a aceptarse a sí mismo, con sus limitaciones y potencialidades. Estas ayudas, de hecho, deben empezar antes de la adolescencia, ya que cuando llegue el momento será el joven el verdadero responsable de las decisiones a tomar, tanto a nivel académico como profesional.

¿Cuándo y cómo debemos orientar a nuestros hijos? Siguiendo con Julio de Planas, el «cuándo» depende de las circunstancias personales de cada joven. La escuela (maestro-tutor, pedagogo orientador, etc.) puede ayudar a programar los pasos y directrices a tomar, explicando, por ejemplo, la interacción de cada asignatura con un futuro ocupacional, ventajas e inconvenientes a la hora de elegir asignaturas más afines a los intereses del alumno, etc. Habitualmente estas inquietudes surgían al finalizar la etapa superior de la Enseñanza General Básica. Respecto al «cómo», de entrada hay que matizar que orientar no es simplemente imponer como adulto la idea de futuro que nosotros consideramos interesante para el chico, sino hacerle ver que todo tiene un valor y un sentido en la vida, tanto a nivel de estudiante como de persona. Hay que procurar que el joven se reoriente con sus fracasos y sus triunfos. Debemos esperar a que él mismo se incline hacia un estudio o una profesión. Nuestra misión es informar sobre las posibilidades que tiene el chico, y si es necesario perder un año para que pueda replantearse el futuro, deberemos tener un año de paciencia.

El orientador profesional es la persona más indicada para decidir las futuras posibilidades laborales de un joven. Sabrá evaluar sus cualidades intelectuales y habilidades manuales, entrevistándole y pasándole las baterías de tests psicotécnicos que considere pertinentes. Podrá informarle a él, y a sus padres, sobre las ofertas del mercado laboral a que puede aspirar y los trámites que tiene que cumplir para acceder a estos puestos de trabajo. El orientador profesional conoce la legislación y las peculiaridades laborales de cada país, convirtiéndose así en el idóneo asesor de las familias que tienen hijos adolescentes.

¿Y cuando el joven «no da para más»?

«No da para más», no sirve para cursar estudios universitarios u oficios altamente tecnificados. Pero sí puede «dar para más», si sabemos ubicarlo en el oficio o el trabajo más acorde con sus posibilidades. Veamos algunas situaciones específicas.

Es el caso, por ejemplo, de un muchacho con aptitudes limitadas, que no alcanza las medias pedagógicas establecidas en el aula de la escuela ordinaria. Su comportamiento y la aceptación de sí mismo es correcta, aunque sufre por su futuro. Es conformista y está dispuesto a hacer aquello que le manden los adultos. Siempre estamos a tiempo de cambiarlo de escuela, de inscribirlo en otra en que las exigencias sean menores. También, si el joven tiene habilidades mecánico-manipulativas, podría tener éxito en una formación profesional que no implicara grandes esfuerzos de aprendizaje.

Otro caso sería, por ejemplo, el del adolescente en el límite de la normalidad intelectual, «quemado» psicológicamente y con capacidad suficiente para ser consciente de sus limitaciones. Su buena fe y sumisión favorece que los profesores lo acepten y toleren en el aula ordinaria ya que su comportamiento no es perturbador. Se relaciona más con compañeros de menor edad que con los de su propio grupo. ¿Qué vamos a hacer con este joven?, ¿para qué tipo de trabajo servirá?, ¿encontrará empleo en esta ciudad?, ¿sería conveniente trasladarse a un pueblo o vivir en el campo?, son preguntas que los padres y educadores se hacen, a veces con cierta angustia. Julio de Planas aconseja, en estos casos, discernir lo justo y puntual en cada momento preciso de la evolución del adolescente: todo ser es cambiante en la carrera de la vida y mucho más en la juventud. Es decir, puede haber sorpresas y «despegues» más adelante. Pero, por el momento, habrá que buscar soluciones. Por ejemplo: continuar la Enseñanza Secundaria Obligatoria (ESO) hasta los 16 años; repetir algún curso; pasar a partir de los 16 años a los cursos de Fondo de Garantía Social (FGS) para jóvenes que no aprueban la ESO y no pueden acceder a Formación Profesional Media, cursos con poca teoría y mucha práctica sobre un oficio concreto; acudir al Plan de Transición al Trabajo (PTT), donde se compaginan educación compensatoria y cultura general, impulsando métodos de búsqueda de empleo; buscar talleres de oficios (fontanería, carpintería, albañilería, costura, peluquería, etc.) organizados por los ayuntamientos de las poblaciones, etc.

Queda por último el caso del joven deficiente psíquico, con un coeficiente intelectual bajo, muy por debajo de la normalidad, y poco o nada consciente de sus limitaciones. En este caso son los padres y la escuela los que deben construir su orientación profesional, con oficios y estudios repetitivos y mecanizados, enseñanza personalizada, educación especializada, talleres protegidos, etc.

Capítulo aparte serían los casos de jóvenes que presentan importantes trastornos emocionales y comportamentales, con alteraciones de la personalidad, cuya inteligencia no está deteriorada e incluso, en algunos casos, es superior, pero son incapaces de mantener una constancia en estudios, trabajo y amistades. Muchos padres y maestros, cansados de intentar motivar a estos adolescentes, optan por dejarles de lado y abandonarlos a su suerte. Estos jóvenes se pasan el día en casa, levantándose de la cama al mediodía para comer, encerrados en su cuarto escuchando música, «tirados» por los sofás, sin hablar con los padres, etc. ¿Qué hacer con ellos? Precisan, de entrada, una ayuda psiquiátrica con apoyo terapéutico (farmacológico, terapia familiar y/o personalizada, técnicas de motivación, etc.), buscando al mismo tiempo actividades u oficios semilúdicos (fotografía, pintura, bordados, etc.), que aunque no estén acordes con sus posibilidades intelectuales (potencialmente normales o superiores), hagan salir al joven de la situación de marasmo o vagancia en que se encuentra.

XIV

Uso y abuso de sustancias

> Las cadenas del hábito son demasiado débiles
> para ser sentidas, hasta que son demasiado
> fuertes para romperlas.
>
> SAMUEL JOHNSON

La adolescencia, ¿terreno abonado para las toxicomanías?

En el interesante capítulo que la doctora argentina Alicia Gillone, experta en drogodependencias, dedica a la «Drogadicción: un síntoma» en *La salud del adolescente y del joven*, se dice que se trata de un hecho social impreciso y complejo que involucra a dos campos diferentes no articulados: uno el que reprime y castiga, el otro el que previene y asiste (el estamento sanitario); ambos implican a la juventud como principal protagonista.

La doctora Gillone hace una clara referencia a la red de producción, comercialización ilícita y transgresiones que presenta al mundo el tráfico y consumo de drogas, como ocurre en Hispanoamérica. Pone como ejemplo la lógica del campesino boliviano que cultiva coca (una hectárea de producción le representa al año un beneficio entre 5 000 y 9 000 dólares, y una hectárea de producción de cítricos unos 500 dólares), diferente a la lógica del joven que anda por las calles de Estados Unidos vendiendo cocaína: por cada dólar invertido en hojas de coca en las zonas de producción se obtienen 300 dólares por venta en las calles de Estados Unidos.

El fenómeno de la drogadicción, mucho más que en la acción farmacológica de una sustancia que interactúa con un organismo vivo, radica en una respuesta del hombre, de lo cual se deduce que éste no es un problema de drogas, sino un problema de personas. Con él aparecen dos universos: el del narcotraficante y el del consumidor. En este último se abre el espectro, y jóvenes de diferentes lugares y culturas consumen sustancias variadas de diversas formas y cantidades, haciendo del ritual, el código que identifica, el símbolo que da pertenencia, el hecho que asemeja. El adolescente coloca a la droga en el lugar en que él desea, la droga ocupa así el lugar que se le da. Su acción, por lo tanto, no depende tan sólo de sus características como fármaco sino de todo lo que de ella se espera, de lo que buscan quienes la consumen y la suministran, y de lo que dicta el entorno.

Y todo ello confluye en una persona que está atravesando un peculiar período de su desarrollo, en el que tiene que consolidar las bases de su salud mental y física de las cuales dependerá en el futuro. No olvidemos que, finalizada la infancia, la adolescencia constituye la última oportunidad de la persona para establecer una estructura de personalidad adaptada al modelo de salud. El adolescente ensaya modos de vida alternativos, que puedan sustituir a aquellos que durante su infancia le resultaban incuestionables. Una vez que el adolescente «ha perdido» a sus padres, las alianzas que establece con sus compañeros resultan vitales para su desarrollo emocional y psicológico. Con ellas obtiene la validación de sus cambios y un característico sentimiento de invulnerabilidad y omnipotencia que le permite explorar nuevas sensaciones sin evaluar de forma completa los riesgos que asume. Además, su situación personal genera un aumento en la vulnerabilidad frente al estrés, la frustración y la ansiedad, que incrementan la probabilidad de que desarrolle una rápida dependencia de una determinada sustancia.

Hay estudios que confirman la existencia de patología psiquiátrica en una importante proporción de adolescentes que consumen tóxicos. Los trastornos detectados con mayor frecuencia son: trastornos afectivos (como la depresión), ansiedad, déficit de atención y alteraciones de conducta (como, por ejemplo, la agresividad). Asimismo, hay investigaciones que han permitido detectar importantes factores de riesgo en el consumo de sustancias, como son: el fracaso escolar, el abandono de la escolarización, el embarazo de adolescentes, la presencia de compañeros consumidores, la existencia de una disfunción familiar, los trastornos psiquiátricos y los antecedentes de alcoholismo en los progenitores (véase más adelante). También se ha visto que el consumo de alcohol y tabaco preceden de forma significativa al consumo de otras sustancias ilegales, lo cual confirma la teoría del fenómeno de escalada, sugerida por muchos investigadores (por motivos aún no bien comprendidos, se ha observado que el tabaco tiene un efecto facilitador sobre el desarrollo de adicciones mayor que el alcohol).

Respecto a los tratamientos, actualmente no constituyen más que pequeñas variaciones de los modelos terapéuticos para adultos y entre ellos cuesta encontrar alguno que muestre una superioridad definida frente a los demás. Los resultados, por lo general, muestran elevadas tasas de recaídas, atribuidas habitualmente al intenso *craving* (impulso de consumir) de los pacientes adolescentes. Con todo, las líneas terapéuticas actuales se inclinan cada vez más por mejorar la autopercepción del joven, su habilidad para afrontar la presión social y que cuente con adecuado soporte por parte del entorno sociofamiliar.

¿Por qué experimentan con sustancias los adolescentes?

Cuando se les pregunta a los adolescentes por qué fuman, a menudo responden que es debido a la presión de los compañeros y amigos, por simple curiosidad, por imitación, como manifestación de independencia, rebelión, o una intención de proyectar una determinada imagen.

Las compañías tabaqueras van a la caza y captura de «fumadores de reemplazo» (que puedan sustituir a los adultos que han dejado de fumar o mueren a raíz de complicaciones del tabaquismo). Estas industrias conocen bien las motivaciones de nuestros adolescentes y saben responder a ellas estimulándolas con modelos juveniles atractivos en circunstancias y paisajes excitantes.

Cuando se les pregunta a los adolescentes por qué consumen alcohol, dan las siguientes explicaciones: «lo hace todo el mundo», «me gusta, es divertido», «me ayuda a relajarme», «a quitarme la timidez», «cuando estoy mal, sirve para escaparme», «¿por qué no?, después de todo no bebo tanto»...

Los adolescentes que experimentan con otras drogas, dan razones similares a las descritas para el tabaco y el alcohol: presión de los compañeros, consumo por parte de familiares (habitualmente hermanos mayores), estrés, aburrimiento, rebelión, ansiedad, depresión y autoestima disminuida. Apuntemos aquí que el consumo de tabaco y de alcohol, a menudo precede a la experimentación con otras drogas.

A pesar de que los adolescentes son bombardeados con información (a veces muy bien lograda y contundente) acerca del peligro del tabaco, del alcohol y de otras drogas, ninguno queda inmune a la potente influencia social y al fácil acceso al consumo de estas sustancias. Esto es especialmente cierto con respecto a aquellos adolescentes cuyos padres fuman, beben en exceso o consumen otras drogas. En esta disyuntiva, el joven, al observar la conducta de otros, debe decidir «qué papel desempeñará esto en mi vida».

Ante tal decisiva reflexión, la respuesta que muchos dan es: «Lo probaré una vez a ver qué tal es.» Lamentablemente, la mera experimentación esconde peligros, como por ejemplo que con el paso del tiempo la nicotina del cigarrillo resulte adictiva, o que «unas cervecitas» o «unas caladas de marihuana» puedan resultar en juicios inapropiados, cálculos erróneos acerca de la propia capacidad, impulsividad, y acabar en conductas sexuales incontroladas, embarazos no deseados o trágicos accidentes de circulación.

El joven que está inmerso en una lucha interna de sus sentimientos, que no logra canalizar y descargar adecuadamente y de forma constructiva sus inquietudes, encuentra en la droga la solución a su angustia y desesperación. La droga, por su efecto farmacológico sobre el psiquismo, le libera de esa tensión y le evade de la realidad. De tal manera que una vez establecida la dependencia a una sustancia, el problema queda desplazado: se sufre porque se necesita la droga, y la droga calma el sufrimiento. No hay lugar para otro planteamiento, y la búsqueda de la droga se convierte en el objetivo primordial de la vida. Es una motivación continua para vivir, aunque sea destruyéndose progresivamente...

El gran problema de los adolescentes que se drogan es que, durante el período de adicción a las sustancias, queda detenido todo el proceso de elaboración mental necesario para superar con éxito esta etapa de la vida. Toda su energía está a disposición de resolver un conflicto y aminorar un sufrimiento, el temor al síndrome de abstinencia, que a su vez ha surgido tras el intento de evitar afrontar esta etapa crítica del desarrollo. Tremenda paradoja.

Alcohol, tabaco y otras drogas

Los padres y los adultos en general que están preocupados con respecto al abuso de sustancias por parte de los adolescentes, habitualmente piensan en términos de heroína, cocaína y otras drogas fuertes. Obviamente, dichas drogas son dañinas pero su consumo por parte de los adolescentes es ínfimo comparado con el de otras sustancias perjudiciales, como el tabaco, el alcohol y la marihuana o mariguana (el popular porro).

El tabaco, por ejemplo, a largo plazo es responsable de más pérdidas de años de vida que todas las otras drogas combinadas. El alcohol, sin ir más lejos, se encuentra implicado en más de la mitad de los accidentes automovilísticos fatales de los jóvenes. Y la marihuana interfiere con el aprendizaje y la memoria.

Las diferenciaciones propuestas entre drogas lícitas e ilícitas, o entre blandas y duras, ha provocado desorientación y confusión entre los adultos responsables del cuidado de los adolescentes y en la propia población juvenil. Asimismo, diferenciar la simple experimentación aislada de una droga, del consumo frecuente, del abuso y de la adicción o farmacodependencia, puede ser muy difícil tanto para los padres como para el médico; pero es posible proponer varias generalizaciones:

Primero, cuanto más joven es un adolescente cuando se inicia en el consumo de una sustancia, mayor es la posibilidad de que progrese en la cantidad y variedad del uso.

Segundo, los adolescentes habitualmente serán menos capaces de limitar el consumo que los adultos.

Tercero, la experiencia con sustancias adictivas es muy diferente ahora de lo que fue en el pasado. Así, por ejemplo, la introducción de nuevas sustancias (productos «de diseño») es masiva y no hay un conocimiento previo de ellas; también las sustancias ya conocidas son actualmente diferentes, como en el caso de la marihuana, por ejemplo, que en los años setenta contenía menos del 0,2 % del compuesto químico THC (tetrahidrocannabinol-delta-9) y 20 años después contiene un promedio del 2 al 6 %, llegando en algunos casos al 14 %.

Cuarto, no hay que olvidar que, independientemente de la actitud de algunos padres y educadores (por ejemplo, los que promueven el «uso responsable»), el consumo de drogas ilegales, no importa dónde y por quién, es siempre un delito.

La vida se va en humo

Ya pueden enseñarle al joven recortes de prensa en donde se evidencien las espeluznantes estadísticas de los estragos físicos que produce el hábito del tabaquismo, ¿cómo se lo hacemos creíble a un adolescente pletórico de vida? Ya podemos recordarle que el tabaco causa la muerte de la mitad de los fumadores que adquieren el hábito en la adolescencia y que si sigue dándole al cigarrillo tiene la mitad de posibilidades de llegar a octogenario, ¡qué lejos le queda todo esto! Insístanle, si quieren, en que puede terminar con una bronquitis crónica o un enfisema asfixiante que no le permitirá dar un paso sin fatigarse, que estará en continuo riesgo de sufrir episodios alarmantes de afectación cardiovascular, que puede presentársele un gravísimo cáncer de pulmón o de garganta, ¿quién le mete miedo a un adolescente que rebosa vitalidad por todos sus poros?...

La nicotina es una droga blanda (¡qué eufemismo!) muy arraigada en nuestra cultura occidental. Fumar ha tenido gran aceptación social durante años y forma parte de las conductas iniciáticas del paso de la niñez a la adolescencia. Erradicar de golpe esta costumbre tan consolidada tiene sus dificultades a pesar de las efectivas campañas sanitarias que se desarrollan en todo el mundo.

Parece ser que los varones van dejando de fumar, pero éste no es el caso de las mujeres, que han interpretado el hecho de ser fumadoras como una conquista social del colectivo femenino. En EE.UU., las dos últimas décadas han visto cómo cada día se incorporaban 3 000 quinceañeras al hábito tabáquico (en la actualidad la incidencia del cáncer de pulmón se ha incrementado un 500 % entre las mujeres). Y es bien conocido que el consumo de tabaco, incluso en cantidades pequeñas (1-4 cigarrillos al día), en mujeres que toman anticonceptivos orales entraña el doble de riesgo de sufrir un infarto de miocardio.

Existe un retrato-robot del adolescente fumador, que presenta las siguientes características: 1) está agrupado con otros jóvenes fumadores; 2) tiene una menor supervisión de su forma de vida por parte de los padres; 3) muestra un pobre rendimiento escolar; 4) participa poco en actividades extraescolares (deportivas, culturales, etc.), y 5) tiene una percepción menos negativa y más positiva del hecho de fumar.

La mejor actuación para evitar que se consolide el hábito del tabaquismo en nuestra población adolescente son las medidas preventivas, tanto a nivel social (continuando con las campañas sanitarias que intentan neutralizar la presión ambiental incitadora a su consumo) como la importante acción a nivel familiar. Los padres han de tener cuidado en evitar o retrasar al máximo la «gratificante» conducta de fumar en sus hijos (se dice que la nicotina es cinco veces más adictiva que la heroína), ya que dejarlo luego es difícil (más de la mitad de los fumadores que intenten dejarlo no lo conseguirán nunca). Obviamente, si los padres del adolescente fuman en casa, tarde o temprano éste consigue que se le permita fumar en el hogar (¿con qué argumentos cuentan estos padres para prohibírselo?). Asimismo, también hay que tener cuidado con los compañeros del hijo: la influencia de los amigos fumadores resulta decisiva en el 85% de los que se inician. Por aquello de la imitación, ya se sabe.

Consumo de alcohol y problemas asociados

Hasta ahora había sido un dato constante que el número de adolescentes consumidores de alcohol, así como la cantidad ingerida, era mayor en los varones que en las mujeres. No obstante, estas diferencias por sexo están disminuyendo en los últimos años: prácticamente no existen diferencias significativas en cuanto a la edad de inicio en el consumo y en cuanto al consumo de fin de semana es muy semejante para ambos sexos.

Las costumbres van cambiando. En España, por ejemplo, el alcohol se consumía tradicionalmente con las comidas por la mayoría de la población y su abuso se manifestaba por los efectos a largo plazo de un consumo diario excesivo. Actualmente, muchos adolescentes no beben a diario, pero en cambio pueden ingerir grandes cantidades de alcohol durante el fin de semana (el producto más consumido es la cerveza —la popular «litrona»—, seguido del vino, y en menor proporción los licores).

Se buscan en muchos casos, sobre todo entre los adolescentes más jóvenes, los efectos psicoactivos del alcohol. «¡Hay que colocarse (emborracharse) lo más rápidamente posible!», parece ser un eslogan de moda, y cualquier combinación de alcoholes es válida para este fin. Estadísticamente, el día de mayor consumo es el sábado, seguido del viernes y el domingo. Los más jóvenes beben alcohol sobre todo las tardes del fin de semana, y a partir de los 17 años se consume en las noches del viernes, sábado y domingo.

Y, a menudo, todo empieza en la familia. En las celebraciones y fiestas familiares, que es donde se consume alcohol predominantemente hasta los 14 años. Luego, a partir de los 15 años, comienza el predominio del consumo de alcohol en «ocasiones sociales» con amigos (como en todas las drogadicciones, la influencia de los compañeros y amigos —los grupos de pares— es crucial). Sabemos también que el alcoholismo en padres y hermanos mayores favorece la iniciación del adolescente (hay estudios que apuntan hacia una transmisión genética de la propensión al alcoholismo en los varones). La iniciación precoz al alcohol se asocia con las características comportamentales de impulsividad y agresividad del adolescente. Y cuanto más jóvenes comienzan a beber alcohol, más pronto presentan un patrón de consumo elevado y sufren más problemas posteriores como consecuencia de este consumo, en comparación con los que comienzan más tarde.

Todo el mundo sabe que el consumo de alcohol se asocia a un mayor riesgo de padecer enfermedades y otros problemas. A nivel físico, por ejemplo, se presentan el síndrome de dependencia alcohólica (SDA) o alcoholismo; las enfermedades cardiovasculares; los trastornos neurológicos y la cirrosis hepática. En la esfera psicológica tenemos el cuadro de intoxicación alcohólica aguda (embriaguez) que puede llevar al coma e incluso a la muerte; el síndrome de abstinencia alcohólica (la popular «resaca»); posteriores demencias asociadas al alcoholismo; trastornos depresivos o suicidio. Graves problemas de índole social repercuten enormemente en la familia cuando hay un miembro alcohólico, en el trabajo, en los accidentes de tráfico, en las actitudes violentas y delictivas.

Un motivo para beber frecuentemente argumentado por los adolescentes es el «ligue», ya que les facilita la interacción; sin embargo, el consumo de alcohol incrementa el riesgo de relaciones sexuales peligrosas (sin protección frente al sida u otras enfermedades de transmisión sexual). Aquí hay que advertir que las mujeres tienen problemas con el alcohol con un consumo mucho más bajo que los varones, y esto debería ser expuesto en los programas de prevención del embarazo. También los adolescentes bebedores tienen más problemas de relación, en forma de peleas y riñas con los amigos. El alcohol, como depresor de las funciones intelectuales, puede afectar al aprendizaje escolar, dándose una mayor frecuencia de problemas escolares (retrasos, indisciplina en clase, abandono de estudios) entre los adolescentes que lo consumen que entre los que no lo hacen. Por último, hay que constatar el problema gravísimo del suicidio (hay tasas de suicidio de 9 a 22 veces más altas entre los alcohólicos que en la población general). El perfil del adolescente que presenta intento de suicidio tiene, entre otros rasgos, el ser consumidor de alcohol y/o tóxicos ilegales. Existe una relación entre el consumo de alcohol y marihuana y el suicidio (aunque esta relación no es tan fuerte como la encontrada en relación con el uso de cocaína). La explicación está en que con el uso de estas sustancias se incrementa la impulsividad facilitando la conducta de suicidio.

La droga ilegal más consumida: el cannabis

De la planta herbácea *Cannabis sativa*, productora del cáñamo de uso textil, en su variedad índica (cáñamo índico), se aprovechan la resina, las hojas y las estructuras de las flores femeninas para la elaboración de la droga ilegal, que puede generar dependencia, y es la más consumida del mundo occidental. Porros, hierba, canutos, petardos, petas... son algunos de los nombres en argot de esta droga.

Cuando se habla de consumo de cannabis se suele hacer referencia al consumo de la resina de esta planta (se vende en pequeñas pastillas como de «chocolate») mezclada con tabaco. A esta resina se la llama hachís. Mientras que el consumo de marihuana (hojas y flores de la planta femenina desecada y troceada hasta el tamaño de picadura) es más minoritario. Hasta los años sesenta, en España existía un cierto tráfico y consumo de «grifa», un triturado de tallos y hojas de la planta, y a finales de esa década comenzó a extenderse el uso de hachís entre los jóvenes. Ocasionalmente se consume el tetrahidrocannabinol-delta-9 (THC) purificado, que es el principal ingrediente psicoactivo de todas estas formas de presentación.

La potencia psicoactiva de estos productos está en función de su contenido en THC, siendo hace años de un 5-12 % sobre el peso en el hachís y de un 1-5 % en la marihuana. Aunque, en la actualidad, el contenido de THC se ha incrementado significativamente y la mayor potencia de la marihuana actual puede que esté contribuyendo a un aumento en la dependencia del cannabis y en los trastornos que produce esta droga (el contenido de THC de la marihuana que era aproximadamente de un 1-5 % a finales de la década de los sesenta, alcanzó una media de un 10-15 % a mediados de la década de los ochenta).

La vía de consumo más utilizada es la de fumarla. También se puede consumir por vía oral, en forma líquida (*chastri*, licor egipcio) o sólida, mezclada con comida (en tartas, pasteles y mermeladas). El THC es una sustancia liposoluble, que se impregna en las grasas del cuerpo (a diferencia de otras drogas, la mayoría de las cuales son hidrosolubles y se disuelven en los líquidos corporales eliminándose más rápidamente), las cuales tienen un gran poder de difusión dentro del organismo, entrando en su metabolismo y eliminándose muy lentamente. Se necesita que transcurran, al menos, 30 días consecutivos de abstinencia para que se elimine en el organismo el principio activo del cannabis, cualquiera que sea la dosis consumida, aunque sea un solo porro. Probablemente debido a la larga vida de los derivados del cannabis (cannabinoides) en el organismo, no se han descrito casos de fuertes síndromes de abstinencia. Casi inmediatamente después de fumar marihuana ya se notan sus efectos, con un punto culminante a la media hora, y la duración total de los efectos es de unas 3 horas. Si se ingiere por vía oral tiene una absorción más lenta y sus efectos duran hasta 4 horas.

Tras el consumo aparece cierta euforia, con una sensación progresiva de bienestar corporal, tendencia a la risa, comunicación fácil y mayor capacidad de sugestión. Subjetivamente se agudizan todas las percepciones, especialmente las visuales y auditivas (esto facilitaría el disfrute de la música, la pintura y espectáculos audiovisuales). Se altera la percepción del espacio y la medida del tiempo, así como la memoria inmediata. Es dificultosa la realización de tareas concretas y el aprendizaje de las mismas. Hay desinhibición, que se acentúa más en el área de la fantasía y de las exposiciones verbales que en las manifestaciones de la conducta. Después de la euforia aparece sedación y somnolencia (es habitual que los consumidores de cannabis pre-

Cuadro 19

Intoxicación por cannabis

- Euforia excesiva, con risas inapropiadas y manifestaciones de grandiosidad.
- Ansiedad, que puede ser muy severa.
- Suspicacia o ideas paranoides (persecutorias, de control, etc.).
- Sensación de lentitud en el paso del tiempo (por ejemplo, 5 minutos pueden parecer una hora).
- Deterioro de la capacidad de juicio y retraimiento social.
- Ataques de angustia (*panic attacks*).
- Despersonalización o desrealización (puede creer que está muriéndose o volviéndose loco).
- Afectación de la actividad mental y de la memoria inmediata.
- Estado de ánimo deprimido.
- Apatía, sedación y letargo.
- Pérdida de fuerza muscular e incoordinación de movimientos.
- Aumento exagerado del apetito, muchas veces de comidas sin valor nutritivo o «comida basura» (*junk food*).

fieran la utilización nocturna con el fin de relajarse y facilitar la conciliación del sueño). Los síntomas físicos más habituales tras el consumo son la aparición de taquicardia, enrojecimiento de los ojos (irritación conjuntival) y sequedad de boca y garganta.

Muchos consideran al cannabis como una sustancia con un bajo potencial de abuso y creen que es muy improbable que su uso continuado cause algún problema (también hay investigadores que dicen lo contrario). Generalmente, la dependencia o el abuso de cannabis se desarrolla con el consumo repetido a lo largo de un período de tiempo considerable (es raro que se instaure rápidamente tras el consumo inicial). En el abuso de cannabis, el joven consume la sustancia de forma episódica, pero presenta una conducta desadaptativa evidente, como, por ejemplo, conducir bajo los efectos de la intoxicación, similar a una borrachera al volante (cuadro 19).

Claro que, a veces, lo que pretende ser una aventura aislada y placentera entre un grupo de amigos adolescentes puede convertirse en «un mal viaje o mal rollo» para un determinado consumidor. Quizá porque éste tenga una baja tolerancia a la droga, o una personalidad excesivamente rígida, o antecedentes de trastornos psicóticos, la cuestión es que puede presentar un cuadro de intoxicación por cannabis o un trastorno delirante por cannabis, con una alteración paranoide (en el argot le llaman «la para») aguda de tipo persecutorio, con sensación de que se capta el pensamiento («noto que me intentan comer el coco», dicen), que produce gran inquietud. También se puede dar un cuadro clínico de características evidentemente psicóticas (se habla incluso de una psicosis cannábica, aunque está en discusión), o un frecuente síndrome amotivacional (también conocido como «letargo mental»), más propio de consumidores crónicos, con apatía, falta de interés e inexpresividad facial, sin contar las alteraciones hormonales que produce el cannabis en el ciclo reproductor (por su acción como hormona estrógena), pudiéndose presentar casos de esterilidad femenina y masculina, e incluso ginecomastia (aumento del tamaño de las mamas) en los adolescentes varones, así como inhibir la hormona del crecimiento.

Una señal de alarma ha sido un reciente descubrimiento, publicado en la revista *Science*, de que el consumo prolongado de cannabis prepara químicamente al cerebro para la adicción a drogas de efectos más perniciosos, como la heroína y la cocaína.

¿Esnifamos una raya de coca?

De las hojas de coca, planta en forma de arbusto que se cultiva en climas tropicales, se extrae la cocaína, potentísimo estimulante del sistema nervioso central («la droga del éxito», como la denominan algunos ejecutivos dados a ella) con acciones similares a las de las anfetaminas, aunque la duración de su efecto es más breve. Se consume de diversas formas: hojas de coca, masticadas; pasta de coca, fumada; polvos de clorhidrato de cocaína, inhalados (esnifados) o inyectados, y el alcaloide de la cocaína —base libre (*freebase*), «crack» o «rock»—, fumado. A veces se administra intravenosamente mezclada con heroína, resultando una combinación muy tóxica y peligrosa llamada *speedball* (ambas drogas actúan potenciándose para deprimir la función respiratoria).

Fumar cocaína o administrarla por vía intravenosa genera una rápida progresión desde el consumo ocasional hasta el abuso o la dependencia. Con frecuencia es sólo cuestión de pocas semanas o escasos meses (la administración por vía intranasal —esnifar— es más gradual hacia el abuso o la dependencia, pudiendo tardar meses o años en hacerse evidente). Coca, nieve, perica, pasta, una

---

CUADRO 20

Intoxicación por cocaína

- Euforia y sentimientos de grandiosidad.
- Tendencia a las peleas.
- Agitación psicomotriz.
- Deterioro de la capacidad de juicio y de la actividad laboral o social.
- Taquicardia.
- Dilatación de la pupila (midriasis).
- Elevación de la tensión arterial.
- Sudoración o escalofríos.
- Náuseas y vómitos.
- Alucinaciones visuales o táctiles, por ejemplo, sensación de ver o sentir insectos sobre la piel (hormigueo).

---

raya, son expresiones en argot que los actuales jóvenes consumidores ya sustituyen por farlopa, farla, una raya de farla, etc.

Habitualmente, la dependencia y el abuso de cocaína van asociados a una tolerancia progresiva hacia los efectos deseables de la sustancia (que duran unas 4 horas y producen sensación de fuerza, confianza, poderío, etc.), lo que lleva a un paulatino incremento de la dosis. Asimismo, con el consumo continuado hay una disminución progresiva de los efectos placenteros y un aumento simultáneo de los efectos adversos, que acostumbran a aparecer ya dentro de la primera hora de la administración (cuadro 20).

La cocaína es una droga que genera una altísima dependencia psíquica y física, puesta en evidencia en el cuadro clínico del síndrome de abstinencia (cuadro 21), siendo la principal compli-

---

CUADRO 21

Síndrome de abstinencia de la cocaína

- Depresión.
- Ansiedad e irritabilidad.
- Agitación psicomotriz.
- Insomnio o hipersomnia.
- Anorexia o hiperfagia.
- Fuertes deseos de consumo de cocaína (*cravings*).

cación el suicidio. Asimismo, están descritos casos de delirio, con alucinaciones táctiles y olfativas, con una conducta violenta y agresiva, y otros cuadros más frecuentes de trastornos delirantes de tipo persecutorio, con percepciones deformadas de las caras y de la imagen corporal, y alucinaciones sobre insectos o bichos que circulan por encima o debajo de la piel (sensación de hormigueo), que obligan a un vigoroso rascado que produce extensas lesiones cutáneas. Una de las complicaciones más graves del consumo de cocaína es la hemorragia o infarto cerebral, que puede conducir a la muerte. También el consumo conjunto de alcohol induce a la formación de una sustancia metabólica (etilcocaína o cocaetileno), que potencia la toxicidad de la cocaína afectando al corazón, con riesgo de muerte.

¿Por qué se depende tanto de la heroína?

Cuando a principios del siglo pasado un investigador, Setürner, aisló la morfina (principal alcaloide del opio) para combatir el dolor, abrió, sin saberlo, la puerta a la drogadicción. La primera manifestación importante de dependencia a la morfina se presentó durante la guerra de Secesión americana (1861-1865) en los combatientes heridos a quienes les era administrada. Había que encontrar un nuevo analgésico de igual potencia pero sin la capacidad de adicción de los opiáceos. Y fue con estos deseos como se introdujo la heroína en 1896, derivado semisintético de la morfina (diamorfina), más potente y con una duración más breve de los efectos. Se comercializó como «el fármaco héroe», aquel que venía a remediar los problemas ocasionados por la morfina. Pero las esperanzas se vieron frustradas al poco tiempo, porque demostró tener escasas aplicaciones terapéuticas y presentar la misma dependencia que los opiáceos. Sin embargo, aquí se quedó como la principal sustancia drogadictiva.

El caso de la heroína es distinto al de otras toxicomanías en el sentido que no existen consumidores esporádicos o sociales: la práctica mayoría de los que prueban sus efectos serán toxicómanos al cabo de pocos meses de un consumo continuado (independientemente de los mecanismos por los que el joven inicia el consumo: curiosidad, diversión, etc.). Habitualmente, el uso de esta sustancia se inicia por vía inhalatoria; con el tiempo y por necesidades económicas u otros mecanismos, el joven termina administrándose la droga por vía intravenosa. Y ya es sabido que esta droga causa estragos en el organismo: afectación del rendimiento intelectual, alteraciones de la personalidad (relaciones afectivas, sexuales), sintomatología psiquiátrica (ansiedad, depresión), además de que la autoadministración intravenosa conlleva el riesgo de contraer enfermedades infecciosas (el sida, entre ellas) y el riesgo de sobredosificación aguda mortal (una de las principales causas de muerte —la segunda en España— entre la población juvenil) que en sus prolegómenos se manifiesta clínicamente por una tríada típica de síntomas: pupilas muy pequeñas (miosis), depresión respiratoria y coma.

Al principio, los efectos de la heroína son muy placenteros (según muchas descripciones, son sensaciones superiores a las de un orgasmo sexual); así la heroína, inicialmente, se comporta como un reforzador de carácter positivo (un estímulo reforzador es aquel que incrementa la probabilidad de que se reincida en una conducta). Por lo tanto, la obtención de placer o bienestar implica una conducta de consumo continuado y repetido. No obstante, con el tiempo, la heroína pierde capacidad para producir el placer o bienestar inicial: la ausencia de la heroína insatisface cada vez más. Si al principio la obtención del placer (reforzador positivo) mantenía el comportamiento de autoadministración, al

---

CUADRO 22

Síndrome de abstinencia de la heroína

- Ansiedad.
- Agresividad.
- Pupilas dilatadas (midriasis).
- Lagrimeo.
- Secreción nasal (rinorrea).
- Sudoración profusa.
- Escalofríos.
- Bostezos.
- Temblores.
- «Piel de gallina».
- Embotamiento mental.
- Agitación motriz (hiperactividad locomotora).
- Dolores articulares.
- Espasmos abdominales.

final es un reforzador negativo (paliar el malestar de la abstinencia) el que impulsa a administrarse la sustancia, en unas condiciones en las que la obtención de efectos placenteros cada vez
es menor. Por este motivo, los jóvenes drogadictos trafican, ro-
ban, se prostituyen o hacen lo que sea para mantener la dependencia. Debido a la tolerancia a la sustancia que va creando el
organismo, las necesidades diarias de heroína se incrementan
progresivamente y en un corto espacio de tiempo. Tanto es así
que al cabo de los años algunos se administran cantidades que
serían mortales para el no iniciado. Además, la tolerancia se desarrolla con más rapidez en aquellos jóvenes que ya tienen una
historia previa de toxicomanía.

Es sabido que la supresión del consumo de heroína ocasiona
la aparición del espectacular síndrome de abstinencia (cuadro 22),
que tiene una fase aguda con un conjunto de alteraciones psicológicas y físicas, cuyas manifestaciones tienen su máximo a las
24-48 horas y desaparecen en unos días, y que luego continúa
con una fase retardada (de abstinencia), en la que se observan
pocas alteraciones físicas, pero prevalece la dependencia psicológica: una alteración que caracteriza durante meses y años al
joven por su fácil recaída al consumo de drogas.

El tratamiento de esta drogadicción que «engancha» tanto a
los que caen en ella pasa por una indispensable desintoxicación
farmacológica (con la vía alternativa de la metadona), conjuntamente con las debidas estrategias de rehabilitación y reinserción social del paciente.

Y llegó el éxtasis

Las drogas de diseño son una serie de sustancias psicoactivas
sintetizadas en laboratorio (por esto también se conocen como
drogas de síntesis), con estructura química parecida a la de algunos fármacos utilizados en tratamientos médicos. Estas «pastis»
se ofrecen como sustancias inofensivas en los lugares juveniles
en donde hay «marcha» (rutas del *bakalao*, discotecas, pubs, bares, etc.). Al poder ser sintetizadas químicamente con gran facilidad en laboratorios clandestinos, se hace muy difícil el control
por parte de las autoridades. La edad de inicio en el consumo ha
llegado a situarse en España entre los 12 y los 14 años. La finalidad de estas drogas es producir un estado de euforia y fortale-

za y también facilitar la comunicación con los demás (son potentes estimulantes parecidos a las anfetaminas), puesto que permiten a los adolescentes aguantar muchas horas bailando y yendo de juerga a múltiples locales.

Como la tolerancia para los efectos positivos se produce rápidamente, esta característica de las drogas de diseño impide que se desarrolle una clara dependencia. La mayoría de los consumidores son ocasionales, por curiosidad o de momento, en situaciones de relación social (fiestas, discotecas), y perciben con gran facilidad que si estas sustancias se ingieren muy frecuentemente, los efectos agradables parecen disminuir, mientras que los efectos negativos aumentan. La mayoría de estas drogas son derivados de las feniletilaminas (estructura química similar a la anfetamina) y se conocen por siglas, en relación con el compuesto químico, y por sus denominaciones populares. Se presentan en comprimidos con llamativos colores, dibujos y anagramas (corazones, pájaros, cerdos, Adán, Eva, etc.), y la concentración de la sustancia oscila entre 50 y 300 mg por comprimido.

La más conocida en la actualidad es el MDMA (Éxtasis, Adán, Píldora del Amor). Los comprimidos se presentan con un

---

CUADRO 23

Efectos adversos del MDMA

- Taquicardia.
- Aumento de la presión arterial.
- Sequedad bucal.
- Descenso del apetito.
- Rigidez espasmódica de la musculatura bucal, con imposibilidad de abrir la boca (trismo).
- Sudoración.
- Rechinar de dientes (bruxismo).
- Dolores musculares.
- Fatiga.
- Náuseas y vómitos (especialmente si se asocia con ingestión de alcohol).
- Dificultad para concentrarse y desarrollar actividad mental.
- Alucinaciones (poco frecuentes).
- Ansiedad.
- Desorientación y confusión.
- Insomnio y agitación.

CUADRO 24

Toxicidad general del MDMA

- Arritmias cardíacas graves (en sujetos con patología previa).
- Insuficiencia renal aguda.
- Hemorragia intracerebral.
- Trombosis de los senos venosos cerebrales (calor ambiental, deshidratación).
- Aumento de la temperatura corporal (hipertermia).
- Convulsiones.
- Psicosis paranoide.

dibujo de una media luna o ranurados (la mayoría de drogas de diseño se distribuyen en forma de comprimidos, excepto la anfetamina sola, o asociada con cafeína, *Speed*, que se distribuye en polvo para ser inhalado o introducido en cápsulas); también, según el fabricante, los comprimidos muestran determinadas características y curiosos nombres: Hamburguesas (comprimidos gruesos y de color marrón), Torito (tienen una cabeza de toro grabada), Popeye (llevan el personaje dibujado), etc.

Es anecdótico que el MDMA (3,4-metilendioximetanfetamina) fue sintetizado por primera vez en 1914 por la conocida compañía farmacéutica alemana Merck, como fármaco anorexígeno (disminuidor del apetito), pero nunca llegó a comercializarse. Permaneció en el anonimato hasta los años setenta en que algunos psiquiatras norteamericanos intentaron rescatarlo para uso «terapéutico», pero en este caso para las psicoterapias, ya que animaba a los pacientes a comunicar mejor sus sentimientos. Hasta que en 1985 fue incluido en las listas internacionales de sustancias prohibidas, al mismo nivel que la heroína o el LSD (ácido lisérgico dietilamida, la droga psicodélica y el alucinógeno más potente, emblemática del movimiento de los *hippies* de los años sesenta). Sin embargo, ya en el año 1985 se había introducido en Europa, vía turismo, desde la isla de Ibiza. Su consumo se asocia con la música-máquina y la música-baile denominada *raves*. También su consumo se asocia en Estados Unidos con la «New Age», movimiento espiritualista interesado en la experiencia transpersonal, surgido en California en los años ochenta.

Hay que señalar que cuando los adolescentes creen estar consumiendo «éxtasis», en muchos casos están tomando otra sustancia —con o sin actividad psicoactiva—, que puede ser un analgésico común (por ejemplo, paracetamol) o bien otras feniletilaminas, con efectos psicoactivos y toxicidad, no siempre equivalentes a el MDMA.

Entre los efectos subjetivos que produce esta droga destaca el aumento de la empatía y de la capacidad de relacionarse con los demás, con una disminución de las defensas personales y del miedo a la comunicación de las emociones. También hay una euforia, con sensación de incremento de la energía física y elevación de la sensualidad (curiosamente el MDMA, a pesar de llamarse «píldora del amor», no tiene un efecto específico sobre la libido, sino que únicamente facilita la comunicación entre personas reunidas por algún vínculo). La mayor parte de los efectos adversos, percibidos como desagradables por el consumidor de MDMA, son físicos y bastante parecidos a los producidos por la anfetamina (cuadro 23), aunque últimamente se han descrito otros efectos, específicos de el MDMA, de grave toxicidad (cuadro 24).

Otras drogas de diseño e inhalantes

Continuando con las drogas de diseño o de síntesis, tenemos el MDA (la primera «píldora del amor»), muy popular en Estados Unidos en los años sesenta, y con un mayor efecto tóxico y alucinógeno que el MDMA. Otra de las más conocidas es el MDEA (Eva), cuyos comprimidos llevan los anagramas de Gato Sónic, Pájaro, Cabeza de búfalo, Snoopy, Fido Dido. Y nos quedan una ristra de siglas que personalizan otras drogas. MBDB, DOM, DOB, PMA, PMMA... Alguna cambia también de estructura química, como la fenciclidina, el poderoso polvo de Ángel (*Angel Dust*), Hog o «píldora de la paz», aparecida en Estados Unidos a finales de la década de los cincuenta.

Otras drogas de diseño, actualmente introducidas en España y recopiladas en el excelente libro *La edad del pavo* de la psicóloga Alejandra Vallejo-Nágera, son: el Herbaléxtasis, que se vende bajo la apariencia de hierbas de vegetales comestibles y como producto natural «inocuo para la salud», en forma de pastillas de color verde o azul, que en realidad contienen potentes estimulantes (no anfetamínicos) y se adquieren de forma ilegal en determinados herbolarios, tiendas de ropa para jóvenes, mercadillos, etc.; el «3 x 4» se vende como si fuera Éxtasis, pero en realidad se trata de paracetamol y cafeína, a un precio desorbitado; el Ice se presenta en forma de cristales transparentes, que se disuelven en agua para poder inyectarse, aunque también se puede fumar (al principio se ofrece de manera gratuita), proporcionando una sensación de gran energía y euforia que dura de 8 a 20 horas, con unos efectos secundarios de pérdida espectacular de peso, paranoia, alucinaciones, trastornos respiratorios e incluso la muerte; el GHB es líquido, se utiliza, por ejemplo, como potenciador sexual y se vende junto a una hoja de instrucciones; el Popper se inhala y es un líquido contenido en un pequeño frasco parecido al de los perfumes, con unos efectos estimulantes que duran 10 segundos.

El último grito en drogas de diseño es el éxtasis líquido (GHB), que se puede elaborar a partir de productos simples que se encuentran en el mercado y se distribuye en las discotecas disfrazado de «chupito», pudiendo mezclarse con alcohol para potenciar sus efectos (a diferencia de las pastillas, que sólo pueden tomarse con agua). De reciente introducción en España, sabemos que en Gran Bretaña ha causado ya varias muertes.

Para terminar, nos quedan los inhaladores propiamente dichos, que suscitan una adicción que afecta a las capas sociales más marginales y con mayor penuria de recursos («la droga de los pobres», se les ha dado en llamar). La cola sintética (los pegamentos, y también los disolventes y las pinturas), fácilmente adquirible en el mercado y a bajo precio, es una materia prima que produce un efecto psicoactivo rápido y que se disipa en poco tiempo, permitiendo, por lo tanto, múltiples intoxicaciones.

La inhalación de la cola se realiza colocando un par de cucharadas en el interior de una bolsa de plástico, introduciendo la cara en ella y aspirando los vapores desprendidos (benceno, tolueno o metilbenceno). Los niños «colistas» sufren inicialmente un efecto depresivo del sistema nervioso, con somnolencia y mareos, seguido de una euforia moderada similar a una borrachera, con desorientación, temblores musculares y alucinaciones (visuales y auditivas). Si se persiste en la inhalación, se pueden producir convulsiones, coma e incluso la muerte por parada respiratoria. Otros síntomas físicos acompañantes son: irritación ocular, molestia ante la luz (fotofobia), visión doble (diplopia), secreción nasal (rinitis), náuseas, vómitos, diarrea, dolor en el pecho, dolores musculares y articulares. A todas estas alteraciones hay que añadir, cuando la adicción se consolida, la afectación renal, pulmonar, hepática, cerebral, de la médula ósea y de la capacidad reproductiva, tanto en el varón como en la mujer.

XV

Prevención y tratamiento de la drogadicción

> El éxito en la lucha contra la drogadicción es básicamente un problema que se mejorará con el avance en el conocimiento genético del comportamiento, pero también mejorando el entorno y la educación.
>
> SANTIAGO GRISOLÍA

¿Quién se encuentra en situación de riesgo?

La respuesta es simple y categórica: todos los adolescentes. El tabaco, el alcohol y otras drogas están disponibles y al alcance de su mano, y la mayoría de los jóvenes son objeto de presión para iniciar su consumo. El sentido de imitación hace, con respecto al tabaco, que un 16 % de los varones y un 20 % de las mujeres (fíjense cómo aumenta el porcentaje de adictas al tabaco, al alimón del aumento de cánceres de pulmón en ellas) se conviertan en fumadores entre los 13 y los 17 años. Con todo, algunos adolescentes se encuentran en mayor riesgo de uso que otros. Los tres factores más importantes que inciden al respecto son: la historia familiar, el consumo por parte de los compañeros y ciertas características individuales.

La historia familiar de alcoholismo, por ejemplo, indica una predisposición genética, comprobada en estudios de hijos adoptivos. En España, de entre los alumnos de enseñanza media salen cada año unos 50 000 futuros alcohólicos. La edad media de inicio es a los 16 años (antes se inician los chicos que las chicas). No sólo es factor de riesgo el uso de sustancias por parte de los padres, sino también la actitud, la educación y las medidas disciplinarias inconsistentes con respecto al uso de sustancias por parte de los hijos. Además, cuando una familia vive socialmente aislada, el peligro de uso de sustancias es mayor y se magnifica en casos de abuso sexual y/o fuga del hogar. Otros factores familiares predisponentes son el estrés causado por la separación, el divorcio, la formación de parejas nuevas, el desempleo, la enfermedad o muerte de uno de los padres.

Uno de los predictores más poderosos del consumo de sustancias es el uso entre los compañeros. Así, un adolescente cuyos mejores amigos consuman tabaco, alcohol u otras drogas, será más propenso a experimentar con ellas que un joven cuyos amigos eviten las drogas o no estén de acuerdo con su uso. Tengamos siempre presente que la influencia de los iguales en edad (también llamados pares) es extremadamente marcada durante la adolescencia temprana (10 a 13 años). El hecho de posponer la edad en que se va a comenzar la experimentación con cigarrillos, alcohol o marihuana está demostrado que disminuirá tanto el consumo de sustancias durante la edad adulta como la progresión a otras drogas.

Ciertas características de la personalidad y de la conducta del adolescente pueden servir de indicadores en los casos de abuso de sustancias. Así, por ejemplo, los factores personales y ambientales que influyen en el desarrollo del hábito tabáquico son los problemas escolares, las pocas actividades extraescolares y la pobre comunicación con los padres. Está visto que los adolescentes que consumen alcohol y otras drogas están más predispuestos a sufrir de ansiedad y depresión que aquellos que no usan estas sustancias. Además tienden a desmarcarse de sus familias, a ser más rebeldes, a no ir a clase o a convertirse en delincuentes. Dado que la mayoría de sustancias disminuyen el control de los impulsos, sus usuarios habituales se verán envueltos en situaciones peligrosas en la continua búsqueda de experiencias excitantes. Dichas conductas, por añadidura, como se acompañan de deficiente coordinación muscular y una demora en el tiempo de reacción de los reflejos, aumentan el riesgo de daño personal y muerte.

Hay que tener en cuenta que los niños con problemas emocionales o trastornos de conducta durante la etapa de la niñez, se hallan en situación de mayor riesgo de abuso de sustancias al llegar a la adolescencia. Asimismo, los jóvenes que han vivido

CUADRO 25

Perfil del toxicómano español
Proyecto Hombre. Memoria, 1994.

- Presenta un fracaso escolar.
- Pertenece a familias de clase media y media alta.
- Bebe alcohol a los 14 años.
- Fuma marihuana a los 15 años.
- Se inyecta heroína y cocaína a los 18 años.
- No lo hace por rebeldía, sino por imitación.

años de intensas dificultades escolares o no han sido capaces de controlar su conducta en determinadas situaciones sociales, pueden recurrir a las drogas como una manera de escapar de estas apuradas situaciones, y pueden, además, autoconvencerse (autoengaño) de que las drogas mejoran su comportamiento o los hacen más aceptables socialmente. Existe, pues, un perfil del joven toxicómano que ha sido posible dibujar a través de los datos estadísticos de los pacientes que solicitan tratamiento rehabilitador (cuadro 25).

De la sospecha a la certidumbre. ¿Cómo actuar?

Interesa que los padres a los que se les pone «la mosca detrás de la oreja» e intuyen que su hijo se está iniciando en el consumo de drogas o que incluso puede estar ya «enganchado», conozcan algunos signos y actitudes habituales en el usuario de drogas, como nos informa el minucioso inventario de los autores españoles Donadeu y Lazcano (cuadro 26).

Lo primero que debe plantearse una familia que sospecha que su adolescente está abusando de sustancias, es decidir qué es lo que quieren hacer al respecto. En este momento, la ayuda de un profesional que conozca a la familia de antemano puede ser muy valiosa. Como asimismo acostumbra a ser totalmente ineficaz la actitud parental de echar en cara la situación en que se encuentra el adolescente cuando llega a casa borracho o intoxicado. También es muy limitado el efecto de un sermón, gritos o castigos ante el descubrimiento, por ejemplo, de restos de marihuana en el cajón de la mesita de noche. Hay que calibrar

---

CUADRO 26

Signos y actitudes habituales en el usuario de drogas

- Ojos vidriosos o enrojecidos (uso continuo de gafas oscuras).
- Lagrimeo abundante.
- Pupilas muy dilatadas (midriáticas) o muy contraídas (mióticas) según la sustancia consumida.
- Nariz húmeda e irritación nasal.
- Marcas, pinchazos en brazos o manchas de sangre en la ropa (uso continuo de camisas de manga larga).
- Bostezos frecuentes y actitud somnolienta.
- Falta de apetito y pérdida de peso.
- Negligencia en el vestir y fuerte olor corporal.
- Restos de picadura o papelillos en los bolsillos.
- Salidas imprevistas y actitud misteriosa.
- Nuevas amistades extrañas.
- Descenso del rendimiento y absentismo escolar o laboral.
- Cambios de comportamiento y carácter.
- Hurtos y mentiras persistentes.
- Permanencia prolongada en determinadas esquinas, «salones deportivos», bares o discotecas.

---

la situación real lo más desapasionadamente posible. Así, si el adolescente no se encuentra en peligro inmediato, lo mejor es hablar sobre el consumo de sustancias en un momento en que no se encuentre bajo la influencia de las mismas y cuando las emociones estén controladas.

Los mismos adolescentes, a menudo, están preocupados acerca del uso de sustancias. Pueden sentirse confundidos o desorientados en relación a cuánto es «demasiado», en términos de consumo. De tal manera que la información y las explicaciones que los adultos —con suficientes conocimientos sobre la materia— sean capaces de dar, puedan ser bien recibidas por los jóvenes.

Una vez que la familia sospecha con base o confirma con pruebas el abuso de alcohol u otras drogas, debe proceder rápidamente a tener, cara a cara, un diálogo firme pero sereno con el hijo adolescente. Los padres necesitan declarar de forma explícita y consistente que el uso de esta sustancia debe cesar de inmediato; pero también deben aclarar que el rechazo es hacia *la conducta* y no hacia el hijo. La primera reacción por parte del joven será de enojo e intentará desmentir y encubrir la situación. Y los padres tendrán mayor posibilidad de éxito si se mantienen en calma, pero al mismo tiempo inamovibles en su postura de intolerancia con respecto al uso de sustancias.

Es necesario que los padres cuenten con consultas profesionales y se practique la detección de metabolitos de drogas en la orina. Sin embargo, es importante también que los padres sepan que un análisis con resultado negativo no excluye la posibilidad de uso, de la misma manera que un resultado positivo no confirma siempre el uso de drogas (hay que tener en cuenta los resultados positivos falsos), y estas situaciones son más frecuentes con aquellos tests que se realizan de manera rápida y económica. En caso de duda se pueden solicitar tests confirmatorios, que llevan más tiempo y son más costosos. Fundamentalmente, las limitaciones de los tests de drogas radican en que sólo pueden decir si son positivos o negativos, y no dicen nada acerca de la frecuencia de uso, el grado de daño que están causando y la dependencia del usuario. No se trata, pues, de un veredicto final.

Reconocer el problema

Los padres, hermanos y amigos, habitualmente notan un cambio gradual en el comportamiento del adolescente cuando empieza la etapa de transición entre la experimentación y el uso habitual del alcohol u otras drogas. De no haber intervención inmediata en esta fase, el adolescente estará en peligro de sufrir consecuencias muy negativas.

El doctor Donald Ian MacDonald, un pediatra experto en el abuso de sustancias, ha descrito cinco etapas que pueden ayudar a familiares, maestros u otros profesionales a detectar precozmente cambios de conducta y la frecuencia del consumo de sustancias. Veamos las características de cada una de estas etapas.

Durante la Etapa 0, el adolescente presenta gran *curiosidad* acerca de la sustancia que atrae su atención y le gustaría saber cómo le afectaría.

En la Etapa 1 ya está experimentando y *aprendiendo* los cambios de humor y estado de ánimo inducidos por el alcohol u otras drogas. En esta etapa inicial, los jóvenes tienen una sensación positiva y pocas adversas en relación al uso de la sustancia. Dicha experimentación habitualmente tiene lugar durante los fi-

nes de semana, y entre amigos. Ni la familia ni los maestros notan cambio alguno en el joven, y si es descubierto en posesión
de la sustancia, a menudo mentirá al respecto («la marihuana
me la dio un amigo para que se la guardara»).

En la Etapa 2, el adolescente ya está *buscando* el estado de
ánimo (*high*) inducido por la sustancia. Los sentimientos que
acompañan esta actividad son la excitación de la aventura, el
orgullo de convertirse en un «experto» y, ocasionalmente, el sentimiento de culpabilidad. Las drogas preferidas en esta segunda
etapa suelen ser el alcohol, la marihuana y los inhalantes, pero
a veces se accede a los estimulantes, los tranquilizantes, o los
alucinógenos. La frecuencia de consumo se incrementa a cuatro
o cinco veces por semana. Hay jóvenes que comienzan a usar
drogas por su propia cuenta, de manera individual, sin participar en actividades de grupo. La modificación de la conducta
comienza a notarse: el rendimiento escolar pierde su estabilidad
y las calificaciones empiezan a declinar; se producen cambios de
amigos, así como de vestimenta; bruscos altibajos de humor incluyen altercados con los padres; hay una tendencia al aislamiento, todo ello seguido por frecuentes mentiras y actitudes
deshonestas.

Cuando el joven llega a la Etapa 3 está *obsesionado* por la sustancia que consume y por los cambios psicológicos que ocasiona. El uso se hace diario y los cambios emocionales se muestran
muy marcados, oscilando desde la euforia a la más profunda
depresión, incluyendo la emergencia de ideas suicidas (a propósito, hay que recordar que tanto el suicidio como el homicidio
juvenil, con frecuencia coinciden con el abuso de sustancias).
Durante esta tercera etapa, habitualmente se consumen drogas
diversas, siendo frecuente el uso de «crack», heroína y narcóticos. También ahora es cuando el joven se ve envuelto en la
venta de drogas como medida para financiar su hábito toxicómano, cuando no es el intercambio de favores sexuales o la más
promiscua venta del cuerpo —en ambos sexos, aunque hay una
mayor incidencia entre mujeres— para conseguir una dosis de
la sustancia que anhela. Otros cambios de conducta contemplan
el fracaso y el abandono escolar, la pérdida de empleo, robos,
peleas, mentiras patológicas (mitomanía) y distanciamiento progresivo de aquellos amigos —algunos, incluso, amigos de la infancia— que no consumen sustancias.

En el momento en que llegan a la Etapa 4, los adolescentes

CUADRO 27

Signos y síntomas clínicos del usuario de drogas

- Bronquitis frecuentes, tos crónica, mal aliento (halitosis), mucosidades nasales (rinorrea), sangrado nasal (epistaxis), inflamación de los senos paranasales (sinusitis), ojos inyectados.
- Hematomas y lesiones cutáneas, marcas dejadas por las agujas de las inyecciones endovenosas.
- Hipertensión arterial, taquicardia, dolor en el pecho (precordial).
- Dolor abdominal, pérdida de peso, anorexia, náuseas, vómitos, aumento del tamaño del hígado (hepatomegalia), úlceras digestivas.
- Debilidad, hipotonía, pérdida de energía, trastornos del sueño.
- Pérdida de memoria, falta de atención, irritabilidad, temblores.
- Desorientación, confusión, falta de sentido común, alucinaciones, depresión, intento de suicidio.
- Infección con el virus HIV y/o hepatitis B por agujas contaminadas o actividad sexual.

---

necesitan a toda costa la sustancia para no sufrir un síndrome de abstinencia físico o psicológico. Es corriente la depresión, la culpa, el remordimiento y la vergüenza. Al mismo tiempo, el adolescente consume la droga que encuentra y la obtiene de cualquier manera, según pueda. La frecuencia de uso es diaria y la sobredosis es usual. La salud física y mental se deterioran. El abuso de sustancias amenaza su vida y es de una total evidencia, imposible de negar. Obviamente, los cambios físicos y los síntomas que presente el joven variará de acuerdo con la sustancia y la frecuencia del consumo (cuadro 27).

Factores de riesgo en la sociedad y en la familia

Hoy sabemos bastantes cosas sobre los factores de riesgo que inciden en el uso y abuso de sustancias. Fruto de minuciosas investigaciones científicas son las conclusiones que en este apartado ofrecemos al lector para que su conocimiento le sirva en la práctica, tanto en la vertiente parental como docente o sanitaria.

Fundamentalmente, los factores de riesgo pueden dividirse en dos grandes categorías: la primera contempla los factores sociales y culturales, es decir, el contexto en que se mueve el adolescente; la segunda incluye los factores que dependen de la propia persona y de sus relaciones interpersonales (familia, escuela, compañeros).

Los *factores del contexto social y cultural* tienen su razón de ser en las leyes y normas que dicta la sociedad y que pueden, en algunos casos, favorecer el uso y abuso de drogas (como las de los gobiernos que toleran el libre comercio de sustancias), o en medidas restrictivas que tienen un efecto contrario (recordemos la famosa «ley seca» de Estados Unidos). También la disponibilidad de drogas en las calles, las escuelas, etc., depende de la legislación que se establezca, y del cumplimiento que se haga de ella. La extrema pobreza, la marginación suburbial, la degradación de vida, etc., son factores que incrementan el riesgo de la drogadicción, asociada a otros problemas como la delincuencia. Sin embargo, la estrecha relación que existe entre un bajo estatus socioeconómico y la delincuencia no se ha encontrado para el uso de drogas en la adolescencia (sólo cuando la pobreza es extrema y se asocia con trastornos de conducta del joven, se incrementa el riesgo de futuro alcoholismo y otras adicciones).

Los *factores familiares* son de extraordinaria importancia en la génesis del abuso de sustancias. En el hábito del tabaquismo, por ejemplo, con sólo un miembro del hogar que fume se dobla la probabilidad de que el adolescente empiece a fumar. Asimismo, cuando hay un padre o un hermano alcohólico se incrementa el riesgo de alcoholismo y abuso de otras drogas en el adolescente (pero también puede compensar el buen ejemplo del hermano mayor, neutralizando el modelo parental de drogadicción: los hermanos mayores y los amigos tienen mayor influencia que los padres, tanto en el uso como en el no uso de sustancias). La pérdida o la inconsistencia de las normas educativas familiares, la falta de disciplina, o bien la excesiva implicación educacional de un padre conjuntamente con el distanciamiento y permisividad del otro, son todos ellos factores de riesgo para el consumo de drogas.

Es interesante constatar aquí que las técnicas maternales de control son más importantes que las técnicas que utiliza el padre en la vigilancia del uso de marihuana por parte del hijo adolescente. Específicamente, las formas de control materno que incluyen sentar claro la conducta responsable que se espera de los hijos, conducen a un menor uso de marihuana, mientras que la actitud de las madres que utilizan el sentimiento de culpa o de delito en sus formas de control de los hijos, se corresponde con un mayor consumo de drogas.

En general, está demostrado que la actitud parental de no dirigir a los hijos o de ser extremadamente permisivos, contribuye a más altos niveles de consumo de drogas. Hay unas características comunes de las familias con adolescentes drogadictos, como son las formas negativas de comunicación (críticas continuas, culpabilización, pérdida de confianza), la aplicación de límites de conducta inconsistentes o poco claros y unas expectativas parentales poco realistas del hijo. Obviamente, hay una estrecha relación entre los niveles de uso de drogas de los padres y los de los hijos.

Cuando los lazos afectivos familiares son débiles también se incrementa el riesgo de consumo de drogas. Esto es evidente en los casos de ruptura familiar (*broken homes*) con discordia marital, donde se presenta el más alto riesgo de delincuencia y de uso de drogas; sin embargo, no parece existir una directa e independiente contribución de las rupturas familiares a la conducta delincuente: la conflictividad entre los miembros de la familia parece ser más importante en la predicción de la delincuencia que la estructura familiar por sí misma. Estudios del psiquiatra británico Michael Rutter han puesto en evidencia que una situación parental conflictiva se asocia con conductas antisociales en los hijos aun cuando no haya ruptura familiar. En conclusión: los niños que crecen en familias con un alto grado de conflicto corren un mayor riesgo de caer en la delincuencia y en el consumo de drogas.

Factores de riesgo en el propio adolescente y en sus relaciones interpersonales

Aquí es preciso considerar los factores genéticos —aunque dentro de su estricta dimensión de responsabilidad— que pueden conllevar un riesgo de drogadicción. Es el caso del alcoholismo familiar entre los descendientes varones, a los que se transmite esta predisposición genética (no obstante no llegan al 30 % los hijos de alcohólicos que acaben siendo ellos mismos alcohólicos). Una historia familiar de conductas antisociales es otro factor de riesgo. El temperamento del niño pequeño con frecuentes estados de humor negativo e inhibición puede predecir una conducta futura de adicción. El comportamiento agresivo en niños de 5 a 7 años de edad se ha encontrado como predictor de futuras conductas antisociales, incluyendo consumo de drogas, en la adolescencia. La hiperactividad y los trastornos de atención también se han considerado factores de riesgo en el consumo de sustancias.

La edad es una variable importante a tener en cuenta. Así, por ejemplo, el consumo de alcohol en edades precoces influye en el riesgo de consumir marihuana más tarde, y cuanto antes se consuma marihuana, mayor es el riesgo de adicción a otras drogas ilícitas. Está plenamente demostrado que el uso de drogas antes de los 15 años es un consistente predictor del abuso de drogas más adelante. No existen diferencias importantes en lo que concierne al sexo del adolescente drogadicto (únicamente el embarazo de adolescentes se considera un factor de riesgo en el consumo de drogas).

El fracaso escolar sí que constituye un importante factor de riesgo, aunque ha sido asociado más con la delincuencia que con la drogadicción, la cual no queda excluida. El pobre interés por el aprendizaje es ciertamente un factor de riesgo para la drogadicción. Sin embargo, la mayoría de estudios sugieren que el ajuste social del niño es más importante que los resultados académicos en los primeros grados de la escuela para la predicción del abuso posterior de drogas. La precoz conducta antisocial en la escuela predice el fracaso escolar posterior y el abuso de drogas más adelante. La combinación de agresividad y timidez en la relación con los compañeros en los primeros cursos escolares es un explosivo cóctel que predispone más tarde a las conductas adictivas.

La rebeldía ante los valores sociales es un predictor de delincuencia y abuso de drogas. Incluso hay autores que, midiendo estas actitudes antisociales en niños de 7 años de edad, han pronosticado el uso de marihuana a los 18 años.

Uno de los más fuertes predictores de uso de sustancias en los adolescentes es cuando los compañeros —especialmente si es «el mejor amigo»— las utilizan. La influencia de los compañeros (los pares) en el uso de drogas por el adolescente es mucho más fuerte que la influencia de los padres (¡por más beneficiosa que ésta sea!). Es decir: cuídense de los amigos de sus hijos.

Las investigaciones muestran una estrecha relación entre la iniciación a las drogas del adolescente y sus actitudes y creencias respecto de ellas: la drogadicción va precedida de una valoración favorable al uso de sustancias.

CUADRO 28

Adolescente de alto riesgo

- Conducta rebelde antisocial.
- Tendencia al retraimiento y a la agresividad.
- Pobre interés por el estudio (fracaso escolar).
- Baja autoestima.
- Insensibilidad a las sanciones.
- Pobre empatía con los demás.
- Frecuentes mentiras.
- Poco control de los impulsos.
- Alcoholismo familiar (en varones).
- Deterioro socioeconómico de la familia.
- Situación familiar conflictiva.
- Uso de drogas antes de los 15 años.
- Amigos íntimos que usan drogas.

Con todo lo anteriormente dicho se puede hacer un perfil del adolescente de alto riesgo que puede estar abocado al abuso de drogas (cuadro 28).

Factores protectores frente al abuso de drogas

La actual línea de investigación para la prevención de la drogadicción intenta identificar todos los factores de riesgo anteriormente especificados. Conociéndolos bien se podrá intervenir en ellos. ¿Cómo? Identificando los factores que predicen la drogadicción; interpretando los mecanismos a través de los cuales operan; detectando los factores que influyen en estos mecanismos; prediciendo los puntos de interrupción en el curso que conduce a la drogadicción, y especificando las intervenciones que han de efectuarse para prevenir el inicio de la drogadicción.

Estos aspectos preventivos no implican que, en algunos casos, el factor de riesgo pueda ser manipulado directamente. E incluso puede ser imposible reducir o cambiar ciertos factores de riesgo. No obstante, los esfuerzos preventivos están encaminados a mediar o moderar los efectos de estos factores de riesgo identificados, aun cuando no puedan ser manipulados. Una historia familiar de alcoholismo, por ejemplo, puede ser muy difícil o imposible de cambiar; sin embargo, es posible moderar los efectos de este entorno familiar nocivo mediante una intervención protectora respecto del hijo.

Interesa ahora subrayar unos conceptos que son de suma importancia en el campo preventivo de cualquier situación de riesgo. De entrada, el enfoque del riesgo relaciona las nociones de vulnerabilidad (mayor susceptibilidad al riesgo) y de exposición al peligro. Cuando aparece, el riesgo actúa sobre una persona que está en un momento determinado de su desarrollo, con unas determinadas características individuales y unas determinadas condiciones del entorno. Y es aquí donde surge el concepto de «resiliencia» (del inglés *resilience* o *resiliency*), introducido por el profesor británico Michael Rutter en 1985, que viene a sustituir a la noción de invulnerabilidad que se aplicaba antaño a las personas que salían indemnes de circunstancias extremadamente peligrosas. Rutter tomó el término «resiliencia» de la física, denotando la capacidad de un cuerpo de resistir, ser fuerte y no deformarse. Adaptado al ser humano, resiliencia es la capacidad de prevalecer, crecer, ser fuerte y triunfar a pesar de las adversidades (véase el capítulo XVII).

Otro concepto interesante es el de «procesos interactivos» *(interactive processes)*, también introducido por Rutter, para explicar las interacciones multiplicativas o efectos sinérgicos de los factores protectores, en los cuales una variable potencia el efecto de otra y así sucesivamente. En esta línea, recientemente, la investigadora norteamericana Judith Brook ha identificado dos mecanismos cuyos factores protectores reducen el riesgo del uso de drogas en la adolescencia. El primero lo denomina mecanismo de «riesgo/protección» *(risk/protective)* a través del cual la exposición a los factores de riesgo se ve moderada por la presencia de factores protectores, como es el caso de los amigos del adolescente que consumen drogas (factor de riesgo) que puede quedar contrarrestado por un fuerte lazo afectivo entre los padres y el hijo (factor protector). El segundo es un mecanismo protección/protección *(protective/protective)*, a través del cual un factor protector potencia a otro factor protector, fortaleciendo así su efecto, como en el caso de un estrecho lazo afectivo entre el adolescente y su padre, que incrementa los efectos de otros factores protectores tales como un desarrollo adolescente normal, unas características maternales positivas y una armonía marital, todos ellos bien efectivos en la prevención de la drogadicción.

Diez reglas para la prevención

Reproducimos aquí unas reglas muy sencillas y plenas de sentido común que además pueden servir a los padres en todas las circunstancias cotidianas que plantea la vida familiar. Han sido elaboradas por un experto en drogadicción, el doctor Robert Du Pont, ex director del Instituto Nacional de Abuso de Drogas de Estados Unidos, quien amablemente nos ha autorizado su transcripción:

1. *Establecer un patrón de conducta familiar acerca del uso de sustancias.* Dichas reglas deben ser comunicadas antes de la pubertad. Los chicos deben saber cuáles son las expectativas de sus padres para cuando sean adolescentes: que no fumen, ni ingieran bebidas alcohólicas, ni usen marihuana ni otras drogas. Cada familia debe establecer sus propias reglas. Dichas reglas deben ser recordadas con frecuencia, cuando se presente la ocasión (por ejemplo, la muerte de un conocido por cáncer de pulmón, un accidente grave asociado con intoxicación alcohólica, etc.).

2. *Establecer consecuencias por no cumplir las reglas.* Las penalizaciones no es preciso que sean represivas, ni excesivas, simplemente deben ser anunciadas de antemano y mantenidas en forma consistente. Puede ser útil establecerlas con la participación de los hijos al comienzo de su adolescencia. Ejemplos de penalizaciones: pérdidas de privilegios, restricción del uso de teléfono, «arresto domiciliario», etc.

3. *Dedicar una porción de tiempo todos los días para conversar con los hijos acerca de sus vidas, sus sentimientos, sus ideas.* Debe dejárseles hablar, no es necesario tener la respuesta, sino escuchar atentamente, respetando sus experiencias y sentimientos.

4. *Ayudar a los hijos a que establezcan objetivos personales.* Estas metas pueden ser académicas, deportivas o sociales. Los objetivos deben ser a corto plazo (este mes) y a largo plazo (un año a dos). Es importante enseñar a los hijos a tolerar sus inevitables fracasos, enseñándoles que son oportunidades para crecer y no para desanimarse.

5. *Conocer a los amigos de los hijos.* Conocer también a los padres, encontrarse con ellos y compartir conocimientos.

6. *Ayudar a los hijos a que se sientan bien con respecto a sí mismos y sus éxitos, pequeños y grandes.* Esto significa entusiasmarse

por lo que los atrae. La vida es una aventura que vale la pena compartir con los hijos, que crecerán rápidamente y abandonarán en pocos años el hogar.

7.   *Debe haber un sistema establecido para la resolución de conflictos.* Los hijos a veces no están de acuerdo con todas las normas de la casa. La realidad es que los padres están a cargo de la familia y por tanto sus decisiones constituyen un reglamento. Pero la mejor manera de mantener la autoridad es cuando los padres se mantienen abiertos a las peticiones de sus hijos. Es útil establecer un proceso de apelación que incluya una consulta con alguien respetado por ambas partes (otro miembro de la familia, un médico, un sacerdote, un amigo de la familia, un vecino respetable, etc.). Los padres pueden usar este mismo sistema cuando hay desacuerdos profundos entre ellos acerca de cómo educar a sus hijos (evitando mostrar desacuerdos en presencia de ellos). Los padres con más éxito son los que se mantienen abiertos a nuevos aprendizajes y se adaptan a los cambios, a menudo totalmente imprevistos.

8.   *Hablar acerca del futuro de los hijos desde una edad temprana y frecuentemente.* ¿Qué se espera de los hijos? ¿Qué pueden esperar ellos de sus padres? Los hijos deben saber que el tiempo que vivirán con sus padres es limitado, que serán adultos y se irán del hogar y que en este momento se mantendrán económicamente y establecerán sus propias reglas. En la realidad los hijos se transforman en adultos cuando dejan el hogar paterno y se independizan, más que con la mayoría de edad legal. Hasta tanto no suceda esta independencia, deberán aceptar la autoridad parental. Por supuesto que dicha autoridad debe ser ejercida en beneficio de los hijos.

9.   *Los padres deben disfrutar de la presencia de los hijos.* Una de las felicidades más grandes de la vida es tener a los hijos en casa. Los padres deben trabajar con los hijos para que el hogar sea un lugar positivo para todos. Esto significa trabajo en equipo y respeto mutuo.

10.   *Ser padres «metidos» en la vida de los hijos.* Es importante hacerles preguntas a los hijos, saber dónde están y con quién. Esta información es necesaria para ser padres efectivos. No se puede volar con los ojos vendados y evitar un desastre cuando se es piloto de una familia. Los hijos deben saber por qué los padres se «meten» en sus vidas: porque se trata del *trabajo de ser padres* y porque se les quiere.

¿Y si legalizamos las drogas?

Periódicamente resurge el debate sobre la legalización de la droga y la consiguiente despenalización del consumo. Los menguados frutos de la represión llevan a plantear si lo peor del problema de las drogas no será el hecho de que estén prohibidas, pues esto causa un comercio ilícito muy lucrativo con su cortejo de delincuencia en la calle. También se aduce el respeto a la libertad del individuo: el Estado no es quién para dictar a la gente lo que debe o no consumir.

Los promotores de la propuesta de legalización son políticos, juristas, científicos e intelectuales de reconocido prestigio y armados de la mejor buena fe, desencantados ante la aparente inutilidad de las medidas represivas. Aunque no siempre defienden un derecho a las drogas (algunas organizaciones sí que lo dicen abiertamente), los partidarios de legalizarlas sostienen que ésa es la manera más eficaz de controlarlas, y sin los inconvenientes de la represión. Así, las drogas serían baratas, no haría falta delinquir para obtenerlas y el comercio estaría regulado y vigilado. Asimismo, el dinero que cuesta la lucha contra la droga se podría emplear en programas de prevención y rehabilitación de drogadictos. Y no hay motivos para pensar, añaden, que la legalización llevaría a un aumento de la drogadicción, si se acompaña de medidas educativas y preventivas.

Ahora bien, antes de dar este paso habría que responder a varias preguntas difíciles. Por ejemplo, ¿qué drogas se legalizarían: la marihuana y otras de semejante potencia, o todas? Si fueran sólo las primeras, los inconvenientes de la represión quedarían intactos respecto a las otras, mientras que aquéllas (las legalizadas) seguirían sirviendo —y con más facilidad que antes— de primer paso hacia otras aún más peligrosas (aunque el fenómeno de la escalada es un tema controvertido, y no necesariamente quien fuma «porros» ha de pasar luego a la cocaína o la heroína, sí que es elocuente el ejemplo de que el subir a un primer piso de una casa, no indica que se haga al segundo, pero nadie va al segundo sin pasar por el primero).

Otra cuestión importante. ¿En caso de legalización, con qué reglamentación se haría? En este caso, las drogas estarían sometidas a un régimen de distribución pública, preferentemente mediante monopolio, y con reglas estrictas: límite de edad para adquirirlas, cantidad máxima que se pudiera comprar de una vez, establecimientos autorizados para venderlas, titulación universitaria de los expendedores (farmacéuticos, médicos), responsabilidad sanitaria y penal de estos profesionales, tipo de publicidad permitida, etc. Y cada limitación legal es un motivo para que haya mercado negro. Asimismo, los grandes narcotraficantes saldrían beneficiados con la legalización: inundarían el mercado con droga más barata (pueden hacerlo ya que funcionan con unos márgenes amplísimos) y conseguirían millones de nuevos adictos. La legalización, pues, no significa quitar el negocio a los criminales, sino poner al Estado a competir con ellos. Y en esta competencia, quien tiene la responsabilidad de la salud pública lleva siempre las de perder.

Como opinaba en un artículo el ex ministro de Sanidad del gobierno español Ernest Lluch (*JANO*, 1992): «Los que piensan que un mercado libre de la droga puede existir de la noche a la mañana desconocen u olvidan que es difícil encontrar un mercado que no esté repleto de normas, controles y verificaciones.» Y añadía: «¿Es tan eficaz la legalización si se sabe que hay muchos más muertos por sobredosis que por adulteración de drogas?...»

Por otro lado, ¿es posible legalizar la droga en un solo país? Porque si no lo hacen todos, o si los criterios no son uniformes, el país más permisivo recibiría una invasión de adictos extranjeros (como ocurre ya en Holanda).

Con la legalización no es el producto lo que se liberaliza, sino que se convalidan las razones que llevan a consumirlo. ¿Cómo liberalizar las drogas a la vez que se intensifica la campaña contra el alcohol y el tabaco?; ¿cómo seguir reprimiendo el tráfico (no oficialmente controlado) cuando el consumo sea legal y, por tanto, considerado inocuo?... Obviamente, despenalizar estimula el consumo. Es cierto que, en el caso de la marihuana y el hachís, ya existe una tolerancia de hecho, y estas drogas son fáciles de obtener aunque estén prohibidas. Pero la penalización no tiene por objeto principal mandar a la cárcel a los que fuman porros —cosa que no se hace—, sino disuadir a los que no los han probado y poner dificultades a los consumidores ocasionales, que todavía no están «enganchados». De ser libre la venta, el consumo infantil y juvenil se prevé que se incrementaría en el doble o el triple de los niveles actuales. El psiquiatra y escritor Juan Antonio Vallejo-Nágera advertía en su libro *Color en un mundo gris*: «Sería como una nueva variante de genocidio; genocidio químico y lento... con víctimas infantiles.»

Aunque la ilegalización no solucione por sí sola el problema, en nuestra opinión es imprescindible. Sin ella, las medidas educativas y preventivas perderían gran parte de su eficacia. ¿Cómo legalizar las drogas y pretender luego convencer a los jóvenes de que son dañinas? Precisamente, prohibirlas es una forma de educar.

Tratamiento del abuso de sustancias

El primer paso hacia un tratamiento efectivo es la firme insistencia de los padres en que el adolescente ponga fin al uso de la sustancia.

Puede ser de utilidad la participación de un profesional sanitario cercano a la familia y con ascendencia sobre el chico (pediatra, médico de la familia) para persuadirle. Si no se le puede persuadir, indefectiblemente deberá ser forzado a comenzar su tratamiento. La intensidad del tratamiento dependerá de la severidad del problema. Asimismo, el lugar del tratamiento dependerá del adolescente y de su familia. Por ejemplo, los jóvenes que viven en hogares donde prevalece el abuso de alcohol y otras drogas, deberán separarse de dicho ambiente y se beneficiarán con programas de internamiento en instituciones de rehabilitación. Aquellos adolescentes que viven en circunstancias familiares más estables y que reconocen que necesitan tratamiento, pueden beneficiarse de él a través de la consulta externa (similar al hospital de día), a cargo de profesionales especializados en estos menesteres. Los adolescentes farmacodependientes («enganchados» a determinados fármacos) y que no responden rápidamente al tratamiento, deben ser remitidos a programas más especializados. El internamiento es esencial para los adolescentes que necesitan ser desintoxicados, los que están en peligro físico o psicológico, y aquellos cuyo uso de las drogas es compulsivo (acto que no se puede controlar voluntariamente).

Habiendo una gran variedad de tratamientos y costos, es útil considerar la consulta especializada para establecer una recomendación práctica y que pueda ser cumplida. Los programas con más éxito reúnen las siguientes características comunes: solicitud de abstinencia total, participación familiar y profesionales especializados. Por tales motivos, la familia y el adolescente que concurren a una primera entrevista en una determinada institución deben averiguar:

— ¿Cuál es la filosofía del programa?, ¿cuáles son sus metas?, ¿cómo intentan cumplir sus objetivos?
— ¿Evalúan las necesidades médicas, psicológicas y educacionales del adolescente?
— ¿Desarrollan un plan de tratamiento individualizado?, ¿hay grupos de tratamiento o de autoayuda supervisados?
— ¿Qué esperan del paciente?, ¿requieren abstinencia total?
— ¿Cuánto hace que existe el programa?, ¿cuál es el número de recaídas?, ¿cómo se realiza la formación de su personal?, ¿cuál es la proporción personal-pacientes?, ¿hay conexión con consejeros, psicólogos u otros miembros de un equipo de salud mental?
— ¿Trabajan con la familia?
— ¿Prevén servicios educativos, recreativos, de orientación vocacional o de seguimiento posterior?
— ¿Ayudan con otras conductas preocupantes, como las relaciones sexuales sin protección o la promiscuidad sexual?
— Si el programa terapéutico también incluye a pacientes adultos, ¿se separan los adolescentes de los adultos?
— ¿Cuál es el coste económico del tratamiento?, ¿cómo se puede financiar?

Por supuesto no hay una forma única e ideal de tratamiento. En última instancia se trata de obtener ayuda para aquellos adolescentes que están luchando contra un problema acuciante y sobrecogedor (cuadro 29). A veces las opciones de tratamiento no son tan claras y se requiere una interacción persistente de la familia, los médicos y los consejeros del campo de la salud mental (psiquiatras, psicólogos) y de la drogadicción, en particular.

Obviamente, las medidas preventivas siguen siendo fundamentales. Hay quien dice, con gran dosis de razón, que antes que preocuparse por los usos de drogas de los adolescentes, hay que preocuparse de los adolescentes. Curiosamente, muchos padres descubren a sus hijos adolescentes cuando éstos toman drogas. En otras palabras: nadie está en condiciones de preocuparse de los adolescentes cuando usan drogas si no están cerca de ellos cuando tienen crisis, si no están día a día a su lado. Seamos consecuentes.

CUADRO 29

Conclusiones para reflexionar sobre el abuso de sustancias

- Las drogas, sean cuales sean, tienen un poderoso efecto reforzador y crean dependencia.
- Hay una tendencia natural del ser humano hacia la dependencia y estamos inmersos en una sociedad altamente adictiva.
- Se pone demasiado énfasis en el efecto farmacológico y conductual de las sustancias y no en el proceso que lleva a ellas (biografía personal), que es parte importante de la enfermedad.
- No es únicamente la adicción química lo que hace difícil la rehabilitación del drogadicto, sino otro tipo de condicionamientos psicológicos.
- Ni todas las drogas son químicas, ni todos los que toman drogas se hacen drogadictos.
- Creer que las drogas van a desaparecer de nuestro entorno cultural es una gran ingenuidad.
- La pretendida libertad del individuo para consumir drogas es una falacia si no hay una educación de la autonomía personal para ejercer esta libertad responsablemente.
- Urge elaborar planes educativos para preparar a nuestros niños a vivir en un mundo donde la droga seguirá existiendo y, probablemente, habrá sido legalizada.

En la actualidad, una de las líneas terapéuticas que destaca por su eficacia es el programa original de Italia *Progetto Uomo* (Proyecto Hombre), diseñado inicialmente por Mario Picchi (Centro Italiano di Solidarita [CEIS], Roma, 1960), y que ha sido adoptado como proyecto principal y modélico por varios países (desde 1986 integra el consejo no gubernamental de la ONU). Este sistema terapéutico pretende ayudar al joven a encontrar su madurez, insertándole en un proceso de crecimiento y reforzamiento de su personalidad, en estrecho contacto con las familias. Se fundamenta en la razón antropológica de que el problema no está en la droga, sino en la enfermedad del espíritu que lleva a la droga. El Proyecto Hombre no se basa en ninguna confesión religiosa ni ideología política, y tiene como característica esencial el ser gratuito (únicamente se aceptan aportaciones voluntarias y anónimas).

Debemos, pues, ayudar al joven a que encuentre otro sentido a su vida, canalizando sus energías para que se recupere física y mentalmente, tratándole con respeto y amor, como corresponde a su dignidad humana.

XVI

Algunos problemas actuales de salud mental

Aunque nosotros abordamos la problemática de la adolescencia, lo haremos sin emitir juicios de valor, teniendo en cuenta el hecho de que la evolución de la sociedad actual nos parece que corresponde a una verdadera mutación.

JULIÁN DE AJURIAGUERRA

Trastornos de adaptación al estrés

«Asistimos a una impresionante disminución de la mortalidad infantil y a una prolongación de la esperanza de vida, que se va acercando a lo que ahora se considera el límite biológico, los 110 años de edad. Pero a menudo hay factores —en principio evitables— que cambian este curso natural. Por ejemplo, un joven de 18 años con el mejor desarrollo físico puede sufrir trastornos psicológicos originados por una mala dinámica familiar, escolar o social, que le conducen con facilidad a una actitud depresiva, que provoca el frecuente accidente de moto o automóvil, y en un segundo se pierde todo lo conseguido y lo esperado, y una fractura vertebral y sección medular le dejan totalmente imposibilitado, en igual situación de invalidez que el anciano de 110 años, con el agravante que en esa situación él puede vivir 80 años o más.» Estas palabras, que ponen en evidencia una lamentable situación cotidiana, fueron pronunciadas por el catedrático de Pediatría de la Universidad de Barcelona, Manuel Cruz Hernández, en la presentación de nuestro libro

Guía práctica de la salud y psicología del niño, en el Colegio de Médicos de Barcelona, el 10 de marzo de 1983. Y siguen teniendo la misma vigencia en la actualidad.

La vida surte de abundantes factores de estrés que se ciernen en la etapa de mayor fragilidad de la personalidad, en pleno trabajo de consolidación, en la adolescencia. Hay jóvenes que saben encajar bien la llegada del estrés y pueden sobreponerse con facilidad; mientras que otros se ven incapaces de sobrellevarlo y superarlo, manifestando unas respuestas exageradas que no se adaptan a las reacciones normales o esperables. Éstos son los adolescentes con trastornos adaptativos.

Cuando aparecen, tales trastornos de adaptación se caracterizan porque pueden ocasionar dificultades en el funcionamiento social o laboral (incluida la vida académica) del joven y porque los síntomas con que se manifiestan son excesivos. Así, pues, los síntomas no se corresponden con la situación que se presenta, como, por ejemplo, la característica reacción de duelo y de dolor ante la pérdida de un ser querido. Las causas de estrés pueden ser únicas, como en el caso de la terminación brusca de un noviazgo, o múltiples, como ocurre, por ejemplo, en las dificultades de integración escolar y en los problemas de relación paterno-filial.

Estos trastornos adaptativos ante un determinado tipo de estrés, totalmente identificado por el joven y su entorno (es decir, que la causa existe), acostumbran a presentarse dentro de los tres meses siguientes a su aparición. A menudo, el cuadro clínico es predominantemente depresivo, con actitudes de tristeza, llanto y desesperanza, o bien con unas características fundamentalmente ansiosas, con el consiguiente nerviosismo, inquietud y ánimo preocupado, o con una mezcla de ambos estados: depresión y ansiedad (véase más adelante). También puede manifestarse por alteraciones severas de la conducta, tales como delincuencia, vandalismo, conducción irresponsable, peleas, e incumplimiento de las reglas legales y sociales propias de la edad. Asimismo, también hay que contar con los trastornos de adaptación en los que predominan las reacciones emocionales tempestuosas: brotes de mal genio (rabietas), repentinas fugas del hogar, etc. O, por el contrario, con reacciones más bien pasivas del tipo de la inhibición o retraimiento social. Quedando, por último, los adolescentes que presentan predominantemente síntomas físicos: cansancio, dolor de cabeza, dolores de espalda (lumbalgias) u otras molestias.

El tratamiento de estos adolescentes debe ser llevado por

profesionales del ámbito de la psiquiatría infantil y juvenil, que determinarán la línea terapéutica a seguir, con las oportunas sesiones de terapia familiar (donde se concibe la familia como un sistema vivo, susceptible de ser modificado con puntuales intervenciones que alcanzan a cada uno de sus miembros) y/o psicoterapia individual con el joven, con el apoyo de medicación (antidepresiva, ansiolítica) según la sintomatología del paciente.

Habitualmente, al intervenir en los factores desencadenantes se consigue limitar la escalada de los síntomas. Sin embargo, aunque la mayoría de estos casos evolucionan favorablemente, algunos se dirigen a otras patologías psiquiátricas, como son los trastornos de personalidad, los trastornos del estado de ánimo (episodio depresivo mayor) y la esquizofrenia.

Manías y obsesiones

La doctora Rappaport, en su publicación *El niño que no podía parar de limpiarse las manos*, narra la horrible sensación de no poder detener una conducta a pesar de que el que la ejecuta sabe que es irracional. Es lo que vulgarmente la gente entiende por «tener manías».

Los temores hipocondríacos son frecuentes en los adolescentes, centrados —como están— en las impresionantes transformaciones de su cuerpo (la hipocondría puede definirse como una preocupación excesiva por el cuerpo y el estado de salud, con una «amplificación» de las sensaciones corporales más nimias). Cuando la preocupación invade por completo el pensamiento del joven, puede presentarse un delirio hipocondríaco con la convicción de estar afecto de una enfermedad en particular.

En sus formas más simples, los temores hipocondríacos en la adolescencia se presentan a base de dolores de cabeza, de inquietudes que conciernen al corazón (palpitaciones, por ejemplo), a la sangre, a las vías aéreas (sensación de no poder respirar bien, de tener un nudo en el pecho, etc.), a la deglución (imposibilidad de tragar sólidos, sensación de tener un cuerpo extraño dentro del cuello, etc.), de quejas abdominales (temores respecto al apéndice o los ovarios). Contrariamente al adulto, casi nunca se pronuncian quejas concernientes al tránsito intestinal, ligadas a la función digestiva: en la adolescencia se trata de órganos percibidos como inmediatamente vitales, como el corazón, la sangre o los pulmones. Es frecuente encontrar un padre que también sufre de manifestaciones hipocondríacas.

Las conductas obsesivas y compulsivas (necesidad imperiosa de realizar una acción que no puede pararse) como, por ejemplo, en los temas de orden (excesiva pulcritud en el arreglo del material escolar, en la realización de deberes, en el arreglo de la habitación, etc.) o en los temas de pureza y de protección corporal (temor a las contaminaciones, lavados prolongados de las manos, limpieza repetitiva de los utensilios de comer, evitar tocar, etc.), son manifestaciones típicas. Y todo ello puede convertirse en una enfermedad ansiosa (se denomina trastorno obsesivo-compulsivo) de la que el paciente no puede deshacerse a pesar de una lucha penosa.

Cuando, en algunos casos, estas conductas no se asocian con una lucha ansiosa, es preferible hablar de «rituales» más que de compulsiones. A menudo los rituales en el curso de la infancia son perfectamente aceptados por los padres, porque ayudan a «ordenar» el comportamiento del niño (ritual de ordenar la habitación o de las tareas escolares, ritual del aseo personal, etc.). Es más adelante, en la adolescencia, cuando estos rituales pueden convertirse en fuente de tensión psíquica y angustia. Son frecuentes los padres que presentan también rasgos obsesivos.

Habitualmente, el adolescente guarda durante bastante tiempo en secreto —incluso para sus padres— sus conductas obsesivo-compulsivas, mientras no interfieran con sus quehaceres cotidianos y su vida de relación social. Digamos que el joven se adapta bien a sus «manías». También, durante la adolescencia, frecuentemente se interpretan estas conductas como parte de la tendencia del joven al ascetismo, a los rituales religiosos, o a la autoexigencia a veces en forma drástica y cruel. Incluso hay un tipo de pensamiento obsesivo (más frecuente que las ideas obsesivas propiamente dichas) que desarrollan algunos adolescentes a base de darle vueltas a un mismo asunto, de manera escrupulosa y meticulosa (temas filosóficos, políticos, metafísicos, etc.), lo que les permite disquisiciones intelectuales y discusiones coloquiales que complacen a los adultos.

Sólo cuando estas conductas son claramente evidentes y obsesionan plenamente la vida del joven, haciéndole sufrir, es cuando requieren la asistencia psiquiátrica. Lo que tienen en común estos jóvenes es la experiencia de la pérdida de control ante la irrupción de ideas, pensamientos y acciones que no pueden controlar. Trágicamente creen que están a punto de perder la razón y de volverse locos. Una adecuada medicación antiobsesiva y un apoyo psicoterápico pueden hacerles desaparecer estas agobiantes manías y obsesiones.

De la ansiedad al ataque de pánico

El adolescente acostumbra a ser una persona ansiosa por naturaleza. Sin embargo, esta actitud expectante ante la vida puede constituir un auténtico trastorno cuando aparece la angustia como síntoma predominante y repercute en todo su ajuste psicosocial. En síntesis, la ansiedad (etimológicamente: incomodidad) se relaciona con el componente psíquico de la persona, mientras que la angustia (etimológicamente: estrechez) lo hace con el componente orgánico del estado emocional, como bien apunta el psiquiatra infantil barcelonés Jordi Sasot.

Las dos formas más habituales de ansiedad, la ansiedad de separación y la ansiedad excesiva, afectan al 12 % de los niños y adolescentes de 8 a 17 años. Téngase en cuenta que los trastornos por ansiedad constituyen el diagnóstico psiquiátrico que se realiza con mayor frecuencia en la adolescencia, muy por encima de los trastornos de conducta y de la depresión. Mientras que las fobias, que son mecanismos de defensa del niño para desplazar su ansiedad, sólo afectan a un 4 % de la población infantil y juvenil.

El *trastorno por angustia de separación* es la ansiedad en su grado máximo, que experimenta el adolescente ante la posibilidad de separarse de sus padres o de aquellas personas con las que está afectivamente vinculado (o sea, sus seres queridos). Estos pacientes presentan abundantes síntomas físicos o somatizaciones (dolores de cabeza, dolores de barriga, náuseas, palpitaciones, temblores, vértigos y desmayos) y un intenso cuadro de ansiedad en el que expresan su temor a quedarse solos, a que les pase algo a sus padres, a los ladrones, a los secuestros, etc. (es habitual que estos adolescentes den mil y una justificaciones a sus miedos, negando la razón real: su dificultad en separarse de los seres queridos). Un síntoma frecuente es el rechazo a la escuela (véase el capítulo XIII: «Llega la fobia escolar») y también son habituales los trastornos del sueño. Este trastorno acostumbra a iniciarse en la infancia (generalmente antes de los 6 años), flo-

---

CUADRO 30

Crisis de angustia (ataque de pánico)
Extraído del DSM-IV, 1994.

Por lo menos están presentes cuatro de los síntomas siguientes:

- Palpitaciones o ritmo cardíaco acelerado (taquicardia).
- Sudoración profusa.
- Temblores o sacudidas corporales.
- Sensación de falta de aire o aliento (disnea).
- Sensación de ahogo.
- Dolor en el pecho o molestias alrededor del corazón (precordiales).
- Náuseas o molestias abdominales.
- Mareo, sensación de inestabilidad, sensación de pérdida de conciencia.
- Sensación de estar fuera de uno mismo (despersonalización) o fuera de la realidad (desrealización).
- Miedo a volverse loco o a perder el control.
- Miedo a morir.
- Adormecimiento o sensación de hormigueo en diversas partes del cuerpo (parestesias).
- Escalofríos o sofocaciones.

---

rece en la adolescencia y, por definición (DSM-IV), no puede empezar después de los 18 años.

El grado máximo del estado de ansiedad desemboca comúnmente en una *crisis de angustia* o *ataque de pánico*, que aparece bruscamente, de manera espectacular y acostumbra a ser de corta duración (cuadro 30). La forma más dramática es la sensación de muerte inminente. El adolescente se pone pálido, experimenta temblores, respiración jadeante, a menudo dolor de pecho y sensación de desvanecimiento. Al joven que le ha pasado alguna vez, le queda durante bastante tiempo el temor a que vuelva a repetirse, por lo mal que lo pasa en estos episodios (que casi equivalen, por las intensas sensaciones subjetivas que producen, a las anginas de pecho o infartos cardíacos; aunque, obviamente, sin la extrema gravedad de éstos). No es de extrañar entonces que modifiquen su vida, restringiendo salidas y actividades por miedo a un próximo ataque en un lugar desconocido.

El tratamiento consistirá en la eficaz medicación ansiolítica (de acción rápida para solucionar el ataque, y luego mediante dosis de mantenimiento, con una acción más lenta) y en el valioso apoyo de sesiones de terapia familiar para detectar las dinámicas interfamiliares que hayan generado este trastorno.

Secuelas de las agresiones

Nuestros adolescentes están potencialmente expuestos a múltiples acontecimientos desagradables que pueden dejarles una marca indeleble que interfiera en su normal desarrollo psicoemocional. Es bien sabido que los abusos sexuales y violaciones de menores están a la orden del día. El entorno comercial de la floreciente industria del sexo (turismo sexual, «kinderporno», prostitución infantil y juvenil, «cibersexo», etc.) se encarga bien de estimular las mentes calenturientas de los pederastas. Cada año, por ejemplo, dos millones de niñas de todo el mundo se incorporan al pujante mercado del turismo sexual. «Niños prostituidos por sus padres, vendidos por sus progenitores, de quienes tenían que venirles el pan y las caricias. Niños que mueren en silencio por no perjudicar, por no denunciar, que reciben la muerte de los que habían recibido la vida», señala el escritor y dramaturgo español Antonio Gala.

La lista de adolescentes víctimas potenciales de agresiones es larga. Empezando por los cotidianos asaltos callejeros con resultados de maltrato y violencia física. Siguiendo con los adolescentes-soldados que son reclutados como carne de cañón en innumerables confrontaciones que se producen a lo largo y ancho del planeta. Sin olvidar los que no son beligerantes, y ya se sabe que 9 de cada 10 fallecidos en conflictos armados son civiles, en su mayoría niños (lo que en lenguaje de guerra se llama, en puro eufemismo, daño colateral). Son los que sufren los efectos de los bombardeos aéreos, de las bombas terrestres que les amputan las piernas, de las torturas, de los campos de concentración, etc. Y nos quedan los desastres naturales (inundaciones, terremotos) y los accidentales (accidentes de vehículos con lesiones físicas graves, incendios, derrumbamientos de edificios, etc.). Sin olvidar la plaga de terrorismo que asola, de forma casi endémica, a varios países, y da lugar a que los adolescentes sean víctimas propicias o aterrados observadores de la barbarie en otras personas, incluso en sus propios padres (raptos, secuestros, asesinatos).

Todas estas situaciones son capaces de dejar en los adolescentes una triste secuela: el *trastorno por estrés postraumático*. Consiste, fundamentalmente, en la aparición de unos síntomas característicos después de acontecido el trauma. Uno de ellos, habitualmente presente, es la reexperimentación persistente y reiterativa del acontecimiento estresante (*flashback*): a base de recordar la situación se producen sueños angustiantes, conductas y sentimientos súbitos que aparecen como si el agente estresante actuara de nuevo (sensación de revivir la experiencia, ilusiones, alucinaciones), intenso malestar psicológico ante situaciones o lugares que recuerdan algún aspecto del acontecimiento traumático o que lo simbolizan (por ejemplo, cuando se celebran aniversarios, o cuando el recuerdo da lugar a la aparición de fobias, como en el caso de la adolescente que ha sido violada en un ascensor y evita con pánico utilizarlo de nuevo).

Por lo general, el joven efectúa esfuerzos deliberados para evitar sus pensamientos o los sentimientos sobre el traumatismo sufrido, pudiendo llegar a una «amnesia psicógena» (incapacidad para recordar algunos de los aspectos importantes del trauma). Asimismo, la disminución de la capacidad de respuesta al mundo externo, conocida con el nombre de «anestesia psíquica o anestesia emocional», empieza por lo general poco después del acontecimiento traumático. Así, por ejemplo, el adolescente puede expresar que se siente distanciado o extraño respecto a los demás, que ha perdido el interés por actividades que anteriormente le atraían, o que nota un descenso en su capacidad de sentir emociones, especialmente aquellas asociadas con la intimidad, la ternura y la sexualidad.

También pueden presentarse síntomas persistentes de aumento de la actividad de alerta (*arousal*) —que no se encontraban antes del traumatismo—, como son las dificultades en conciliar el sueño o en mantenerlo (con pesadillas continuas sobre la experiencia traumática), irritabilidad o explosiones de ira, y un estado de hipervigilancia ante el entorno.

Uno de los síntomas del trastorno por estrés postraumático puede consistir en marcados cambios en la orientación hacia el futuro del adolescente, como, por ejemplo, una sensación de que el futuro se acorta (no se espera realizar una carrera, casarse, tener hijos o una larga vida). Puede existir también lo que se conoce como «formación de presagios», que es una creencia en la capacidad para profetizar acontecimientos futuros. A todo ello pueden sumarse diversos síntomas físicos, como molestias abdominales o dolor de cabeza, junto con un estado depresivo y ansioso.

Al tratamiento farmacológico (antidepresivo y ansiolítico) y psicoterapéutico debería agregarse el soporte familiar y de las instituciones de ayuda social para poder ayudar efectivamente a las víctimas del trastorno por estrés postraumático.

Estado de ánimo depresivo

¿Quién no conoce a un adolescente con una alteración del humor o del estado de ánimo tendente a la depresión? Para empezar, hay que tener en cuenta que el afecto depresivo de base es muy común entre los adolescentes. El aislamiento, el encerrarse en sí mismo, las actividades reducidas al mínimo y los accesos de pesimismo son frecuentes en esta etapa de la vida. En el fondo, estas actitudes evocan la forma de respuesta de la persona al peligro, en particular al de ruptura de los lazos de dependencia, que durante bastantes años (toda la niñez) ha mantenido con su entorno sociofamiliar.

Sin embargo, hay que considerar tres situaciones que podrían evocar en la adolescencia esta afección depresiva de base: 1) humor depresivo, que es el componente desvalorizador llevado sobre sí mismo y puede representar una señal de alarma; 2) aburrimiento, que se acompaña habitualmente de inhibición de los afectos, de la motricidad y de la actividad intelectual, y puede interpretarse como una defensa frente a la depresión, y 3) morosidad, que implica lentitud y demora en las actuaciones, sin aparente energía para realizarlas.

Estas manifestaciones afectivas, que configuran el denominado «estado depresivo del adolescente» —y que están prácticamente presentes en todos los jóvenes—, deben ser consideradas más como un signo de alarma o de defensa frente a la depresión, que como estados depresivos propiamente dichos. Los minuciosos estudios realizados por la catedrática de Psicopatología de la Universidad Autónoma de Barcelona, Edelmira Domènech, destacan la dificultad de realizar el diagnóstico de depresión en la adolescencia.

CUADRO 31

Criterios para el diagnóstico de episodio depresivo mayor
Extraído del DSM-IV, 1994.

Como mínimo, cinco de los síntomas siguientes han estado presentes durante un período de dos semanas y, al menos, uno de los síntomas es el primero o segundo de la lista:

* Estado de ánimo deprimido o irritable.
* Pérdida de interés o de capacidad para el placer en todas o casi todas las actividades habituales.
* Pérdida o aumento significativo de peso, sin hacer ningún régimen (por ejemplo: más de un 5 % del peso habitual en un mes), o disminución o incremento del apetito.
* Insomnio o exceso de sueño (hipersomnia).
* Agitación o enlentecimiento psicomotriz.
* Fatiga o pérdida de energía.
* Sentimientos excesivos o inadecuados de inutilidad o culpa.
* Disminución de la capacidad de pensar o concentrarse («me bloqueo», «me quedo en blanco»).
* Ideas de muerte recurrentes (no el simple miedo a morir); también ideas de suicidio.

También el especialista deberá hacer un diagnóstico diferencial con otros cuadros clínicos que puedan semejar un estado depresivo, como es el caso, por ejemplo, del síndrome de fatiga crónica en la adolescencia —que ha estudiado muy a fondo el pediatra gerundense Josep Campistol Vila— y que se caracteriza por un estado de fatiga de duración superior a tres meses que aparece en un adolescente sano, sin ninguna alteración física o mental detectable, ni tampoco hay una causa conocida, y cuyo tratamiento precisa un abordaje multidisciplinario: psiquiatra, maestro y fisioterapeuta.

En la práctica médica, el término depresión (del latín *deprimere*, hundirse) implica al menos tres significados: 1) puede referirse a un estado de ánimo alterado (comúnmente expresado como: «estoy depre»); 2) a un síntoma, que puede aparecer aislado en respuesta a una pérdida (reacción de duelo) o desengaño, o bien formar parte de una determinada enfermedad física o mental, y 3) a un síndrome, que correspondería al episodio depresivo mayor (cuadro 31).

CUADRO 32

Actitud depresiva del chico adolescente

- Comportamiento activo-agitado.
- Rebeldía.
- Irritabilidad.
- Miedos.
- Tendencia al aislamiento.
- Inseguridad y agresividad en las relaciones sociales.

Desde el punto de vista práctico, los padres y educadores pueden detectar un cuadro depresivo cuando observen un cambio repentino en el comportamiento del chico (cuadro 32) o de la chica (cuadro 33), quienes presentan matices distintos dentro de su desarrollo adolescente. A veces el cuadro depresivo se encuentra «enmascarado» por el uso de alcohol y drogas, usados inicialmente como un intento de «automedicación».

El tratamiento de este importante trastorno del estado de ánimo (que afecta, según la OMS, entre un 3 y un 5 % de la población mundial) se fundamenta en la intervención psicoterapéutica, con terapia familiar y/o individualizada (compréndase que la actuación con la familia en pleno o únicamente con el paciente, depende mucho de la actitud y predisposición del adolescente) y la administración farmacológica. Hay que puntualizar que ambos tratamientos se complementan, porque los modernos y eficaces fármacos antidepresivos facilitan los cambios clínicos del paciente y hacen a éste más receptivo a las indicaciones de la psicoterapia.

CUADRO 33

Actitud depresiva de la chica adolescente

- Comportamiento pasivo-inhibido.
- Tristeza.
- Excesiva obediencia.
- Inhibición en las relaciones sociales.
- Discreta y tranquila («síndrome de la cenicienta»).

Intentos de suicidio

«Los intentos de suicidio en los adolescentes son una de las expresiones más reveladoras del sufrimiento humano y representan muchas veces la única forma posible de terminar con una situación intolerable», según puntualiza la psiquiatra infantil y juvenil María Jesús Mardomingo, autora del completo libro *Psiquiatría del niño y del adolescente*. La tendencia de los médicos y de la sociedad en general a minimizar los intentos de suicidio en los adolescentes, atribuyéndoles un carácter accidental o una intención manipuladora del entorno familiar, contrasta con la información de la que se dispone en la actualidad: es la segunda causa de muerte en la adolescencia en los países desarrollados.

Las chicas son más precoces en sus intentos de suicidio y los inician entre los 8 y los 14 años, consumándose en muy pocos casos. Por el contrario, los chicos los inician más tarde, hacia los 15 años, pero la mayoría se consuman. En el suicidio están implicados complejos factores, como la genética (se ha visto que los niños adoptados desde recién nacidos, en familias estables, pueden presentar con mayor frecuencia intentos de suicidio si éstos estaban presentes en los antecedentes de sus familias biológicas), patología psiquiátrica (aproximadamente el 80 % de los niños y adolescentes que intentan suicidarse y alrededor del 90 % de los que lo consuman, sufren un trastorno psiquiátrico), características de la interacción familiar, patrones sociales y culturales (por ejemplo, la alta tasa de suicidios juveniles que acontecen en Japón). Aquí vamos a centrarnos en unos condicionantes que tenemos muy próximos: los factores de riesgo en el medio familiar.

La conflictividad en la familia es una de las circunstancias biográficas más frecuentes en los niños y adolescentes que intentan suicidarse, de tal forma que la desestructuración y desorganización de la familia, junto con las alteraciones de la interacción de sus miembros, constituyen uno de los factores de riesgo fundamentales. Han de saber que aproximadamente el 50 % de los adolescentes que cometen un intento de suicidio refieren una situación conflictiva en su familia, de la cual el niño se siente muchas veces responsable. Un 50 % señala como motivo desencadenante del intento una discusión con los padres; le sigue en

CUADRO 34

Indicadores de riesgo de suicidio en el niño y en la familia

- Casi todos los niños con intento de suicidio (85 %) habían consultado por algún trastorno físico (dolor de cabeza, dolor de barriga, malestar difuso) al médico general o pediatra dos meses antes.
- En la mayoría de los casos habían sufrido múltiples e inesperadas separaciones de sus padres durante el primero, segundo o tercer año de vida.
- No contaban con ninguna comunicación real ni lazos emocionales con sus familias (sólo el 10 % podían conversar con sus padres si tenían problemas).
- Todos lo habían pensado largamente (en un 63 % de los casos había intentos previos).
- En la mayoría de los hogares (88 %) faltaban uno o ambos padres, por divorcio, separación o muerte (más del 70 % de los padres se habían casado más de una vez).
- Las dos terceras partes de hogares tenían un familiar con enfermedad grave en los dos años anteriores.
- En el 25 % de las familias, uno de los padres lo había intentado; o bien un pariente o amigo cercano en el 44 % de los casos.

frecuencia el temor al castigo y el miedo a la separación de los padres después de una disputa entre ellos. Las relaciones conflictivas con los padres, la falta de comunicación de éstos con el hijo, la falta de atención y el desinterés por los problemas del adolescente, las críticas persistentes por su comportamiento, la frialdad afectiva, la falta de amor, los castigos como método educativo preferente y el aislamiento social de la familia, son características altamente significativas en los intentos de suicidio. De hecho, la falta de apoyo emocional y personal por parte de la familia es claramente manifiesta en el 80 % de los niños que intentan suicidarse. Existen unos indicadores de riesgo de suicidio en el niño y en la familia que deben tenerse en cuenta (cuadro 34).

La figura del padre es fundamental en el desarrollo de las conductas suicidas del adolescente (esta observación tiene especial relevancia en sociedades que delegan la crianza y la educación de los hijos casi exclusivamente en manos de la madre). La ausencia del padre, unas veces por muerte, otras por separación o abandono, es un factor perturbador del desarrollo normal del

CUADRO 35

Perfil psicológico del adolescente con riesgo de suicidio

- Impulsivo y con reacciones emocionales intensas.
- Escasa tolerancia a la frustración y dificultad para demorar las gratificaciones.
- Sentimientos de cólera.
- Estilo de pensamiento rígido, con escasa flexibilidad ante las demandas ambientales.
- Deficiente imagen personal.
- Sentimientos de desesperanza y desvalimiento (en el 93 % de los adolescentes que intentan suicidarse).
- Sentimientos de soledad e incomunicación (tendencia depresiva).

niño desde los primeros años y es un antecedente en la historia de sujetos adultos que sufren depresión y conductas suicidas (la pérdida del padre es especialmente lesiva cuando se da durante los primeros once años de vida).

CUADRO 36

Tópicos sobre los actos suicidas

- El joven que habla sobre el suicidio no lo realiza.
- El joven que intenta suicidarse no desea realmente morir, sino sólo manipular el ambiente.
- La tentativa de suicidio, hecha como «chantaje», utiliza medios inadecuados y escasamente lesivos.
- La mejoría después de una tentativa suicida significa que el riesgo suicida ha desaparecido.

Respuestas reales a estos tópicos

- De cada 10 adolescentes que se suicidan, de 5 a 8 habían dado avisos previos de su intención.
- La repetición de tentativa es elevada, especialmente en el curso del primer año posterior a la intentona.
- No hay proporción directa entre el grado de daño físico y la gravedad de la situación psíquica que revela el niño.
- Muchos actos suicidas tienen lugar después de la aparente mejoría, a las primeras horas o días.

Esto no significa que se deba enfrentar el suicidio con actitud fatalista, ni que se deba culpar a la familia, dado que muchas veces la intervención más eficaz es detectar el sufrimiento de uno o ambos padres (enfermedad depresiva, alcoholismo, etc.) y brindarles el apoyo que necesitan en lugar de la crítica moralista.

La depresión mayor es uno de los trastornos afectivos más frecuentemente asociados al suicidio. Si además se suma un trastorno hipercinético, consumo de drogas o trastornos de conducta en el adolescente, el riesgo de consumar el suicidio aumenta. Se puede elaborar un perfil psicológico del adolescente propenso a suicidarse (cuadro 35). También hay que evitar caer en los tópicos que circulan sobre los actos suicidas, ya que la mayoría son erróneos y la creencia en ellos puede impedir la puesta en marcha de medidas preventivas (cuadro 36).

Esquizofrenia

En un impactante editorial de la revista *JANO*, «Sociedad y enfermedad mental» (1994), decía su directora, la periodista Cèlia Ribera: «En nuestro mundo desarrollado, una de cada cuatro personas presentará un trastorno mental a lo largo de su existencia, y un 1 % de la población de todas las edades desarrollará alguna forma de esquizofrenia en algún momento de su vida.»

Y esta psicosis comienza frecuentemente en la edad juvenil. De tal manera que una de las cuatro variantes clásicas del trastorno esquizofrénico, la hebefrenia, significa literalmente locura de los jóvenes. Ciertamente, la enfermedad es muy rara antes de los 15 años y después de los 40-50.

Es muy importante, en vistas al tratamiento precoz, detectar la enfermedad en sus primeras fases, en la etapa que se ha dado en llamar de preesquizofrenia. A menudo se trata de un adolescente ya de por sí reservado, que progresivamente se va aislando del entorno familiar y de sus amigos, volviéndose indiferente a las penas y alegrías, desinteresándose de las distracciones que antes le apetecían, reduciendo su actividad, volviéndose demasiado serio para su edad, y sumergiéndose en actividades sumamente absorbentes y solitarias (por ejemplo, dibujos complicados, construcción de maquetas, etc.); o bien se trata de un buen alumno, estudiante aplicado, que de pronto, sin ningún motivo aparente, empieza a aflojar su rendimiento escolar, aislándose

---

CUADRO 37

Síntomas característicos para el diagnóstico de la esquizofrenia
Extraído del DSM-IV, 1994.

Al menos dos de ellos están presentes durante el período de un mes, aproximadamente:

- Ideas delirantes.
- Alucinaciones.
- Lenguaje desorganizado (incoherente o fuera de la realidad).
- Conducta desorganizada o catatónica (inmovilidad, posturas extrañas, resistencia a ser movilizado).
- Síntomas negativos (por ejemplo, afectividad embotada o inapropiada).

---

de los compañeros, presentando ideas o sentimientos extraños, con un súbito interés por determinados conocimientos (filosofía, política, etc.) o por actividades excéntricas y que desconcierten a su familia, por la cual siente una marcada hostilidad (característica prácticamente constante en esta etapa preesquizofrénica).

Obviamente, estos trastornos del comportamiento acontecen, aisladamente, en muchos adolescentes sin que supongan la aparición de una futura esquizofrenia.

El cuadro clínico de la esquizofrenia (del griego, escisión o fragmentación de la mente) es abigarrado y rico en síntomas. Durante años se ha hablado de las cuatro «a» de la enfermedad, inicial de cada una de las características fundamentales: asociaciones incoherentes del pensamiento; ambivalencia psicótica (amor y odio, al mismo tiempo); afectividad inadecuada o embotada, y autismo (repliegue o limitación a sí mismo). Los síntomas característicos (cuadro 37), aunque no siempre están todos presentes, acostumbran a afectar a las siguientes áreas: 1) al contenido del pensamiento, con ideas delirantes, a menudo de tipo persecutorio; 2) al curso del pensamiento, con pérdida de la capacidad asociativa (las ideas cambian de un tema a otro sin relación); 3) a la percepción, con la presencia de alucinaciones, siendo las más habituales de tipo auditivo (voces que le insultan o le inducen a hacer algo); 4) a la afectividad, que acostumbra a estar embotada, con notable reducción de los afectos, con voz monótona y cara inexpresiva, y 5) al sentido del yo, con perplejidad acerca de la propia identidad y significado de la propia existencia.

CUADRO 38

Síntomas de la esquizofrenia

a) *Síntomas positivos:*
- Alucinaciones.
- Delirios.
- Trastornos del pensamiento.
- Hostilidad.
- Recelo.

b) *Síntomas negativos:*
- Afectividad embotada o inapropiada.
- Aislamiento social.
- Repliegue emocional.
- Pobreza de lenguaje.

Según el grado de expresividad de los síntomas, se dividen en positivos y negativos (cuadro 38). Por definición, para el diagnóstico taxativo de esquizofrenia, el cuadro clínico debe tener una duración mínima de seis meses, incluyendo al menos un mes de síntomas como los descritos en el cuadro 8.

Desde el punto de vista práctico, es importante saber que hay formas de comienzo súbito y florido, en las cuales un joven que hasta el día anterior aparentaba absoluta normalidad, amanece con un cuadro de alucinaciones y delirios. Paradójicamente, estas formas de comienzo tan brusco son las que encierran un mejor pronóstico, presentándose en muchos casos una sola vez en la vida. Por lo tanto, en estas situaciones hay que ser cautos en poner la etiqueta de esquizofrenia —que marcaría al joven para toda su vida—, porque puede tratarse de un episodio de la denominada «*bouffée* delirante aguda» (expresión médica clásica que la psiquiatría francesa ha conservado tradicionalmente), de inicio súbito y evolución bastante rápida (desde un par de semanas hasta dos o tres meses como máximo), con desaparición total del delirio y retorno al estado anterior de normalidad. Tengan en cuenta, también, que ocasionalmente un cuadro psicótico agudo puede ser desencadenado por abuso de drogas.

En el tratamiento de la esquizofrenia los modernos fármacos antipsicóticos (como los denominados atípicos) consiguen extraordinarias mejorías de los pacientes, contando siempre con el apoyo psicoterápico y las medidas de reinserción sociolaboral.

Déficit de atención con hiperactividad

Los trastornos por déficit de atención con hiperactividad (TDAH) están siendo diagnosticados en forma creciente en niños y adolescentes. Recientemente se ha comenzado a detectar que esta condición persiste en los adultos y es con frecuencia causa subyacente a problemas laborales, legales y maritales. Esto se debe a que a la deficiencia de atención y a la distracción se le agrega la impulsividad y la incapacidad de quedarse quieto.

Hoy se sabe que no se trata de un trastorno psicológico puro, sino que es una entidad neurológica con trastornos bioquímicos a nivel de la zona frontal de la corteza cerebral, la cual se ha identificado como un intrincado centro de planificación.

Lo que sucede es que la persona (niño, adolescente, adulto) no puede inhibir sus acciones (actúa antes de reflexionar), tiene dificultad en establecer empatía emocional y, por encima de todo, no puede mantener una acción repetitiva (esfuerzo, metas lejanas) porque tiende a vivir en el «aquí y ahora». El placer a breve plazo tiende a regir su vida, lo cual, a la larga, acarrea consecuencias negativas. Este trastorno no desaparece con el crecimiento, pero muchos aprenden a controlarlo o a compensar ciertas funciones.

Básicamente tres grandes características definen este trastorno: la desatención, la impulsividad y la hiperactividad. Hay adolescentes que son más desatentos que impulsivos-hiperactivos, mientras que en otros sucede lo contrario. Los síntomas se distribuyen en dos grandes bloques: desatención e impulsividad-hiperactividad (aunque haya síntomas específicos debidos a la falta de control de los impulsos y otros al exceso de actividad) (cuadro 39).

Este trastorno aparece, en la mitad de los casos, antes de los cuatro años (en la guardería ya advierten que son niños muy movidos); aunque a menudo el problema no es identificado hasta que el niño entra en la escuela (capítulo XIII, p. 243). Por definición (DSM-IV), el trastorno comienza antes de los siete años.

También, para diagnosticar a un adolescente con este problema, hay que ceñirse a un criterio diagnóstico: tiene que presentar seis o más síntomas de desatención, o seis o más síntomas de hiperactividad-impulsividad, y han de estar presentes en el pa-

CUADRO 39

Criterio para el diagnóstico del trastorno por déficit de atención con hiperactividad
Extraído del DSM-IV, 1994.

Todos los síntomas que se exponen a continuación los tiene el adolescente a menudo.

Desatención:
- No presta atención suficiente a los detalles o incurre en errores por descuido en las tareas escolares, en el trabajo o en otras actividades.
- Tiene dificultades para mantener la atención en tareas o en actividades lúdicas.
- Parece no escuchar cuando se le habla directamente.
- No sigue las instrucciones, no finaliza tareas escolares, encargos u obligaciones en el centro de trabajo (no se debe a comportamiento negativista o a incapacidad para comprender las instrucciones).
- Tiene dificultades para organizar tareas y actividades.
- Evita, le disgusta o se muestra reacio en cuanto a dedicarse a tareas que requieren un esfuerzo mental sostenido (como trabajos escolares o domésticos).
- Extravía objetos necesarios para realizar tareas u otras actividades (por ejemplo, ejercicios escolares, libros o herramientas).
- Se distrae fácilmente por estímulos irrelevantes («se distrae con el vuelo de una mosca», dicen padres y maestros).
- Es descuidado en las actividades diarias.

Hiperactividad:
- Mueve en exceso manos o pies, o se mueve en su asiento.
- Abandona su asiento en las clases o en otras situaciones en que se espera que permanezca sentado.
- Corre o salta excesivamente en situaciones en que es inapropiado hacerlo (en adolescentes o adultos puede limitarse a sentimientos subjetivos de inquietud).
- Tiene dificultades para dedicarse tranquilamente a actividades de ocio.
- «Está en marcha» o suele actuar como si tuviera un motor.
- Habla en exceso.

Impulsividad:
- Precipita respuestas antes de que le hayan completado las preguntas.
- Tiene dificultades para guardar turno.
- Interrumpe o se inmiscuye en las actividades de otros (por ejemplo, se entromete en conversaciones ajenas).

ciente al menos durante seis meses. Y con el requisito de que los síntomas deben darse en dos o más situaciones, como por ejemplo en la escuela (o en el trabajo) y en casa. Todo ello conlleva una perturbación o deterioro, clínicamente evidente, en el funcionamiento social, académico y ocupacional del adolescente.

Es de suma importancia detectar cuanto antes a estos pacientes para poder actuar con prontitud en el tratamiento médico (a base de eficaces fármacos psicoestimulantes: metilfenidato, dexedrina o pemolina de magnesio), en el soporte psicoterápico del paciente y la familia, y en el contacto con la escuela, para establecer una estrecha colaboración del estamento docente y sanitario. Una curiosidad farmacológica es que si estos chicos reciben un sedante, a menudo tienen una reacción paradójica: en vez de tranquilizarse se excitan más. Mientras que los psicoestimulantes a los que aludíamos tienen una acción —aparentemente incomprensible— tranquilizante, porque estimulan los centros inhibidores cerebrales, facilitando el enfocar, planear y pensar antes de actuar.

Es preciso saber que son jóvenes con un buen nivel intelectual (potencial), que sufren por su propio comportamiento incontrolable y por las alteraciones que provocan en el entorno familiar, escolar o laboral, que, a su vez, generan reacciones ambientales adversas: reprimendas continuas, castigos, expulsiones de escuelas o de lugares de trabajo, etc. Se crea así un círculo vicioso en el que queda atrapado el propio adolescente, que, a su vez, termina pasando de la defensiva a la ofensiva, volcando su impotencia y agresividad contenida contra el entorno amenazante que le ataca continuamente. El resultado es que las conductas delictivas y adictivas son muy frecuentes en estos adolescentes que no han sido tratados adecuadamente.

Ludopatía y otras adicciones sin droga

«A partir del momento en que cualquier conducta institucionalizada y pública, socialmente aceptada y configurada como una afición, una tendencia, un hábito o un compromiso, deja de ser un deseo para convertirse en una necesidad absoluta e irresistible, dicha conducta tiene que ser considerada como una adicción o dependencia», según define el catedrático de Psiquiatría de Madrid, Francisco Alonso Fernández.

Así como en los años sesenta se inició la proliferación de las toxicomanías juveniles, en los años ochenta hacen aparición las dependencias patológicas sin droga. Entre los elementos que dejan de cumplir su misión propia para esclavizar al joven, atrayéndole de un modo incontrolado, como si fueran drogas químicas, se hallan el alimento (trogomanía, con la bulimia al frente); el sexo (sexomanía, obreros del sexo); la compra (dapomanía o consumopatía); el juego (ludomanía o ludopatía; videojuegomanía, en los niños); el trabajo (ergomanía); la televisión (teleadicción), etc.

Este género de dependencia radica, en general, en la pérdida de libertad interior y autocontrol por parte del individuo, que se deja llevar por una fuerte tensión que le impulsa a repetir, en intervalos variables, la misma conducta, pero sin dejar por ello de vivirla como un fenómeno propio fascinante y placentero. Por otro lado, esta conducta impulsiva y compulsiva (que no se puede controlar) lleva al joven a una incapacidad para considerar los riesgos y consecuencias posibles (personales, familiares, escolares, laborales, etc.), que no suele prever antes de actuar.

La elevada impulsividad, la soledad y la sensación de vacío son factores de alto riesgo en la incidencia de este tipo de modernas adicciones. Asimismo, la tendencia a asumir riesgos, la búsqueda de sensaciones fuertes, la pasión por el poder, el dinero o la popularidad, suelen ser comportamientos habituales en los jóvenes candidatos a estas adicciones, que a menudo se asocian con estados depresivos, y con el consumo de alcohol y otras drogas.

Es importante reseñar que en la génesis de estas conductas adictivas hay un estado colectivo de complacencia que nosotros hemos denominado «bulimia social», observando que el paciente bulímico, como insaciable devorador de alimentos, representa a nivel individual lo que a nivel colectivo representa la sociedad de consumo. De hecho, todos sabemos que la gente cuando está deprimida se va de compras, lo que quiere decir: me siento vacío y necesito llenarme de «cosas». Todo ello en el marco de la aberrante escala de valores que maneja la sociedad actual: «tanto tienes, tanto vales».

La ludopatía, la adicción al juego, es la reina de las adicciones sin drogas. Acostumbra a estar asociada con la dependencia al alcohol u otras drogas, con el estado depresivo (en más del 75 % de los casos), con el trastorno límite de la personalidad (*borderline*, véase más adelante), con comportamientos suicidas (en el 20 % de los casos) y con actos delictivos (sobre todo hurtos y falsificación de cheques o tarjetas de crédito).

Máquinas tragaperras, bingos, loterías, juegos de azar... En España se calcula que hay 400 000 personas adictas al juego, alcanzando el tercer puesto en la lista mundial, por detrás de los Estados Unidos y Filipinas. Casi dos de cada cien españoles convierten el juego en una actividad irrenunciable, para gastarse lo que tienen y lo que no tienen. Aunque no existe un perfil de personalidad homogénea del ludópata, sí que hay algunos rasgos que predisponen a estos adolescentes, como es la falta de capacidad para el autocontrol, tratándose preferentemente de jóvenes impulsivos con dificultad de atención y de concentración, con poca autoestima, con un cuadro depresivo y en una situación estresante.

El 75 % de los ludópatas han tenido una infancia infeliz. Abundan los antecedentes de padre alcohólico y de madre ausente o sobreprotectora. La ludopatía puede tomar en la infancia y en la adolescencia la forma especial de adicción a los juegos electrónicos y los ordenadores, y sobre todo a los videojuegos o videoconsolas. Una vez que el videojuego se ha convertido en la década de los noventa en el entretenimiento preferido por la mayoría de los niños occidentales, de la dedicación abusiva a la total adicción hay un paso, transformándose el adolescente en un ser solitario, introvertido, irritable e incomunicado con los demás. El «videojuegomaníaco», cuando ya se ha cansado de acumular puntos en sus maquinitas, puede pasar con facilidad a las tragaperras, para acumular monedas, como un fenómeno similar a la escalada que se produce en la drogadicción.

El tratamiento es fundamentalmente preventivo, con una coherencia en la vida familiar y en la valoración de la persona por lo que es, no por lo que tiene, evitando que el joven caiga en la vorágine consumista. Luego, el «desenganche» de estas adicciones requiere unidades especiales de profesionales, con las sesiones de psicoterapia pertinentes y el apoyo de fármacos apropiados.

Alteraciones de la personalidad

Este grupo de trastornos se manifiestan por rasgos y conductas inflexibles e inadaptadas que causan una incapacidad en la vida de relación del adolescente y perturban subjetivamente su pen-

CUADRO 40

Trastornos de la personalidad
Extraído del DSM-IV, 1994.

- *Trastorno paranoide*: tendencia injustificada a interpretar las acciones de los demás como deliberadamente malévolas.
- *Trastorno esquizoide*: indiferencia a las relaciones sociales, tendencia a las actividades solitarias y pobre expresividad emocional.
- *Trastorno esquizotípico*: ideas extravagantes y supersticiones, apariencia y conductas excéntricas, y déficit en las relaciones interpersonales.
- *Trastorno antisocial*: conducta irresponsable, con violación de los derechos de los otros.
- *Trastorno límite* (borderline): inestabilidad en las relaciones interpersonales, en la vivencia de la propia imagen, en los estados de ánimo, junto con marcada impulsividad.
- *Trastorno histriónico*: excesiva emotividad, cambios rápidos de humor y exagerada búsqueda de atención.
- *Trastorno narcisista*: grandiosidad (en fantasía o en conducta), necesidad constante de admiración y falta de empatía (saber sintonizar y colocarse en el lugar de los demás).
- *Trastorno por evitación*: inhibición social, sentimientos de no estar adecuado a las situaciones e hipersensibilidad a una evaluación negativa de su persona.
- *Trastorno por dependencia*: conducta dependiente y sumisa, manifestando excesiva necesidad de recibir cuidados.
- *Trastorno obsesivo-compulsivo*: excesiva preocupación e inflexibilidad con el orden, perfeccionamiento y control.

samiento con ideas absurdas o extravagantes (cuadro 40). Se trata, pues, de un grado patológico superior a los trastornos de adaptación anteriormente expuestos en este capítulo.

El diagnóstico de estos trastornos se hace solamente cuando los rasgos característicos son típicos de la actividad cotidiana de la persona y a lo largo del tiempo, y no se limitan a episodios concretos (como serían, por ejemplo, los trastornos psicológicos que acompañan a una determinada enfermedad). Asimismo, cuando el joven tiene menos de 18 años, hay que ser muy cautos al efectuar el diagnóstico de trastorno de la personalidad, siendo preferible diagnosticar un trastorno de conducta (en vez, por ejemplo, de trastorno antisocial de la personalidad, que veremos seguidamente), puesto que recientes estudios muestran que muchos niños con evidente conducta antisocial tienden a normalizarse al llegar a la edad del joven adulto. Por otra parte, algunos de los trastornos más severos de la personalidad comienzan en la adolescencia, y el poder detectarlos en forma incipiente o en el momento en que aún no tienen consecuencias irreversibles (es decir, cuando aún no hay deterioro de la personalidad) puede ser muy importante para su tratamiento. Veamos a continuación dos de los tipos más habituales de estos trastornos de la personalidad: la antisocial y la límite (*borderline*).

El *trastorno antisocial de la personalidad* se trata de una sociopatía que comienza generalmente en la niñez y en la adolescencia temprana (de los 10 a los 13 años de edad), y en sus primeras manifestaciones a menudo se confunde con el déficit de atención con hiperactividad que tiene gran incidencia en la actualidad, como hemos visto anteriormente.

Estos muchachos tienden a ser intranquilos, pelean con frecuencia, y a veces incurren en conductas delictivas. Están predispuestos al abuso de sustancias (especialmente el alcohol). Presentan antecedentes de problemas escolares, con abundantes castigos disciplinarios y son frecuentes los cambios repetidos de una institución escolar a otra. Es típico en estos chicos el mal comportamiento durante las horas de clase, con discusiones habituales con el profesor o con los compañeros, ausentismo escolar injustificado (novillos), bajo rendimiento académico y proclividad a ser expulsados tanto de la clase como de la escuela. Asimismo, también es común una historia de fugas del hogar, durmiendo en casa de amigos o en la misma calle por una o más noches.

La gente los ve, en general, como adolescentes «poco fiables», que acostumbran a faltar o a abandonar sus actividades en cualquier momento, y que tienen serias dificultades para aceptar las críticas o los consejos de los demás. Habitualmente no terminan sus estudios. Tienen una actividad sexual precoz y promiscua (en un alto porcentaje ejercen la prostitución). No tardan en tener problemas con la justicia por sus conductas ilegales. Este tipo de trastorno es más frecuente en varones que en chicas. A menudo terminan en establecimientos correccionales, sometidos a tratamientos psicoterápicos-farmacológicos, bajo el control de asistentes sociales, y con un pronóstico reservado.

El *trastorno límite de la personalidad* (borderline) es otro tipo de alteración que se diagnostica en la actualidad con mayor frecuencia que en épocas pasadas (anteriormente, además, se confundía con formas clínicas semejantes a la esquizofrenia —llamadas pseudoneuróticas—, llegándose a diagnósticos erróneos). Casi siempre muestran estos adolescentes una persistente alteración de la identidad, con incertidumbre respecto a la autoimagen, la orientación sexual, los objetivos a largo plazo, la elección de profesión, el tipo de amigos o los valores a adoptar. A menudo presentan sentimientos de vacío o aburrimiento. Sus relaciones interpersonales son inestables, intensas y al mismo tiempo cambiantes. Tienen gran dificultad para tolerar la soledad y realizan esfuerzos titánicos para evitar el abandono real o imaginario. Cambian rápidamente de estado de ánimo, pudiendo pasar de la euforia a la depresión y a la ansiedad en pocas horas o pocos días. Tienden a la irritabilidad y a la agresividad, sea hacia los demás, sea hacia ellos mismos. El abuso de sustancias, la promiscuidad sexual y las conductas de riesgo o claramente suicidas son bastante habituales. Un número creciente de informes psiquiátricos relaciona la personalidad *borderline* con el hecho de haber sido víctimas de abuso sexual durante la infancia. Este trastorno es más frecuente en chicas que en varones. El tratamiento es similar al expuesto en el trastorno antisocial.

Hay que considerar que la mayoría de las características de este trastorno son comunes en algunas etapas del desarrollo normal del adolescente. Sin embargo, estos síntomas tienden a decrecer con el paso del tiempo en el adolescente no problemático, y aumentar en aquellos que están consolidando un trastorno límite de la personalidad.

XVII

Violencia, actitudes antisociales y otras conductas de riesgo

> La prueba fehaciente de que la gran mayoría
> de hombres y mujeres somos benevolentes es
> que perduramos.
>
> LUIS ROJAS MARCOS

Semillas de violencia

¿La violencia es innata en el ser humano? Hay respuestas para todos los gustos. Según dice el investigador Adrienne L. Zilhman: «No hay ni demonios ni ángeles, ya que la capacidad de agresión violenta, tanto como la capacidad afectiva y la conciencia pacífica, existe en la mayoría de individuos en la cultura humana y al parecer también en tipos de chimpancés...» (que los hay muy violentos y no necesariamente por razones de supervivencia, y nos recuerda este científico que el genoma humano es aproximadamente sólo un poco más del 1 % distinto del de los chimpancés).

El psiquiatra sevillano Luis Rojas Marcos, comisionado de los Servicios de Salud Mental de la ciudad de Nueva York, y autor del libro que lleva precisamente el título *Las semillas de la violencia*, destaca que el ser humano nace con las semillas de la bondad, la racionalidad, la tolerancia y la comprensión, pero también con las simientes del disparate, del odio, de la xenofobia y de la crueldad. Recientemente, en la prestigiosa revista *Nature-Genetics* se apunta la existencia de genes responsables de la felicidad humana, sugiriendo que el nivel de alegría y de satisfacción con uno mismo es básicamente debido a la herencia. Y en esta misma línea, en la Reunión Internacional sobre Biología y

Sociología de la Violencia (Valencia, 1996) —a la que nos había invitado el científico español Santiago Grisolía—, escuchamos la intervención del experto genetista holandés Han G. Brunner, quien declaró con contundencia que el gen de la violencia no existía, y añadió que nuestro destino no está en los genes.

No obstante, la violencia ha existido desde siempre. Es un hecho notorio —explica en un magnífico artículo Santiago Grisolía— que la naturaleza es cruel y poco hospitalaria y que cualquier ser vivo, no solamente los animales sino hasta las plantas, ha desarrollado mecanismos defensivos que fácilmente se convierten en agresivos. Así no es de extrañar que el hombre como escalón evolutivo haya participado con entusiasmo y hasta con alegría en toda clase de conflictos bélicos. Recordemos, asimismo, los muchos casos que recoge la Biblia, incluyendo del Nuevo Testamento el relato evangélico del violento comportamiento de Cristo con los mercaderes del templo. El filósofo español Fernando Savater es concluyente: «Un grupo humano en el que todo atisbo de violencia hubiese sido erradicado sería "inerte", si no fuese impensable.»

Las semillas de la violencia que el aire lleva (y que germinan en donde caen, por ejemplo en las escuelas) proceden de plantas distintas: la situación económica, el desgarramiento del tejido social, la claudicación de los adultos (madres angustiadas y padres dimisionarios o ausentes), las tensiones de una sociedad competitiva (acumuladora de bienes exclusivamente materiales), los niños incapaces de controlar sus impulsos, etc. La sociedad no proporciona ni proyectos ni puntos de referencia. Los muchachos tienen como alternativa el individualismo feroz o la integración en tribus. La televisión y los videojuegos, actividades solitarias, no enseñan el comportamiento emocional que hace posible la convivencia, como bien apunta el filósofo José Antonio Marina.

Coincidimos también con Luis Rojas Marcos, cuando dice que la violencia florece allí donde reina el desequilibrio entre aspiraciones y oportunidades o existen marcadas desigualdades económicas. Especialmente fecundas para el cultivo de la delincuencia son las subculturas abrumadas por la pobreza, el desempleo, la discriminación, el fácil acceso a las armas, un sistema escolar ineficaz y una política penal deshumanizada y revanchista que ignora las medidas más básicas de rehabilitación.

Un caldo de cultivo fértil para la proliferación de la violencia es la «anomia», un estado de desintegración cultural que surge en una comunidad cuando las necesidades vitales —tanto físicas como emocionales—, de las personas no se satisfacen, se frustran y poco a poco se acaban transformando en intolerancia y desinterés total por la convivencia.

En definitiva, las semillas de la violencia se siembran en los primeros años de la vida en el seno del hogar, se cultivan en un medio social que estimula la incompatibilidad entre aspiraciones y oportunidades, y crecen avivadas por «valores» culturales que glorifican las soluciones agresivas de los conflictos entre las personas. Quizá nuestro objetivo más inmediato deba ser lograr la convicción social, profunda y bien informada, de que las más costosas y fatídicas semillas de la violencia son la mutilación del espíritu de un niño y la deformación de su carácter por métodos violentos. Porque semejantes daños socavan en el pequeño los principios vitales del respeto por la dignidad humana, de la compasión hacia el sufrimiento y del valor de la vida, sin los cuales su comportamiento futuro está destinado a las conductas violentas y a la destrucción.

La violencia, como todo, se aprende

Es verdad que los seres humanos heredamos factores genéticos que influyen en nuestro carácter, pero también es cierto que los ingredientes innatos que configuran los complejos comportamientos, como la crueldad o el altruismo, son el producto de un largo proceso evolutivo condicionado por las experiencias individuales, las fuerzas sociales y las normas culturales. Es bien conocida la evidencia científica de que las criaturas que crecen entre malos tratos y humillaciones tienden a volverse emocionalmente insensibles a estos horrores y a asumir que la agresión es la respuesta automática ante las contrariedades. Y luego, una vez mayores, continúan el ciclo perverso maltratando a sus descendientes y a sus congéneres; aunque, como siempre, hay notorias excepciones.

¿La sociedad actual empuja a la violencia? El adolescente puede alegar sin duda que nunca anteriormente ha sido tan grande la fractura entre lo que se le ofrece y lo que de hecho va a poder obtener. Las posibilidades de encontrar trabajo son muy escasas y, en el caso de los adolescentes con poca capacitación, prácticamente nulas. Ahora bien, la oferta consumista raya en lo demencial. Mientras que la gran mayoría de los adolescentes no tienen ingresos propios de ningún tipo, las incitaciones a asistir a conciertos, a comprar prendas de marca (obviamente caras) y a disfrutar de la vida son constantes. Por otro lado, las insinuaciones a la competitividad (no importan los medios a emplear), la valoración de la fuerza y el poder, y el desprecio al débil, también son constantes.

¿Dónde han quedado las incitaciones al trabajo bien hecho, al saber sacrificarse, al espíritu de economizar, al pensamiento crítico, a la solidaridad social, a la observación de la religión o al respeto a los mayores? Es muy fácil culpar a los adolescentes de los males que les afligen e igualmente fácil afirmar que la generación de sus padres, e incluso de sus abuelos, ha destruido los valores que sirvieron de apoyo a una generación tras otra.

Sí. La violencia se aprende. Pero hay que aprender también mecanismos para neutralizarla o evitar que se produzca. Una clave nos la proporciona el psicoanalista infantil Bruno Bettelheim al plantear la siguiente solución: «Necesitamos que se nos enseñe qué debemos hacer para contener, controlar y encauzar la energía que se descarga en violencia hacia fines más constructivos. Lo que brilla por su ausencia en nuestros sistemas de educación y en los medios de comunicación es la enseñanza y promoción de modos de comportamiento satisfactorios con respecto a la violencia.»

Apostilla el catedrático de Ética Fernando Savater: «Es imposible enseñar nada válido acerca de la violencia si se empieza por considerarla un enigma de otro mundo, algo así como una posesión diabólica que sólo afecta a unos cuantos perversos...»

Obviamente, lo peor que puede hacerse en lo que respecta a la actual problemática del adolescente es guardar silencio. Hablar y escribir acerca de estas cuestiones supone ya un gran paso hacia su solución. Pero hace falta el esfuerzo conjunto de profesionales de diversas disciplinas, a veces alejadas entre sí, como es el personal sanitario (médicos, enfermeras, psicólogos), los jueces, los maestros, los asistentes sociales y los periodistas de todos los medios de comunicación social.

Para el personal docente, por ejemplo, es más fácil enseñar matemáticas o historia que mostrar a los jóvenes de entre 12 y 16 años, de ambos sexos, cómo gestionar su tiempo, afrontar el estrés y estructurar sus relaciones humanas, como muy bien advertía un editorial de la prestigiosa revista española de medicina y humanidades *JANO* (octubre, 1995). Sin embargo, en una época en que tantos padres dimiten de sus funciones, es evidente que alguien debe ocuparse de transmitir unos valores que sustituyan, por lo menos en parte, a los que han quedado desplazados y arrinconados, aunque tal vez de forma sólo temporal.

Todo permite prever que la competitividad, la penuria de puestos de trabajo y la incertidumbre van a ir en aumento, por lo menos en los próximos años. Fumar marihuana, beber hasta emborracharse, tener un hijo siendo adolescente o simplemente no hacer nada, son tal vez salidas a muy corto plazo, pero la sociedad —y, en cierto modo, a su cabeza los profesionales sanitarios y educadores— tiene la obligación de escuchar a los jóvenes y hacerlos partícipes en la búsqueda de remedios auténticos y permanentes. Enseñar a convivir.

¿Son violentos nuestros adolescentes?

El crimen violento, especialmente por parte de menores, se ha convertido en una pesadilla colectiva incomprensible, en una penosa obsesión de muchos países. En los ambientes urbanos de los países industrializados, cada día más gente joven resuelve sus diferencias y conflictos triviales empuñando navajas o recurriendo a pistolas.

En Estados Unidos, por ejemplo, a pesar de que el índice de delitos violentos se ha mantenido estable desde 1990 y la población general de adolescentes ha disminuido, los homicidios perpetrados por gente joven han aumentado el 154 % en los últimos diez años. La atmósfera de violencia en ese país es tan intensa que según un estudio reciente, el 20 % de todos los estudiantes de bachillerato en colegios públicos norteamericanos llevan consigo un arma blanca o de fuego «con intención de usarla para defenderse si fuera necesario». Algunas cifras: en Estados Unidos se cometen diariamente 16 000 delitos en centros educativos; uno de cada diez escolares ha llevado alguna vez una pistola a clase; en cuanto a Gran Bretaña, uno de cada cuatro alumnos entre 11 y 16 años lleva armas en las escuelas...

El 20 % de los crímenes violentos en Estados Unidos son cometidos por menores de edad (menores de 18 años). En 1995 fueron responsables del 9 % de los asesinatos, del 15 % de las violaciones, del 20 % de los robos y del 13 % de los asaltos a mano armada. Asimismo, se constata que la muerte por herida de bala es la primera causa de fallecimiento entre los jóvenes varones de la ciudad de Nueva York.

En Estados Unidos se recurre al «toque de queda» para intentar controlar el clima de violencia juvenil. En varios pueblos periféricos de Nueva York, las autoridades locales han tomado la medida de imponer el toque de queda entre las 10 de la noche y las 6 de la madrugada a los menores de 18 años. En la ciudad de Washington, una de las más violentas de la Unión, se ha propuesto imponer el toque de queda a los menores de 17 años, que no podrán salir a la calle después de las 12 de la noche los viernes y sábados, ni después de las 11 los demás días: la norma prevé la imposición de penas de multas de hasta 500 dólares a los padres o tutores y de 25 horas de trabajos comunitarios al infractor.

Obviamente, el resto del mundo ni es homogéneo ni desde luego responde punto por punto al caso específico de Estados Unidos. Hay países o sociedades con bajos índices de violencia juvenil. Pero, no obstante, en todo el mundo occidental se está produciendo un neto aumento de los comportamientos juveniles que rayan en la delincuencia o que caen claramente dentro del ámbito de ella, cuando no se trata de actitudes de violencia totalmente gratuita e irracional.

Pero también hay otra cara de la moneda en los comportamientos juveniles como revela el sorprendente descubrimiento de estos últimos decenios: la gran capacidad de hacer el bien de nuestros jóvenes. Nunca como ahora ha habido tal cantidad de voluntarios en ayudas sociales, tantas organizaciones no gubernamentales (las populares ONG) dedicadas a fines benéficos, tantos grupos ecologistas, tantos colectivos religiosos, etc., que se nutren de adolescentes que quieren dedicar una parte importante de su pletórica vida juvenil al servicio de los demás, especialmente de los más débiles.

A la hora de hacer frente a la agresión maligna, no debemos olvidar que los más poderosos antídotos de la violencia son las tendencias altruistas naturales de los seres humanos. La bondad, la compasión y la generosidad brotan en la persona con un mínimo de estímulo. Después de todo, ninguna sociedad puede existir sin que sus miembros convivan continuamente sacrificándose los unos por los otros.

¿Cuáles son las causas generadoras de la violencia?

La lista es larga, aun descontando numerosas especulaciones que se han ido originando a lo largo de los siglos. Hoy día estamos en condiciones de aportar nuevos datos contrastados científicamente. Hagamos un repaso de los factores que tienen un mayor peso específico.

Hay factores neurofisiológicos, como las alteraciones del lóbulo frontal, del lóbulo temporal (pacientes con crisis epilépticas focales y conductas agresivas), o de la amígdala intracerebral. Factores biológicos y endocrinológicos, como los estados de hipoglucemia, inductores de violencia; el síndrome premenstrual que sufren algunas mujeres, con trastornos temperamentales los días anteriores a la menstruación, que han empujado a homicidios involuntarios, incendios intencionados y otras formas de agresión; la hormona sexual masculina, la testosterona, desempeña un papel importante en las conductas violentas (de cada diez delitos de agresión, ocho son cometidos por varones); las alteraciones en el metabolismo de la serotonina cerebral detectadas en casos de suicidio, etc. Es bien conocido el efecto del abuso de alcohol y otras sustancias, deteriorando la capacidad cognitiva y de juicio (según el informe del Centro para la Prevención de Abusos de Sustancias de Estados Unidos, en 1993 el alcohol o las drogas ilegales tuvieron un papel activo en el 49 % de los homicidios, en el 38 % de los casos de maltrato infantil y en el 52 % de las violaciones).

Otro capítulo importante lo constituyen las enfermedades mentales, desde los trastornos severos de la escolarización, pasando por los trastornos de la personalidad (en especial los tipos límite o *borderline* y antisocial) y determinadas psicosis (como la esquizofrenia paranoide), que manifiestan un déficit de la capacidad de autocontrol y que se dan en pacientes que están tratados ambulatoriamente (algunos de ellos con problemas mentales serios y sin ningún control, incluyendo los más visibles, los desamparados que vemos en las calles mendigando), o que han realizado hechos delictivos después de su salida de centros hospitalarios psiquiátricos, al pasar a régimen abierto.

A nadie escapa la importancia del ambiente familiar, que cuando se deteriora, con rotura matrimonial, pérdida de los lazos afectivos entre los miembros, o malos tratos en la edad infantil, puede generar violencia en la etapa juvenil o adulta (es sugerente el hallazgo del neurólogo estadounidense Jonathan H. Pincus, que ha tenido acceso al estudio de condenados por homicidios en las cárceles de Estados Unidos, encontrando un alto porcentaje que reunía la tríada: lesión encefálica (lóbulo temporal o frontal), enfermedad psiquiátrica (depresión, esquizofrenia, psicosis paranoide) y maltrato acontecido en su etapa infantil (con experiencia de castigos físicos violentos y frecuentes). Aunque también es cierto que no todos los niños maltratados terminan de mayores siendo violentos criminales. Según nos comentaba el Premio Nobel, profesor Jean Dausset «el desprecio en las relaciones cotidianas es una de las mayores causas de violencia».

La posesión de armas de fuego es un gran factor de riesgo, ya que la tenencia de una pistola en casa aumenta la probabilidad de violencia grave y muerte, y cualquier altercado doméstico, lo que podría haber sido una simple agresión, se puede convertir en un homicidio (en la historia clínica de un adolescente de países en que se permite la tenencia de armas, son obligadas las preguntas: ¿qué tipo de armas hay en tu casa?, ¿haces prácticas con ellas?, ¿las llevas encima?, etc.). Es de todos bien conocida la influencia de los medios de comunicación, con ráfagas continuas de estímulos que ensalzan la agresión amoral y celebran la agresión como método predilecto para solventar conflictos (aunque no se debe culpar a la televisión, por ejemplo, como único agente generador de violencia, sí que tiene una cuota de responsabilidad en la medida que transmite y legitima multitud de mensajes agresivos).

También hay que tener en cuenta el entorno físico de los jóvenes, ya que la masificación, el aumento del contacto y la disminución del espacio vital (incremento desmesurado de la población en un determinado lugar), junto con la sensación incómoda de temperatura ambiental calurosa, pueden ser factores que induzcan a la violencia. Asimismo, la privación socioeconómica con discriminación y marginación de colectivos sociales, puede ser generadora de violencia (al respecto, es bien llamativo el hecho de que una tercera parte de los jóvenes americanos negros entre los 20 y los 30 años estén en la cárcel o en libertad condicional). Se calcula que en California hay tantos niños y niñas escolarizados como población penitenciaria.

Bandas y vandalismo

«La formación de una banda delictiva juvenil suele surgir de manera espontánea, cuando los chicos se reúnen en salones recreativos, discotecas o a la salida del colegio», escribe Alejandra Vallejo-Nágera. En general, sus miembros tienen en común el experimentar la misma incomprensión, rechazo o dificultades familiares, escolares o sociales. Todos comparten una gran insatisfacción por el mundo en que viven y por el futuro que la sociedad pretende imponerles, razón que les lleva a preferir estar con el grupo de iguales antes que en casa. La banda se convierte así en una especie de segunda familia (en ella hay unos compinches que equivalen a los hermanos y un jefe que representa al padre-madre), un lugar donde se les comprende y pueden «vomitar» todas sus frustraciones. Con el tiempo buscarán un lugar de reunión, que tanto puede ser una casa abandonada, un garaje o un bar, en donde planear fechorías y almacenar objetos robados. La falta de miedo o de escrúpulos, la crueldad, la grosería, la brutalidad, la dureza, se consideran hazañas, y quien más destreza muestra en este sentido es sin duda el jefe de la banda. Todos los miembros son «alguien» ya que infunden miedo, la gente (atemorizada) les respeta, son los dueños de la calle, viven al límite...

El vandalismo de los jóvenes de hoy está marcado por la crueldad. El volumen de delincuencia permanece estable en las capas sociales más bajas, pero está aumentando de forma considerable entre los jóvenes de la alta sociedad. Preocupante es también que disminuya el promedio de edad de los delincuentes, aumentando la violencia de los delitos y la presencia femenina en los actos delictivos (hasta ahora reservados prácticamente a los varones).

Es importante tener en cuenta que el delincuente no se hace en un día. En su *currículum* encontraremos una situación familiar conflictiva, la inadaptación escolar, mentiras y falsificación de notas, pequeños hurtos domésticos o en comercios (el 60 % de los adolescentes ladrones cometieron el primer hurto antes de los diez años de edad, y quizá no fue detectado en aquel momento), novillos, fugas de casa, vagabundeo... y así se empieza a vivir al margen de las normas sociales.

La personalidad del joven delincuente es emocionalmente inmadura. Está estructurada sobre una base de satisfacción rápida de los deseos y con muy baja tolerancia a las frustraciones. La sociedad de consumo se encarga de ponerle la miel en la boca, animándole a la apropiación de objetos que tengan valor de símbolo-poder como exponente material de éxito social (motos, coches, etc.).

Existe un evidente narcisismo en el acto delictivo. El culto a la fuerza y a la hombría se pone en evidencia en la agresión física de las víctimas (como «pincharlas» después del robo), o bien con la agresión sexual, estupros y violaciones con que concluyen sus actos vandálicos los delincuentes para demostrar su «virilidad» (más bien anodina en estos jóvenes) ante ellos mismos o sus compinches.

A todo ello, los medios de comunicación tienen su cuota de responsabilidad, ya que tanto la televisión, el cine, como los cómics o las vallas publicitarias, ensalzan las figuras de jóvenes violentos, haciendo incluso una apología de la vida carcelaria (indumentaria, costumbres, etc.), cuando no se trata de vídeos musicales dirigidos a adolescentes (un dato: en más del 15 % de estos vídeos aparecen imágenes de jóvenes armados).

Tribus urbanas

Cuando el adolescente se desprende de la familia como única fuente de refugio y seguridad, precisa la continuidad natural del contacto con el colectivo humano, y busca el grupo, la pandilla de amigos, la banda o la tribu...

El adolescente tiene varias formas de reaccionar frente a las crisis existenciales en que se encuentra y frente al entorno social que le desagrada. Una de ellas consiste en fabricarse una identidad con ayuda de cosas, como, por ejemplo, la moto-potencia, el cine-televisión-evasión, etc. Es un intento de apropiarse del mundo y de la sociedad a través de los objetos. Otra fórmula es la contestación, con una radicalización de posturas, con el objetivo de derribar el sistema. O bien la separación, cuya única salida es situarse fuera de la sociedad establecida, constituyendo una antisociedad, y como ejemplos tenemos los movimientos históricos *beatnik* y *hippy* y las actuales tribus urbanas.

También la pandilla de amigos de «tomar copas» puede radicalizarse y tomar otros derroteros para «pasar el rato». Las tribus urbanas, con todo el abanico de posibilidades que ofrecen, atraen al joven. Son los hijos de la televisión, viven al día, quieren tener sus propias guerras, y se sienten unidos y divididos por la música y la forma de vestirse. «¿Para qué estudiar, si el grupo ya nos da los conocimientos que queremos?», dicen.

Hay tribus más pacíficas y otras más violentas. La primera noticia de la existencia de los *skinheads* (cabezas rapadas), por ejemplo, la tuvimos en los estadios de fútbol (*hooligans*, ultras, *tiffosi*, etc.). Derivaban de sus homónimos británicos (que en la actualidad están en vías de extinción en el Reino Unido), y fueron en su inicio un movimiento antirracista, imitando en su vestimenta a los *rude boys* que habitaban en los guetos de emigrantes jamaicanos. Su ideario era el antimilitarismo, el rechazo del poder y la anarquía como forma de vida. Su uniforme, la cazadora Harrington, las botas Doctor Martens y el pelo «al cero» (para imitar a los negros). Históricamente, los *skinheads* británicos son herederos de una escisión de los *mods* de finales de los sesenta y de los *punkies* de los años setenta. Ahora, algunas tribus han cambiado de ideario y los fines de semana se dedican a la caza del negro, los «sudacas» y los magrebíes... y se enzarzan en violentas batallas con las tribus de *punkies* (sus enemigos naturales; se dice que una tribu no vive si no tiene otra enfrente); en el mundo de los *skinheads* no acostumbra a haber chicas, y a los 23-24 años ya no se es *skin*...

Sin ánimo de agotar el extenso repertorio de las tribus que pueblan determinadas ciudades, regiones o países (cada uno cuenta con sus propios especímenes), hagamos una rápida revisión de las más descollantes. Los *bad boys* o *brack boys* hacen *graffiti* en las paredes con la ayuda del aerosol, practican el *break dance* y llevan el pelo rapado en los laterales de la cabeza. Los *hardcore-skateboard* tienen su música (el *hardcore*) y practican el monopatín (también se llaman *skaters*). Los *heavies* lucen melena, «chupa» (cazadora negra llena de chapas y clavos) y pantalones muy estrechos, y no reivindican nada («ser *heavy* es vivir la música», dicen). Los *motards* viven para su moto. Los *okupas* se dedican a invadir pisos y locales desocupados. Los *punkies* o *punks* llevan los pelos pintados, peinado muy tieso en forma de cresta y rapados los laterales de la cabeza, beben cerveza (la popular «litrona»), fuman porros y su música es el rock duro; el color rosa es su preferido; se consideran basura, mierda, podridos (enfrentados a los *skinheads*, considerados «puros» o «niños limpios»); un auténtico *punky* a los 30 años o lo matan o muere (se tiran al metro: «ritual de morir»). Los *rockers* siguen el rock y la moda americana (hay varias familias: los *teddy-boys*, los *rockabillies*, los *psychobillies*). Los *bakalaeros* suelen ir en manada los fines de semana, de discoteca en discoteca, y cuando circulan en coche lo hacen con el aparato de música a todo volumen. Los *grunges* constituyen un movimiento neohippy con toques ecologistas, visten prendas que les van grandes o demasiado pequeñas, siempre de segunda mano, lucen melena larga y despeinada en ambos sexos, y ellos perilla mal cuidada. Los *rappers* surgieron en las calles del Bronx de Nueva York hacia los años ochenta, al son de la música de origen africano *rap* que incita a la violación y a matar (el presidente Clinton la considera «enemigo público por encima de la droga») y enloquece a los adolescentes (practicantes del *break-dancing*), precisan vestir chándal, sudaderas, gorras con la visera hacia atrás (todo ello con tallas superiores a las necesarias), y el pelo rapado, a veces con complicados dibujos hechos a cuchilla. Los *romos* son el último grito en Gran Bretaña y pronto se implantarán en otros países, ya que pretenden una especie de vuelta al romanticismo, con una forma de vestir recargada (camisas con chorreras, chaquetas de terciopelo, etc.)...

Todo muy folclórico, variopinto e incluso ofreciendo una «estética» gratuita a las ciudades. El problema surge cuando algunas de estas tribus urbanas se ponen en pie de guerra (obviamente, las que tienen un ideario de violencia) y se radicalizan, poniendo en práctica su eslogan: «Vive rápido, muere joven y harás un bonito cadáver.»

Sectas peligrosas

El objetivo de la secta es siempre el mismo: vivir a costa del adepto y que su trabajo repercuta en un incremento del patrimonio de los líderes del grupo y, a la vez, anular la capacidad de crítica del seguidor, cambiarle la moral y provocarle una dependencia insalvable del grupo, según explica el experto catalán José María Jansà, miembro del Centro de Recuperación y Asistencia a los Afectados por las Sectas (CRAAS).

¿Tan peligrosas son las sectas? Las características de cada una de ellas dependerán de su líder y del ideario que quiera imponer. En el mundo existen unos 30 000 Nuevos Movimientos Religiosos (NMG) —como actualmente se prefiere llamar a las sectas—, de los cuales 200 han sido acusados de acciones criminales mortales, como homicidios y suicidios (aunque sólo cuatro o cinco pueden considerarse propiamente suicidas; en la mente de todos están los casos de Georgetown [Guayana, 1978], de los davinianos [Waco, 1995] y de los miembros del Templo Solar [Suiza, 1996]). Es decir, la mayoría de los grupos sólo pueden resultar una amenaza para la integridad de la fe del creyente en la medida en que predican unas doctrinas que se apartan de las religiones tradicionales monoteístas (cristianismo, judaísmo, islamismo), pero no inducen, obviamente, a ninguna actividad criminal. Otra cuestión, bien distinta, son las organizaciones que los expertos identifican como sectas destructivas.

Se considera secta destructiva aquel grupo o movimiento que reúne una serie de requisitos: 1) exige una gran o excesiva devoción o dedicación a alguna persona, idea o cosa; 2) utiliza un programa de reforma del pensamiento para persuadir, controlar y socializar a sus miembros (integrarles en un único patrón de relaciones, creencias, prácticas y valores); 3) induce sistemáticamente a sus miembros a estados de dependencia psicológica; 4) explota a sus seguidores para conseguir los objetivos del liderazgo del grupo, y 5) tiende a causar daño psicológico a los adeptos, sus familias y la comunidad. En 1993, en España se catalogaron entre 100 y 200 grupos que podían encajar en el concepto de sectas destructivas. Obviamente, la coartación de la libertad en estas sectas es una sutil forma de violencia que se ceba, fundamentalmente, en la población juvenil.

Los miembros de las sectas utilizan técnicas cada vez más astutas para atraer a futuros adeptos, que van desde los «ligues» en discotecas, aparentemente inocentes, a supuestas encuestas para encontrar empleo, o grupos de psicólogos y asesores de empresa que ofrecen sus servicios. Éstas son habitualmente las formas de captar adolescentes en busca de afecto o jóvenes sin trabajo.

Para la secta destructiva resulta imprescindible transformar la personalidad de sus adeptos, de modo que sus prioridades, intereses, relaciones personales y objetivos sean los que el grupo dictamine. Para ello es necesario aplicar una serie de técnicas de manipulación psicológica que, de modo progresivo, irán mol-

CUADRO 41

Técnicas de manipulación psicológica del adepto a sectas

1) *Técnicas de captación*
   Objetivo: despertar el interés inicial del adepto.
   • Atracción personal del captador (oferta de amistad, apoyo, seguridad, seducción sexual, etc.).
   • Presión de grupo (compromiso con sus nuevos compañeros).
   • Falsa exaltación de los valores del adepto (sus aptitudes, conocimientos, atractivo personal, etc.).
   • Ocultación selectiva de información (para que el recién reclutado desconozca los objetivos reales del grupo y su nivel de compromiso futuro).

2) *Técnicas de conversión*
   Objetivo: transformación de su personalidad.
   • Control de la información (seleccionando los temas de mayor interés para el adepto).
   • Control de las relaciones externas (desautorización de opiniones de quienes no compartan el grupo).
   • Transformación del lenguaje (introducción de vocablos específicos del grupo; cambio de significado de palabras de uso corriente, etc.).
   • Sesiones de adoctrinamiento (seminarios, charlas, clases, meditaciones, relajaciones, plegarias, etc.).
   • Introducción de una visión dicotómica de la vida (el grupo está en posesión de la verdad, el mundo exterior es perjudicial y erróneo).

3) *Técnicas de retención*
   Objetivo: dificultar el abandono del grupo.
   • Desarrollo en el adepto de sentimientos de temor y culpabilidad.
   • Recomendaciones de la inconveniencia de traicionar los principios que le han ofrecido.
   • Mensajes condenatorios y amenazantes de males irreparables en caso de abandono.

deando una nueva personalidad ajustada a los requerimientos del grupo (cuadro 41). Como consecuencia de estas técnicas se produce, pues, un cambio de personalidad que genera la aparición de un individuo al que los familiares y amigos no acostumbran a reconocer («es como si fuera una persona distinta», dicen).

Asimismo, de modo más o menos explícito, el adepto siente hallarse por encima de los demás por tener acceso a una «verdad superior» que le hace sentirse «más feliz de lo que nunca había sido anteriormente». El cambio observado acostumbra a ser brusco e inesperado, muy similar en la mayoría de los afectados, independientemente del grupo al que pertenezcan y de su personalidad anterior.

Una de las primeras alteraciones psicológicas que pueden observarse es el trastorno disociativo atípico, tipificado como enfermedad psiquiátrica: dificultad en responder, amnesias, desorientación, alteraciones de la percepción, estados de trance, doble personalidad, etc. Todas estas situaciones repercuten en la comunicación con los demás, aparecen cambios en la vida escolar o laboral (el trabajo se convierte en un medio para conseguir recursos para el grupo o en una plataforma para conseguir nuevos adeptos; se entregan todos los ingresos al grupo, así como los bienes personales, pudiéndose llegar a la prostitución), pérdida de amistades anteriores y distanciamiento progresivo de la familia.

¿Qué se puede hacer para que el joven adepto abandone la secta? En el primer mes del contacto inicial y que se relaciona directamente con las técnicas de captación (cuadro 42), el individuo conserva esencialmente su personalidad y la capacidad de diálogo con personas externas al grupo acostumbra a estar intacta. Las posibilidades de recuperación en esta etapa son muy elevadas, con intervenciones asistenciales de corta duración. Luego

---

CUADRO 42

Perfil del joven que puede ser captado por una secta

- Edad ideal, de 20 a 30 años.
- Nivel socioeconómico y cultural medio.
- Inteligencia normal.
- Altruista e interesado en ayudar a los demás.
- En desacuerdo con el funcionamiento general de la sociedad.
- Sincero y con buen carácter.
- Cierta inmadurez personal y escaso sentido crítico.
- Pasivo-dependiente (necesita la iniciativa de otros).
- Buscador de algo que dé sentido a su vida.
- Se halla en situación de crisis personal (afectiva, laboral, etc.).

CUADRO 43

Axiomas en los casos de sectas

- Cualquier persona puede ser captada si se relaciona o la secta se pone en contacto con ella en el momento oportuno.
- La mayoría de personas que establecen contacto o son captadas por los grupos no presentan una alteración psicológica de base.
- Al hallarse en una situación de crisis personal, los mecanismos de defensa del individuo se encuentran disminuidos.
- Una persona educada y criada en una secta desde su nacimiento es más fácilmente recuperable para la sociedad que otra que entra en el grupo cuando ya es adulta.

(transcurrido ya el primer mes, aproximadamente), cuando el adepto ya se ha identificado con los planteamientos y objetivos del grupo (coincide con el final de la etapa de captación), se evidencian los cambios de personalidad, con una exaltación y enamoramiento hacia el grupo (que se ha dado en llamar «período de luna de miel»), ya no se acepta la crítica al grupo de modo dialogante sino que se vive como un conflicto y una agresión externa. Las intervenciones de recuperación son más difíciles, pero posibles. Al final, cuando se instaura definitivamente la dependencia respecto al grupo (más allá del primer trimestre), con la implantación de la nueva personalidad, bloqueado el proceso de razonamiento y anulada la toma de decisiones individuales, en un estado de regresión y de infantilización del adepto, es cuando hay que actuar con la máxima habilidad utilizando técnicas de desprogramación a cargo de personas expertas.

Aunque es muy difícil establecer un prototipo de persona captable, se puede intentar, desde el punto de vista práctico, diseñar un perfil del joven susceptible de ser captado por una secta (cuadro 42), y asimismo tener en cuenta unos axiomas que suelen estar presentes en estas situaciones (cuadro 43).

¿De qué mueren nuestros jóvenes?

No cabe la menor duda de que la mejoría de las condiciones higiénico-sanitarias ha determinado un aumento sustancial de la esperanza de vida en los países desarrollados. Sin embargo, actualmente hay datos para pensar que esta tendencia está cambiando. Así, por ejemplo, en Estados Unidos se ha identificado una disminución de la esperanza de vida en el momento del nacimiento desde 1993, e igual sucede en España y en la mayoría de países occidentales.

En efecto, hay un agujero negro en el esperanzador panorama al que habían contribuido tanto el descenso de la mortalidad en el recién nacido y la etapa infantil como el incremento de la longevidad de la población. Se trata de la mortalidad juvenil.

Según los datos de mortalidad de jóvenes entre 15 y 34 años de edad, en la ciudad de Barcelona, entre los años 1983 y 1993, la tasa de mortalidad casi se había duplicado. En concreto, en los inicios de la década de los ochenta, de cada 10 000 jóvenes, aproximadamente 6 no llegaban a los 35 años. A principios de los noventa, esta cifra se dobla: prácticamente 12 jóvenes no llegan a los 35 años, según cifras aportadas por una investigación realizada por el doctor Montellà y colaboradores.

En los más jóvenes, de 15 a 24 años, las principales causas de muerte son los accidentes de tráfico, siendo el grupo de edad de los 15 a los 19 años el más afectado (aunque las muertes tienden a disminuir en los últimos años, sin duda debido a las eficaces campañas preventivas de los organismos oficiales responsables del tráfico). Otras causas de mortalidad en este grupo de edad son las sobredosis por sustancias psicoactivas, las cuales han experimentado un importante aumento, llegando a representar hasta el 15 % de las defunciones. Finalmente, cabe destacar la importancia del sida, que en pocos años se ha situado entre las primeras causas de muerte entre la población juvenil y adulta joven.

En el grupo de edades comprendidas entre 25 y 34 años, la primera causa de mortalidad es el sida, seguido de la sobredosis de drogas (principalmente de heroína, ya sea sola o asociada a otras sustancias) y, con menor impacto, los accidentes de tráfico y los suicidios.

Esta situación que hemos descrito era totalmente diferente diez años atrás. En 1983, los jóvenes fallecían en Barcelona, fundamentalmente, a causa de los accidentes de tráfico y los suicidios. Las sobredosis de drogas eran prácticamente inexistentes y el sida aún no había hecho acto de presencia de manera evidente.

La situación actual la comparten la mayoría de países occidentales, europeos y americanos, pero España presenta algunos hechos diferenciales, como es la tasa de mortalidad juvenil más elevada de Europa (en 1994 era un 532 % más alta que la media de Europa), y ello sería explicable, en parte, por ser el país de Europa con mayor incidencia de sida y probablemente uno de los que presentan una tasa más alta de consumo de sustancias psicoactivas, en especial drogas inyectadas, las cuales suelen administrarse, además, en malas condiciones higiénicas. Y por otra parte, España también se sitúa entre los países europeos con mayor siniestralidad por accidentes de tráfico.

Lamentablemente, constituye un hecho palpable que la mayoría de las causas de mortalidad en los jóvenes son evitables.

¿Qué hacer ante las conductas de riesgo?

Obviamente, a nadie escapa la importancia de las medidas preventivas que han de desarrollarse en el marco de la familia y de la comunidad en que se mueven nuestros adolescentes. También, todo el mundo sabe que las conductas de riesgo de nuestra población juvenil están aumentando de manera alarmante. Y existen varios factores que explican este incremento, según informa el doctor Ramón Florenzano de la Facultad de Medicina de la Universidad de Santiago de Chile. Veamos algunos de ellos.

Partiendo de la premisa de que la transición de la niñez a la etapa adulta requiere estabilidad externa, una primera causa la encontramos en la turbulencia sociopolítica de algunos países (como los de Hispanoamérica), así como el rápido cambio sociocultural de nuestras sociedades, que hacen que para muchos jóvenes el medio social sea inestable y la transición de la adolescencia más difícil. Una segunda fuente de problemas es la falta de coordinación entre los sistemas educativos y el mundo del trabajo. Hoy en día existen muchas más oportunidades de educación que hace algunos decenios; sin embargo, el desempleo juvenil va en aumento, siendo una de las principales áreas de preocupación de los adolescentes. Como tercera causa hay que citar la desestabilización de la familia como institución, uno de los cambios más profundos que atraviesa nuestra cultura. Se trata no sólo de las crecientes tasas de separación y divorcio, sino también de la pérdida de la vida familiar cotidiana y la posibilidad de recurrir a los parientes para resolver problemas, dificultades de comunicación de los padres entre sí y con sus hijos, y muchas otras alteraciones de la dinámica familiar. Es palpable la estrecha relación entre la disfunción familiar y la aparición de conductas de riesgo en los adolescentes.

Desde el punto de vista práctico es precisamente en la familia donde debe tomarse la iniciativa para evitar o neutralizar las conductas de riesgo de los hijos adolescentes. Los padres están en condiciones, en circunstancias familiares normales, de dejar bien claro lo que se pretende de los hijos y las normas que regirán su actitud parental (cuadro 44).

En múltiples situaciones cotidianas, los padres han de saber asumir algunos riesgos (que no implican, de entrada, gravedad) que demandarán los hijos adolescentes. Habrá que negociar y renegociar, para obtener las máximas garantías de seguridad ante situaciones que, indefectiblemente, van a suceder. Veamos, pues, algunas reglas prácticas a tener en cuenta ante las demandas (de riesgo) de los hijos:

1) Recordar que asumir riesgos constituye un rasgo importante (aunque preocupante) del desarrollo adolescente. 2) Asegurarse de que tanto el padre como el hijo adolescente poseen información adecuada; por ejemplo, que el potencial conductor de la moto posee una máquina en condiciones y que está capacitado para conducir el vehículo por carretera. 3) Adoptar el modelo de vida que se prefiera transmitir a los hijos; por ejemplo, si se les advierte acerca de los peligros del tabaco, tampoco el padre ha de fumar. 4) Comentar los riesgos de determinada acción que el hijo va a emprender, tratando de llegar a un

---

CUADRO 44

Normas para prevenir las conductas (de riesgo) del adolescente

- Fomentar los vínculos de respeto y cariño mutuos.
- Formular sólidas exigencias sociales y morales.
- Elegir con cuidado las reglas que se vayan a aplicar.
- Ser coherente.
- Mostrarse persistente.
- Explicar con razones las reglas (y la disciplina) a aplicar.
- Otorgar responsabilidades y total confianza al hijo.

acuerdo para que la experiencia a realizar resulte relativamente segura, pensando siempre en lo que el padre mismo podría hacer para lograrla y comentándolo; por ejemplo, cuando una hija se dispone a realizar un viaje en auto-stop. 5) Negociar intentando llegar a una solución de compromiso o sugerir un riesgo (menor) alternativo para que el hijo acepte no asumir uno de otro tipo; por ejemplo, cuando se planea una salida nocturna en coche un fin de semana, habrá que aconsejar el trayecto vial de menor peligro, asegurándose de que el conductor no consumirá alcohol, etc. 6) No entrometerse en lo posible, ya que el adolescente tiene que ser capaz de manejar sin ayuda la mayoría de riesgos, indicando, no obstante, que existen límites ante determinadas situaciones y que entonces el padre actuará con toda energía, como por ejemplo: dietas de adelgazamiento obsesivas, amistades peligrosas, etc., y 7) Recuérdese que la meta final consiste en que el adolescente sepa dirigirse a sí mismo, manejando con autonomía su propia salud y su propia vida.

Resiliencia: factor protector en una época de riesgo

Ya hemos citado anteriormente que, en física, resiliencia (del inglés *resilience* o *resiliency*) es la característica mecánica que define la resistencia de un material a los choques. Se identifica por un número que caracteriza la fragilidad de un cuerpo (o sea, su resistencia a los choques); así, la fragilidad es tanto menor cuanto mayor es la resiliencia.

Al ser una noción afín al concepto psicológico de la resistencia que presentan algunos adolescentes a sucumbir ante las adversidades que les ofrece la vida, fue incorporado al campo de la psiquiatría infanto-juvenil por Michael Rutter en el año 1985 (véase también «Factores protectores frente al abuso de drogas», p. 303).

La hipótesis en que se basa este autor es que ciertas características o condiciones personales o del entorno son capaces de neutralizar o moderar los efectos de la exposición al riesgo. Rutter demostró que la resiliencia no se adquiere evitando riesgos, sino mediante el control de la exposición a los mismos (sería algo comparable al proceso de vacunación y la consiguiente adquisición de inmunidad corporal frente a determinadas enfermedades). De esta manera puede explicarse por qué algunos adolescentes, en circunstancias muy adversas, con deterioro familiar, entorno de drogadicción y delincuencia, consiguen sobreponerse a estas negativas condiciones de vida y salirse de ellas (lo que se ha dado en llamar «el orgullo de sobrevivir» en un estudio sobre hijos de alcohólicos).

La resiliencia significa que cada persona puede hacer mucho por influir en lo que le sucede, para modificar su propio destino, creando nuevos marcos de referencia (*reframing*). Así, por ejemplo, para algunos jóvenes de medios desfavorecidos, el ingreso temprano en las Fuerzas Armadas ha resultado ser un factor protector para la vida futura; también es importante la influencia protectora de una relación de pareja armoniosa con personas que confieran estabilidad a jóvenes en circunstancias difíciles. En los estudios de Rutter se encontró que, en general, los jóvenes que planificaron su vida (profesión, matrimonio, etc.) tuvieron más probabilidades de tener una adolescencia sin problemas. Retrocediendo a etapas anteriores de sus vidas, los resultados mostraron que para los niños de medios desfavorecidos las experiencias positivas en la escuela hicieron posible esta planificación. Sin que sean aún bien conocidos los mecanismos que influyen en estas decisiones, lo más probable es que el éxito en un determinado contexto (por ejemplo, el escolar) confiera a las personas sentimientos positivos de autoestima y eficacia que hacen más probable que tengan la confianza necesaria para tomar medidas que les permitan salir airosas de las pruebas que la vida les depare en otros contextos. Cabe observar que las experiencias positivas en la escuela —al menos para el grupo estudiado por Rutter— no tuvieron que ver con el éxito académico, sino que fueron muy variadas, se extendieron desde el éxito en el deporte, la música, las artes y los oficios, hasta las posiciones de responsabilidad social dentro de la escuela. De esto se desprende que la agradable experiencia de un éxito probablemente ayude a mejorar los aspectos personales que fomentan la resiliencia.

Otro concepto clave para entender los orígenes de la resiliencia es el de las variaciones individuales en la susceptibilidad o vulnerabilidad a experiencias adversas, que surgen de experiencias sensibilizantes o endurecedoras que ofrece la vida. Es el caso, por ejemplo, del internamiento de niños en hospitales, mostrando que los que habían experimentado anteriormente separaciones felices de su entorno familiar (quedándose con amigos o con los abuelos) tuvieron menos probabilidades de sufrir con el ingreso hospitalario. Por analogía con las infecciones, podemos suponer que los efectos endurecedores tienen más probabilidad de ocurrir cuando las personas han superado con éxito experiencias de estrés. Y un ejemplo histórico lo tenemos en aquella jovencita judía que permaneció confinada durante más de dos años, junto a su familia, en un habitáculo-escondrijo del Amsterdam ocupada por el horror nazi, y nos dejó el preciso documento de la capacidad de superación o resiliencia que es el conocido *Diario de Anna Frank*.

Para los profesionales de la salud resulta de todo punto importante reconocer las resiliencias, dado que son factores protectores sobre los que pueden actuar directamente, promoviendo su desarrollo mediante su identificación y cuidado. Hasta el momento se han propuesto varias resiliencias. *Asumir responsabilidades y planificación del futuro*: profesión, matrimonio, etc. *Independencia y distanciamiento de los focos de riesgo*: por ejemplo, estableciendo límites con los propios padres perturbados, manteniendo una distancia emocional y física; «darse la vuelta» (*turning point*) a situaciones adversas, etc. *Establecer relaciones compensatorias*: por ejemplo, formando pareja con personas con sólida experiencia de éxito; integrándose en asociaciones juveniles: culturales, deportivas, religiosas, de ayuda social, etc. *Iniciativa*: hacerse cargo de problemas, ejercer control, encontrar placer en ponerse a prueba con tareas que nos exigen, etc. *Ideas de creatividad y humor*: descubriendo lo cómico en lo trágico, hasta llegar a «reírse de uno mismo»; transformar experiencias preocupantes en proyectos positivos, con un sentimiento interior de belleza, etc. *Ideología personal y moralidad*: conciencia deseosa de llevar una vida positiva, extensible a toda la humanidad.

Hasta hace poco, el interés principal de todos los estudios sobre el riesgo psicosocial era la reducción de las influencias adversas (factores de riesgo). Naturalmente, ésta es una meta importante; pero es igualmente importante prestar atención a las características de que hablamos (factores de protección o resiliencias), ya que, aunque no promuevan directamente buenos resultados, mejoran la resistencia a las adversidades psicosociales y a los peligros a que están expuestos nuestros adolescentes. Y una línea magnífica de trabajo para producir resiliencias es la actuación en tres conjuntos amplios de factores: 1) las características de la personalidad, como la autonomía, la autoestima y una orientación social positiva; 2) la cohesión, el calor y la ausencia de desavenencias en la familia, y 3) la disponibilidad de sistemas externos de apoyo que alienten y refuercen los intentos de adaptación de los niños. En esta labor estamos todos comprometidos.

EPÍLOGO
Mitos y realidad
de la adolescencia

> En mi juventud fui tan joven, que ahora sigo
> siendo joven.
>
> PABLO PICASSO,
> a los noventa años

A lo largo de este libro hemos visto cómo los adolescentes con frecuencia son encajonados en categorías negativas. Vimos también cómo se ha descrito tradicionalmente a la adolescencia como si fuese una enfermedad o un problema. Consideramos que estos fenómenos de estereotipación condescendiente van más allá de ser un simple error o una «mentira» y preferimos definirlos como mitos acerca de la adolescencia.

Los mitos pueden tener o no una base real; pero, básicamente, son construcciones colectivas que no se refieren a hechos reales, sino que responden a nuestros deseos y temores. Los críticos sociales señalan que los sistemas de creencias tienden a apoyar el *statu quo*. De modo que se atribuyen las expectativas del grupo a la ley natural, a la sabiduría antigua y a las diversas doctrinas. La resultante es que, una vez elaborado el mito, la gente (incluidos los profesionales) vacila en cuestionarlo. La realidad es que los mitos nos dan una estructura, simplifican realidades complejas (a veces sobrecogedoras) y nos proveen con explicaciones causa-efecto que nos hacen sentir mejor.

Sin embargo, cuando los consideramos una verdad incontrovertible, inhibimos nuestra capacidad de entender y adaptarse a situaciones nuevas. El propósito, pues, de este epílogo es el de alertar sobre la presencia de mitos anticuados, destructivos y persistentes acerca de los adolescentes; mitos que contribuyen a crear obstáculos a una relación de guía cordial y honesta. Escogemos para nuestro análisis los cinco mitos que se encuentran de manera omnipresente en la literatura no especializada y en la profesional que asumen temas acerca de la adolescencia. Se trata de los siguientes:

— «El desarrollo del adolescente normal es turbulento.»
— «La adolescencia es un período de gran emotividad.»
— «La pubertad es un suceso negativo para los adolescentes.»
— «La adolescencia es un período con alto riesgo de suicidio.»
— «El pensamiento de los adolescentes es irracional e infantil.»

Primer mito: «El desarrollo del adolescente normal es turbulento»

Históricamente esto ha sido descrito con mucha frecuencia, tanto en la literatura mundial propiamente dicha (como es el caso del *Werther* de Goethe) como en la profesional. El origen de esta aseveración, razonable en apariencia, es sin duda el hecho de la aparición clara y evidente de conductas delictivas y enfermedades mentales durante la adolescencia (si bien una observación más profunda tanto de los adolescentes enfermos como de los delincuentes podría haber detectado dificultades tempranas durante la infancia). Desafortunadamente, muchos especialistas que sólo trabajan con poblaciones de adolescentes con trastornos psiquiátricos llegaron sin fudamento a la conclusión de que si un adolescente no pasa por un período turbulento, por una crisis de identidad, estará destinado a ser un adulto perturbado.

No hay, por supuesto, ningún estudio que confirme dicha creencia. Está claramente demostrado que el 80 % de los adolescentes no pasan por un período tumultuoso, se llevan bien con sus padres y sus familiares, les gusta estudiar y trabajar, y se interesan por los valores sociales y culturales circundantes. La mayoría de los jóvenes, pues, pasan por la adolescencia con desequilibrio escaso o ausente. Indudablemente, un número grande de adolescentes pasan por momentos de gran sufrimiento, pero se trata de sentimientos internos, subjetivos. La adquisición de la madurez del adulto es un proceso gradual y sin grandes sacudidas.

Segundo mito: «La adolescencia es un período
de gran emotividad»

Esto es un corolario del primer mito, que insiste en caracterizar
la vida emocional del adolescente como un vendaval de cambios
del estado de ánimo, llegando con frecuencia a límites extremos.
La hipótesis que intenta explicar esta supuesta emotividad des-
controlada es que surge debido a los profundos cambios biológicos y sociales que acompañan a la pubertad.

Los estudios que se han realizado no han mostrado diferencia
alguna entre la emotividad de los niños y la de los adolescentes.
Estos hallazgos sugieren que el comienzo de la adolescencia no
se asocia con diferencias apreciables en la variedad de los estados emocionales experimentados en la vida cotidiana. Lo que sí
hay es una relación lineal entre la edad y los estados emocionales: cuanto mayor es el adolescente, más negativo es el estado
de ánimo. Y es probable que esto se deba a que las crecientes
obligaciones y responsabilidades escolares y/o laborales contem-
poráneas han creado más estrés e infelicidad.

Tercer mito: «La pubertad es un suceso negativo
para los adolescentes»

Es tradicional considerar que los cambios hormonales son supuestamente responsables y causantes del desequilibrio emocional en la etapa puberal. Y durante muchos años se ha creído, por
tanto, que los cambios puberales resultan penosos y amenazantes para los adolescentes.

La realidad es que la influencia hormonal sobre la emotividad ni es particularmente potente ni es persistente. En cambio,
lo que se entiende por culturalmente deseable sí que tiene un
gran impacto sobre el desarrollo adolescente. Como es, por ejemplo, el aumento de peso, normal para la chica púber, y que es
un factor importante en la disconformidad femenina con el propio cuerpo. Otra consideración a tener en cuenta es si el proceso puberal lo encuentra el chico en coincidencia o desfasado con
respecto a sus compañeros.

Cuarto mito: «La adolescencia es un período con alto riesgo de suicidio»

La creencia general y la de muchos profesionales siempre ha sido que durante este período de la vida se da el mayor número de suicidios. Sin embargo, la recopilación de datos demográficos ha demostrado que, excluyendo la infancia, la adolescencia es el período de la vida en el que se da la menor proporción de gente que se suicida. Lo que sí han descubierto los autores estudiosos del tema es que parece haber una relación directa entre el aumento en la proporción de la población adolescente y el incremento en el número de suicidios (a lo que denominan, estadísticamente, el fenómeno de cohorte). Otro hallazgo es que hay una clara relación entre la insatisfacción por la autoimagen de los adolescentes y la conducta suicida.

Quinto mito: «El pensamiento de los adolescentes es irracional e infantil»

Los juristas y los profesionales de la sanidad debaten actualmente cuándo se puede aceptar que un adolescente es responsable de sus acciones, cuándo puede dar consentimiento a un tratamiento médico y psiquiátrico; en otras palabras: cuándo puede considerarse que piensa como un adulto.

Ya en su día, las observaciones de Piaget describieron la adolescencia como el período de la vida en que surgen las operaciones mentales formales, comienzan a formularse hipótesis y pueden establecerse conclusiones. También, los adolescentes adquieren la capacidad de «ponerse en los zapatos de otro» y, especialmente en el sexo femenino, desarrollan la capacidad de sentir empatía y practicar el altruismo. Las nuevas habilidades del pensamiento permiten al joven reconstruir su niñez y verla bajo una luz muy diferente de como la percibía cuando era niño... Y así podríamos seguir señalando características diferenciales y de madurez del pensamiento adolescente.

Conclusiones prácticas

¿Por qué es importante denunciar estos mitos acerca del desarrollo adolescente?

En primer lugar para alertar a padres, maestros y pediatras de que, aún hoy en día, grandes sectores profesionales mantienen un punto de vista inapropiado acerca de la adolescencia, considerándola una fase en la que se espera la conducta anormal. De no reconocer este mito de «la anormalidad adolescente» se corre el alto riesgo de no identificar a tiempo lo que es patológico y realmente peligroso. Es decir: si se pierde la oportunidad del diagnóstico precoz y la intervención temprana, el curso, por ejemplo, de un trastorno mental podrá hacerse más severo y crónico.

No hay que olvidar que muchas de las descripciones tradicionales de los adolescentes están meramente basadas en creencias y convicciones, a menudo originadas en conceptos psicoanalíticos, y no en investigaciones contrastadas. Así, del análisis de los estudios modernos de prevalencia de perturbaciones psicoemocionales en la población adolescente puede concluirse que:

— La inmensa mayoría de los jóvenes no tienen una adolescencia turbulenta.
— No pasan por un período de gran emotividad (en comparación con su niñez).
— La adolescencia no es un período de alto riesgo de suicidio.
— El pensamiento adolescente es distinto del infantil, pudiendo destacarse por su nivel de racionalidad y capacidad de elaboración.

Juventud credora

Decía el político y escritor británico Benjamin Disraeli: «Casi todo lo que es grande ha sido obra de la juventud.» Es el inmenso potencial de energía juvenil lo que ha hecho posible avanzar a la humanidad. «La juventud, cuando no se agilipolla, arrasa, porque es una fuerza de la Naturaleza», dictamina el

Premio Nobel de Literatura Camilo José Cela. Una vez dijo un poeta: «Cuando uno es joven, tiene mañanas triunfales», y en referencia a estas palabras, el escritor Francisco Umbral —rememorando su propia etapa puberal— dice: «La adolescencia no fue sino una sucesión de mañanas. Siempre era por la mañana.»

Nadie pone en duda que la juventud es la fuerza creadora por excelencia. Basta recordar algunas de las personas que durante su etapa juvenil consolidaron su nombre en la historia: Alejandro Magno, a los 20 años, ya era rey de Macedonia, y a los 27 había conquistado todo el mundo civilizado; Miguel Ángel, a los 17 años, había esculpido *La Batalla de Centauros* y *La Piedad*; Blaise Pascal, a los 16 años, ya había escrito un libro sobre geometría e inventó la máquina de sumar a los 19; James Watt tuvo la idea de su máquina de vapor a los 25 años; Ludwig van Beethoven, a los 13 años, escribió sus primeras composiciones y sus famosos cuartetos a los 15 años; Michael Faraday inventó el motor eléctrico a los 21 años; Samuel Colt, a los 17, realizó su primer modelo de revólver en metal; Alexandre Graham Bell concibió a los 22 años la idea de un teléfono sin hilos; Thomas Alva Edison inventó a los 17 años el telégrafo; Charles Martin Hall fue el primer hombre que, a sus 23 años, obtuvo aluminio por electrólisis; los hermanos Wright, Wilbur y Orville iniciaron a los 20 años sus estudios sobre el avión a motor; Albert Einstein desarrolló a los 26 años su teoría de la relatividad... Y a esta lista pueden añadirse cantidad de nombres de jóvenes actuales, que ya en su más temprana adolescencia eran destacados físicos, pintores, cantantes, diseñadores, inventores, etc.

Eric Hoff, en *The Ordeal of Change*, nos transmite este bello pensamiento, con el que ponemos punto final a estas páginas: «El sentirse acompañado toda la vida de las características de la juventud, con sus rasgos típicos de inmadurez e ingenuidad, es algo que se identifica siempre en las personas creativas. A la juventud se le ha llamado "talento perecedero" pero, quizá, talento y originalidad son aspectos siempre propios de la juventud, y el hombre creativo es irremediablemente juvenil.»

¡Juventud, divino tesoro!

BIBLIOGRAFÍA Y LECTURAS RECOMENDADAS

Aberastury, A., y Knobel, M., *La adolescencia normal*, Paidós, Buenos Aires, 1976.

Ajuriaguerra, J. de, *Manual de Psiquiatría Infantil*, Masson, Barcelona, 1991.

Alonso-Fernández, F., *Las otras drogas*, Temas de Hoy, Madrid, 1995.

Brusset, B., *La anorexia*, Planeta, Barcelona, 1985.

Callabed, J., Moraga, F., y Sasot, J. (Editores), *El niño y el adolescente. Riesgos y accidentes*, Laertes, Barcelona, 1996.

Castells, M., *Nutrición y prensa*, Tesis doctoral, Facultad de Farmacia, Universidad Complutense de Madrid, 1996.

Castells, P., *Guía práctica de la salud y psicología del niño* (4.ª ed.), Planeta, Barcelona, 1992.

— *Separación y divorcio. Efectos psicológicos en los hijos*, Planeta, Barcelona, 1993.

— *Nuestros hijos y sus problemas*, Folio, Barcelona, 1995.

— *La familia. ¿Está en crisis?*, Plaza & Janés, Barcelona, 1997.

Castillo, G., *Los adolescentes y sus problemas*, EUNSA, Navarra, 1990.

— *Tus hijos adolescentes*, Palabra, Madrid, 1992.

— *Preparar los hijos para la vida*, EUNSA, Navarra, 1990.

— *Cautivos en la adolescencia*, Oikos-Tau, Barcelona, 1977.

Charbonneau, P. E., *Adolescencia y libertad*, Herder, Barcelona, 1984.

Choza, J., *Antropología de la sexualidad*, Palabra, Madrid, 1991.

Cobo Medina, C., *Paidopsiquiatría Dinámica I*, Roche, Madrid, 1983.

Consejo Pontificio para la Familia, *Sexualidad humana: verdad y significado*, Roma, 1995.

Cornellà, J., *Cartas a un adolescente*, Maragall, Girona, 1994.

Cruz, M., *Tratado de Pediatría* (7.ª ed.), Espaxs, Barcelona, 1993.

Cruz, M. *et al.*, Compendio de pediatría, Espaxs, Barcelona, 1998.

Deutsch, H., *Psicología de la mujer*, Losada, Madrid, 1961.

Doltó, F., *La causa de los adolescentes*, Seix Barral, Barcelona, 1990.

Domènech, E. *et al.*, *Bases históricas de la psiquiatría catalana moderna*, PPU, Barcelona, 1987.

Elster, A. B., y Kuznets, N. J., *Guía de la A.M.A. para actividades preventivas en el adolescente (GAPA)*, Díaz de Santos, Madrid, 1995.

Erickson, E., *Infancia y sociedad*, Hormé, Buenos Aires, 1965.

Escardó, F., *Sexología de la familia* (4.ª ed.), El Ateneo, Buenos Aires, 1967.

— *Anatomía de la familia* (6.ª ed.), El Ateneo, Buenos Aires, 1968.

Esteves, P. E., *Te acompaño a crecer*, Sanz, Mendoza, 1996.

Estivill, E., *¡Necesito dormir!*, Plaza & Janés, Barcelona, 1996.

Fernández-Cid, A. *et al.*, *Guía Dexeus de la salud de la mujer*, Planeta, Barcelona, 1997.

Fuente Gómez, C. de la, *Todos los estudios y carreras*, Planeta, Barcelona, 1997 (última edición).

Gennep, A. van, *Los ritos de paso*, Taurus, Madrid, 1986.

Goleman, D., *Inteligencia emocional*, Kairós, Barcelona, 1996.

Herbert, M., *Vivir con adolescentes*, Planeta, Barcelona, 1988.

INSERSO, *Sexualidad en personas con minusvalía psíquica*, Ministerio de Asuntos Sociales Español, Madrid, 1993.

Jara, G., y Molina, R., *Educación sexual. Manual para educadores*, Centro de Medicina Reproductiva del Adolescente, Santiago de Chile, 1993.

La Fontaine, J. S., *Iniciación*, Lerna, Barcelona, 1985.

Maddaleno, M. *et al.*, *La salud del adolescente y del joven* (n.º 552), Organización Panamericana de la Salud, Washington, 1995.

Marcelli *et al.*, *Manual de psicopatología del Adolescente*, Masson, Barcelona-México, 1986.

Mardomingo, M. J., *Psiquiatría del niño y del adolescente*, Díaz de Santos, Madrid, 1994.

Mead, M., *Adolescencia y cultura en Samoa*, Paidós, Buenos Aires, 1966.

Méndez Ribas, J. M. *et al.*, *Enfoque actual de la adolescente por el ginecólogo*, Ascune Hermanos, Buenos Aires, 1993.

Mendiguchía, E. J., *Problemas psicológicos de los hijos*, Palabra, Madrid, 1993.

Morandé, G., *Un peligro llamado anorexia*, Temas de Hoy, Madrid, 1995.

Muss, R., *Teorías de la adolescencia*, Paidós, Buenos Aires, 1968.

Neinstein, L. S., *Salud del Adolescente*, Prous, Barcelona, 1991.

Ortigosa López, S., *Fuera de programa*, EIUNSA, Barcelona, 1994.

Polaino-Lorente, A. *et al.*, *Manual de hiperactividad infantil*, Unión Editorial, Madrid, 1997.

Polaino-Lorente, A., *Sexo y cultura. Análisis del comportamiento sexual*, Rialp, Madrid, 1992.

Reymond-Rivier, B., *El desarrollo social del niño y del adolescente*, Herder, Barcelona, 1984.

Roa, A., *El mundo del adolescente*, Editorial Universitaria, Santiago de Chile, 1982.

Rocheblave-Spenlé, A. M., *El adolescente y su mundo*, Herder, Barcelona, 1972.

Rodríguez Hierro, F. *et al.*, *Tratado de Endocrinología Pediátrica y de la Adolescencia*, EDIMSA, Madrid, 1995.

Rojas, E., *La conquista de la voluntad*, Temas de Hoy, Madrid, 1994.

Rojas Marcos, L., *Las semillas de la violencia*, Espasa Calpe, Madrid, 1995.

Romeu Bes, J., *Transtornos psicológicos en pediatría*, Dogma, Barcelona, 1990.

Sasot Llevadet, J., Moraga Llop, F. A. (Editores), *Psicopediatría del adolescente. Aspectos preventivos y psicosociales*, Prous, Barcelona, 1998.

Sebastián Mediavilla, F., *Padres y profesores*, Ediciones Internacionales Universitarias (EIUNSA), Barcelona, 1977.

Silber, T. J. *et al.*, *Manual de Medicina de la Adolescencia* (n.º 20), Organización Panamericana de la Salud, Washington, 1992.

Tierno, B., *Adolescentes*, Temas de Hoy, Madrid, 1995.

Vallejo-Nágera, J. A., *Color en un mundo gris*, Temas de Hoy, Madrid, 1992.

Vallejo-Nágera, A., *La edad del pavo*, Temas de Hoy, Madrid, 1997.

Índice onomástico y de materias